완벽한 학습을 위한
렛유인의 도서 구매 무료 혜택

쿠폰 번호
PACK-CARR-SZE1-OK15

※ 쿠폰 사용은 등록 후 6개월까지 가능합니다.

쿠폰 등록 방법

렛유인 홈페이지 로그인
（www.letuin.com）

[마이페이지]
- [할인쿠폰] 클릭

쿠폰 번호 입력

도서 구매 혜택

자동차 산업
첫걸음 용어집
(PDF)

자동차 현직자
직무 강의 3종
7일 수강권

도서 구매자들을 위한 특별 무료 혜택

100% 무료 인강 스터디
자동차 산업 취업준비 독학으로 끝장내기!

렛유인 "자동차 취준 독학으로 끝장내기" 무료 스터디는?

자동차 산업에 쉽고 빠르게 합격할 수 있도록!!
자동차 산업소개부터 자동차 개발 프로세스, 자동차 구조까지
자동차에 관해 학습 후, 나와 맞는 자동차 직무·기업을 찾아
자동차 산업의 최종합격률을 높일 수 있는 무료 취업성공 독려 스터디 입니다.

국내 자동차 대기업 H사 연구개발본부 출신 선생님이 합격을 도와드립니다!

June 선생님
- 전) 자동차 국내 대기업 H그룹 연구개발본부 설계 및 상품팀
- 전) 국내 자동차 연구원 연구기획 팀장
- 건국대, 한국공학대 등 대학교 자동차 교육 다수 출강

3일완성 자동차 온라인 스터디 커리큘럼

DAY 1
자동차 개발 프로세스 및 산업개요 (OEM, 대표 벤더사)

> **DAY 2**
자동차 구조 파악하기

> **DAY 3**
자동차 산업의 취업과 기업/직무

온라인 스터디 무료 신청방법

딱 30초! 바로 신청하고 합격 GO!
핸드폰 카메라로 QR 스캔 → 스터디 알리미 작성 → 다음 기수에 참여가능!

이공계 취업 아카데미 1위
렛유인

한권으로 끝내는
전공·직무 면접
자동차
이론편

현대자동차그룹 주요 직무 분석, 자동차 개발 프로세스, 자동차 기본 구조/부품,
자율주행, 전기자동차/수소전기차 이론까지 단 1권으로 완성!

June, 도건, 제이미, 노석우, 김용민, 렛유인연구소 지음

렛유인 한권으로 끝내는 전공·직무 면접
자동차 이론편

1판 1쇄 발행

발 행 일	2024년 10월 9일
지 은 이	June, 도건, 제이미, 노석우, 김용민
펴 낸 곳	렛유인북스
총 괄	송나령
편 집	김근동
표 지 디 자 인	정해림
홈 페 이 지	https://letuin.com
이공계 커뮤니티	이공모야
카 페	https://cafe.naver.com/letuin
유 튜 브	취업사이다
대 표 전 화	02-539-1779
이 메 일	letuin@naver.com

I S B N 979-11-92388-51-9 (13550)

이 책은 저작권법에 따라 보호를 받는 저작물이므로 무단 전재와 복제를 금지하며,
이 책 내용의 전부 또는 일부를 사용하려면 반드시 저작권자와 렛유인북스의 서면 동의를 받아야 합니다.

PREFACE
이공계 취업은 렛유인 WWW.LETUIN.COM

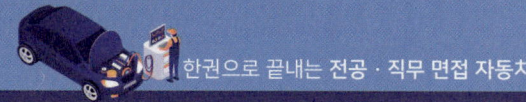

우리나라 자동차 산업은 반도체 산업과 함께 국가 경제의 핵심을 이루고 있습니다. 현대차와 기아를 중심으로 KG모빌리티(KGM), 르노코리아 등 다양한 기업들이 글로벌 자동차 시장에서 경쟁력을 높이며 국가 경제에 기여하고 있습니다. 그동안 자동차 산업은 끊임없는 혁신과 도전 속에서 성장해왔으며, 이 과정에서 산업 구조의 변화와 더불어 많은 기술적 진보를 이뤄냈습니다. 최근 자동차 산업은 전기차로의 전환이라는 대대적인 변화를 겪고 있으며, 우리나라 자동차 산업은 이제 더 이상 추격자가 아닌, 기술을 선도하는 위치에 있습니다. 이러한 변화 속에서, 최근의 자동차 산업의 '전기차 캐즘'은 당분간 자동차 산업에 어려움을 안겨줄 것입니다. 그러나 대한민국 자동차 산업은 시장 변화에 신속하고 유연하게 대처하여 이러한 어려움을 잘 극복해 나갈 것이라는 믿음은 확고합니다.

최근 과거 인기가 없던 하이브리드 차량이 시장에서 인기를 끌고 있는 것을 보면, 자동차 산업이 하이브리드 자동차를 통하여 전기차 대중화와 기술적 진보를 이루기 위한 발판을 충분히 마련하고 있음을 알 수 있습니다. 중요한 것은 새로운 기술을 받아들이는 것뿐만 아니라, 자동차를 바라보는 시각과 접근 방식이 함께 변화하는 것입니다.

강의 과정에서 만난 많은 학생들이 자동차 관련 강의에서 자주 묻는 질문 중 하나는 "자동차 회사는 자동차를 좋아하는 사람들이 가는 회사 아닌가요?"라는 것입니다. 저 역시 자동차에 대한 관심이 많아 자동차 회사를 다녔지만, 자동차 회사는 단순히 자동차를 좋아하는 사람들만을 필요로 하지 않습니다. 실제로 업무 과정에서 협업한 많은 동료들 중에는 자동차에 큰 관심이 없는 사람들도 있으며, 익히 알려진 자동차 모델조차 잘 모르는 경우도 있습니다. 오히려 자동차에 관심이 없는 사람들이 더 혁신적이고 실용적인 아이디어를 제시하는 경우도 많았습니다. 자동차라는 제품은 제도, 문화, 기술, 환경 등 다양한 요소들을 복합적으로 고려해야하는 제품으로 다양한 배경과 경험을 가진 사람들이 모여 새로운 시각으로 문제를 해결할 때, 더 나은 제품과 문제 해결 방안을 도출할 수 있습니다.

오늘날에는 자동차와 관련된 정보를 여러 경로를 통해 쉽게 얻을 수 있습니다. 정보의 홍수 속에서 원하는 자료를 찾는 일은 더 이상 어려운 일이 아니지만, 그 정보를 어떻게 이해하고 응용할 것인가는 또 다른 문제입니다. 특히, 자동차와 같은 전문적인 분야에 처음 발을 내딛는 사람들에게는 방대한 정보들이 오히려 혼란스러울 수 있으며, 어느 방향으로 지식을 습득해야하는지에 대한 고민을 하게 만듭니다.

이 책은 자동차에 대한 깊은 관심이나 전문지식을 가진 사람들보다는, 자동차 산업에 첫 발을 내딛는 개척자들을 위한 안내서입니다. 이 책을 통해 자동차 산업에 대한 '관심'을 키우고, 체계적인 지식을 넓히는 데 도움이 되기를 바랍니다.

마지막으로 이 책을 읽는 여러분이 자동차 산업에 대한 관심을 바탕으로 더 큰 꿈을 펼치고, 그 꿈을 실현하는 과정에서 이 책이 조금이나마 도움이 되기를 바랍니다. 자동차 산업은 많은 도전 과제들을 안고 있지만, 그만큼 많은 기회도 존재합니다. 여러분의 열정과 도전이 여러분의 역량을 향상시킬 뿐만 아니라, 대한민국 자동차 산업의 경쟁력을 더욱 높여줄 것입니다.

대표저자 June

GUIDE
이공계 취업은 렛유인 WWW.LETUIN.COM

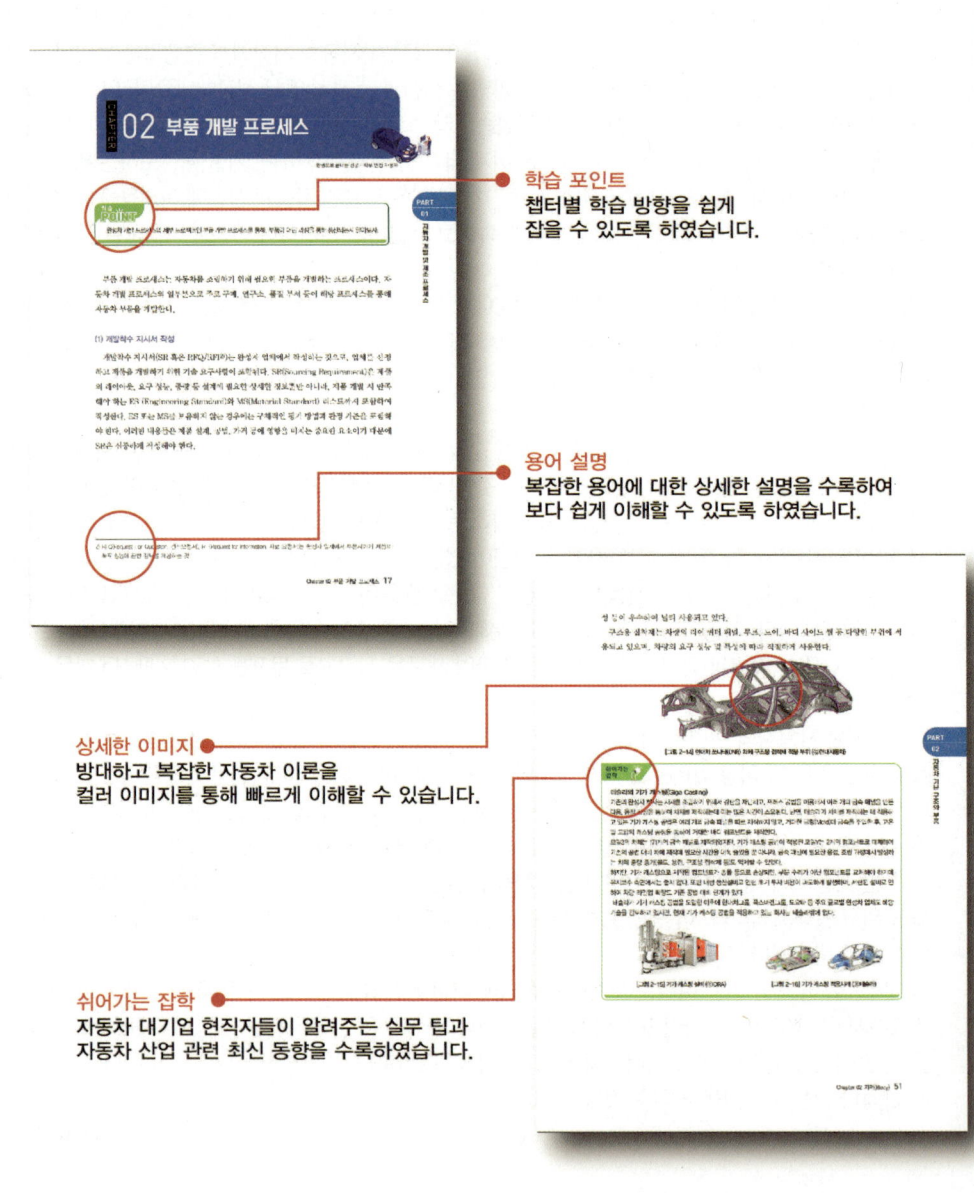

● 학습 포인트
챕터별 학습 방향을 쉽게
잡을 수 있도록 하였습니다.

● 용어 설명
복잡한 용어에 대한 상세한 설명을 수록하여
보다 쉽게 이해할 수 있도록 하였습니다.

● 상세한 이미지
방대하고 복잡한 자동차 이론을
컬러 이미지를 통해 빠르게 이해할 수 있습니다.

● 쉬어가는 잡학
자동차 대기업 현직자들이 알려주는 실무 팁과
자동차 산업 관련 최신 동향을 수록하였습니다.

한권으로 끝내는
전공·직무 면접 자동차

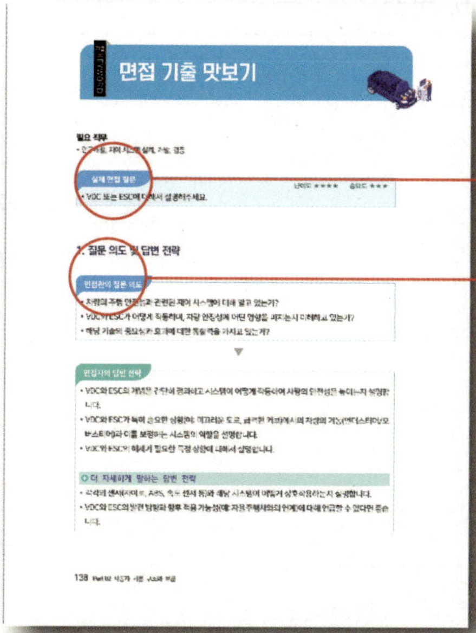

● 실제 면접 질문
현대/기아차 실제 면접 기출문제 중 해당 파트에서 배운 내용을 활용하여 답변할 수 있는 것을 수록하였습니다.

● 질문 의도/답변 전략
면접관의 질문 의도와 그에 따른 답변 전략을 실제 면접관 출신 저자의 관점에서 알려줍니다.

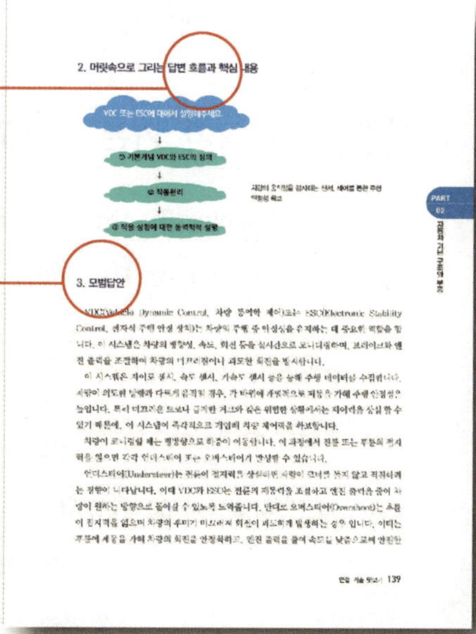

● 답변 흐름과 핵심 내용
어떤 순서로 답변하면 될지 답변 흐름과 핵심 키워드를 한 눈에 정리하였습니다.

● 모범 답안
대기업 현직자들이 제시하는 면접기출 모범답안을 수록하였습니다.

CONTENTS
이공계 취업은 렛유인 WWW.LETUIN.COM

PART 01 자동차 개발 및 제조 프로세스

Chapter 01 자동차 개발 프로세스 … 14

Chapter 02 부품 개발 프로세스 … 19

Chapter 03 파이롯트 … 22

Chapter 04 인증 및 법규 … 26
- 1. 인증 … 26
- 2. 배출가스 규제 … 29
- 3. 안전 규제 … 31

Chapter 05 자동차 제조 프로세스 … 33

• 면접 기출 맛보기 … 38

PART 02 자동차 기본 구조와 부품

Chapter 01 자동차의 구조 … 44

Chapter 02 차체(Body) … 48
- 1. 차체 … 48
- 2. 모노코크 바디의 구성 … 49
- 3. 내/외장 부품 … 54

Chapter 03 샤시(Chassis) … 63
- 1. 구동 시스템 … 63
- 2. 제동 시스템 … 67
- 3. 조향 시스템 … 72

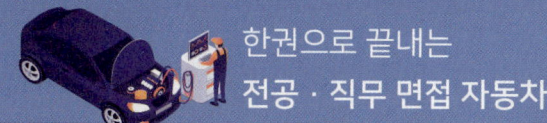

    4. 현가 시스템   76

    5. 휠(Wheel)과 타이어(Tire)   81

    6. 열관리 시스템   87

    7. 흡기 및 배기 시스템   92

Chapter 04 자동차의 다양한 재료   96

    1. 재료의 중요성   96

    2. 강판   98

    3. 엔지니어링 플라스틱   101

    4. 다양한 표면처리   104

Chapter 05 전장/인포테인먼트   107

    1. 전기 장치   107

    2. 인포테인먼트 시스템   116

Chapter 06 차량 통신   121

    1. CAN(Controller Area Network) 통신   121

    2. LIN(Local Interconnect Network) 통신   125

    3. 플렉스레이(FlexRay)   129

    4. 이더넷(Automotive Ethernet)   132

    5. OTA(Over-the-Air) 업데이트   135

• 면접 기출 맛보기   137

CONTENTS
이공계 취업은 렛유인 WWW.LETUIN.COM

PART 03 자율주행

Chapter 01 자율주행의 이해 — 146
1. 자율주행 기술 스택 — 146
2. 자율주행 자동차란 — 150

Chapter 02 자율주행 풀스택 개발(하드웨어 레이어) — 155
1. 카메라 — 155
2. 라이다 — 159
3. 레이더 — 162
4. GNSS/IMU — 164
5. 초음파 센서/오토인코더 — 165
6. 센서 구성(Sensor Configuration) — 166

Chapter 03 자율주행 풀스택 개발(소프트웨어 레이어) — 167
1. 물체 탐지 레이어 — 168
2. 환경 인식 레이어 — 173
3. 의사 예측 레이어 — 182
4. 경로 계획 레이어 — 188
5. 제어 레이어 — 191

Chapter 04 취업을 위한 국내·외 기업의 자율주행 현황 — 196
1. 개요 — 196
2. 국내·외 주요 기업의 개발 현황 — 196
3. SDV(Software Defined Vehicle) — 198
4. 자율주행 트렌드 분석 — 201

Chapter 05 자율주행 해결 과제 — 205
    1. 개요 — 205

    2. 기술적 해결 과제 — 205

    3. 규제 및 법적 해결 과제 — 207

    4. 윤리적·사회적 해결 과제 — 208

• 면접 기출 맛보기 — 209

PART 04 전기 자동차

Chapter 01 친환경차의 이해 — 214
    1. 친환경차의 분류 — 214

    2. 충전기술과 충전인프라 — 223

Chapter 02 전기 자동차 주요 부품과 기술 — 228
    1. 개요 — 228

    2. 전기 자동차를 구성하는 주요 부품 — 229

Chapter 03 전기 자동차와 배터리 — 240
    1. 2차전지의 개념과 구성 요소 — 241

    2. 2차전지의 제조 과정 — 248

    3. 배터리 수명과 주행거리 — 254

    4. 대표적인 전기 자동차용 2차전지 — 255

Chapter 04 전기 자동차 현황과 해결 과제 — 257
    1. 현대자동차그룹의 전기 자동차 현황 — 257

    2. 전기 자동차의 해결 과제 — 259

• 면접 기출 맛보기 — 262

CONTENTS
이공계 취업은 렛유인 WWW.LETUIN.COM

PART 05 수소전기차

Chapter 01 수소전기차의 이해 — 266
    1. 수소자동차란 — 266
    2. 수소전기차와 연료전지의 구동 원리 — 268
    3. 수소 인프라 — 270

Chapter 02 수소전기차의 주요 부품과 기술 — 278
    1. 수소전기차를 이루는 주요 부품 종류 — 278
    2. 연료전지 스택 기술 — 285
    3. 고압 수소 탱크 기술 — 292

Chapter 03 취업을 위한 국내·외 기업의 수소전기차 현황 — 295
    1. 국내·외 수소전기차 종류 — 295
    2. 국내 수소전기차 밸류체인 — 300
    3. 수소전기차 트렌드 — 301

Chapter 04 수소전기차의 장단점과 해결 과제 — 304
    1. 수소전기차의 장점 — 304
    2. 수소전기차의 단점 및 해결 과제 — 306

• 면접 기출 맛보기 — 309

PART 06 취준생, 중고 신입을 위한 자동차 산업 취업

Chapter 01 주요 완성차 업체 소개 — 314
    1. 현대자동차 — 315
    2. (주)기아 — 320
    3. KG모빌리티(KGM) — 323
    4. 르노코리아 — 324
    5. 제너럴 모터스(GM) — 326

Chapter 02 완성차 업체 직무별 업무 소개 — 328

Chapter 03 주요 자동차 부품 업체와 직무 소개 — 333
    1. 대표 부품 업체 리스트 — 333
    2. 시스템별 주요 부품 업체 — 336
    3. 부품 업체 직무의 이해 — 343

Chapter 04 자동차 산업으로의 취업 — 346
    1. 주요 완성차 업체 및 자동차 산업 채용 트렌드 — 346
    2. 채용 프로세스 — 356
    3. 자동차 산업 채용 준비를 위한 Tip — 359

- 면접 기출 맛보기 — 362

한권으로 끝내는
전공·직무 면접 자동차

PART 01

자동차 개발 및 제조 프로세스

이공계 취업은 렛유인 WWW.LETUIN.COM

Chapter 01. 자동차 개발 프로세스
Chapter 02. 부품 개발 프로세스
Chapter 03. 파이롯트
Chapter 04. 인증 및 법규
Chapter 05. 자동차 제조 프로세스

CHAPTER 01 자동차 개발 프로세스

> 자동차 개발 프로세스에서 단계별로 어떤 업무들이 진행되는지 파악하여 차량이 어떻게 개발되는지 이해한다.

1. 완성차 개발 프로세스

일반적으로 자동차를 개발하기 위해서는 24~36개월 이상의 긴 시간이 소요된다. 유럽의 대표적인 완성차 업체인 폭스바겐의 경우에는 신차 개발을 위해 약 54개월의 개발 기간을 설정하였으나, 최근에는 개발 기간을 36개월로 단축하는 전략을 발표했다. 세계 1위 완성차 업체인 토요타의 경우에는 신차 개발 기간을 18~36개월로 운영하고 있다. 일반적으로 신차 발표 주기가 약 5~6년인 것을 감안한다면, 신차를 출시하고 얼마 있지 않아 바로 다음 신차를 개발한다는 것을 유추할 수 있다.

우리는 일반적으로 '개발한다'는 단어를 제품을 만드는 것이라고 생각한다. 즉 제품 개발의 시작은 제품을 제작하는 것이라고 생각할 수 있지만, 자동차의 경우에는 조금 다르다. 자동차는 라이프 사이클이 다른 제품보다 긴 내구재에 속하는 제품이며, 소비자들의 차량 교환 주기와 제품 가격 등 다양한 요소를 고려해야 하기 때문에 사전 기획 단계가 필요하다.

차량 개발 프로세스는 크게 '선행기획단계 → 상품기획/디자인단계 → 제품개발단계 → 양산준비단계'의 4단계로 나눌 수 있다. 4가지 단계를 조금 더 상세하게 설명하면 '①상품기획 및 제안 → ②개발착수 → ③모델고정 → ④도면출도 → ⑤실차평가 → ⑥양산'으로 구분할 수 있다. 각 단계별로 어떤 일들이 진행되는지 알아보자.

(1) 상품기획 및 제안

상품기획 및 제안 단계는 시장 및 소비자, 경쟁사 동향 등의 분석을 통하여 어떤 제품을 만들지를 기획하는 단계이다. 일반적으로 마케팅, 상품전략, 상품기획, 제품기획, 상품지원 직무에서 업무를 주도적으로 수행한다.

이 단계에서는 차량이 판매시점에 적용되는 법규나 제도에 부합할 수 있을지, 고객에게 어필할 수 있는 상품 경쟁력을 갖출 수 있을지 등을 확인하기 위해 시장·소비자 분석과 자동차와 관련한 법규 동향에 대한 조사가 이루어진다. 이후 회사가 보유하고 있는 기술력(신기술 개발역량, 생산기술 역량 등)과 투자비, 생산량 및 제조원가 등을 고려하여 상품기획서를 작성한다. 상품기획서에 포함되는 내용은 아래와 같다.

① 상품 기획의 배경: 시장 및 소비자 트렌드, 판매 국가별 법규 및 규제 동향, 사내 목표 등
② 상품 기획의 목적
③ 상품 개발 콘셉트: 차량의 디자인
④ 상품 구성: 플랫폼, 파워트레인, 차체 형식, 세부 트림 등
⑤ 신기술: 해당 차량에 적용되는 신기술 적용 현황
⑥ 국가별 판매 목표: 차량이 판매되는 권역별 판매 목표 설정
⑦ 국가별 판매 가격(MSRP)
⑧ 수익성 검토 자료

(2) 개발착수

개발착수는 '상품기획 및 제안' 단계에서 도출된 상품기획서를 바탕으로 차량 개발 시작을 확정한 후, 설계를 시작하기 위한 단계이다. 개발착수 전 여러 부서에서 상품기획서의 내용과 관련한 다양한 안건들을 사전에 협의하고 조율하는 단계를 거쳐 개발착수가 진행된다. 개발하는 차량마다 차이는 있지만, 주요 안건은 투자비와 차량 판매가에 따른 수익성 확보이다.

(3) 모델고정(M-0)

모델고정 단계는 차량의 디자인과 플랫폼 등의 기술적인 제원이 확정되는 단계이다. 모델고정 단계 이후에는 디자인 및 제원에 큰 변화가 없으며, 전 부서가 본격적인 차량 개발을 진행하게 된다. 모델고정 단계를 기준으로 프로젝트 기간은 −와 +로 계산하는데, 모델고정 이전 단계는 −로, 모델고정 이후 단계는 +로 계산한다.

(4) 도면출도

도면출도는 제품을 제작하기 위한 설계도면을 출도하는 단계이다. 제품을 제작하기 위해서는 도면이 필요한데, 연구개발부서 내 설계팀에서 1차적으로 도면을 제작하는 단계이다. 자동차를 제작하기 위해서는 여러 부품이 필요한데, 부품을 설계하는 과정에서 각 부품의 완성 일정에 차이가 나면 부품 공급에 차질이 생겨 자동차를 제작하지 못하는 경우가 발생할 수 있다. 이를 방지하기 위해서 모든 설계 부서가 해당 시점에 도면을 제출함으로써 후속 부품의 제작 기일을 관리한다. 현업 설계담당은 도면출도 시점이 다가오면 야근을 하거나 밤을 새서라도 도면출도 시점을 맞추기 위해 노력한다.

쉬어가는 잡학

제품도와 승인도

자동차 산업 공급망 사슬 구조를 바탕으로 도면을 크게 제품도(대여도 방식)와 승인도로 나눌 수 있다. 제품도와 승인도 모두 제품 설계의 결과물이자 제품을 생산하기 위한 도면으로, 도면을 작성하거나 나타내는 방식도 모두 똑같다. 하지만 도면을 제작하는 사람, 제작한 제품에 문제가 발생했을 때의 책임 소재, 제품을 제작하기 위한 비용 측면에서 차이가 난다.

제품도의 경우, 제품에 대한 전체 설계는 완성차 업체에서 진행하며, 부품 공급 업체는 해당 도면을 바탕으로 제작만 진행한다. 따라서 공정 중에 설계 오류로 인한 문제가 발생할 경우 설계 변경의 주체도 완성차 업체이다. 반면 승인도의 경우 완성차 업체는 도면에 대한 승인자의 역할을 하고, 도면의 변경이 필요할 경우 설계 변경의 주체는 부품 공급 업체이다. 다만 도면이 변경된 경우 완성차 업체에 도면 변경에 대한 승인을 받아야 한다. 승인 프로세스는 아래 그림과 같이 부품 공급 업체가 도면을 작성하면 상위 업체인 모듈 업체가 검토를 하고 승인 관련 내용을 도면 측면에 기재한다. 그리고 마지막으로 완성차 업체에서 해당 도면을 검토 후 최종 승인한다.

승인도를 사용하여 제작한 제품의 경우 부품 공급 업체는 제품 가격의 일정 비율을 추가로 지급받는데, 이는 기술료라고 볼 수 있다. 가격적인 측면에서는 제품도를 제작하는 것이 완성차 업체 입장에서 유리하지만, 기술에 대한 관리비용, 인력 추가 및 부품 개발과 관련한 다양한 장비 운영 비용 등을 고려한다면 전문업체에서 제작한 승인도를 받는 것이 더 효율적인 경우가 많다.

주로 핵심기술에 속하며, 기술의 경쟁력이 중요한 부품의 경우에는 완성차 업체에서 직접 그린 제품도를 사용하며(친환경 기술, 파워트레인, 자율주행 기술 등), 기술 내재화가 필요 없는 부품의 경우에는 전문업체를 통해 받은 승인도를 사용하는 경우가 많다.

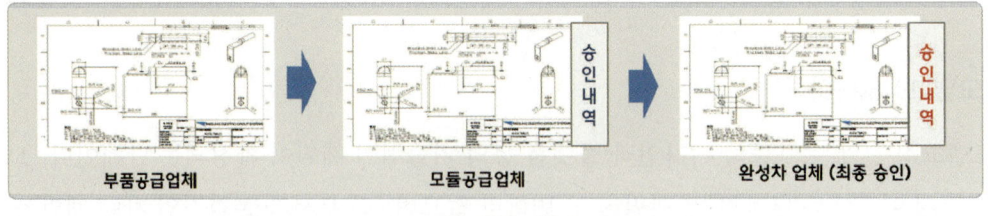

[그림 1-1] 승인도면의 승인 프로세스

(5) 개발평가와 파이롯트

개발평가는 앞선 단계에서 제작한 도면을 바탕으로 실제 차량을 만들어서 다양한 평가를 하는 단계이다. 시험표준절차(TDP)를 통한 R&H, NVH, 제동 등 동적인 실차 평가 외에도 주차한 상태에서 평가하는 정지 평가가 진행되며, 시험 차량을 이용하여 판매할 국가의 인증 절차도 진행한다.

파이롯트는 차량의 조립성을 점검하고, 생산라인의 작업자 교육을 진행하는 단계이다. 파이롯트 단계에서 만들어진 차량은 실차 평가 및 차량 인증에 사용된다. 파이롯트 단계에 따라 P1(T1), P2(T2), LP[1] 등으로 나누어지는데, 일반적으로 각 단계는 약 2달 정도의 간격을 두고 진행된다. 각 단계에 있는 'T'는 Try-out으로, 작업자를 교육하고 조립성을 점검하는 과정을 말한다. 단계가 넘어갈 때마다 개발과정에서 문제를 개선한 부품들이 공급되어 개선여부를 검증한다.

쉬어가는 잡학

TDP(시험표준절차, Test & Development Procedure)
TDP는 실차 평가 시 사용하는 기술표준이다. R&H, NVH, 내구, 연비(전비), 제동 등 차량의 성능이 제대로 발휘하는지를 확인하는 평가의 절차 및 방법론으로, 평가의 일관성과 정확성을 높이기 위하여 사용한다.

---

(6) 양산(SOP, Start of Production)

양산단계는 고객에게 판매할 차량을 대량으로 양산하는 단계이자 자동차 개발 프로세스의 종착지이다. 생산공장의 설비를 이용하여, 최종 개발한 차량의 품질 수준과 동일한 차량을 안정적으로 생산하는 것이 핵심이다. 이를 위해서는 공장의 생산관리나 품질관리 부서 등 공장을 운영하는 부서에서 부품과 차량의 품질 수준이 일정한지 꾸준하게 검사하고 관리하는 것이 중요하다.

---

[1] LP: Local Pilot의 약자로 해외생산공장에서 차량을 생산할 경우, 해외공장에서 제작해보는 과정을 말함

[그림 1-2] 자동차 양산 라인 (ⓒ AutoView)

(7) 양산 이후

양산단계에 돌입하면 차량개발 프로젝트가 끝난 것 같지만, 양산 이후 발생하는 다양한 문제를 개선하기 위한 활동이 남아있다. 해당 업무는 차량개발 프로젝트상에 포함되어 있지는 않지만, 실제 현업에서는 생각보다 많은 업무를 양산 이후 단계에서 수행한다. 특히 '초기 품질 100일 작전'은 신차 출시 초반 3개월 동안 부품 불량률을 최소화하기 위해서 서비스, 품질보증, 구매, 연구소 등 여러 유관 부서가 필드에서 발생하는 문제 하나하나를 분석한 후 대책을 수립하는 것을 말한다.

CHAPTER 02 부품 개발 프로세스

> **학습 POINT**
> 완성차 개발 프로세스의 세부 프로젝트인 부품 개발 프로세스를 통해, 부품이 어떤 과정을 통해 생산되는지 이해한다.

부품 개발 프로세스는 자동차를 조립하기 위해 필요한 부품을 개발하는 프로세스이다. 자동차 개발 프로세스의 일부분으로 주로 구매, 연구소, 품질 부서 등이 해당 프로세스를 통해 자동차 부품을 개발한다.

(1) 개발착수 지시서 작성

개발착수 지시서(SR 혹은 RFQ/RFI[2])는 완성차 업체에서 작성하는 것으로, 업체를 선정하고 제품을 개발하기 위한 기술 요구사항이 포함된다. SR(Sourcing Requirement)은 제품의 레이아웃, 요구 성능, 중량 등 설계에 필요한 상세한 정보뿐만 아니라, 제품 개발 시 만족해야 하는 ES(Engineering Standard)와 MS(Material Standard) 리스트까지 포함하여 작성한다. ES 또는 MS를 보유하지 않는 경우에는 구체적인 평가 방법과 판정 기준을 포함해야 한다. 이러한 내용들은 제품 설계, 공법, 가격 등에 영향을 미치는 중요한 요소이기 때문에 SR은 신중하게 작성해야 한다.

---

[2] RFQ(Request For Quotation, 견적요청서), RFI(Request for Information, 자료 요청서)는 완성차 업체에서 부품사에게 제품의 목표 성능에 관한 정보를 제공하는 것

쉬어가는 잡학

ES와 MS

ES와 MS는 대표적인 설계 표준이다. ES는 부품의 기능과 내구성을 검증하는 규격으로, ES 내의 다양한 평가 방법과 판정 기준을 통하여 올바르게 설계되었는지 검증하는 Tool이다. ES 규격을 만든 후 필드에서 발생하는 다양한 클레임을 바탕으로 이를 지속적으로 보완하는 것이 완성차 설계담당의 주요 업무 중 하나이다.

MS 규격은 부품 설계 시 필요한 재료, 재질, 표면처리 등에 관련한 규격으로 재료의 기본 물성이 요구 수준에 적합한지 확인하고, 부품의 내식성·내환경성 등을 검증하는 데 사용하는 규격이다. MS 규격은 일반적으로 재료와 관련한 업무를 수행하는 엔지니어가 만들고 보완한다.

(2) 입찰 및 업체 선정

입찰 및 업체 선정 단계는 부품을 공급할 업체를 선정하는 단계로, 설계 부서에서 만든 RFQ와 공급 물량, 공급 기간 등 다양한 정보를 바탕으로 구매 부서에서 주관하여 진행한다. 부품에 따라 1개 업체 또는 다수의 업체를 선정하며, 폐쇄적인 자동차 산업 구조상 기존에 협력 관계를 맺고 있던 회사가 선정되는 경우가 많다. 양호한 경영 상황, 제품에 대한 기술력 및 품질(기술 5스타), 안정적인 공급 여력 등을 모두 갖춘 업체를 찾는 것은 한계가 있으며, 기존에 협력하던 업체가 신생 업체보다 우수한 경우가 많기 때문이다.

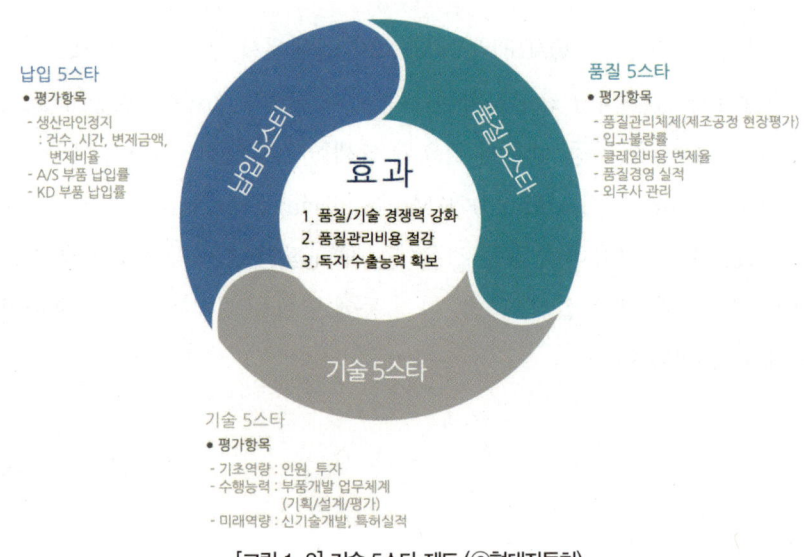

[그림 1-3] 기술 5스타 제도 (ⓒ현대자동차)

(3) 부품 설계

부품 업체가 선정되면 완성차 설계 담당과 선정된 업체의 설계 담당이 협의하여 상세 부품을 설계한다. 완성차 설계 담당은 부품을 설계하기 위한 가이드라인을 제공하고, 해당 부품과 밀접하게 연관되어 있는 다른 부품을 확인하는 등 완성차 관점에서 부품을 설계하며, 부품 업체 설계 담당은 부품의 성능에 초점을 맞추고 설계한다. 부품 설계 과정에서 ES 또는 MS 규격에 만족하는지 여부도 수시로 확인해야 한다.

(4) 부품 평가 및 실차 평가

설계가 완료된 부품은 단품 평가와 실차 평가를 통해 성능에 문제가 없는지 확인하는 과정을 거친다. 연구소 내부의 시험로에서 평가하거나 일반 도로, 운행조건이 가혹한 서킷에서 극한의 주행을 통해 발생한 문제점을 찾아 개선한다. 이 단계에서는 평가와 개선을 반복적으로 시행하면서 부품의 완성도를 높인다.

(5) 부품 생산 및 공급

평가 단계를 통과하면 품질관리 부서 주관으로 진행되는 ISIR[3] 작성이 진행된다. ISIR은 SR에 요구한 ES, MS 등의 요구 조건을 잘 만족하는지, 부품을 생산하는 공정이 적합한지를 확인하는 과정이다. ISIR을 합격하면 해당 부품을 양산라인에서 생산하여 완성차 공장으로 공급할 수 있다. 현대차그룹은 초도품 검사 성적서를 ISIR이라고 하지만, GM은 PPAP[4], 르노는 ANPQP[5] 등 용어를 다르게 사용하고 있다.

---

3) Intial Sample Inspection Report, 초도품 검사 성적서
4) Product Part Approval Process
5) Advanced Product Quality Planning

CHAPTER 03 파이롯트

> **학습 POINT**
> 차량 개발 프로세스에서 파이롯트 단계는 어디에 해당하는지 알아보고, 파이롯트 단계에서 제작된 차량이 어떤 용도로 사용되는지 이해한다.

1. 파이롯트란

차량개발 프로세스에서 설계 완성도가 높고, 경험과 기술 노하우가 충분하다면, 제품을 검증하기 위해서 여러 단계를 거쳐 개선할 필요가 없다. 그러나 신제품 개발 과정에서는 다양한 고객의 사용 조건을 검증하는 데 한계가 있으며, 대량 생산하는 과정에서 발생할 수 있는 다양한 문제를 사전에 개선하기 위해서 개발 프로세스 내에 여러 검증 단계를 추가해야 한다. 이러한 관점에서 파이롯트 단계는 차량개발 프로세스 내에서 차량개발과 대량생산을 이어주는 중요한 다리 역할을 한다.

개발 단계에서 양산 단계로 넘어가기 전 설계도면을 바탕으로 차량을 제작하고 다양한 평가를 시행하는데, 이때 제작되는 차량이 시작차(Proto Car)와 파이롯트 차(Pilot Car)이다. 파이롯트 단계에서는 시작차와 파이롯트 차를 통해 설계 단계에서 확인하지 못한 문제, 부품 생산과정에서 발생하는 문제, 조립과정에서 발생하는 문제를 확인하고 개선한다.

(1) 파이롯트 단계의 목적

① 시작 단계 품질확보

시작 단계는 차량 설계과정을 통해 만들어진 도면을 바탕으로 실제 차량을 제작하는 단계이다. 시작차 제작을 통하여 사전에 발생할 수 있는 문제를 확인하고 개선하는 것이 파이롯트 단계의 중요한 역할 중 하나이다. 시작차는 차량의 개발 규모(완전 신차, 페이스 리프트 등)와 성능 검증에 필요한 차량 대수를 고려하여 제작한다. 연구소의 차량 평가팀과 파이롯트 시험 평가팀은 파이롯트 단계에서 제작한 시작차를 다양한 평가 및 검증과정을 거쳐 차량의 요구 목표 성능을 달성하기 위해서 노력한다. 그러나 최근에는 차량개발 자원의 효율성을 높이기 위해 실제 차량을 제작하기보다는 디지털 검증 등 가상환경을 활용하여 개발과정에서 발생하는 다양한 문제를 개선하는 경우가 많다.

② 양산 단계 품질확보

파이롯트 단계에서는 공장에서 대량으로 양산할 경우 발생할 수 있는 문제를 사전에 검증한다. 자동차를 구성하고 있는 차체, 샤시, 엔진 및 내/외장, 전장 부품의 품질을 확인하고 차량을 조립하는 과정에서 발생할 수 있는 문제와 생산 효율성 점검 등을 통해, 양산 품질을 확보한다.

③ 신차 조립교육 및 국내외 공장 조립기술 지원

신차를 개발할 때는 새로운 부품과 공법의 도입으로 인해 공장의 작업자들에게 올바른 조립 방법 및 조립 과정에 대한 교육이 필요하다. 현대·기아차 및 주요 글로벌 완성차 메이커는 국내외 여러 개의 공장을 운영하고 있다. 각 공장에서 서로 다른 조립 방법으로 차량을 제작하면 안정적인 품질을 유지하기가 어려우므로, 파이롯트 단계에서는 조립 작업의 표준화를 통한 조립 매뉴얼을 개발하여 품질을 향상시킨다.

(2) 개발 금형(시작금형)과 양산 금형

금형은 제품을 대량 생산하기 위해서 사용하며 금형을 제작하는데 일반적으로 제품을 개발하는 과정에서 가장 많은 비용이 투입된다. 금형은 주조, 단조, 사출성형 등 다양한 공법에 사용된다. 시작차와 파이롯트 차의 가장 큰 차이점은 차량 제작에 사용하는 부품이 어떤 금형으로 제작되었는지 여부이다.

시작차의 경우에는 개발 금형(시작 금형)을 사용하여 만들어진 부품으로 차량을 제작한다. 차량개발 과정에서 발생하는 여러 문제를 개선하기 위해서는 부품 형상을 변경해야 하는 경우가 많다. 따라서 개발 금형은 부품 형상을 변경하더라도 신속하게 제작 또는 수정이 가능하고, 제작비용이 저렴해야 한다.

파이롯트 차는 양산 금형을 사용하여 만들어진 부품으로 차량을 제작한다. 대량 생산에 앞서, 향후 공장에 공급될 부품으로 차량을 만들어 검증함으로써 양산 전 차량을 확실하게 검증할 수 있다. 양산 금형은 대량 생산 부품을 만들기 위한 금형이므로, 대량 생산을 하더라도 제품의 형상과 기능에 문제가 없어야 한다. 따라서, 금형의 내구성과 정밀성이 높아야 한다. 개발 금형과 비교하여 양산 금형은 금형 제작 기간과 비용이 많이 소요된다. 대신 금형의 내구성이 좋아, 개발 금형과 비교하여 더 많은 제품을 생산할 수 있다.

최근에는 개발자원의 효율화와 디지털 검증 등의 기술 노하우 바탕으로 개발 금형으로 차량을 제작하기보다는 양산 금형을 바로 만들어서 개발 비용과 기간을 줄이고 있다. 하지만, 검증 과정에서 문제가 생겨 금형 수정이 필요한 경우, 실패 비용과 함께 개발 일정상의 문제가 발생할 수 있기 때문에 신중한 검토와 높은 설계 완성도가 요구된다.

[표 1-1] 개발 금형과 양산 금형의 비교

구분	개발 금형	양산 금형
특징	소량 생산에 용이	대량 생산에 용이
개발기간	짧음	긺
금형 정밀성	(상대적으로) 낮음	높음
금형 내구성	낮음	높음
개발비용	낮음	높음

(3) 파이롯트 차량의 제작 시점

파이롯트 차량은 일반적으로 양산 공장의 생산설비를 이용해서 차량을 제작한다. 현대/기아자동차의 경우에는 남양연구소 내에 공장 생산시설에 준하는 별도의 생산라인을 보유하고 있어서 해당 설비를 활용하여 시작차와 파이롯트 차량을 생산한다.

파이롯트는 개발 단계별로 P1, P2, LP, M 단계 등으로 나누어진다. 개발과정에서 필요한 차량을 각 단계에 맞춰 생산한다. P1 단계는 All-Tool 조건에서 진행하는데, 여기서 All-Tool이란 금형, 지그, 조립 공구, 부품 등 생산에 필요한 요소들이 양산 공장에서 사용할 것과 동일한 상태를 말하며, 치수 조건을 만족하는 부품으로 차량을 제작한다. 4M(Man, Machine, Materials, Method)관점에서 바라보면, Materials, Method가 양산 공장과 동일한 환경을 말한다. P2 단계는 All-Tool 조건에 더해 작업자, 공정 및 주변 환경 조건 등이 양산 공장과 동일한 상태를 말한다. 양산 공장과 동일한 환경을 구축한 상태에서 조립을 진행하는 것이다. 공급되는 부품의 경우, 치수 조건 만족과 함께 신뢰성 및 조립성 검증을 만족하는 부품으로 차량을 제작한다. LP 단계는 해외에서 생산되는 차량에 추가되는 단계로, 현지 생산 공장에서 한번 더 차량을 생산하여 현지에서 발생할 수 있는 문제를 검증하는 단계이다.

P1~LP 단계를 통과하면, M 단계로 넘어간다. M 단계에서는 파이롯트의 생산설비가 아닌 양산 공장의 생산라인을 이용하여 차량을 제작한다. M 단계에서는 앞서 P1, P2, LP단계에서 확인된 문제점이 개선되었는지 최종 점검하고, 생산훈련을 통해 작업자의 조립 숙련도를 높인다. M 단계에서 특이사항이 없으면 차량 양산(SOP[6])이 시작된다. M 단계에서 생산된 차량은 보통은 전시차, 미디어 시승 차량, 연구개발 모니터링용 차량으로 사용되며, 양산 차량과 거의 동등한 차량이기 때문에 고객에게 판매하기도 한다.

(4) 파이롯트 차량 활용

시작차와 파이롯트 차는 차량의 성능 및 품질 평가, 판매 전 인증을 위해 다양하게 활용한다. 시작차의 경우에는 차량의 다양한 성능검증을 위해 많이 활용한다. 연구소 개발 및 평가팀에서 해당 차량에 내부 평가기준(TDP)을 적용하여 초기에 설정된 목표 성능에 부합하는지를 확인한다. 평가 과정에서 문제가 발생하면 문제 원인을 분석하고 개선 방안을 수립하며, 해당 개선 방안이 유효한지 검증하기 위해 시작차를 활용한다.

① 품질 및 성능 평가

차량은 여러 개의 부품으로 구성되어 있으므로, 각 부품의 작은 변화가 누적되면 차량의 조립, 성능 등 다양한 문제가 발생할 수 있다. 특히 검증과정을 거치더라도 실물을 생산하는 과정에서 발생하는 다양한 품질 산포는 예측하기가 어렵다. 이를 해결하기 위해 실제 차량을 제작함으로써 부품을 생산하는 과정과 조립하는 과정에서 발생하는 문제를 사전 검증을 하여 차량 완성도를 향상시킨다.

② 판매 국가의 인증 평가

자동차는 판매 국가의 규제 및 인증 절차를 통과하여 판매 적합 승인을 받아야 한다. 특히, 안전 규정과 배기가스 규제 적합 여부는 판매에 있어서 매우 중요하다. 보통 국가마다 차이는 있지만, 주요 인증 절차의 경우 최소 1개월 이상의 기간이 소요되는데, 판매 국가에 차량을 보내는 기간, 인증기관의 평가 일정 등을 고려하면 양산 차량으로 인증을 받는 것은 어렵다. 따라서 양산 부품으로 제작한 파이롯트 차량을 활용하여 인증 절차를 진행한다.

---

6) Start Of Production

CHAPTER 04 인증 및 법규

> **학습 POINT**
> 차량 판매 전 진행하는 인증 과정이 무엇인지 알아보고, 점점 강화되는 배출가스 규제와 안전 규제에 대해서도 파악한다.

1. 인증

(1) 자동차 인증

자동차를 판매하기 위해서는 판매 국가의 규제와 인증 절차 통과가 선행되어야 한다. 일반적인 차량 개발 프로세스에서는 공장에서 대량 생산 전에 인증 절차를 이미 완료한다. 일부 판매 차량의 경우에는 출시 일정에 따라서 공장에서 먼저 생산된 이후 인증 절차가 완료되는 경우도 있지만, 대부분 양산 전에 인증 절차는 완료된다.

자동차 인증은 신차뿐만 아니라 개조차(페이스리프트)와 같은 부분 변경모델에서 진행되기도 한다. 또는 해당 국가의 법규가 개정될 경우 변경된 법규에 만족하는지 여부를 점검하기 위해 추가적인 인증 절차가 진행되기도 한다.

자동차 인증 절차에는 2가지 제도가 있다. 하나는 형식승인(Type Approval)제도이고, 또 하나는 제작자 자기인증(Self-Certification)제도이다.

[그림 1-4] 한국 자동차 인증 제도의 변화 (ⓒ자동차안전기준 종합정보시스템)

① 형식승인(Type Approval)

　형식승인이란 자동차를 합법적으로 판매하고 공공도로에서 사용하기 위해서 해당 국가에서 요구하는 기술 및 안전 규정을 만족하고 있음을 입증하는 인증 절차이다. 형식승인과정에서 평가되는 대표적인 항목은 자동차의 설계, 구조, 구성 요소 및 충돌성능, 배출가스, 제동성능, 조향 성능 및 안전 규정 등이 있으며, 그 밖에도 다양한 검사와 실차 테스트가 진행된다.

　형식승인의 경우 인증 절차가 완료되어 인증을 통과해야만 해당 국가에 차량을 판매할 수 있는데, 이는 정부가 사전에 안전성을 확인하기 때문에 안전기준에 적합하지 않은 자동차가 시장에 유통되는 것을 방지할 수 있는 장점이 있다. 하지만, 형식승인을 받은 제품에서 문제가 발생할 경우, 제조사가 "정부의 법규와 안전규제를 만족한 제품이다"라는 논리로 제작결함 조치에 소극적인 자세를 취할 가능성이 있어, 소비자의 권익 보호 및 안전을 보장하는 데 한계가 있다.

　형식승인제도를 시행하고 있는 대표적인 국가로는 유럽연합과 일본, 중국 등이 있다. 유럽연합의 경우에는 유럽연합 내 하나의 국가에서만 형식승인을 받으면, 유럽연합 내 다른 국가에도 인증을 받은 것과 동일한 효력을 갖는다. 따라서, 유럽연합에 속하는 국가에 판매하는 차량의 경우에는 유럽연합 국가 중 한 곳에서만 인증 절차를 진행한다.

② 제작자 자기인증(Self-Certification)

제작자 자기인증제도는 제작자가 스스로 자동차가 안전기준에 적합함을 인증하는 제도이다. 따라서 형식승인제도보다는 자동차 판매에 자율성을 가질 수 있다.

제작자 자기인증제도는 제작자의 자율성을 보장하기 때문에 인증절차 과정에 필요한 시간 및 비용 등이 절약되어, 제작사의 편의성이 높아지는 장점이 있다. 반면, 안전기준에 적합하지 않은 자동차가 시장에 판매되는 것을 사전에 차단할 수 없는 단점이 있다. 이에 정부는 판매된 자동차를 대상으로 사후에 안전기준에 적합한지를 별도로 확인하는 절차를 진행하여, 부적합한 사례가 발견되면 자동차 제작사 또는 판매사에 시정 조치명령(리콜, Recall)과 과징금 부과 및 벌칙을 부여하여 소비자를 보호하고 있다.

우리나라의 경우, 2003년부터 형식승인제도에서 제작자 자기인증제도로 변경되었으며, 그 밖에 미국, 캐나다 등이 제작자 자기인증제도를 채택하였다.

[표 1-2] 형식승인제도와 제작자 자기인증제도의 차이

구분	형식승인제도	제작자 자기인증제도
채택국가	• 유럽연합, 일본, 중국 등	• 대한민국, 미국, 캐나다 등
판매 전	• 정부의 사전 인증 필요 • 사전 검사 및 평가 진행	• 제작사 안전기준에 적합함을 자체 평가로 인증하고 판매
판매 후	• 양산 적합성 확인(COP7)) • 기준 불만족 시 형식 승인 취소	• 결함정보 수집 및 조사 등을 바탕으로 리콜 및 과징금 부과(제작결함조사)

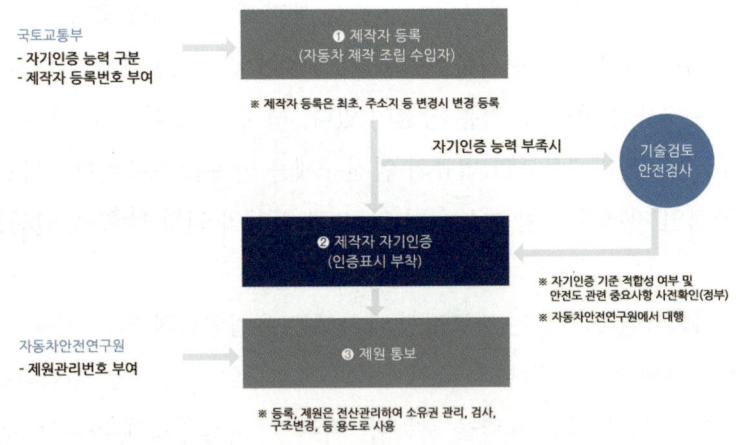

[그림 1-5] 국내 자동차 자기인증 절차

---

7) Conformity Of Production, 생산적합성제도

2. 배출가스 규제

(1) 친환경 정책의 근간

차량 인증에서 가장 중요한 규제는 배출가스 규제이다. 내연기관 차량은 운행 과정에서 배기가스를 배출한다. 배출가스는 지구온난화의 주요 원인으로 대표적인 배출가스는 탄화수소(CO_x), 질소산화물(NO_x), 알데하이드, PM(미세먼지) 등이 있다.

세계 각국 정부는 배출가스 규제강화를 통해서 수송 분야에서 발생하는 환경오염을 줄이고자 노력하고 있다. 배출가스와 관련하여 규제를 주도하고 있는 권역은 Euro 규제를 적용하고 있는 유럽과 CARB/EPA 등의 규제를 적용하고 있는 미국이 있다.

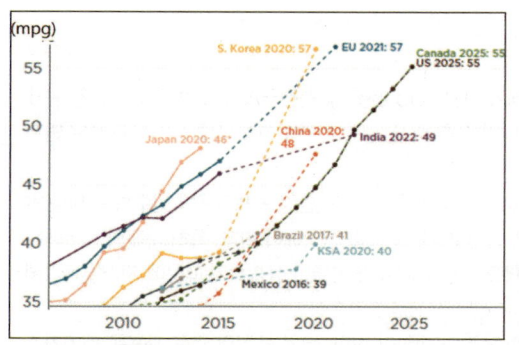
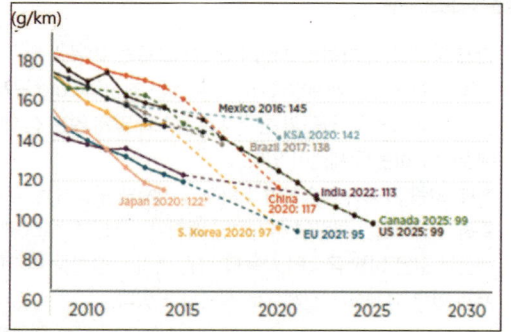

[그림 1-6] 평균연비규제 현황 및 계획(좌) / CO_2 규제 현황 및 계획(우)

① 유럽연합의 배출가스 규제의 기준

Euro는 자동차의 배기가스 배출량을 줄이기 위해서 유럽연합에서 시행되고 있는 규제로 1992년부터 시행되었다. 현재는 Euro6를 적용하고 있지만, 2024년 3월 Euro7 기준이 유럽연합 의회에서 통과되어, Euro7이 적용될 예정이다. 유럽연합 외에도 중남미, 아프리카, 중동 등 다양한 국가에서 Euro 규제를 적용하고 있다.

② 미국의 EPA와 CARB 그리고 CAFE

미국에는 2가지 배출가스 규제가 있다. 하나는 연방규제이자 미국 환경청이 관리하는 EPA[8]가 있으며, 또 하나는 캘리포니아주에서 시행하고 있는 CARB[9]가 있다. 캘리포니아주

---

8) Environmental Protection Agency
9) California Air Resource Board

를 비롯하여 미국에 차량을 판매하는 회사는 EPA와 CARB 규제에 대응하고 있다. 그뿐만 아니라 CAFE[10] 제도에 따라 기업평균연비를 지속적으로 상향하고 있다.

③ 한국의 배출가스 규제

한국의 경우 Euro 규제와 CARB 규제를 병행하여 적용하고 있다. 디젤 차량의 경우에는 Euro 규제를 바탕으로 하는 규제를 적용하고 있으며, 가솔린 차량의 경우에는 미국의 CARB 규제를 바탕으로 하는 규제를 적용하고 있다. 그뿐만 아니라 CAFE 제도와 유사한 기업평균연비제도도 적용하고 있어, 배출가스 규제가 강한 국가 중 하나이다.

쉬어가는 잡학

환경 규제를 강화하면 차량 가격이 오르는 이유?

소득 수준이 낮은 저개발국가의 경우에는 최신의 Euro 규제가 아닌 Euro 2~5 등 선진국과 비교하여 낮은 환경 규제를 적용하고 있다. 최근의 친환경 트렌드와 맞지 않는 정책이라고 할 수 있는데, 환경 규제를 강화하기 위해서는 먼저 해결해야 하는 문제들이 있다.

첫째, 차량 가격이 상승하여 소비자가 신차를 구입하는 데 어려움을 겪을 수 있다. 환경 규제가 강화될수록 규제를 만족하기 위해서는 차량에 추가적인 배기가스 저감장치(EGR, 삼원 촉매, SCR)를 장착해야 한다. 특히 촉매의 경우에는 백금과 같은 비싼 금속이 사용되는데, 이러한 장치를 추가함으로 인하여 차량 가격이 상승하기 때문에 저개발국가에서는 환경 규제를 제한적으로 적용하고 있다.

둘째, 차량의 배기가스를 줄이기 위해서는 사용하는 연료의 품질이 좋아야 한다. 낮은 품질의 연료 사용은 배기가스 저감장치 고장을 유발할 수 있다. 우리나라는 대형 정유사들이 있어서 시중에 판매되는 연료 품질이 좋은 편이지만, 저개발국가에서는 고품질의 연료를 사용하고 시중에 공급하는 것이 경제적인 부담이 될 수 있다. 아래 그림은 연료 내 황분 함량으로, 함량이 높을수록 연료 품질이 좋지 않다.

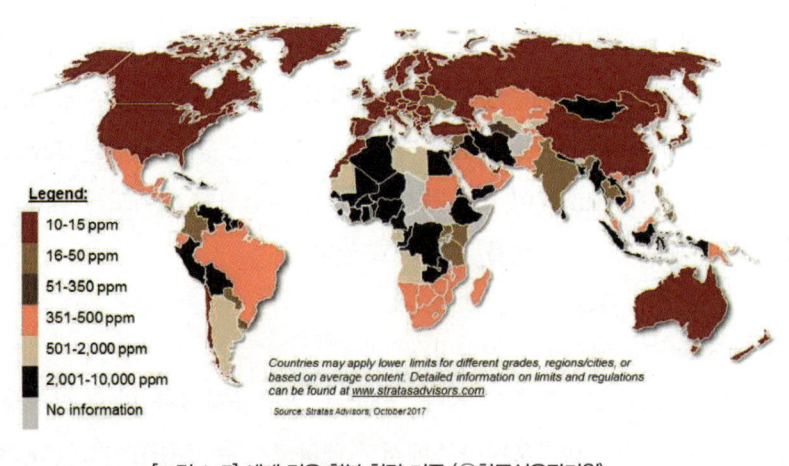

[그림 1-7] 세계 경유 황분 함량 기준 (ⓒ한국석유관리원)

---

10) Corporate Average Fuel Economy

3. 안전 규제

(1) 지속적인 안전(Safety) 규제 강화

자동차 탑승객을 보호하기 위한 안전 규정도 지속적으로 강화되고 있다. 대표적인 안전 규정으로 한국에 '자동차 및 자동차부품의 성능과 기준에 관한 규칙'이 있다면 미국에는 FMVSS[11]가 있다. 이 외에도 강제사항은 아니지만 차량의 상품성과 연관된 안전평가로 NCAP과 IIHS 등이 있다.

① 미국의 안전 법규 FMVSS

북미지역의 안전 법규로는 FMVSS가 있다. FMVSS는 자동차와 자동차 안전 관련 부품 및 기능에 대한 설계, 구조, 성능, 내구성에 대한 최소 의무 안전 요건을 명시한 미국 연방 차량 규정이다. 미국에 판매하는 자동차 및 자동차 부품은 모두 FMVSS 인증을 받아야 한다. FMVSS는 사고예방을 위한 규제, 사고순간 승객을 보호하기 위한 규제, 사고 후 2차 피해 등 피해확산 방지를 위한 규제 등이 있다.

[표 1-3] FMVSS의 종류

구 분	규정 내용	규정 목적
FMVSS 1XX	사고 예방을 위한 규제	충돌방지
FMVSS 2XX	사고 시 승객을 보호하기 위한 규제	충돌 내구성
FMVSS 3XX	사고 후 피해확산 방지를 위한 규제	충돌 후 생존성
FMVSS 4XX	기타	–
FMVSS 5XX	교통에 관한 기타 규정	–

② NCAP(신차 안전도 평가, New Car Assessment Program)

법규 이외에도 안전과 관련된 평가로는 NCAP이 있다. NCAP은 정부가 자동차 충돌시험 등을 통하여 자동차의 안전성을 평가하여 소비자에게 안전한 차량을 구입할 수 있는 정보를 제공하고, 자동차 제조사가 안전한 자동차를 생산하도록 유도하기 위해서 실시된다. 권역에 따라 명칭을 다르게 사용하고 있으며, 평가항목도 지역마다 상이하다. 대표적인 NCAP으로는 NCAP(북미), Latin-NCAP(중남미), Euro NCAP(유럽), KNCAP(한국), ANCAP(호주), ASEAN NCAP(동남아시아) 등이 있다. NCAP의 점수가 낮아도 차량 판매에는 문제가 없지만 상품성 측면에서 좋은 이미지를 얻을 수 없기 때문에, 대부분의 자동차 제조사들은

---

[11] Federal Motor Vehicle Safety Standards

NCAP에서 높은 점수를 받기 위해서 안전도 보강을 하고 있다.

NCAP의 평가항목은 국가마다 다르지만 대표적인 항목은 정면/측면/차대차 충돌 시험, 전복(Rollover) 안전도 시험, 좌석 안전도 시험, 보행자 안전도 시험, 제동력 시험 등이 있다. 이러한 충돌평가 이외에도 안전장치(ISO FIX, 에어백 개수 등)가 포함되었는지의 여부 등을 고려하여서 점수가 산출되며 이를 바탕으로 등급이 결정된다.

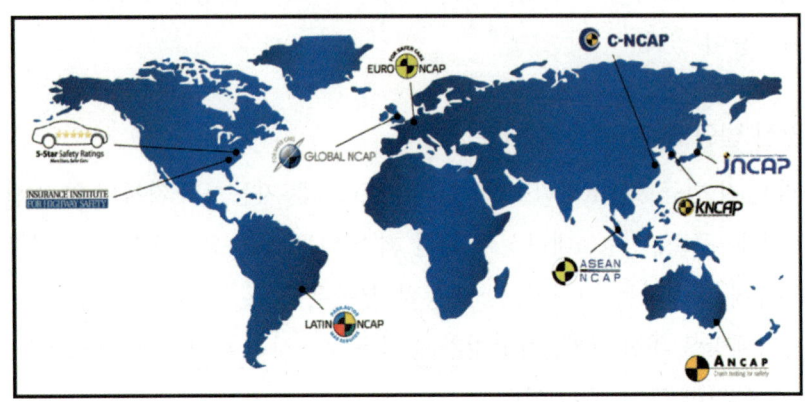

[그림 1-8] 권역별 NCAP 현황 (ⓒResearchGate)

③ IIHS(Insurance Institute for Highway Safety)

'세이프티 탑 픽 플러스(Safety Top Pick+)를 획득'이라는 광고를 접한 적이 있는가? 미국에는 NTHSA[12])에서 주관하는 NCAP 외에도 미국의 보험사에서 주관하는 신차 안전도 평가가 있다. IIHS 평가를 통해 수여받는 등급 중 최고 등급에 해당하는 것이 세이프티 탑 픽 플러스이다. 차량이 안전할수록 자동차 사고 발생률이 낮고, 나아가 사고 발생 시 탑승자의 부상 정도를 낮추어 보상 비용을 낮출 수 있기 때문에 보험사가 자체적으로 안전 등급을 평가하는 것이다. IIHS 등급은 자동차 보험료 산정에도 활용되기 때문에 제조사들은 NCAP 외에도 IIHS 평가에 대응하여 차량을 개발하고 보완한다.

[그림 1-9] 2023년 Top Safety Pick+ 평가를 받은 차량 (ⓒIIHS)

---

12) National Highway Traffic Safety Administration의 약자로 미국 교통부 산하 미국도로교통안전국 안전 법규 담당

CHAPTER 05 자동차 제조 프로세스

> **학습 POINT**
> 자동차가 실제로 만들어지는 과정에 대해 학습하고, 각 공정의 역할과 기능을 파악한다.

1. 자동차 제조 프로세스란

자동차는 약 15,000~20,000여 개의 다양한 부품을 조립하여 제작한다. 부품을 제작하고 조립하는 과정에서 주조, 프레스, 사출, 용접 등 뿌리 기술에서부터 최신 기가 캐스팅 공법까지 다양한 공법을 활용하여 차량을 제작한다.

자동차의 조립은 크게 '프레스 공정 → 차체 조립 공정 → 차체 도장 공정 → 의장(조립) 공정 → 검수 및 주행검사' 순으로 진행되고, 검수 및 주행검사를 합격한 차량이 고객에게 인도된다.

(1) 프레스 공정(Stamping Press)

자동차 생산의 가장 첫 단계는 차체, 즉 차량의 기본 골격을 만드는 것이다. 차체는 엔진과 샤시 부품, 그리고 내·외장 부품 등이 장착되는 곳으로 차체 부품은 프레스 공정을 통하여 제작된다. 프레스 공정은 위쪽과 아래쪽에 금형(DIE)을 장착하고 금형 사이에 강판을 넣고, 강한 압력을 가해 원하는 형상으로 변형하는 것이다. 변형된 강판은 제품의 형상에 따라 단계별로 재단, 펀칭, 절단 등의 작업과정을 거쳐 최종적인 형상으로 만들어진다.

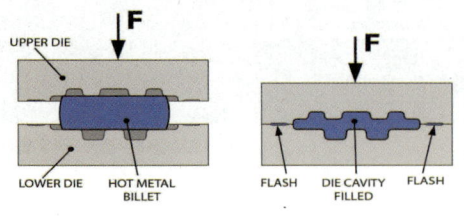
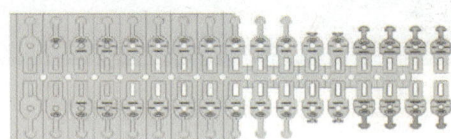

[그림 1-10] 프레스 공정 　　　[그림 1-11] 프레스 공정 단계별 제품 형상의 변화

(2) 차체 조립 공정(Welding)

프레스 공정을 통해 제작된 다양한 차체 패널은 차체 조립 공정에서 용접과 구조용 접착제를 사용해 차체로 조립된다. 차체는 차량을 구성하는 다양한 부품이 장착되는 기반으로, 제작 오차가 발생하면 부품 조립이 어려워지며 차량의 전체적인 완성도가 떨어질 수 있다. 따라서, 차체 조립 공정은 다른 공정보다 높은 정밀도가 요구된다. 완성도가 높은 차체를 생산하기 위해서, 차체조립 공정은 로봇을 활용하여 높은 수준의 자동화를 구현하고 있는데 이는 자동차 제조공정 중 가장 높은 자동화율에 해당한다.

[그림 1-12] 차체 조립 공정 (ⓒBMW)

(3) 차체 도장 공정(Paint)

차체조립이 완료되면, 차체의 내구성을 높이고 외관 품질을 향상시키기 위해 도장을 진행한다. 자동차 도장 공정은 자동차 전체 조립 시간 중 약 40~50% 정도에 해당하는 공정으로 주로 도장을 입히고 건조하는 과정에서 많은 시간이 소요된다. 그리고 도장 건조 시 사용하는 오븐으로 인하여 에너지 사용 및 이산화탄소 배출량도 많다.

도장면은 아래 그림과 같이 하도, 중도, 상도 도막으로 구성되는데, 이러한 도막 구조를 만들기 위해서 도장 공정은 크게 '전처리 공정 → 하도(Primer Coat) 공정 → 중도(Base Coat) 공정 → 상도(Color and Clear Coat) 공정' 순으로 진행되며, 도장과 건조 과정을 반복해서 진행한다.

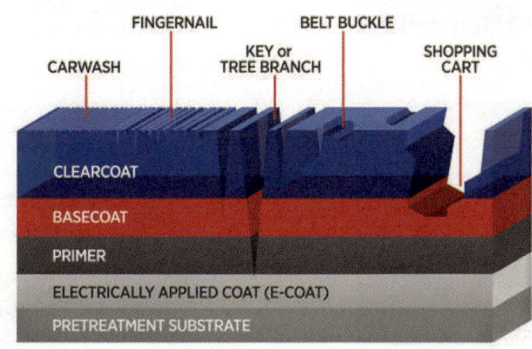

[그림 1-13] 일반적인 자동차 차체의 도막

먼저 전처리 공정은 차체를 조립하는 과정에서 발생한 먼지나 이물질을 제거하기 위해 차체를 세척하는 공정이다. 이를 탈지 과정이라고도 하는데, 이를 통해 차체의 유분과 오염을 제거한다. 세척 이후에는 차체 강판 표면에 에칭(Etching)과 화성 피막이 형성되어 하도 도장의 내식성과 밀착성을 높이게 된다.

하도 도장 공정은 차체의 방청 성능을 향상하기 위한 공정이다. 차량을 욕조 같은 곳에 담구어(침적) 전기를 통전시켜 도장을 실시하는데, 이런 방법으로 스프레이 도장으로 도장 할 수 없는 부위까지 구석구석 도장이 가능하다.

중도 도장 공정은 내치핑 성능을 높이고 상도 도장의 부착성과 발색성을 향상시키기 위해서 시행하는 공정이다. 내치핑성은 주행 중에 주변에서 날아오는 작은 돌이나 먼지에 의해서 차량 도장면이 손상되는 것에 대한 내성을 말한다. 도료의 내치핑 성능이 부족할 경우, 장기적인 도장 손상으로 인하여 차량이 부분적으로 부식되는 경우가 많다.

상도 도장 공정은 차량 외관에 색상을 입히는 공정으로 색이 있는 도료로 도장을 하고 그 위에 클리어 코팅을 입혀 차량의 표면을 보호하고 광택을 더한다.

① 전처리 공정

② 하도 도장 공정

③ 중도 도장 공정

④ 상도 도장 공정

[그림 1-14] 차체 도장 공정

쉬어가는 잡학

저온경화 도장기술

현대자동차그룹은 도장공정에서 발생하는 이산화탄소 배출량을 줄이기 위해서 저온경화 도장기술을 개발하였다. 상도 공정에서는 도장의 내구성을 높이기 위해서 약 180℃의 고온에서 건조하는 베이킹 공정이 진행된다. 하지만 저온경화 도장기술을 사용하면 기존의 베이킹 공정의 온도보다 낮은 80~90℃에서도 경화 반응이 발생하기 때문에, 고온에 약한 플라스틱 등의 복합소재도 동시에 도장이 가능하다. 낮은 온도의 베이킹 공정으로 도장 설비의 수명도 늘리고 에너지도 절약할 수 있어, 공정 내 이산화탄소 배출량을 줄이는 데 기여한다.

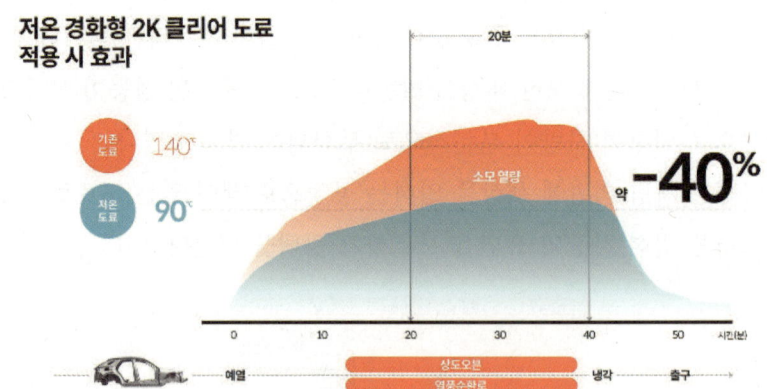

[그림 1-15] 저온경화형 도료의 효과 (ⓒ현대자동차)

(4) 의장(조립) 공정(Aseembly)

도장이 완료된 차체는 의장(조립) 공정으로 투입된다. 의장 공정은 앞서 만들어진 차체에 엔진, 샤시모듈, 콕핏모듈 및 내/외장부품을 장착하여 차량을 완성하는 단계로, 자동차 조립 공정 중에서 가장 많은 작업자가 배치되는 공정이다. 과거에는 차량을 구성하는 부품을 완성차 공장에서 직접 제작하였으나, 최근에는 공정의 복잡성을 줄이고 생산 효율성과 품질 향상을 위해서 모듈 단위로 부품을 공급받아 조립한다. 대표적인 모듈부품으로는 앞에서 말한 샤시모듈과 콕핏모듈 등이 있다.

[그림 1-16] 의장 공정 (ⓒBMW)　　　　[그림 1-17] 샤시모듈 조립 (ⓒBMW)

(5) 검수(Inspection) 및 주행검사(Driving Test)

의장 공정을 거쳐 완성된 차량은 최종 검수를 진행한다. 검수 과정에서는 휠 얼라인먼트 조정 및 헤드램프 조사각 조정, 제동 성능확인, 배출가스 검사, 차체 수밀 평가 등 다양한 검사가 진행된다. 검수에 합격한 차량은 주행검사를 진행한다. 주행검사는 도로에서 성능을 점검하는 과정으로 차량 쏠림, 선회 성능, 제동 성능 등을 평가한다. 문제가 없는 차량은 출고장으로 이동하며, 문제가 확인된 차량은 리워크 작업을 통해서 부품 교환 및 수정 후 출고한다.

[그림 1-18] 검수_헤드램프 조정 (ⓒBMW)

면접 기출 맛보기

필요 직무
- 생산관리, 품질관리, 공정기술, 생산기술 등

실제 면접 질문

난이도 ★★   중요도 ★★★★

- 자동차 생산 공정에 대해 아는 대로 설명해주세요.

1. 질문 의도 및 답변 전략

면접관의 질문 의도
- 자동차 생산 공정의 전반적인 흐름에 대해 알고 있는가?
- 자동차 생산 공정 내에서 지원하고자 하는 직무의 역할을 이해하고 있는가?

면접자의 답변 전략
- 자동차 생산 공정의 전반적인 큰 흐름을 설명한다.
- 지원하는 직무와 관련된 공정은 좀 더 구체적으로 설명한다.
- 지원하는 직무의 공정과 선/후 공정과의 상호관계에 대해 설명한다.

⊕ 더 자세하게 말하는 답변 전략
- 각 공정마다 요구하는 바가 상이한데, 각 공정의 특징을 바탕으로 공정의 주안점에 대해서 설명한다면 Good!
- 예를 들어, 도장 공정의 경우에는 이물질이 들어가지 않도록 청정도를 유지하는 방법, 의장 공정의 경우에는 부품 품질과 작업자의 조립 품질이 일정하도록 관리하는 것 등의 협업 업무의 관점에서 주요 포인트를 설명한다면 Best!

2. 머릿속으로 그리는 답변 흐름과 핵심 내용

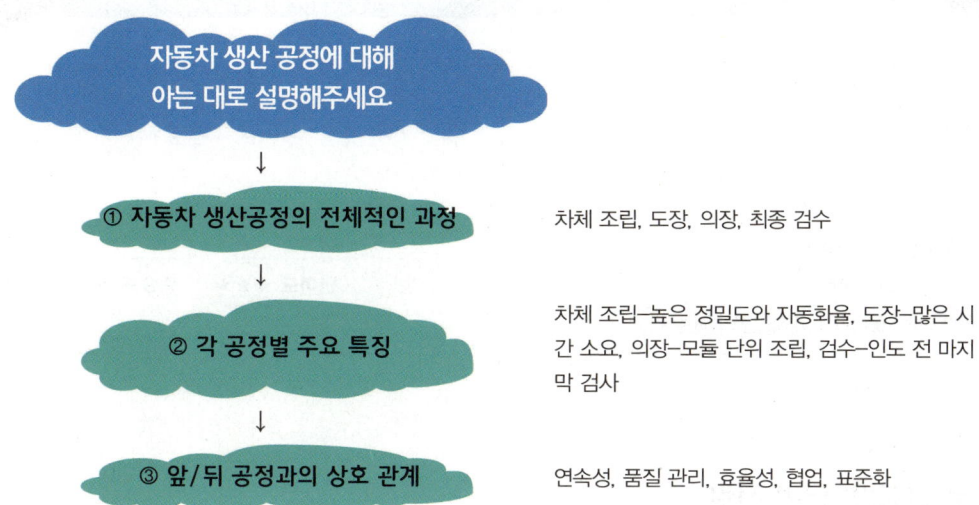

3. 모범답안

- 자동차 생산 공정은 크게 '차체 조립 → 도장 → 의장 → 최종 검수' 네 단계로 나눌 수 있으며, 최종 검수 후 고객에게 자동차가 인도됩니다. 먼저 자체 조립 공정은 차체를 구성하는 각 부품을 용접과 적절한 접합 공정을 통해 이어붙여 차체를 만드는 것입니다. 다음으로 도장 공정을 통하여 차체의 내구성과 외관 품질을 향상시킵니다. 세 번째로 내장 및 외장, 샤시부품, 파워트레인 등의 부품을 조립하고, 마지막으로 각종 기능이 잘 구현되는지를 다양한 검사를 통하여 점검합니다.

- [Case1 - 생산관리, 생산기술 등] 자동차 조립에서 의장 공정은 다양한 부품과 사람의 손이 가장 많이 거치는 단계입니다. 따라서, 조립과정에서 휴먼 에러가 발생하지 않도록 주의가 필요합니다. 완벽한 의장 공정이 진행된다면, 검수공정에서 업무부하가 줄어들어 품질과 생산성을 모두 높일 수 있습니다.

- [Case2 - 품질관리] 품질관리 직무는 자동차 조립의 마지막 단계에서 최종적으로 품질을 점검하는 단계입니다. 자동차 조립의 앞선 모든 단계를 마무리하는 과정으로 조립단계에서 발생한 문제를 고객에게 인도 차량 인도 전에 막을 수 있는 마지노선입니다. 따라서 꼼꼼한 검수와 해당 문제가 재발되지 않도록 후속조치를 잘해야 품질과 생산성을 높일 수 있습니다.

면접 기출 맛보기

필요 직무
- 연구개발 부문, 국내사업, 글로벌사업

실제 면접 질문
난이도 ★★★　　중요도 ★★★★
- 자동차 개발 과정에 대해 요약해보세요.

1. 질문 의도 및 답변 전략

면접관의 질문 의도
- 자동차 개발 프로세스에 대한 이해
- 본인이 지원하는 직무가 자동차 개발 과정에서 어떤 역할을 하는지 이해하고 있는가?

면접자의 답변 전략
- 자동차 개발 과정에서 연구개발본부가 담당하고 있는 업무에 대해 설명한다.
- 지원한 직무의 위치에서 프로세스의 구체적인 내용을 설명한다.

⊕ 더 자세하게 말하는 답변 전략
- 연구개발본부가 담당하고 있는 프로세스의 전/후 단계를 설명한다면 Good!

2. 머릿속으로 그리는 답변 흐름과 핵심 내용

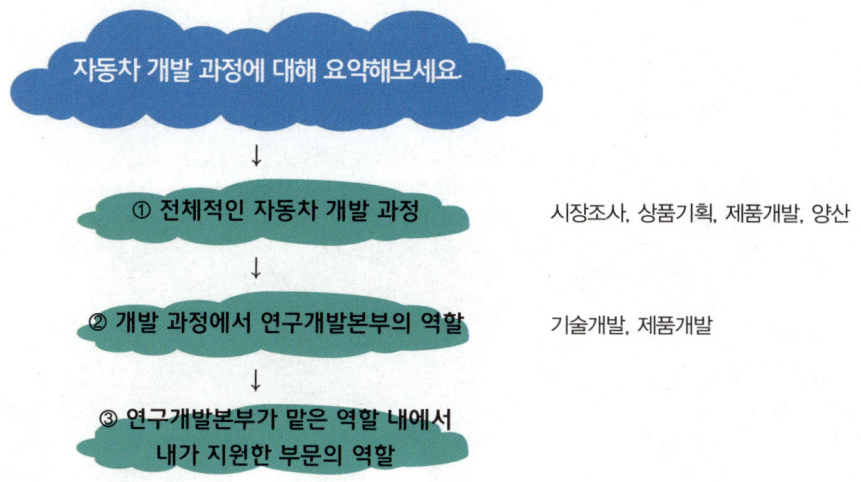

3. 모범답안

- 자동차 개발은 크게 시장조사, 상품기획, 제품개발, 양산 4단계로 진행됩니다. 먼저 시장조사를 통하여 다양한 시장의 니즈를 발굴합니다. 이후 시장의 니즈와 인사이트를 바탕으로 차량이 출시될 시점에도 상품경쟁력이 우수한 제품을 기획합니다. 상품 기획안을 바탕으로 기술 개발 및 제품개발이 진행되고, 제품경쟁력과 우수한 품질을 확보한 차량을 생산공장에서 대량으로 생산하여 고객에게 우수한 차량을 인도하게 됩니다.
- [Case1 – 국내사업, 글로벌사업] 국내 및 글로벌 사업본부는 차량 개발 과정 내에서 가장 먼저 진행되는 시장조사와 상품을 기획하는 핵심 역할을 담당하고 있습니다. 특히, 시장과 고객의 트렌드에 민감하게 반응하여 향후 차량이 양산될 시점에서도 경쟁사과 비교하여 상품 경쟁력에 뒤쳐지지 않도록 해야 합니다.
- [Case2 – 연구개발] 연구개발본부는 차량 개발 과정에서 기술 및 제품개발의 핵심 역할을 담당하고 있습니다. 시장조사를 통해 얻은 고객 니즈를 바탕으로 시장을 선도할 기술과 높은 품질의 제품을 개발합니다. 설계와 다양한 평가과정을 통해 완성도가 높은 제품을 개발하여 대량 생산 이후, 필드에 나가서도 문제가 발생하지 않는 차량을 시장에 공급하는데 중점을 두어야 합니다.

한권으로 끝내는
전공·직무 면접 자동차

PART 02

자동차 기본 구조와 부품

CHAPTER 01. 자동차의 구조
CHAPTER 02. 차체(Body)
CHAPTER 03. 샤시(Chassis)
CHAPTER 04. 자동차의 다양한 재료
CHAPTER 05. 전장/인포테인먼트
CHAPTER 06. 차량 통신

CHAPTER 01 자동차의 구조

> **학습 POINT**
> 자동차를 구성하고 있는 시스템에 대해 학습하고, 자동차의 구조를 이해한다.

1. 자동차의 구조

(1) 개요

자동차는 내연기관차를 기준으로 약 15,000개에서 20,000개 정도의 부품으로 구성되어 있으며 기계, 전기, 전자, 화학 등 다양한 분야의 뿌리기술에서부터 최첨단 기술을 요구하는 제품이다. 과거 자동차는 기계 부품으로 구성되었으나, 전자제어 및 다양한 편의장치가 적용됨에 따라 전기/전자부품의 비율이 지속적으로 높아지고 있다. 더욱이, 최근에는 자율주행 기능, 친환경 추세와 맞물린 내연기관의 전동화 전환으로 인해 사람들이 자동차를 더는 기계 제품이 아닌 전자제품으로 인식하고 있다.

하지만, 여전히 자동차의 본질적인 역할인 달리고, 멈추고, 선회하기 위해서는 기계적인 장치가 기본적인 요소이기 때문에 기본적인 자동차의 구조를 잘 안다면, 자동차를 이해하는 데 도움이 될 것이다.

(2) 동력발생장치(엔진 또는 PE 시스템)

동력발생장치는 자동차의 본질적인 기능 및 차량 내 다양한 기기에 필요한 동력을 제공하는 장치이다. 또한, 우리가 자동차를 구분할 때 가장 먼저 다루는 것이 동력발생장치 타입이다. 자동차의 핵심 시스템인 동력발생장치는 에너지 공급원에 따라 엔진(PT, Power Train) 또는 전기 구동장치(PE, Power Electric) 시스템이라고 불린다. 휘발유, 경유, LPG 등 화석

연료의 연소를 통해 동력을 발생시키는 내연기관의 경우에는 엔진이라고 불리며, 보통 엔진과 변속기를 하나로 묶어 PT 시스템이라 한다. 배터리에 저장된 전기를 이용해 동력을 발전시키는 시스템은 PE 시스템이라고 하며, 전기에너지를 이용하여 동력을 발생시키는 모터, 전기공급을 관리하는 인버터, 모터의 회전속도를 줄이고 토크를 증폭시키는 감속기를 포함한다. 과거에는 휘발유 또는 디젤 연료를 연소하여 동력을 얻는 내연기관 차량이 주를 이루었으나, 최근에는 엔진과 모터를 결합한 시스템을 장착한 하이브리드 차량, 나아가 모터의 동력만을 활용하는 친환경적인 전기차량도 널리 보급되고 있다.

[그림 2-1] 내연기관의 엔진 (ⓒ현대자동차)

[그림 2-2] 전기차의 PE 시스템 (ⓒ현대자동차)

(3) 샤시 시스템(Chassis System)

엔진이 자동차의 동력을 만드는 장치라면, 샤시는 엔진 또는 PE 시스템이 만든 동력을 활용하여 차량을 움직이거나 멈추는 시스템이다. 샤시 시스템을 구성하는 세부 시스템으로 현가 시스템(Suspension System), 제동 시스템(Brake System), 구동 시스템(Drive System), 조향 시스템(Steering System), 연료 시스템(Fuel System), 흡기 및 배기 시스템, 냉각 및 공조시스템 등이 있으며, 이는 자동차의 기본적인 기능을 제공하는 부품들의 집합체이다.

[그림 2-3] 내연기관의 샤시 시스템 (ⓒAUDI)

[그림 2-4] 전기차의 샤시 시스템 (ⓒ현대자동차)

① 구동 시스템(Drive System)

　구동 시스템은 엔진 또는 PE 시스템에서 만들어진 동력을 차량의 각 바퀴에 전달하는 장치이다. 과거에는 기계적인 시스템으로만 동력을 전달하였으나, 요즘은 차량의 자세 제어 및 성능을 높이기 위해서 전자 제어를 활용하여 구동력을 배분한다. 구성요소로는 등속조인트, 프로펠러 샤프트, 차동장치 등이 있다.

② 현가 시스템(Suspension System)

　서스펜션이라고도 하며, 기본적인 기능은 다양한 노면 조건에서도 타이어가 안정적으로 지면에 닿을 수 있도록 한다. 또한, 탑승자에게 안락한 승차감을 제공하는 시스템이다. 구성요소로는 스프링, 쇼크 업소버, 서브 프레임, 각종 암류, 스태빌라이저 등이 있다.

③ 제동 시스템(Brake System)

　제동 시스템은 주행하고 있는 차량을 운전자가 요구하는 속도로 조정하거나 또는 정지시키는 시스템이다. 차량의 안전과 밀접한 시스템으로 구동 시스템과 마찬가지로 전자제어를 활용하여 차량의 안전성을 높인다. 구성요소로는 디스크, 드럼, 브레이크 패드, 마스터실린더, 부스터 등이 있다.

④ 조향 시스템(Steering System)

　조향 시스템은 운전자가 스티어링 휠(핸들)을 돌리면 차량이 운전자가 의도한 방향으로 움직이게 하는 시스템이다. 최근에는 전동식 스티어링(EPS) 시스템을 활용하여 자율주행 및 다양한 주행 보조 시스템으로 활용되고 있다. 구성요소로는 스티어링 휠, 기어박스, 타이로드 엔드, 컬럼 샤프트 등이 있다.

⑤ 연료 시스템(Fuel System)

　연료 시스템은 연료탱크에 저장된 연료를 펌프를 이용하여 엔진에 적절한 양을 공급하는 시스템이다. 전기차의 경우에는 연료탱크 대신 배터리와 BMS(Battery Management System)가 연료공급 기능을 대신한다. 연료 시스템의 구성요소로는 연료탱크, 연료펌프 등이 있다.

⑥ 흡기 및 배기 시스템 (Intake/exhaust System)

　흡기 시스템은 엔진 내부의 연소 과정에 필요한 산소를 공급하는 장치로, 이물질이 없는 깨끗한 공기를 엔진에 공급하여 최적의 연소를 만드는 장치이다. 배기 시스템은 엔진에서 연소가 끝나고 배출되는 배기가스를 환경오염이 되지 않도록 촉매 등을 활용해서 깨끗하게 만드는 장치이다. 그리고 엔진의 연소과정에서 발생하는 배기음을 줄여, 소음공해를 최소화하는 역할도 한다. 구성요소로는 흡기 시스템은 에어필터, 스로틀 밸브 등이 있고, 배기 시스템은 배기 파이프, 카탈릭 컨버터(촉매), 머플러 등이 있다.

⑦ 열관리 시스템

동력 발생 장치의 온도가 낮거나 과도하게 높을 경우 연비 또는 전비가 저하되어 자동차가 최적의 성능을 발휘하기 어렵다. 열관리 시스템은 크게 2가지 역할을 하는데, 첫 번째는 동력 발생 장치가 최적 온도 조건에서 작동하도록 온도를 유지하는 것이고, 두 번째는 쾌적한 실내 환경 조성을 위해 차량 실내 온도를 조절하는 것이다. 내연기관에서의 열관리 시스템은 대부분 엔진에서 발생하는 열을 배출하는 데 중점을 두었다. 하지만 하이브리드 차량과 전동화 기반 차량의 경우에는 엔진, 배터리 또는 PE 시스템에서 발생하는 열을 단순히 배출하는 것이 아니라 이것을 활용하여 차량 실내 환경을 쾌적하게 만들고, 차량 전체 시스템의 효율을 향상하고자 한다. 열관리 시스템 구성 요소로는 냉각 시스템의 경우 라디에이터, 냉각팬, 펌프, 콘덴서 등이 있으며, 내부 온도를 조절하는 공조 시스템의 경우 HVAC, 열교환기, 콘덴서 등이 있다.

(4) 차체(Body)

차체는 차량의 용도와 스타일에 따라 다양한 형태로 설계한다. 차체는 운전자 또는 승객이 탑승하는 곳이자, 차량의 종류에 따라 짐을 싣는 곳이기도 하다.

차체는 바디 온 프레임과 모노코크 바디로 구분한다. 과거에는 바디 온 프레임을 많이 사용하였으나, 최근에는 대다수의 차량에 경량화가 용이하고 생산성이 높은 모노코크 바디를 적용하고 있다. 다만 트럭, 버스와 같은 대형차량의 경우에는 차체의 강성 확보 및 구조 등을 고려하여 바디 온 프레임 구조를 적용한다. 차체는 차량의 디자인 요소 외에도 차량의 주행성능과 충돌안전성 등을 고려하여 설계된다.

[표 2-1] 차체의 구성요소

구조체	프런트 사이드 멤버, 플로어, 각종 필러
외장부품	헤드라이트, 리어콤비네이션 램프, 프런트/리어 범퍼, 휀더, 후드, 트렁크(테일 게이트), 도어, 루프랙 등
트림류	그릴, 스키드 플레이트, 도어트림, 센터콘솔 등
글라스류	윈드쉴드 글라스, 도어글라스, 미러(사이드 미러, 룸미러), 와이퍼 등

CHAPTER 02 차체(Body)

> **학습 POINT**
> 자동차의 골격인 차체의 역할과 기능 및 차체를 구성하는 부품에 대해 알아본다.

1. 차체

(1) 개요

자동차의 차체는 자동차의 디자인적인 요소를 가장 잘 표현하는 부품이자, 탑승객의 안전과 쾌적한 주행환경을 위한 중요한 부품이다.

차체구조는 모노코크 바디와 바디 온 프레임 두 종류가 있다. 과거에는 바디 온 프레임 구조의 차체를 많이 사용했으나, 최근 대다수의 승용 차량은 모노코크 방식의 차체를 적용하고 있다. 모노코크 바디는 차량의 바디에 샤시, 엔진 등 다양한 부품이 장착되는 구조이다. 바디 온 프레임 구조와 비교하여 별도의 프레임이 없어 중량을 줄일 수 있으며, 적절한 소재를 사용하여 강도를 높여 제작비용 절감 및 차량 성능 향상 등의 장점을 가지고 있다. 바디 온 프레임 구조는 프레임에 샤시 및 엔진 등의 부품이 장착되어 있고, 프레임 위에 차체를 올리는 구조이다. 특수한 환경에서 사용하거나, 무거운 중량물을 싣는 차량에 적용하는 구조로 픽업트럭이나 대형트럭에서 사용하는 구조이다.

[그림 2-5] 모노코크 바디(좌)와 바디 온 프레임(우) (ⓒBMW, TOYOTA)

2. 모노코크 바디의 구성

모노코크 바디는 내부 골격구조(스트럭처)와 외관을 위한 외판(Outer Panel)을 하나의 설계 구조로 통일한 것을 말한다. 모노코크 바디는 골격구조와 외판 부품들을 용접 및 조립하여 제작한다. 이렇게 골격구조와 외판이 조립된 차체를 B.I.W(Body In White)라고 부른다.

(1) 골격구조(스트럭처)

차체의 골격구조(스트럭처)는 차량을 주행하기 위해 필요한 다양한 부품을 장착할 수 있는 기반이자, 차량 충돌 시 탑승객들을 보호하는 역할을 한다.

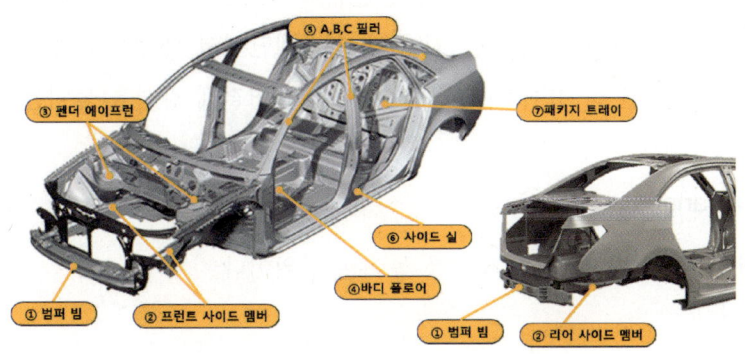

[그림 2-6] 차체 골격구조의 명칭

① 범퍼 빔(Bumper Beam): 범퍼 빔은 차량의 가장 앞쪽에 있는 부품으로 충돌 시 해당 부위로 충격이 집중되지 않도록 하는 부품이다. 범퍼로 전달된 충격은 좌우 대칭으로 위치한 프런트 사이드 멤버를 통해 흡수된다.

② 프런트/리어 사이드 멤버(Front/Rear Side Member): 프런트 사이드 멤버는 전방 차량 충돌 시 범퍼로부터 들어온 충격을 흡수함과 동시에 엔진룸 내부 다양한 부품의 중량을 지지한다. 리어 사이드 멤버는 후방 충돌 시 범퍼로 들어오는 충격을 흡수함과 동시에 차량 탑승객을 보호하는 역할을 한다.

③ 펜더 에이프런(Fender Apron): 현가장치의 전륜 스트럿이 장착되는 부위로, 노면으로부터 들어오는 충격을 쇼크 업소버가 1차적으로 흡수하고 이후 펜더 에이프런이 2차적으로 흡수한다.

④ 바디 플로어(Body Floor): 차량의 바닥으로 차체 좌/우를 루프와 이어주며, 프런트/리어 사이드 멤버 등 주요 부위에서 들어오는 충격을 흡수하여 차체 강도를 유지한다. 바디 플로어는 프런트, 센터, 리어 플로어로 이루어져 있다.

⑤ A, B, C, D 필러(A, B, C, D Pillar)
  ㉠ A 필러: 운전석 앞에 위치한 기둥으로 정면 충돌 시 충격 흐름을 차량의 지붕으로 유도하여 충돌량을 분산하는 역할을 한다.
  ㉡ B 필러: 운전석 또는 동승자석과 뒷좌석 사이에 위치한 기둥으로 측면 충돌 시 충돌물체가 캐빈으로 진입하는 것으로 막고, 차량이 전복(Roll Over)될 경우, 지붕을 떠받드는 역할을 하는 기둥이다.
  ㉢ C 필러 및 D 필러: 차량의 뒷좌석 뒤쪽에 위치한 기둥을 말한다. 세단의 경우에는 C 필러까지만 있지만, 세단보다 차체가 더 긴 차량(웨건, 밴)의 경우, D 필러까지 있다.
⑥ 사이드 실(Side Sill): 사이드 실은 차량 도어 아래에 위치한 부위로, B 필러와 함께 측면 충돌 시 큰 충격을 막는 동시에 차체 강성에 있어서도 중요한 부위이다.
⑦ 패키지 트레이(Package Tray): 패키지 트레이는 세단에서 사람이 탑승하는 공간과 트렁크를 분리하는 역할을 하지만, 차체 구조의 좌우를 연결해 강성을 높이는 역할도 한다.

(2) 외판(Outer Panel)

차량의 외판은 차량 디자인의 완성도를 높이는 부위이다.

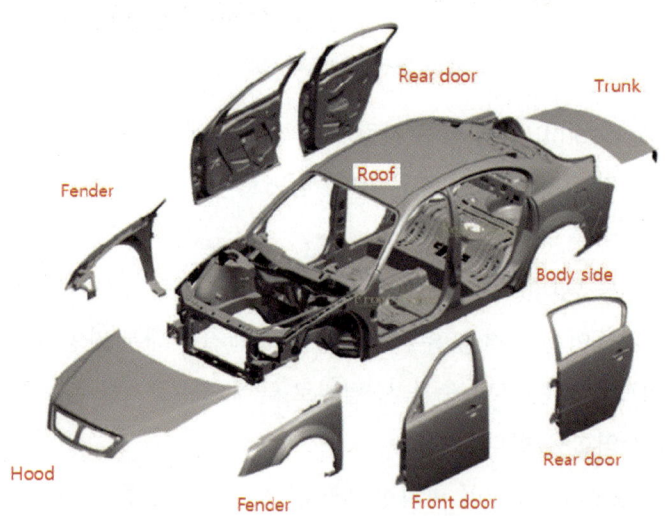

[그림 2-7] 자동차의 외판

① 보닛 후드: 엔진룸 위의 외판으로 정면 충돌 시 적절하게 구부러져 충격을 흡수하며, 보행자와 충돌 시 보행자가 중상을 입지 않도록 적절하게 완충한다.

② 펜더(Fender): 차량 앞바퀴 위와 후드 사이의 외판을 펜더라고 한다. 펜더는 차량의 바퀴에서 튀어오르는 이물질을 막기 위한 외판이다. 과거에는 바퀴를 감싸는 형태에서 시작되었지만, 현재는 휠하우스 내 커버가 펜더의 역할을 하고 있다.

③ 도어 패널(Door Panel): 도어는 차량에 탑승하기 위한 통로로, 탑승공간과 외부를 분리하는 역할을 한다. 또한 측면 충돌 시 일부 충격을 흡수하고, 내부 탑승자가 외부로 이탈되지 않도록 한다.

④ 트렁크 도어/리프트 게이트(테일 게이트): 세단의 경우에는 뒤쪽의 짐을 보관하는 곳을 트렁크라고 한다. 해치백이나 SUV의 경우에는 테일 게이트라고도 하지만 정확한 명칭은 리프트 게이트이다.

⑤ 루프(Roof): 자동차 루프는 탑승객의 안전과 함께 거주성 및 개방감에 많은 영향을 준다. 차량의 특성을 고려하여 제조사별로 다양한 타입의 루프를 적용한다. 일반적인 선루프(파노라마 선루프, 세이프티 선루프 등)뿐만 아니라 오픈카와 같이 루프탑(하드탑, 소프트탑)을 사용자의 취향에 따라 열고 닫을 수 있는 타입도 있다. 전기차와 같은 친환경 차량의 경우에는 루프에 태양 전지 패널을 올려 충전 기능을 추가하기도 한다.

[그림 2-8] eG80의 솔라루프 (ⓒ현대자동차)

[그림 2-9] 일반 루프 (ⓒ현대자동차)

[그림 2-10] 파노라마 선루프 (ⓒ현대자동차)

[그림 2-11] 일반 선루프 (ⓒ현대자동차)

(3) 차체 조립

① 용접

차체의 여러 부품은 주로 용접을 통해 조립된다. 용접 공정은 차체의 강도 및 품질을 결정하는 중요한 공정으로, 주로 스팟 용접(저항 점 용접)과 아크 용접을 활용한다. 차종에 따라 차이가 있지만 보통 스팟 용접은 약 5,000점 내외, 아크 용접은 약 100점 정도 이루어진다. 스팟 용접은 다른 용접 대비 작업 시간이 짧아 생산성이 좋으며, 고도의 기술을 요구하지 않아 용접의 전체적인 품질 안정성이 우수하다. 또한 설비 투자 비용이 저렴하여 자동차 생산공정에 많이 적용되고 있다.

일부 고급 브랜드의 경우에는 차체에 스팟 용접 대신 레이저 용접을 적용하기도 한다. 레이저 용접을 적용하면 외관 품질이 우수하고, 철판과 철판 사이 발생할 수 있는 틈이 적어 차체 강성을 높이는 효과가 있다. 하지만 스팟 용접 대비 생산성이 떨어지며, 구조용 접착제를 활용하면 스팟 용접의 단점도 충분히 극복할 수 있기 때문에 레이저 용접이 널리 사용되고 있지는 않다.

[그림 2-12] 차체 스팟 용접

[그림 2-13] 차체 레이저 용접

② 구조용 접착제

최근에는 차체를 조립하는 데 구조용 접착제를 많이 사용하고 있다. 연비 향상 및 배출가스 저감 등의 환경 규제와 충돌 안전 규제가 강화되고 있기에 차체는 가벼우면서 높은 충돌 안전 성능이 요구된다. 이로 인해 차체에는 강판 외에도 알루미늄, 마그네슘 등 다양한 소재를 사용한다. 하지만 복합소재를 안정적으로 용접하는 것은 한계가 있기 때문에 이를 보완하기 위해서 구조용 접착제를 사용한다. 구조용 접착제는 다양한 복합소재를 견고하게 접착하여 차체의 강성을 높임과 동시에 NVH 성능 개선에도 도움이 된다.

구조용 접착제의 종류는 크게 열경화성 수지와 엘라스토머로 된 복합형 접착제가 있다. 일반적으로 열경화성 수지 접착제 종류 중 하나인 에폭시 수지가 생산성과 접착력, 강도, 내구성 등이 우수하여 널리 사용되고 있다.

구조용 접착제는 차량의 리어 쿼터 패널, 루프, 도어, 바디 사이드 씰 등 다양한 부위에 적용되고 있으며, 차량의 요구 성능 및 특성에 따라 적절하게 사용한다.

[그림 2-14] 현대차 쏘나타(DN8) 차체 구조용 접착제 적용 부위 (ⓒ현대자동차)

쉬어가는 잡학

테슬라의 기가 캐스팅(Giga Casting)

기존의 완성차 회사는 차체를 조립하기 위해서 강판을 재단하고, 프레스 공법을 이용해서 여러 개의 금속 패널을 만든 다음, 용접 공정을 통하여 차체를 제작하는데 이는 많은 시간이 소요된다. 반면, 테슬라가 차체를 제작하는 데 적용하고 있는 기가 캐스팅 공법은 여러 개의 금속 패널을 따로 제작하지 않고, 거대한 금형(Mold)에 금속을 주입한 후, 고온 및 고압의 캐스팅 공정을 통하여 거대한 바디 컴포넌트를 제작한다.

모델3의 차체는 171개의 금속 패널로 제작되었지만, 기가 캐스팅 공법이 적용된 모델Y는 2개의 컴포넌트로 대체하여 기존의 공법 대비 차체 제작에 필요한 시간을 대폭 줄였을 뿐 아니라, 금속 패널에 필요한 용접, 조립 과정에서 발생하는 차체 중량 증가(볼트, 용접, 구조용 접착제 등)도 억제할 수 있었다.

하지만, 기가 캐스팅으로 제작된 컴포넌트가 충돌 등으로 손상되면, 부분 수리가 아닌 컴포넌트를 교체해야 하기에 유지보수 측면에서는 좋지 않다. 또한 대형 생산설비로 인한 초기 투자 비용이 과도하게 발생하며, 제한된 설비로 인하여 차량 라인업 확장도 기존 공법 대비 한계가 있다.

테슬라가 기가 캐스팅 공법을 도입한 이후에 현대차그룹, 폭스바겐그룹, 토요타 등 주요 글로벌 완성차 업체도 해당 기술을 검토하고 있지만, 현재 기가 캐스팅 공법을 적용하고 있는 회사는 테슬라밖에 없다.

[그림 2-15] 기가 캐스팅 설비 (ⓒIDRA)

[그림 2-16] 기가 캐스팅 적용사례 (ⓒ테슬라)

3. 내/외장 부품

(1) 개요

차량의 안쪽에 있는 부품을 내장 부품, 외부에 있는 부품을 외장 부품이라고 한다. 내장 부품에는 탑승자들이 앉을 수 있는 시트, 여러 기능을 작동하기 위한 컨트롤러 및 멀티미디어 장치 등이 장착되어 있는 칵핏모듈, 센터 콘솔, 실내 인터리어를 위한 차량 실내트림류 등이 있다. 외장부품은 차량의 디자인적인 요소를 가미하기 위한 범퍼나 각종 가니쉬류가 있으며, 기능부품으로는 헤드램프, 리어 콤비네이션 램프, 사이드 미러 등이 있다.

(2) 내장 부품(Interior)

① 칵핏모듈(Cockpit Module)

칵핏모듈은 아래 그림과 같이 자동차 실내 전방에 위치한 부품으로 계기판, 스티어링 휠, 멀티미디어 장치, 공조장치 컨트롤러 등 다양한 장치들이 결합되어 있는 모듈이다. 요즘은 센터 콘솔에 큰 디스플레이를 장착하여, 내비게이션뿐만 아니라 다양한 멀티미디어 기능을 구현하였다.

[그림 2-17] 아이오닉5 칵핏모듈 (ⓒ현대자동차, 덕양산업)

> **쉬어가는 잡학**
>
> **ccNc(Connected Car Navigation Cockpit) 인포테인먼트 시스템**
> ccNc는 현대차그룹의 차량용 운영체제(ccOS, Connected Car Operating System)의 차세대 인포테인먼트 시스템이다. 7세대 그랜저(디 올 뉴 그랜저)부터 적용되기 시작했으며, OTA(Over The Air)를 통한 차량 소프트웨어 업데이트 및 생체 인식 기술(지문)을 활용한 차량 시동, 간편 결제 기능 등을 지원하여 차량 사용성과 편의성을 향상한 시스템이다.

② 센터 콘솔(Center Console)

센터 콘솔은 운전석과 동승석 사이에 있는 부품으로 일반적으로 변속기 레버가 위치하며, 음료나 다양한 물건들을 놓아둘 수 있는 공간도 있다. 과거에는 기계식 변속기 레버로 인해 센터 콘솔 공간 활용이 제한되었으나, 최근에는 전자식 변속기 레버를 사용하거나 변속기 레버의 위치를 스티어링 컬럼 쪽으로 옮기는 경우가 많아 센터 콘솔 공간 활용이 비교적 자유로워졌다.

[그림 2-18] 현대자동차 아이오닉5(좌)와 아반떼(우)의 센터콘솔 (ⓒ현대자동차)

③ 내장 트림류(Trim)

내장 트림은 실내에서 보이는 스트럭처를 가려서 실내의 마감과 디자인의 완성도를 높이는 부품이다. 내장 트림의 종류로는 A/B필러 트림, 헤드 라이닝, 리어셀프, 도어 트림 등이 있다. 대중 브랜드 차량의 트림류는 기본적으로 플라스틱과 패브릭을 사용하지만, 고급 차량의 경우에는 가죽 및 스웨이드 등의 차별화된 고급 소재를 적용하여 디자인 완성도를 높이고 있다.

[그림 2-19] 내장 트림의 종류

④ 플로어 카페트

플로어 카페트는 차량 실내 바닥 및 트렁크 바닥을 감싸는 부품으로 주행 중 차량 하부에서 발생하는 다양한 소음을 차단하여 차량의 NVH[1] 성능을 향상시키며, 실내 미관과 차량의 단열성을 높인다. 주로 나일론, 아크릴, 폴리에스테르 등의 소재로 제작하며, 최근에는 해양 플라스틱과 재활용 페트병에서 추출한 친환경 소재를 사용한 플로어 카페트를 사용하기도 한다.

[그림 2-20] 자동차 플로어 카페트

⑤ 시트(Seat)와 시트벨트

자동차 시트는 자동차 엔진 다음으로 복잡한 자동차 부품이다. 시트는 차량 탑승자의 자세를 조정하게 하여 안정감과 편안함을 제공하는 것으로, 차종의 형태와 상품성에 따라 다양한 종류의 시트를 적용한다. 일반적으로 시트는 머리를 지지하는 헤드레스트(Head Rest), 등을 지지하는 시트백(Seat Back), 엉덩이와 맞닿는 시트 쿠션(Seat Cushion), 차량과 시트를 결합하는 시트 레일(Seat Rail)로 구성되어 있다. 시트를 지지하는 프레임 구조는 주로 금속 소재로 제작하며, 사람의 몸을 지지하는 부위는 내부는 우레탄 폼, 표면은 직물에서부터 천연가죽에 이르기까지 다양한 소재들을 사용하여 제작한다.

과거에는 단순히 착좌감 향상에 집중하였으나, 최근에는 시트에 다양한 편의기능을 추가하고 있다. 탑승자의 키와 몸무게 등의 정보를 활용하여 최적의 착좌포지션을 제안하거나, 포지션을 기억하는 메모리 기능을 제공하고 있다. 또한 열선 및 통풍, 마사지 기능을 제공하기도 한다.

---

[1] Noise, Vibration, Hashness의 약어로 주행 중 발생하는 소음, 진동 등을 말함

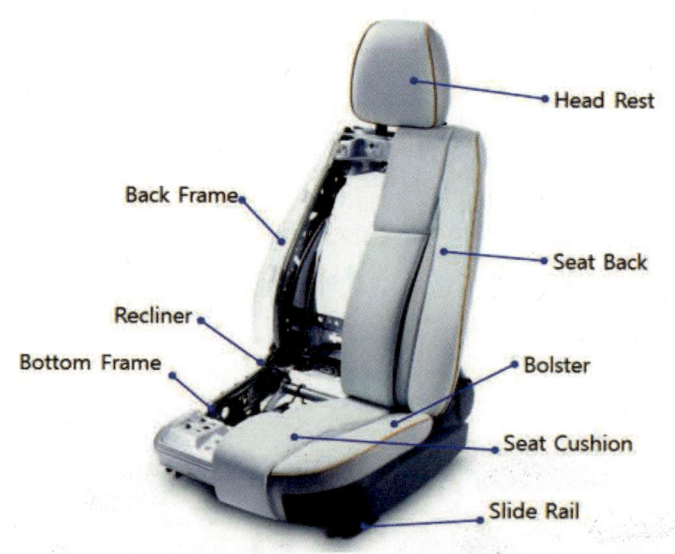

[그림 2-21] 시트의 구성 (ⓒ한국과학기술정보연구원)

시트벨트는 차량 충돌 시 탑승자의 몸이 앞쪽으로 쏠리는 것을 막아준다. 대부분의 차량은 3점식 벨트를 적용하고 있다. 3점식 벨트는 프리텐셔너(Pretensioner), 로드 리미터(Load Limiter)와 안전띠, 버클로 구성되어 있다. 차량 충돌 시 순간적인 외력으로 인해, 벨트가 늘어나거나 리트랙터의 잠금시간 지연 등으로 인해 시트벨트가 풀리면서 몸이 앞쪽으로 쏠리기도 한다. 이를 보완하기 위해서, 충돌 시 순간적으로 벨트가 풀리는 반대방향으로 감아주는 프리텐셔너를 사용한다. 프리텐셔너를 계속 감으면 상체에 고하중이 걸려 벨트에 의한 상해를 입을 수 있기 때문에, 적정 하중에 도달하면 로드 리미터가 벨트를 풀어 상체에 걸리는 압박을 해소하여 탑승자의 상해를 최소화한다.

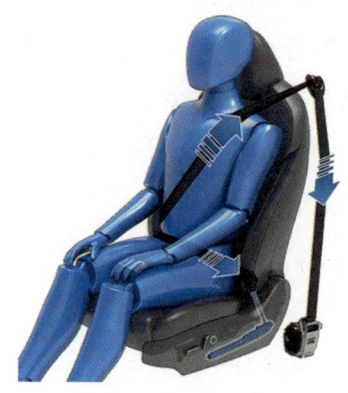

[그림 2-22] 자동차 3점식 시트벨트

[그림 2-23] 시트벨트 프리텐셔너

(3) 외장 부품(Exterior)

① 램프류(Lamps, 등화장치)

자동차 램프는 운전 중 전방 시야 확보를 도와주며, 차량의 진로 변경 및 감속 과정에서 운전자의 의도를 주변 차량들에게 전달하는 역할을 한다. 최근에는 램프 기술을 적극적으로 활용하여, 다양한 디자인으로 차량의 이미지를 구축하는 용도로 활용하기도 한다. 자동차의 램프는 주변 차량에도 영향을 주기 때문에 램프의 위치 및 밝기, 색상 등을 판매국의 규정에 맞춰 설치하여야 한다.

[그림 2-24] 자동차에 적용되는 다양한 램프류

㉠ 헤드램프

헤드램프는 운전자의 전방 시야를 확보하고 방향 지시등을 통해 운전자의 의도를 주변 차량들에게 전달해주는 기능을 한다. 일반적으로 헤드램프에는 전방을 비추는 로우빔과 하이빔 그리고 방향지시등 기능이 들어가있다. 로우빔(Low Beam)은 일반적인 주행에 사용하며, 하이빔(High Beam) 대비 낮은 조사각으로 반대편에 오는 운전자의 시야를 방해하지 않는다. 하이빔(상향등)은 조사각을 높여 더 넓은 전방 시야를 확보할 수 있지만, 반대편 차량 또는 전방 차량에 눈부심을 유발할 수 있다.

헤드램프 타입은 광원의 종류와 광원을 투사하는 방법에 따라 나뉜다. 광원에 따라 분류하면 필라멘트 광원, 가스 방전식 광원, 발광소자 광원으로 나눌 수 있다. 필라멘트 광원은 주로 할로겐 램프를 사용한다. 가스 방전식 광원은 방전관에 제논과 같은 가스를 주입하고 고압 전류를 방전시켜 빛을 만드는 것으로, 대표적으로 HID(High Intensity Discharge) 램프가 있다. 발광소자 광원은 LED와 레이저 방식이 있는데, LED 램프는 디자인 자유도가 높으며, 저전력 및 우수한 내구성으로 최근 많이 사용하고 있다.

[표 2-2] 광원의 종류에 따른 헤드램프 비교

구분	할로겐 램프	HID 램프	LED 램프
평균 수명	약 1,000시간	약 2,000시간	약 10,000시간
전력 소비량	약 55W	약 35W	약 20W
전방 가시거리	100m	130m	200m

빛을 투사하는 방법에 따라서는 MFR(Multi Face Reflector), 프로젝션 등으로 나눌 수 있다. MFR 타입은 광원 뒤에 여러 개의 반사판을 두어서 빛을 모으는 방식으로, 구조적으로 램프의 조사각 범위가 좁아 시야 확보가 제한적이다. 프로젝션 타입은 광원 앞에 반구 형태의 렌즈를 두고 이를 이용하여 빛을 모아 투사하는 방식으로, 조사각 범위 조절이 용이하다. 헤드램프는 이러한 광원의 종류와 투사방법을 조합하여 제작한다.

[그림 2-25] 할로겐 램프 + 클리어 타입

[그림 2-26] LED 램프 + 프로젝션 타입

ⓒ 후면 및 다양한 램프

자동차에는 시야확보를 위한 램프 외에도 후면, 측면 등 다양한 위치에 램프를 사용하고 있다. 후면에 있는 리어램프는 후방 차량에게 자신의 위치를 알려주며, 브레이크페달을 밟을 때는 제동등(브레이크 램프)이, 기어를 R(후진)단으로 변경 시에는 후퇴등(후진등)이 점등된다. 또한 방향 변경 의사 및 비상시 점멸 기능을 제공하는 방향지시등도 있다. 이 외에도 야간에 차량번호판을 쉽게 식별할 수 있도록 해주는 번호등(라이센스 플레이트 램프) 및 악천후에 차량의 피시인성을 향상시키기 위한 안개등 등이 있다.

[표 2-3] 주요 등화장치의 설치 위치 및 등광색 법규

구분	설치 위치	등광색
헤드램프	• 차량 전방	• 백색
안개등2)	• 차량 전방 • 차량 후방	• 전방: 백색 혹은 황색 • 후방: 적색
승하차 보조등(바닥조명등)	• 정지 시 아랫방향으로만 점등	• 백색
번호등	• 등록번호판을 잘 비추는 위치	• 백색
제동등	• 차량 후방	• 적색
보조 제동등	• 차량 후방(리어 미러 상하단)	• 적색

② 창유리(Window Glass)

창유리는 자동차의 전면, 후면 및 도어에 장착되어 있으며, 운전자와 탑승자의 시야를 확보하고 개방감을 높인다. 전면 유리(윈드쉴드 글라스)와 도어 글라스에는 강화유리가 적용되어 주행 중 파편이 유리에 충격을 가하더라도 일반유리와 같이 쉽게 파손되지 않을뿐더러, 파손형태도 날카롭지 않은 형태로 잘게 부서진다. 또한 자외선 및 적외선 차단과 소음 저감, 발수 기능 등 여러 편의 기능이 적용되어 있다. 특히 소음 저감 기능은 2개의 유리를 접합하여 만든 이중접합유리를 이용하여 외부에서 들어오는 소음을 줄여 탑승자의 편의를 높인다. 이 외에도 실내외 온도차, 습도 등으로 인한 성에와 쌓인 눈을 제거하기 위해서 투명한 열선을 설치하여 시야를 방해하지 않으면서도 효과적으로 이물질을 제거할 수 있는 기능도 적용되고 있다. 그 외에도 위치에 따라 쿼터 글라스, 리어 윈도 글라스 등이 있다.

③ 와이퍼(Wiper)

와이퍼는 주행 중 눈, 비 또는 이물질로 인하여 전면 유리가 더러워질 경우에 이물질을 닦을 수 있는 장치이다. 해치백 또는 SUV 차량은 주행 중 차량 후면에 발생하는 와류로 인해 뒷유리가 더러워지는 경우가 많아 뒷면유리에도 와이퍼 장치를 적용하기도 한다. 와이퍼 장치는 와이퍼 블레이드와 와이퍼 암, 와이퍼 링크, 와이퍼 모터로 구성되는데, 와이퍼 모터와 링크에 의해서 와이퍼 암이 움직이면 고무로 된 블레이드가 유리의 물기나 이물질을 제거한다. 과거에는 운전자가 와이퍼 작동 주기를 수동으로 조절하였으나, 레인센서와 카메라를 활용하여 비와 눈의 양을 감지하고 와이퍼의 작동속도를 자동으로 조절하는 우적감지기능이 개발되었다.

---

2) 안개등: 할로겐 램프만 사용하던 과거에는 충분한 시야 확보를 위해 안개등을 적용하였으나, 최근에는 광원 기술 향상으로 안개등을 적용하지 않은 차량도 판매함

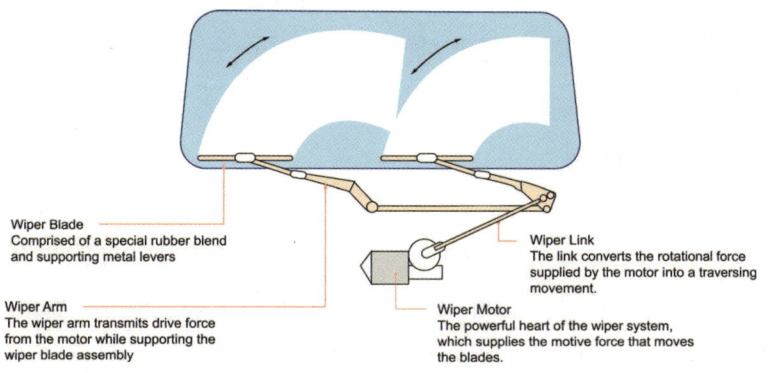

[그림 2-27] 와이퍼 시스템 구조

④ 다양한 거울

자동차에는 주행 중 주변의 환경을 확인하기 위해서, 여러 개의 거울이 장착되어 있다. 최근에는 일부 거울을 카메라로 대체하는 신기술이 개발되었는데, 주로 전기차에 적용되고 있다. 전기차의 주행거리와 연관이 있는 전면투영계수(Cd, Coefficient of Drag) 값을 줄이기 위해서 넓은 면적을 차지하고 있는 사이드 미러를 사용하는 대신 외부에 작은 카메라를 설치하고, 실내의 디스플레이를 통하여 주변을 확인하는 것이다.

㉠ 리어 뷰 미러(룸미러)

차량의 후방을 확인하는 리어 뷰 미러는 실내 1열 가운데 위쪽에 장착되어 있는 거울이다. SUV 및 미니밴과 같은 차량은 짐 또는 차량의 후면 형상에 따라 리어 뷰 미러를 통해 시야 확보가 어려운 경우가 많은데, 이런 경우 차량 테일 게이트에 장착된 카메라를 통해서, 후방 시야를 확보할 수 있다. 이런 기능이 적용된 리어 뷰 미러를 디지털 센터 미러라고 한다.

[그림 2-28] 리어 뷰 미러와 디지털 센터 미러 (ⓒ현대자동차)

ECM(Electronic Chromic Mirror) 리어 뷰 미러는 후방 차량의 전조등이 리어 뷰 미러에 반사되어 운전자의 시야를 방해하는 것을 막을 수 있다. 이는 일렉트로크로미즘 기술을 활용하는 것으로, ECM 미러의 센서가 강한 빛을 인식하면 전류를 조절하여 거울의 반사율을 조절한다.

ⓛ 사이드 미러(도어 미러)

사이드 미러는 차량 앞 도어 양쪽에 설치된 거울로 이를 통해 좌우 측면 및 후방을 확인할 수 있다. 사이드 미러를 통해 볼 수 있는 후방 시야 범위는 국가별로 차이가 있다. 대표적으로 미국의 경우에는 평면거울을 적용하지만, 한국은 볼록거울을 적용하여 평면거울보다는 좀 더 넓은 범위의 후방 시야를 확인할 수 있다.

최근에는 사이드 미러에 의한 공기저항을 줄여 전비 또는 연비를 높이기 위해 사이드 미러 대신 카메라가 달린 디지털 사이드 미러를 장착한 차량이 다수 출시되고 있다. 국내 완성차 브랜드에서는 주로 전기 자동차에 많이 적용하고 있으며, 수입 상용차 브랜드(벤츠, 볼보, MAN)에서는 승용차량 대비 사이드미러가 큰 화물차량의 연비 향상과 편의성 향상을 위해 적극적으로 디지털 사이드 미러 기술을 적용하고 있다.

[그림 2-29] 일반 사이드 미러와 디지털 사이드 미러 (ⓒAUDI)

CHAPTER 03 샤시(Chassis)

> **학습 POINT**
> 자동차의 기본 구조인 샤시에 포함되는 구동 시스템, 제동 시스템 등 핵심적인 기계 장치들을 알아본다.

1. 구동 시스템

(1) 개요

구동 시스템(Drive Train)은 엔진 또는 전기 구동시스템(PE)과 같은 동력발생장치로 만들어진 동력을 차량의 각 바퀴로 전달하는 시스템이다. 차량의 바퀴는 구동륜과 비구동륜으로 구분할 수 있다. 구동륜은 지면과 마찰하여 차량이 움직일 수 있는 구동력을 발생시키는 바퀴이며, 비구동륜은 구동력을 전달받지 않는 바퀴로 구동륜의 움직임에 따라 끌려다니는 바퀴를 말한다.

(2) 구동 방식의 종류

동력발생장치를 통해 얻은 동력을 구동하는 방식은 크게 4가지로 분류하는데 FF 방식, FR 방식, RR 방식, AWD 방식이며, 자동차의 특성과 사용 환경에 따라 적합한 구동 방식을 적용한다.

[표 2-4] 다양한 차량 구동 방식

FF 구동 방식	FR 구동 방식	RR 구동 방식	AWD 구동 방식

① FF 구동 방식(FW, FWD, Front Wheel Drive, 전륜 구동 방식)

　FWD 또는 FF(Front Engine·Front Drive) 방식으로 불리는 전륜 구동 방식은 엔진과 구동륜이 앞쪽에 있는 차량으로 최근 대다수의 승용 차량에 적용되는 구동 방식이다. 전륜 구동 방식은 다른 구동 방식과 비교하여 동력을 전달하는 경로가 짧아, 간결한 구동시스템을 구현할 수 있지만, 적은 엔진룸 공간 안에 많은 부품을 탑재하고 전륜바퀴가 구동륜과 조향바퀴의 기능을 동시에 수행하기 때문에 초기 FF 차량은 토크스티어 또는 구동이 잘 안 되는 등 다양한 문제가 발생하였다. 다만 시간이 지남에 따라 부품 기술력이 점차 향상되어, 현재는 우수한 스티어링 특성과 높은 공간 활용성을 바탕으로 다양한 차종에 적용되고 있는 구동 방식이다.

② FR 구동 방식(Rear Wheel Drive, 후륜 구동 방식)

　RWD 방식의 일종인 FR(Front Engine·Rear Drive) 구동 방식은 후륜 구동 방식이라고 한다. 엔진을 차량 전방에 배치하고, 발생된 동력을 후륜으로 전달하여 뒷바퀴를 구동륜으로 사용하는 구동 방식이다. 후륜 구동 방식 차량에서 전륜은 조향 바퀴의 기능을 담당하고, 후륜은 구동륜의 기능을 담당하기 때문에 FF 구동 방식과 비교하여, 각 바퀴를 효율적으로 사용할 수 있다. 하지만, FR 구동 방식은 앞쪽에서 발생된 동력을 후륜으로 전달하기 위해서 프로펠러 샤프트가 차량 바닥 아래에 장착되어야 하기 때문에 2열 좌석 공간이 좁아진다.

③ MR/RR 구동 방식(Mid/Rear Engine Rear Drive)

　MR 구동 방식과 RR 구동 방식도 RWD 방식 중의 하나로, FR 구동 방식과 달리 엔진이 차량의 가운데 또는 후방에 위치한다. MR/RR 차량의 경우 엔진이 뒤쪽에 있기 때문에 FF 차량과 같이 동력전달구조가 간단하고 차량의 공간활용성을 높일 수 있지만, 차량 전방은 운전석 시야확보와 공기저항 감소를 목적으로 낮게 설계되어 FF 구동 방식과 같은 장점을 얻기에는 한계가 있다. RR 구동 방식은 슈퍼카와 같은 특수한 목적을 가진 차량 외에는 잘 사용하지 않는 방식이었으나, 최근 전기차의 구동 모터 사이즈가 작아짐에 따라 전기차 RWD 차량은 대부분 RR구동 방식이라고 볼 수 있다.

④ AWD 구동 방식(4WD, All Wheel Drive)

　AWD는 차량의 각 바퀴를 모두 구동륜으로 사용하는 구동 방식이다. 다양한 노면 및 운전 조건에서 각 바퀴에 최적의 구동력을 배분하여 차량을 안정적으로 제어하고 운행할 수 있다. 하지만, FF, FR 구동 방식 대비 시스템 중량이 무거우며, 전달 과정에서 동력 손실이 상대적으로 높아 연비 측면에서 불리하다.

(3) 구동 시스템의 구성

구동 시스템은 차량의 구동 방식에 따라 사용하는 부품이 달라진다. 전륜 구동 방식 차량의 경우에는 드라이브 샤프트로 동력을 전달하고, 후륜 구동 방식 차량은 드라이브 샤프트 외에도 프로펠러 샤프트와 디퍼런셜이 동력을 전달한다. 아래 그림은 AWD 구동 방식 차량의 구동 시스템이다. 엔진과 변속기에서 발생된 동력이 프로펠러 샤프트를 통해 전륜과 후륜 디퍼런셜로 전달된 후 좌·우 드라이브 샤프트를 거쳐 차량의 각 바퀴로 전달된다.

[그림 2-30] AWD 구동 시스템의 구성부품 (ⓒ AUDI)

① 프로펠러 샤프트

프로펠러 샤프트는 앞쪽에 있는 엔진의 동력을 뒷바퀴로 전달해주는 축으로 FR 구동 방식 또는 AWD 구동 방식 차량에 사용한다. 프로펠러 샤프트의 한쪽은 동력이 발생하는 변속기와 연결되고, 반대쪽은 디퍼런셜과 연결되어 동력을 뒷바퀴로 전달한다. 프로펠러 샤프트는 차량의 전장에 따라 길이가 달라지며, 차량의 구조에 따라 2~3개로 나눈다. 축을 나누면 공진점을 높여 NVH 성능이 우수해지지만, 회전축을 나누는 과정에서 축이 일직선이 되지 않으면 회전 불균형으로 차량 진동이 발생할 수 있다. 이를 해결하기 위해서 연결부위에 유니버셜 조인트를 장착하여, 부품을 이어주는 과정에서 각속도 변화를 상쇄하여 진동을 완화한다.

② 드라이브 샤프트

드라이브 샤프트는 변속기 또는 디퍼런셜을 통해 전달된 동력을 바퀴로 전달하는 회전축이다. 차량의 바퀴는 주행 과정에서 상하로 움직이며, 앞바퀴는 선회과정에서 좌우로 움직인다. 드라이브 샤프트는 이런 움직임을 흡수하면서 동력을 전달할 수 있도록 양쪽 끝에 디퍼런셜 또는 변속기와 완결되는 IB(InBoard)조인트, 바퀴를 이어주는 OB(OutBoard)조인트, 두 조인트를 이어주는 샤프트로 구성되어 있다. 조인트 내부는 볼이나 롤러를 이용해 각속도의 변화 없이 회전을 전달할 수 있는 구조로 되어 있고, 샤프트는 경량화를 위해 보통 중공축을 적용하고 있다.

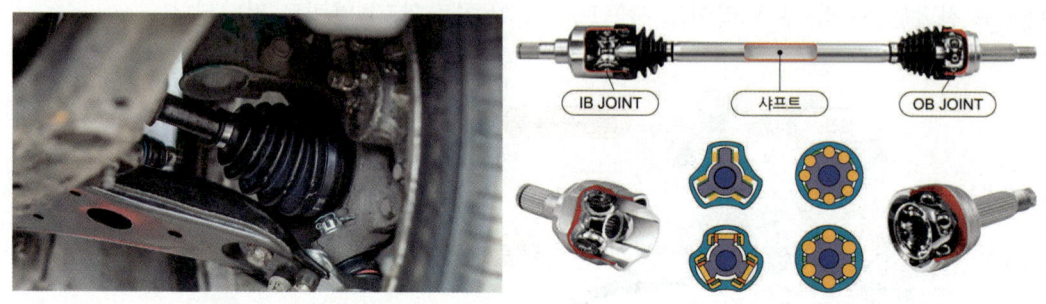

[그림 2-31] 드라이버 샤프트 장착 위치 (ⓒ공임나라) [그림 2-32] 드라이브 샤프트 구조 (ⓒ현대위아)

③ 디퍼런셜(차동기어)

디퍼런셜은 좌우 바퀴에 구동력을 분배하여 회전을 다르게 하는 장치이다. 디퍼런셜은 추진축을 통해 동력을 전달받는 링기어와 링기어가 장착되어 있는 디퍼런셜 케이스, 유성기어, 좌·우 태양기어로 구성된다.

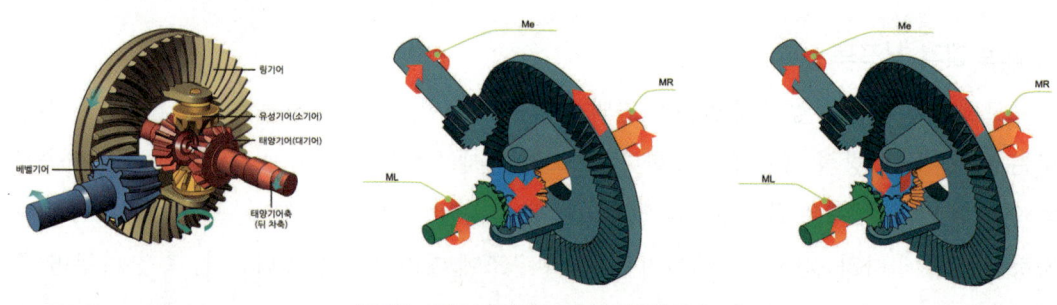

[그림 2-33] 디퍼런셜의 구조와 상황별 동작

차량이 직진주행 하는 경우에는, 좌우 바퀴가 받는 저항이 동일하기 때문에 디퍼런셜의 링기어는 추진축을 통해 전달받은 동력을 유성기어(회전 없음)를 통해 태양기어로 전달한다. 하지만, 선회 시에는 선회 안쪽 반경과 선회 바깥쪽 반경의 차이로 인해, 선회 안쪽 바퀴의 저항이 커진다. 이 경우 디퍼런셜에 장착된 유성기어가 같이 회전하면서 저항이 작은 바깥쪽 바퀴로 구동력이 전달되어 바깥쪽 바퀴가 안쪽 바퀴보다 더 빠르게 회전하여 자연스러운 선회가 이루어진다. 만약 양쪽 바퀴 구동 저항의 차이가 극단적일 경우(한쪽 바퀴가 모래 구덩이에 빠진 경우 등)에는 구동 저항이 작은 모래 구덩이에 빠진 바퀴 쪽으로 구동력이 전달되기 때문에 탈출이 어려운데, 이러한 단점을 보완한 것이 차동잠금장치(LD)와 차동제한장치(LSD)이다.

차동잠금장치(LD, Limited Differential)는 디퍼런셜의 단점을 보완한 장치로, 좌우 바퀴의 회전속도 차이를 허용하지만 한쪽 바퀴가 미끄러질 경우에는 나머지 바퀴로 더 많은 구동력을 전달하는 장치이다. 차동제한장치(LSD, Limited Slip Differential)는 차동잠금장치와 유사한 기능을 하지만, 미끄러지는 바퀴에 전달되는 토크를 제어하는 차이점을 가지고 있다. 이로 인해, 고성능 차량 또는 스포츠카에 적용되어 구동력 최적화 및 핸들링 성능을 향상시킨다.

2. 제동 시스템

(1) 개요

자동차의 속도를 줄이거나 정지하게 만드는 시스템을 제동 시스템이라 한다. 제동 시스템은 마찰을 통해 운동에너지를 열에너지로 변환하여 속도를 감속하는 원리로 작동한다. 주행 중에 브레이크 시스템을 이용하여 타이어의 회전속도를 줄이면 타이어와 노면 사이에 마찰력이 발생하는데 이를 제동력이라고 한다.

제동장치는 주 브레이크와 보조 브레이크로 나눌 수 있다. 주 브레이크는 제동을 하기 위해서 주로 사용하는 브레이크로 발로 밟는 풋 브레이크를 말한다. 보조 브레이크는 주 브레이크를 보조하는 장치로, 엔진 브레이크, 배기 브레이크, 리타더 등이 있는데, 주로 중량이 큰 버스 또는 트럭에서 사용한다. 최근 전기차나 하이브리드 차량 등과 같이 모터를 사용하는 친환경 차량의 경우, 제동 시 버려지는 에너지를 회생제동 시스템을 이용하여 회수하여 연비 또는 전비를 높이고 있다.

(2) 제동 시스템의 구성

제동 시스템은 운전자가 제동할 때 밟는 페달, 페달의 작동력을 증폭하기 위한 배력 장치, 디스크와 브레이크 패드와 같이 마찰이 발생하여 실제 제동력을 발휘하는 장치로 구분할 수 있다.

① 페달 장치

페달 장치는 운전자가 브레이크를 조작하기 위해서 발로 누르는 장치로 풋 브레이크(Foot Brake)라고도 한다.

② 배력 장치

운전자가 브레이크 페달을 밟는 힘으로 움직이는 차량을 멈추기에는 부족하다. 따라서 이 힘을 증폭하기 위해서 브레이크 시스템은 배력 장치를 지니고 있다. 배력 장치는 브레이크 부스터와 마스터실린더를 통해서 힘을 증폭시키는데, 부스터는 엔진의 흡기 매니폴드에서 생기는 진공 또는 별도의 진공 펌프를 이용하여 만든 진공 상태를 이용한다.

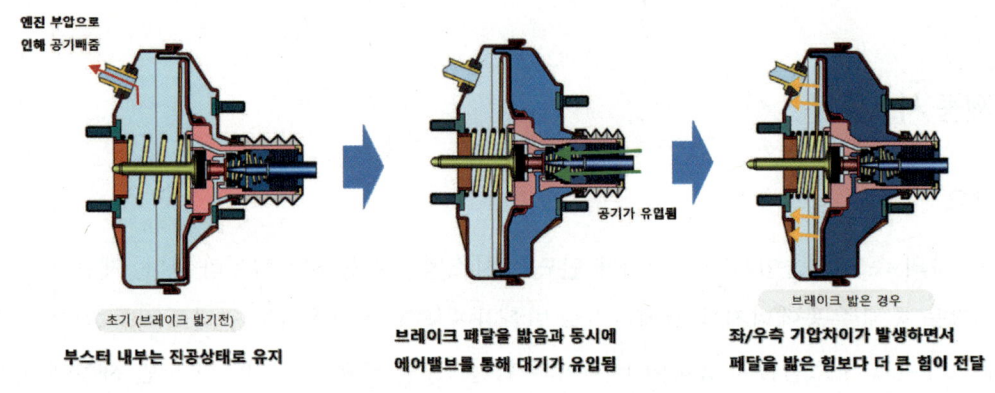

[그림 2-34] 브레이크 부스터의 작동원리

③ 디스크 브레이크

디스크 브레이크는 아래 그림과 같이 캘리퍼, 브레이크 패드, 디스크로 구성된다. 배력장치에 의해 증폭된 유압이 캘리퍼를 통해 브레이크 패드를 디스크와 접착하도록 밀면, 디스크와 패드가 마찰하면서 바퀴 회전속도가 줄어드는 원리이다. 디스크 브레이크는 마찰 면이 외부에 노출되어 있어서 마찰 과정에서 발생한 열에너지를 빠르게 발산하는 방열성능이 좋다. 이로 인해 주행 과정에서 반복 제동을 하여도 안정적인 제동력을 확보할 수 있다.

④ 드럼 브레이크

드럼 브레이크는 아래 그림과 같이 드럼, 슈 어셈블리, 라이닝 등으로 구성되어 있다. 페달을 밟을 경우, 슈 어셈블리가 드럼의 내측면에 있는 라이닝과 마찰하는 방식으로 작동한다. 드럼 브레이크는 디스크 브레이크보다 마찰면적이 커서 큰 제동력이 필요한 트럭이나 버스 등 대형차량에 많이 적용된다. 하지만, 마찰 과정에서 발생한 열이 드럼으로 인해 외부로 배출되기 어려워 긴 내리막길 같은 곳에서 장시간 브레이크를 사용하면 페이드(Fade) 현상이 발생하기 쉽다.

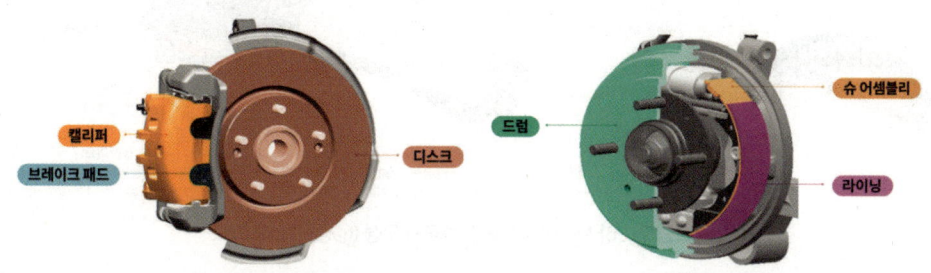

[그림 2-35] 디스크 브레이크(좌)와 드럼 브레이크(우)의 구조 (ⓒ현대자동차)

⑤ 브레이크 패드

브레이크 패드는 디스크 또는 라이닝과 직접적으로 마찰하는 부품이다. 브레이크 마찰재의 성능이 차량 제동에 직접적인 영향을 주기 때문에 차량 특성에 적합한 마찰재를 사용해야 한다. 브레이크 패드 마찰재는 다양한 환경 및 작동 조건에서도 안정적인 성능을 발휘하기 위해서 10~20여 종의 다양한 물질을 혼합, 압축, 성형하여 만들어진 복합재를 활용한다. 패드를 구성하고 있는 소재에 따라 세미메탈릭계, 로우스틸계, NAO계 등으로 구분할 수 있다.

[표 2-5] 브레이크 패드(마찰재)의 종류

석면계	세미메탈릭계	로우스틸계	NAO계
• 석면을 사용한 마찰재	• Steel fiber의 함량이 40% 이상 • 스포츠 및 택시 보수용	• Steel fiber의 함량이 40% 이하 • 유럽에서 널리 사용됨	• 석면 및 Steel fiber를 사용하지 않고 유·무기 fiber 사용 • 대부분 OEM 재질

마찰재의 금속 성분의 함유량이 높을수록 내구성과 열전도도 등이 우수하나, 소음과 분진 발생이 심하며 부식에 취약하다. 세라믹 재료는 고강도, 고내열, 내마모성, 경량, 낮은 소음 등의 장점을 가지지만, 깨지기 쉬우며 고온에서 내마모성이 부족하다.

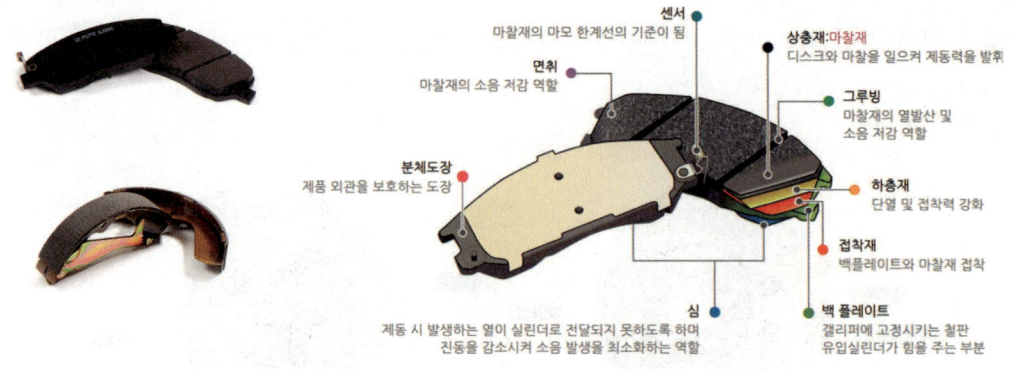

[그림 2-36] 브레이크 패드의 종류와 구성 (ⓒ상신브레이크)

(3) 주차 브레이크

주차 브레이크는 주차 시 사용하는 브레이크로, 사이드 브레이크라고 부르기도 하나 옳지 않은 용어이다. 최근 차량은 시동을 끄면 자동으로 전자식 주차 브레이크(EPB)가 작동하기도 하지만, 일반적으로는 운전석 측면의 핸드 브레이크 또는 운전석 좌측 페달로 주차 브레이크를 작동한다. 전자식 주차 브레이크 시스템은 아래 그림과 같이 EPB 액추에이터에 좌우 브레이크와 연결된 파킹 케이블이 달려있어서, EPB를 작동시키면 액추에이터가 케이블을 당기면서 브레이크가 작동하게 된다. 경사로에서 출발할 때 차량이 밀리지 않는 경사로 밀림 장치나 신호 대기 혹은 정차 시 사용되는 오토홀드(Auto Hold) 기능도 전자식 주차 브레이크 시스템을 통해서 구현된다.

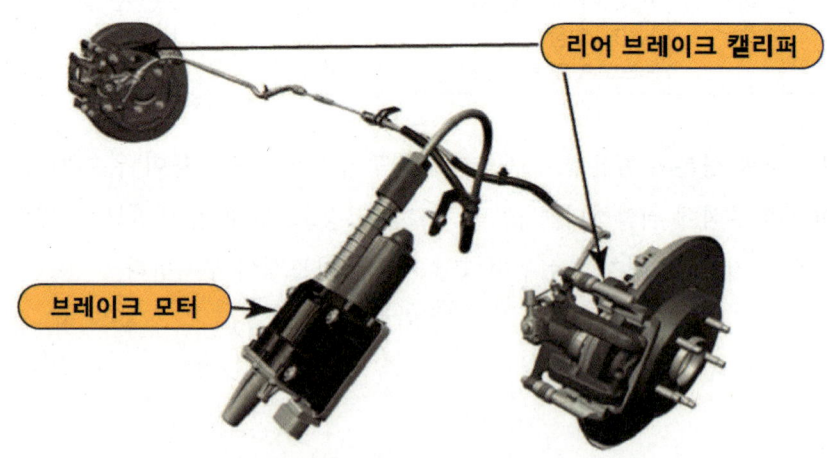

[그림 2-37] EPB 시스템의 구성 (ⓒPearson Education)

(4) 제동시스템 전자제어

차량의 안전성을 확보하기 위해서 전자제어를 활용하여 제동 성능을 극대화하고 있다. 대표적인 시스템으로 ABS(Anti-Lock Braking System), ESC 등이 있으며, 시스템의 전장화를 통해서, 제어가 좀 더 용이하도록 바뀌고 있다.

① ABS(Anti-lock Braking System)

ABS 시스템은 브레이크가 작동하는 과정에서 최대정지마찰력이 유지되도록 하는 시스템이다. 자동차가 제동하는 과정에서 타이어의 회전이 느려지면 타이어가 지면에 미끄러지는 로크업 현상이 발생한다. 로크업 현상은 지면과 타이어가 최대정지마찰력을 넘어 운동마찰력으로 변하면서 발생하는데, ABS는 제동과정에서 마찰력이 운동마찰력으로 전환되기 전에 순간적으로 제동력을 풀어주고 다시 제동하는 것을 반복하여 최대정지마찰력을 유지하여 최적의 제동력을 구현한다. 마찰력이 변하는 시점을 확인하기 위해서는 각 바퀴의 차속센서(휠센서)와 차량의 가속도 센서를 이용한다. 한국에서는 2012년부터 출고되는 모든 승용 및 1톤 이하의 차량에 ABS를 의무장착하고 있다.

최근 차량은 ABS 시스템보다 더 진화된 ESC(VDC) 시스템을 적용하고 있다. ESC는 스티어링 휠 각도 센서, 자이로 센서 등 차량 상태를 확인할 수 있는 더 많은 센서를 통해, ABS뿐만 아니라 구동력을 제어하는 TCS를 통합적으로 관리함으로써 차량 주행 안전성을 높이고 있다.

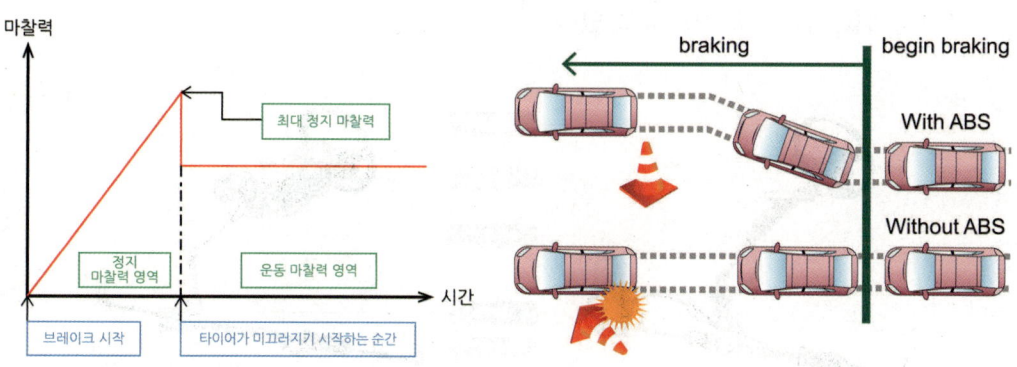

[그림 2-38] ABS시스템의 마찰 원리   [그림 2-39] ABS 시스템의 작동 차이

3. 조향 시스템

(1) 개요

조향 시스템은 운전자의 의도에 따라 차량이 좌우로 움직이게 하는 장치이다. 승용차에서는 주로 앞바퀴만을 조향하는 방식을 많이 사용했으나, 최근에는 차량이 길어짐에 따라 회전반경을 줄이기 위해서 뒷바퀴도 조향이 되는 4륜 조향 시스템을 적용한 차량도 판매하고 있다.

(2) 조향장치의 구성과 작동 원리

조향장치는 아래 그림과 같이 스티어링 휠(핸들), 컬럼 샤프트, 기어박스, 타이로드 엔드 그리고 조향을 도와주는 어시스트 부품으로 구성되어 있다. 조향 어시스트 부품은 종류에 따라 추가적인 시스템이 장착되어 그 구성요소가 달라진다. 유압식 조향장치의 경우에는 유압을 형성하는 유압펌프와 유압을 전달하는 유압라인, 랙바를 움직이기 위한 유압실린더 등이 포함된다. 전동식 조향장치의 경우에는 운전자의 회전 의도를 인식하는 토크 센서와 조향을 도와주는 어시스트 모터, 조작력을 조정하는 MCU(Motor Control Unit) 등이 추가로 구성된다.

전동식 조향장치는 유압식 조향장치 대비 구성 부품 수가 상대적으로 적으며, 엔진 동력을 이용해서 유압을 만드는 유압펌프가 없어 차량의 연비향상에도 도움을 준다. 최근에는 전자제어를 활용하여 첨단운전자 보조시스템(ADAS) 또는 자율주행 기능을 구현하기 위해서 전동식 조향장치를 기본으로 적용하고 있다.

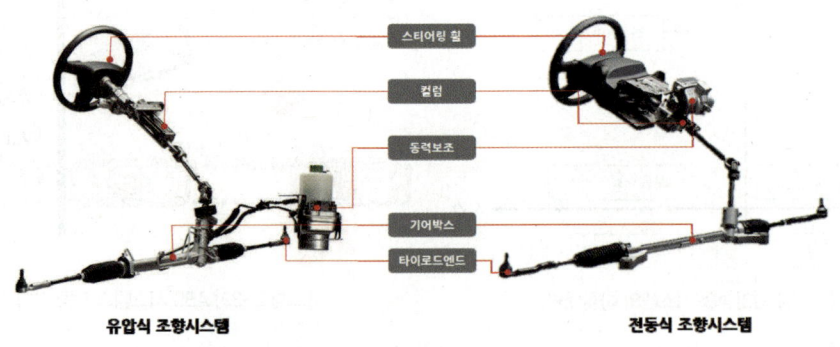

[그림 2-40] 유압식 조향장치(좌)와 전동식 조향장치(우)

① 스티어링 휠(핸들)

스티어링 휠은 운전자가 차량을 선회하기 위해서 조작하는 부분으로, 조작성을 위해 스티어링 휠의 사이즈, 그립 형상 등을 고려하여 제작한다. 특히, 계기판의 시인성을 위해서 핸들 윗부분의 공간도 생각해야 한다.

[그림 2-41] 스티어링 휠

[그림 2-42] 틸트, 텔레스코픽 기능

② 컬럼 및 유조인트

컬럼 및 유조인트는 스티어링 휠의 회전을 기어박스로 전달하는 부품이다. 운전자의 최적의 자세를 위해서 스티어링 휠의 위치를 조정(틸트, 텔레스코픽 기능)하면 조향축의 각도가 변하는데, 이러한 각도 변화에도 회전운동이 기어박스로 잘 전달될 수 있도록 한다.

③ 동력보조 장치

스티어링 휠 조작력을 보조하는 장치로, 유압식은 유압이 전달될 수 있는 유압라인 등의 시스템으로 구성되어 있고, 전동식은 모터와 모터를 제어하는 ECU 및 스티어링 휠이 회전을 감지하는 토크센서 등으로 구성되어 있다.

④ 기어박스(Gear Box)

컬럼 및 유조인트의 회전을 좌우 왕복운동으로 변환하여 좌우의 타이로드가 움직이는 기능을 한다. 기어박스 내 랙바(Rack Bar)의 기어비에 따라 차량의 회전반경과 조향감이 바뀐다. VRS(Variable Rack Stroke)는 랙바의 기어비를 구간에 따라 다르게 하여 타이어의 회전 각도와 조향감을 바꾸는 시스템이다.

VRS를 이용하면 주차할 때는 기어비를 높여서 편의성을 추구하고, 주행 중에는 기어비를 낮춰 미세한 조향을 할 수 있다. 차량이 고속 주행 중일 때는 핸들을 돌리는 범위가 크지 않다. 반면 주차나 큰 방향 전환을 할 때는 핸들을 돌리는 범위가 크다. 따라서 핸들 작동의 초기구간에는 랙바 기어비의 간격을 좁혀 차량을 미세하게 조향할 수 있게 만들고, 핸들의 끝부분으로 갈수록 랙바 기어비의 간격을 크게 만들면 핸들을 적게 돌리더라도 랙바를 더 많이 움직일 수 있으므로 조향감을 향상시킬 수 있다.

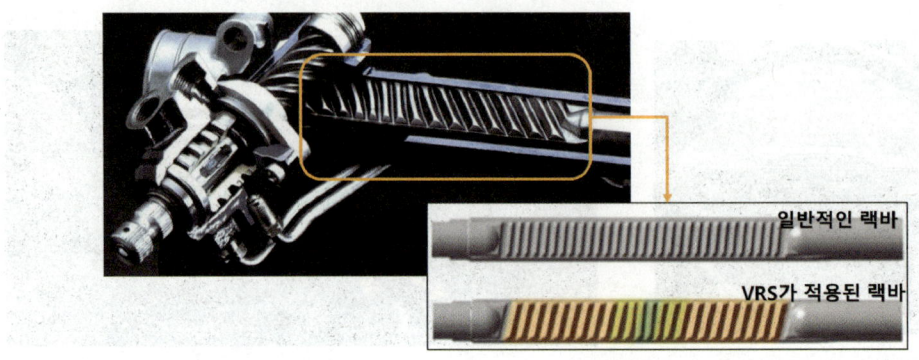

[그림 2-43] 기어박스 랙바의 형태

⑤ 타이로드 엔드(Tie Rod End)

타이로드 엔드는 현가장치의 너클과 연결되어, 기어박스의 좌우 왕복운동을 너클로 전달하여 타이어를 움직인다. 휠에 큰 충격이 가해지더라도 부러지는 대신 휘도록 설계하여, 핸들 조작기능이 상실되지 않도록 하는 역할도 한다.

(3) 조향장치의 종류

조향장치는 핸들 조작력을 보조하는 장치에 따라 3가지로 나뉜다. 핸들 조작력을 보조하는 장치가 없는 수동 조향장치, 유압을 이용하여 핸들 조작력을 보조하는 유압식 조향장치 그리고 최근 판매되는 차량에 다수 적용되고 있는 모터를 이용하여 핸들 조작력을 보조하는 전동식 조향장치(EPS[3] or MDPS[4])가 있다. 과거에는 유압을 활용한 유압식 조향장치가 많이 사용되었으나, 엔진 동력을 활용하여 유압을 발생시키기 때문에 연비개선을 위해서 전동식으로 대체되었다. 전동식 조향장치의 경우에는 모터의 장착 위치에 따라 C-EPS, P-EPS, R-EPS로 나눌 수 있다. 유압식에서 전동식 조향장치로 전환과정에서 유압을 전동모터로 생성하여 연비를 일정 부분 개선한 E-HPS 시스템이 개발되기도 하였으나, 전동식과 유압식 대비 성능과 가격적인 측면에서 큰 장점이 없어 현재는 거의 적용하지 않는다.

---

3) Electronic Power Steering
4) Motor Driven Power Steering

[표 2-6] 전동식 조향장치의 종류

칼럼식(C-EPS)	랙 방식(R-EPS)	피니언식(P-EPS)
• 중형 이하의 차량에 적용되는 타입 • 어시스트 모터가 칵핏모듈에 위치하여 엔진룸 공간이 부족한 소형 차종 적용에 용이 • 출력이 낮고 전달손실이 있음	• 고출력이 필요한 대형/고성능 차량에 적용되는 타입 • 어시스트 모터가 기어박스의 랙에 바로 연결되어 있어 전달손실이 상대적으로 적음 • 가격이 비싸고 엔진룸 공간 확보가 필요함	• C-EPS와 R-EPS의 중간자적 성격 • 어시스트 모터가 엔진룸에 있어서 실내 소음을 줄일 수 있음 • 엔진룸 공간 확보가 필요하여 적용할 수 있는 차량이 제한적임

① 칼럼식(Column-EPS)

칼럼식 EPS는 어시스트 모터가 칼럼에 위치한 전동식 조향시스템이다. 모터가 차량의 칵핏모듈 안에 위치하여 엔진룸 공간 확보가 필요한 소형차량에 적용하기 좋지만, 모터가 차량의 실내에 위치하여 모터소음이 유입되며 칵핏모듈의 제한된 공간으로 인하여 모터 출력을 높이기 위한 큰 사이즈의 모터를 적용하는 데 한계가 있다. 또한, 모터에서 보조해주는 힘이 칼럼 등을 통해 전달되는 과정에서 손실이 발생할 수 있다. 따라서 주로 소형차량 위주로 많이 적용된다. 대표적인 적용 차종으로는 모닝(JA), 레이, 아반떼(MD 이후), 쏘나타(YF 이후) 등이 있다.

② 랙 방식(Rack-EPS)

랙 방식 EPS는 핸들조작력을 보조하는 모터가 기어박스에 위치하여 랙 바(Rack bar)를 직접 돌려주는 조향 시스템이다. 어시스트 모터가 엔진룸에 위치하여 엔진룸의 공간손실이 있지만 랙 바를 모터가 직접 돌리기 때문에 칼럼식보다 시스템 전달손실이 적으며, 고출력 모터를 적용하여 대형차종에도 적용할 수 있는 조향시스템이다. 대표적인 적용 차종으로는 싼타페(TM), 쏘렌토(MQ4), 카니발(KA4) 등이 있다.

③ 피니언식(Pinion-EPS)

피니언식 EPS는 C-EPS와 R-EPS의 중간적인 특징을 가지는 조향 시스템이다. 엔진룸 공간도 어느 정도 차지하고 있으며, 구동손실도 있어 적용하는 차종이 많지 않다.

4. 현가 시스템

(1) 개요

현가 시스템은 타이어가 노면과의 접촉(접지)하기 위한 시스템이다. 차량의 움직임은 타이어와 지면의 작용·반작용 관계에서 결정되는데, 타이어 접지를 확보하는 것은 차량의 전반적인 성능에 영향을 주기 때문에 매우 중요하다. 또한 주행 중 노면에서 발생한 충격과 진동이 차량으로 들어오는데, 이를 적절하게 조절하여 승차감 및 주행성능을 향상시키는 것이 현가 시스템이다.

[그림 2-44] 자동차의 현가장치 (ⓒ메르세데스-벤츠)

(2) 현가장치의 종류

현가장치는 독립식 현가장치와 차축 일체형 현가장치로 나눌 수 있다. 독립식 현가장치는 차량의 좌우 바퀴의 움직임이 서로 독립되어 영향을 받지 않는 구조이며, 차축 일체형 현가장치는 좌우 바퀴가 서로 연결되어 있어 한쪽 바퀴가 움직이면 반대쪽 바퀴도 영향을 받는 구조이다.

[그림 2-45] 현가장치의 종류

① 차축 일체형 현가 시스템

 차축 일체형 현가 시스템은 구조가 간단하고 현가 시스템을 구성하는 부품 수가 적어 넓은 공간을 얻을 수 있는 이점이 있으며, 적은 비용으로 생산이 가능하다. 대표적인 차축 일체형 현가 시스템으로 토션빔 액슬이 있다. 토션빔 액슬은 소형차의 뒷바퀴에 적용되는 서스펜션이다. 가운데 토션빔이 있어 좌우 바퀴가 이어지고 좌우 트레일링 암 형태의 구조와 쇼크 업소버가 차체에 연결된다. 한쪽 바퀴가 상승하면 토션빔이 비틀림과 함께 반대쪽 바퀴에도 영향을 주지만, 차량이 회전하는 과정에서는 차량의 롤 성능을 억제하는 역할도 한다. 토션빔 액슬타입은 소형차종 위주로 적용되고 있으며 대표적인 차량으로는 모닝, 아반떼, 셀토스, 골프 등이 있다.

② 독립식 현가장치

 독립식 현가장치는 구성에 따라 여러 서스펜션 타입이 있다. 대표적인 독립식 현가장치로 맥퍼슨 스트럿 타입과, 더블위시본 타입, 멀티링크 타입이 있다. 서스펜션을 구성하는 연결 부품(링크, 암)에 따라 구분이 가능하다.

 더블 위시본 타입은 스프링, 댐퍼, 어퍼암, 로어암으로 구성된다. 어퍼암과 로어암의 한쪽이 차체에 연결되고 반대쪽이 너클과 연결되어 바퀴를 지탱한다. 구조가 복잡하고 엔진룸 공간도 많이 차지하지만, 바퀴 움직임의 자유도를 높일 수 있고 여러 방향에서 들어오는 외력에 잘 대응할 수 있다.

맥퍼슨 스트럿 타입은 Earls S. Macperson이 개발하였다. 더블 위시본의 어퍼암을 스프링과 쇼크 업쇼버가 하나로 구성되어 있는 스트럿으로 대체한 것이 특징이다. 맥퍼슨 스트럿 타입은 더블 위시본 타입과 비교하여 설계 자유도가 낮지만, 부품 수도 적고 간결한 구조를 가지고 있어 엔진룸 공간 확보에 용이하고 저비용으로 생산이 가능하다. 최근에는 맥퍼슨 스트럿 구조가 많이 개선되어 성능 측면에서도 우수해져 대다수의 차량이 전륜 서스펜션 구조로 많이 적용하고 있다.

멀티링크 타입은 여러 개의 암과 링크가 바퀴와 연결되어 설계 자유도가 높다. 하지만 구조가 복잡하며 각 부품에 높은 정밀도와 설계 완성도가 필요하기 때문에 고성능을 요구하는 차량에 많이 적용된다.

[표 2-7] 독립식 현가장치의 구조(전륜)

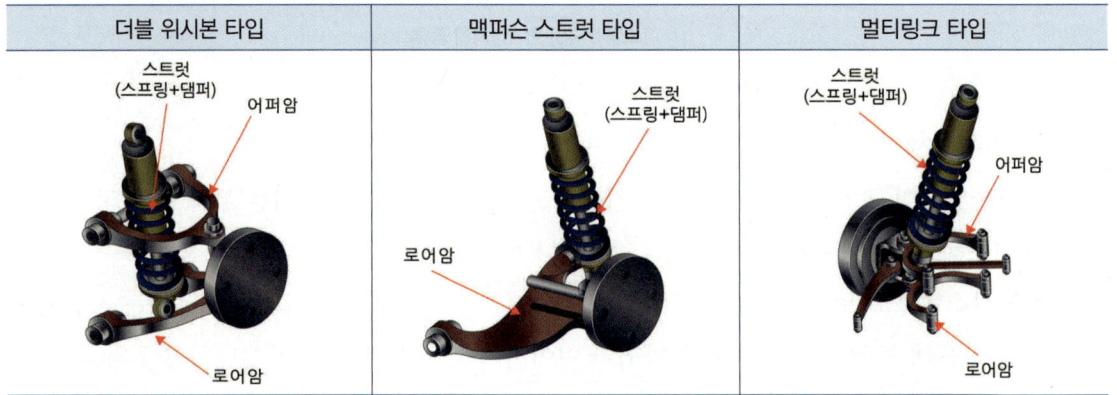

(3) 현가장치의 구성 부품

① 서브프레임

서브프레임은 샤시 부품이 조립되는 뼈대이다. 서브프레임에는 현가장치 외에도 조향기어박스, 엔진, 기타 부대장치가 장착된 후 차체와 조립된다. 서브프레임의 형태에 따라 H형 또는 '우물 정(井)'의 형상을 적용하고 있다. 최근 차량의 내충돌성 강화를 위해서 서브프레임의 부재를 충돌 경로로 활용하는 경우도 많다.

[그림 2-46] H형 전륜 서브프레임

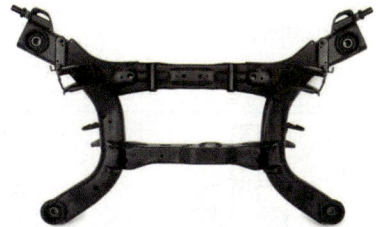
[그림 2-47] ♯형 후륜 서브프레임

② 스프링과 스테빌라이저 바

　스프링은 차량의 중량을 지지하는 부품이다. 형태에 따라 코일 스프링, 판 스프링, 공기 스프링이 있다. 승용 차량에 주로 사용되는 스프링은 코일 스프링으로 환봉을 말아서 제작한다. 판 스프링은 주로 고중량 물품을 적재하는 화물차량에 많이 사용하기 때문에 여러 개의 철판을 겹쳐서 만든다. 공기 스프링은 공기의 압력을 통해 스프링의 탄성계수를 능동적으로 조정하여 승차감과 핸들링 성능을 향상시킨다.

[그림 2-48] 코일 스프링

[그림 2-49] 판 스프링

[그림 2-50] 공기 스프링

③ 쇼크 업소버

　쇼크 업소버는 충격을 흡수하는 부품이다. 주행 중 노면에 의해 차량이 상하로 움직이는데, 댐퍼 안에 있는 점도가 높은 오일이 피스톤 밸브와 베이스 밸브의 작은 통로를 통과하는 과정에서 저항이 발생하고 이로 인해 진동이 감쇠된다. 쇼크 업소버는 튜브가 하나만 있는 모노튜브와 튜브가 2개가 있는 트윈튜브가 있으며, 최근에는 감쇠력을 능동적으로 제어하기 위하여 전자식 댐퍼를 적용하기도 한다.

[표 2-8] 쇼크 업소버의 종류

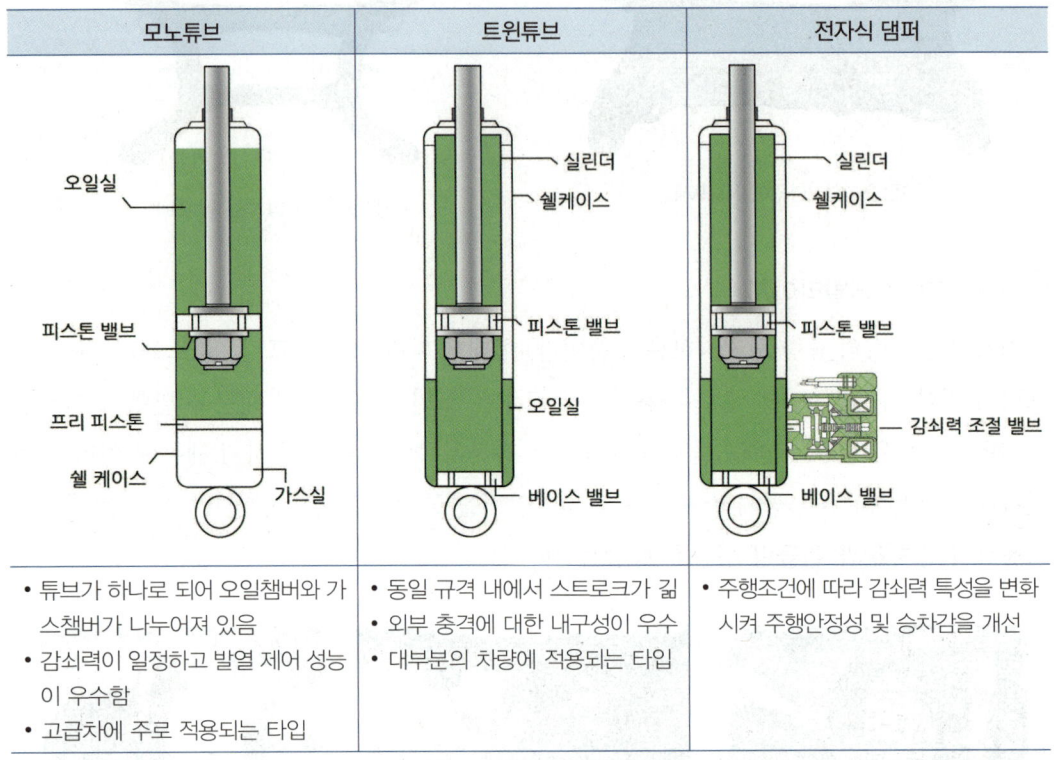

모노튜브	트윈튜브	전자식 댐퍼
• 튜브가 하나로 되어 오일챔버와 가스챔버가 나누어져 있음 • 감쇠력이 일정하고 발열 제어 성능이 우수함 • 고급차에 주로 적용되는 타입	• 동일 규격 내에서 스트로크가 깊음 • 외부 충격에 대한 내구성이 우수 • 대부분의 차량에 적용되는 타입	• 주행조건에 따라 감쇠력 특성을 변화시켜 주행안정성 및 승차감을 개선

④ 부시(Bush)

부시는 진동이 발생하는 부품의 체결부위에 적절하게 사용하여 진동을 억제(절연)하는 역할을 한다. 부시는 주로 고무로 만들지만, 진동이 많이 발생하는 부위에는 점도가 높은 액체가 들어있는 하이드로 부시를 사용하여 진동이 전달되는 것을 적극적으로 차단한다.

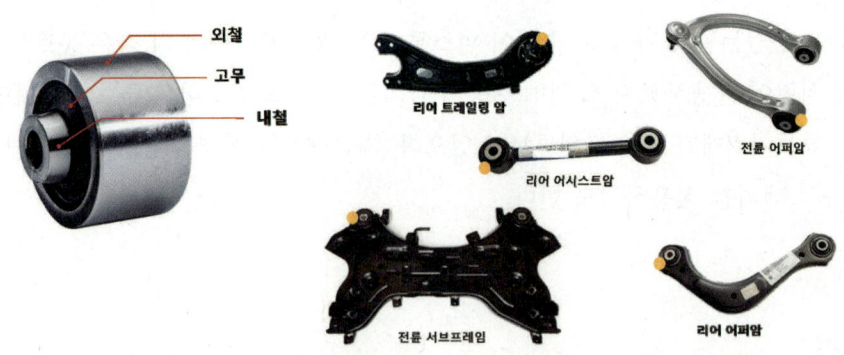

[그림 2-51] 부시의 구조와 부시가 적용된 현가부품

⑤ 너클과 베어링

너클은 현가 시스템의 암 또는 링크, 조향 시스템의 타이로드 엔드를 바퀴와 연결하는 부품으로, 서스펜션의 구조에 따라 다양한 형상으로 제작한다. 너클은 주로 주조공법을 통해 만들어지며, 최근에는 경량화 트렌드에 맞춰 알루미늄 소재를 적용한 너클도 제작되고 있다.

베어링은 축하중을 지지하면서, 드라이브 샤프트와 연결되어 바퀴를 회전시키는 부품이다. 차량의 중량, 목표성능 및 구동륜, 비구동륜에 따라 적절한 베어링을 선정하여 차량에 사용한다.

[그림 2-52] 휠 베어링(1세대, 2세대, 3세대) (ⓒ일진글로벌)

5. 휠(Wheel)과 타이어(Tire)

(1) 개요

기본적으로 휠과 타이어는 자동차의 중량을 지지하는 역할을 하며, 노면과 작용·반작용을 통해 구동과 제동의 기능을 하며, 주행 과정에서 발생하는 충격을 흡수, 완화하는 기능도 한다. 자동차의 타이어만 바꾸어도 구동 성능, NVH, 연비 등이 달라져서 성능에 많은 영향을 주는 만큼 차량에서 타이어의 역할은 중요하다.

(2) 휠(Wheel)

휠은 보통 디자인적인 요소로 보는 경향이 많지만, 휠의 기본적인 기능은 자동차의 중량을 지지함과 동시에 드라이브 샤프트를 통해 전달된 동력을 타이어에 전달하는 것이다. 따라서, 충격에 강해야 하며 내구성도 좋아야 한다. 우리가 가벼운 신발을 신으면 잘 달릴 수 있듯이, 경량화된 휠은 차량의 구동 성능과 연비를 높이는 데 기여한다.

① 휠의 종류

휠은 재질과 제작 방법에 따라 분류할 수 있다. 휠의 재질은 스틸, 알루미늄, 마그네슘과 같은 경합금이 주로 사용된다.

스틸 휠의 경우에는 일반적으로 2피스 구조인데, 프레스 가공을 통해 가운데 동그란 디스크 부분과 림 부분을 만들고 디스크와 림을 용접하여 휠을 만든다. 휠 커버나 캡을 통해서 디자인의 변화를 줄 수 있고, 경합금 휠 대비 가격이 낮다는 장점이 있지만, 무게로 인한 차량의 연비나 성능 측면에서 단점이 있기 때문에 상대적으로 저렴한 차량에 많이 사용된다.

알루미늄 합금 휠은 대표적인 경합금 휠로, 주로 주조공법을 이용하여 원하는 형상의 금형(mold)에 알루미늄 합금을 녹여 부어서 하나의 피스로 휠을 만든다. 주조 외에도 단조공법을 이용해서 휠을 제작하기도 하지만 디자인 자유도가 떨어지고, 주조공법 대비 비싸기 때문에 대중 브랜드 차량보다는 고급 또는 프리미엄 브랜드 차량에 많이 사용된다.

그 외에도 마그네슘, 카본을 이용한 휠도 가벼워서 차량의 주행성능 및 연비를 향상시킬 수 있지만, 가격이 비싸고, 취급하기가 어렵기 때문에 자동차 레이싱과 같은 특수한 환경에만 제한적으로 사용한다.

[그림 2-53] 스틸 휠 / 알로이 휠(주조) / 알로이 휠(단조)

(3) 타이어(Tire)

① 타이어의 종류

타이어는 내부에 튜브가 있는 튜브 타이어와 튜브가 없는 튜브리스 타이어로 구분한다. 튜브 타이어는 고속 주행 중에 튜브에 펑크가 발생하면, 타이어가 갑자기 주저앉아 운전자와 차량이 위험할 수 있다. 내부에 튜브 대신 휠 림과 타이어의 이너라이너가 밀착하여 공기밀폐성을 높인 튜브리스 타이어는 펑크가 발생하더라도 공기가 급격하게 빠지지 않아 안전성을 향상시킬 수 있다.

또한 타이어 내부의 골격을 구성하는 카카스(Carcass) 코드의 배열 구조에 따라서 레이디얼 타이어와 바이어스 타이어로 나눌 수가 있는데, 레이디얼 타이어는 카카스 코드가 타이어의 중심선으로부터 직각으로 배열된 구조를 가지고 있다. 바이어스 타이어의 경우에는 중심선으로부터 사선(30~40°)으로 서로 교차하는 구조를 가지고 있다.

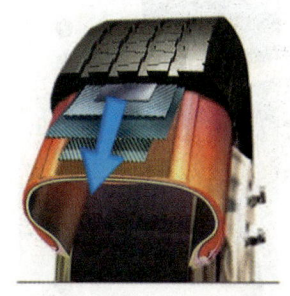

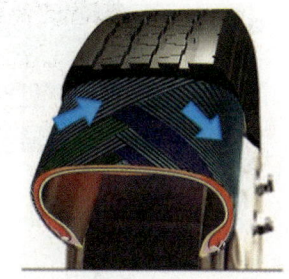

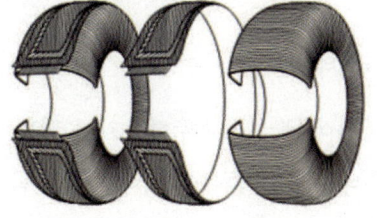

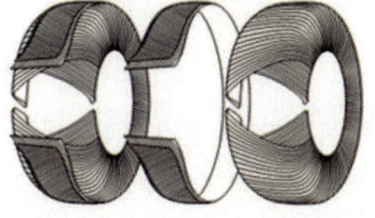

[그림 2-54] 레이디얼 타이어 (ⓒ대한타이어산업협회) [그림 2-55] 바이어스 타이어 (ⓒ대한타이어산업협회)

② 타이어의 구조

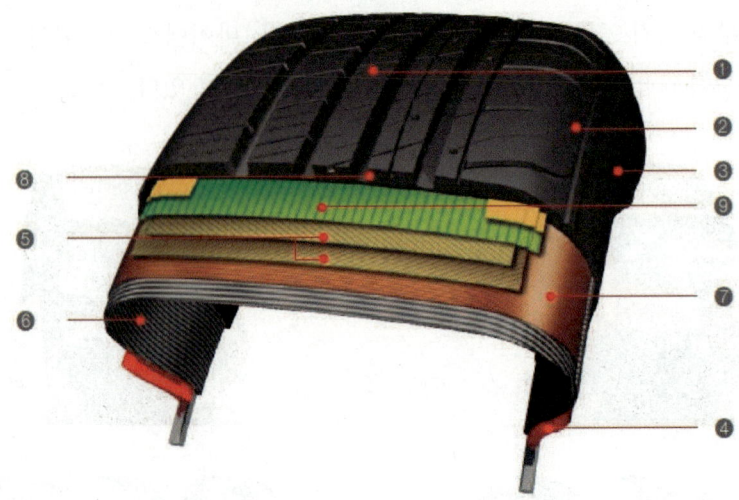

[그림 2-56] 타이어의 구조 (ⓒ금호타이어)

타이어는 겉모습과 달리 복잡하게 구성되어 있다. 타이어는 고속주행, 지면과의 마찰열, 노면 충격 등 다양한 조건에 노출되는 만큼 튼튼하고 내구성이 좋아야 한다. 위 그림에서 보이는 타이어 내부 구조는 다음과 같다.

❶ 트레드(Tread): 노면과 접촉하는 부분으로 내마모성 및 내커팅성이 중요

❷ 숄더(Shoulder): 트레드와 사이드 월을 이어주는 부위

❸ 사이드 월(Side Wall): 타이어의 옆 부분으로 굴신운동을 통해 승차감 영향

❹ 비드(Bead): 타이어와 휠의 림에 만나는 부위로 튜브리스 타이어의 공기 밀폐성에 영향을 주는 부위

❺ 벨트(Belt): 스틸와이어 또는 섬유로 구성되어 트레드와 카카스 사이 충격완화

❻ 이너라이너(Inner Liner): 타이어의 공기가 외부로 빠지는 것을 막아주는 특수 코팅층

❼ 카카스(Carcass): 타이어의 내부 섬유 또는 스틸로 구성된 코드층으로 노면으로부터 들어오는 충격을 막아주고 하중을 지지해주는 역할

❽ 그루브(Groove): 트레드의 홈 부분으로 조종안정성, 견인력, 제동성, 배수성능 등 차량의 전반적인 주행성능에 영향을 주는 부위

❾ 캡플라이(Capply): 벨트 위에 부착되는 특수 코드지로 주행 시 성능을 향상

(4) 휠과 타이어 사이즈 표기법

타이어와 휠을 교환하기 위해서는 규격이 서로 적합해야 하는데, 이는 휠과 타이어에 표시된 규격을 통해 확인할 수 있다.

① 휠 사이즈 표기법

휠은 차량과의 조립성과 타이어를 고려하여 선택해야 한다. 림 지름, 림 폭을 확인하여 적절한 타이어를 선정하고, 구멍 수, PCD, 휠 옵셋을 활용하여 차량과의 조립성을 확인할 수 있다.

- ㉠ 림 지름: 림의 직경으로 인치(inch)로 표기(타이어의 림 직경과 비교)
- ㉡ 림 폭: 림 폭도 인치로 표기(타이어의 단면 폭과 비교)
- ㉢ 플랜지 형상: 림 끝의 형상을 나타내며, 타입에 따라 J, JJ, B 등으로 표기
- ㉣ 구멍 수: 차량의 베어링과 체결할 때 필요한 구멍 수
- ㉤ PCD(Pitch Circle Diameter): 차량 베어링에 체결할 홀의 피치원 직경
- ㉥ 휠 옵셋(Wheel Offset): 림의 중심선으로부터 허브 접촉면까지의 거리

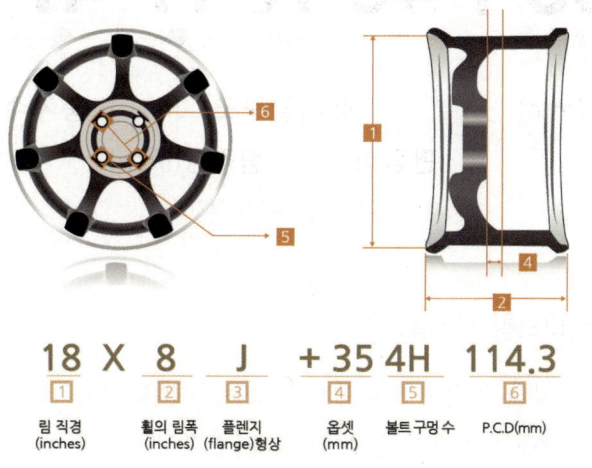

[그림 2-57] 휠 사이즈 표기법

② 타이어 사이즈 표기법

타이어 사이즈 표기법에는 ISO표기법, ETRTO[5], 중동 걸프국가에 적용되는 걸프 표준호칭 등이 있지만 국제적으로 사용되는 ISO표기 항목은 다음과 같다.

---

[5] European Tire&Rim Technical Organisation

㉠ **단면 폭**: 타이어의 폭으로 단위는 mm이며, 지면과 접촉하는 트레드부와 연관이 있는 수치

㉡ **편평비**: 측면 사이드월의 높이와 단면 폭의 비율. 일반적으로 타이어 편평비가 높으면 사이드월이 커지며 유연성이 좋아 승차감이 상대적으로 좋아짐(단면 폭 235mm × 편평비 0.45 = 사이드월의 높이 105.75mm)

㉢ **R**: 타이어의 구조를 나타내는 기호이며, 'R'은 레디얼 구조, '-'는 바이어스 구조를 나타냄

㉣ **림 직경**: 장착 가능한 휠 사이즈로 단위는 인치(Inch)이며, 해당 수치를 통해 휠이 조립 가능한지 확인할 수 있음

㉤ **하중지수**: 타이어 1개가 견딜 수 있는 최대 하중으로 로드인덱스라고도 함. 해당 수치는 기호에 따라 달라짐

㉥ **속도지수**: 주행 시 타이어가 견딜 수 있는 최고속도를 나타내는 기호로, 하중지수와 마찬가지로 기호에 따라 수치가 달라짐

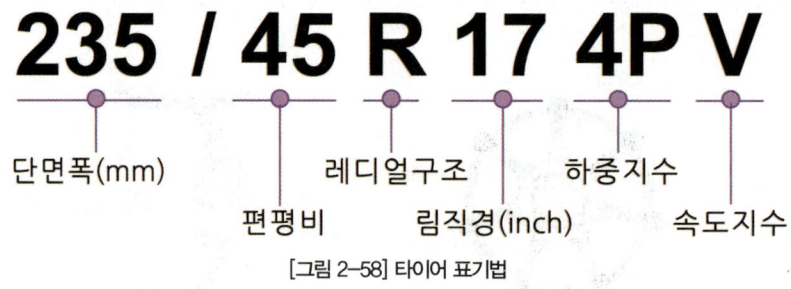

[그림 2-58] 타이어 표기법

(5) 타이어 공기압 모니터링 시스템

타이어의 적정 공기압을 유지하며 주행하는 것은 차량의 성능과 안전에 있어서 중요하다. 특히, 공기압이 적은 상태에서 장시간 주행하면 지면과의 접지 부위가 넓어져 타이어가 과열되어 펑크가 발생하는 경우가 많다. 타이어 공기압 모니터링 시스템(TPMS[6])은 공기압 상태를 확인하고 규정 공기압보다 부족할 경우 경고를 해주는 시스템이다. 주요 국가에서는 차량에 TPMS를 의무적으로 장착하도록 규제하고 있다.

TPMS는 직접식과 간접식이 있는데, 직접식 TPMS 시스템은 각 바퀴에 TPMS 밸브와 TPMS 신호처리를 하는 리시버가 있다. TPMS 센서는 타이어 휠에 부착되어 타이어 내부 공기 압력, 온도를 측정하고 RF송신기를 통해 해당 정보를 리시버로 전달한다. 리시버는 센서

---
[6] Tire Pressure Monitoring System

에서 받은 정보를 처리하여 저압일 경우에 계기판에 경고를 띄운다.

간접식 TPMS 시스템은 타이어에 공기가 빠지면 휠 속도가 변하는 것을 이용하여, 각 바퀴에 휠 속도를 측정하는 센서를 부착 후 이를 통해 운전자에게 공기가 빠질 경우 경고한다. 직접식 TPMS 대비 정확성이 떨어지며 정확한 공기압 수치를 확인할 수 없다는 단점을 가지고 있지만 별도의 추가 부품 없이 기존에 차량에 장착되어 있는 휠 센서를 이용하기 때문에 비용적인 측면에서 장점을 가지고 있다.

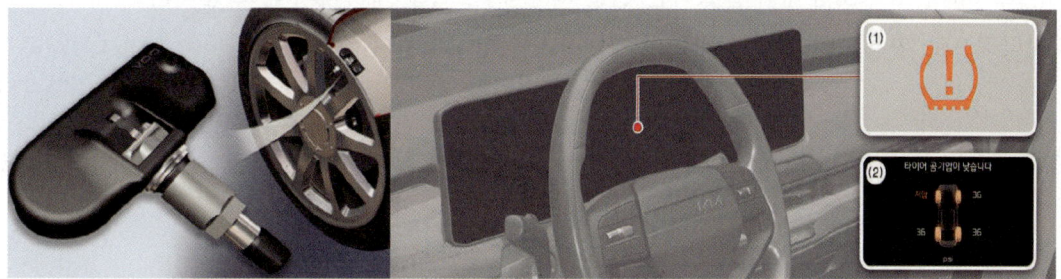

[그림 2-59] TPMS 구성 및 TPMS 경고 시 알람 (©기아)

쉬어가는 잡학

주요 도시의 맛있는 식당을 소개하는 책인 미쉐린 가이드는 타이어 회사인 미쉐린에서 처음 제작하였다. 왜 타이어 회사가 음식점을 소개하는 책을 만들었을까? 1889년 미쉐린 형제는 프랑스에 타이어 회사를 설립했다. 미쉐린 형제는 자동차 여행 계획을 세우는 데 도움이 되는 정보를 제공하면 자동차 판매가 늘어나고, 그러면 타이어 판매도 함께 늘어날 것이라고 예상하여 자동차 여행 가이드북을 제작했다. 그후 20년 동안 가이드북을 무료로 제공했으나 한 타이어 가게에서 가이드북이 작업대 받침으로 쓰이는 것을 봤다. 이에 그들은 1920년 새로운 미쉐린 가이드북을 발행하였고, 무료가 아닌 7프랑에 판매하였다. 유료 판매로 전환 후 가이드북에는 파리의 호텔 목록과 음식별 레스토랑 목록을 포함하되 절대 광고를 싣지 않았다. 가이드북의 영향력이 점차 커지자 '미스터리 다이너' 또는 '레스토랑 인스펙터'로 불리는 비밀평가단을 모집하여 레스토랑 평가를 시작하였는데, 이때부터 미쉐린 스타를 주는 평가방식이 자리잡기 시작했다.

6. 열관리 시스템

(1) 개요

열관리 시스템은 내연기관 차량의 경우 엔진, 전기차의 경우 전기 구동 시스템(PE시스템)과 배터리팩에서 발생하는 열을 적절하게 관리하여 최적의 운행조건을 만드는 시스템이다.

내연기관 차량은 연소과정에서 많은 열이 발생하는데, 이때 온도를 적절하게 관리하지 못하면 엔진 내부 윤활유의 윤활작용이 되지 않아 부품 간의 마찰과 고착으로 과열상태(오버히트, Over Heat)가 된다. 반면, 전기차의 경우에는 내연기관과 달리 열 발생이 적다. 특히 겨울철 온도가 낮아지면 배터리팩의 내부 저항이 증가하여 에너지 효율이 떨어지고, 실내 난방을 위해 PTC히터[7]를 사용하면 많은 전기를 소모하기 때문에 주행가능거리가 약 30% 정도 감소한다. 따라서 전기차의 경우에는 시스템 내의 폐열을 회수하여 적극적으로 사용하며 이러한 시스템을 히트펌프 시스템이라고 한다. 히트펌프 시스템을 통해 배터리팩, 구동모터, 온보드차저, ICCU 등에서 발생하는 열을 회수하고, 이를 배터리의 온도 관리와 실내 난방에 적극적으로 활용하여 전기차의 주행가능거리를 향상시킨다.

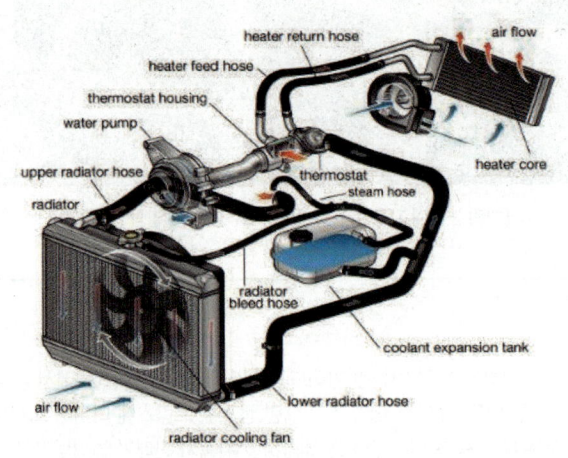

[그림 2-60] 자동차 냉각 시스템

(2) 동력 발생 장치 열관리 시스템의 구성

내연기관 차량의 열관리시스템을 냉각 시스템이라고 한다. 냉각 시스템은 공기로 냉각하는 공랭식과 액체(물)로 냉각하는 수냉식이 있는데, 자동차는 냉각 효율이 높은 수냉식 냉각 시스템을 사용하고 있다. 냉각 시스템은 냉각수를 식히는 라디에이터, 냉각팬과 냉각수를 순환시키는 워터펌프, 엔진의 실린더 블록 내에 냉각수가 흐르는 경로인 워터재킷, 엔진효율과 냉각효율을 최적화하기 위해 서모스탯 및 다양한 센서들로 구성되어 있다.

---

[7] PTC(Positive Thermal Coefficien) 히터는 전류가 흐르면 열이 발생하고 온도가 상승할 때마다 저항이 커져 전류가 작아진다. 실내공기를 직접 가열하기 때문에 큰 난방효과를 얻을 수 있다.

[그림 2-61] 냉각장치 구성부품

① 라디에이터와 냉각팬

라디에이터는 표면적을 늘려 방열효과를 높이기 위해서 여러 개의 가느다란 핀과 튜브로 구성되어 있다. 냉각수는 핀과 튜브를 통과하면서 공기에 의해서 냉각된다. 차량이 주행 중에는 주행풍으로 인해서 방열효율이 좋지만, 저속 또는 정지상태에서는 공기유입이 적어 방열효율이 떨어진다. 따라서 라디에이터 전면에 냉각팬을 장착하여 방열효율을 향상시킨다.

② 워터펌프 및 워터재킷

워터재킷은 엔진 실린더 블록 내에 있는 냉각수 순환경로이다. 워터펌프는 냉각수를 강제 순환시키는 장치로 압력을 가하여 냉각수를 순환시킨다. 일반적으로 워터펌프는 엔진 동력을 활용하지만, 연비 향상을 위해서나 혹은 하이브리드 차량/전기차에서는 전동모터를 사용하기도 한다. 워터펌프에 의해서 강제로 순환되는 냉각수가 엔진 실린더 블록 주변으로 흐르는 유로가 있는데 이를 워터자켓이라고 한다. 냉각수는 워터자켓을 통과하면서 엔진의 열을 흡수하여 라디에이터로 이동한다.

③ 리저버 탱크

리저버 탱크는 냉각수 순환경로상에서 냉각수를 일시적으로 저장하는 역할을 한다. 냉각수 온도가 높아져서 순환경로의 압력이 상승하면 일정 냉각수를 리저버 탱크로 이동시키고, 압력이 낮아지면 순환경로로 다시 이동시킨다.

④ 서모 스탯

서모 스탯은 냉각수가 설정된 온도보다 낮을 경우 냉각수를 라디에이터 방향이 아닌 다시 엔진 쪽으로 재순환시키고, 냉각수가 기준 온도보다 높을 경우 라디에이터 방향으로 보내서 열을 방출할 수 있도록 조절하는 장치이다.

(3) 실내 열관리 시스템의 구성

차량에는 쾌적한 실내공간을 만들기 위해서 에어컨과 히터가 설치되어 있다. HVAC[8]는 이런 에어컨, 히터를 포함한 차량 실내공조를 통합하여 관리한다.

에어컨은 컨덴서, 리시버 드라이어, 팽창밸브, 블로어모터, 증발기, 압축기 등으로 구성되어 있다. 에어컨 작동 방식은 실내에 있는 열을 증발기(에바포레이터)를 이용하여 흡수하고, 이를 컨텐서에서 방출한다. 히터는 열관리 시스템의 냉각수를 이용하여 히터코어를 통해 실내에 열을 공급한다. 하지만 열원이 부족한 전기차의 경우에는 PTC히터와 같이 전기저항을 이용하여 발열하는 장치를 사용하거나, 히터펌프를 이용하여 실내 온도를 관리한다.

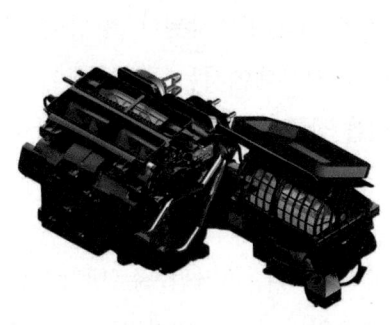

[그림 2-62] HAVC (ⓒ한온시스템)

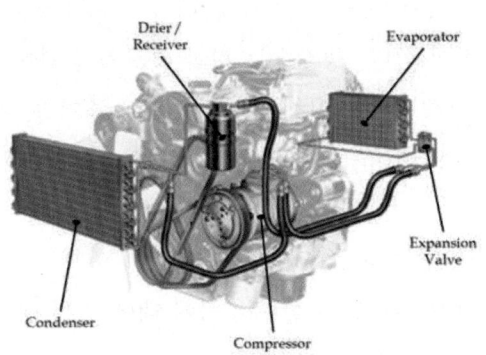

[그림 2-63] 열관리 시스템(에어컨)

① 컨덴서

컨덴서는 고온·고압의 냉매가스를 냉각 및 액화시킨다. 냉매가스를 방열하기 위한 라디에이터, 냉각팬으로 구성되어 있다.

② 리시버 드라이어

리시버 드라이어는 리저버 탱크와 같이 일정 냉매를 저장하고 냉매 순환량 변동에 대응할 수 있는 저장소이다. 저장하는 과정에서 냉매에 있는 수분, 이물질, 기포를 제거하여 액체 냉매만 공급한다.

③ 팽창 밸브

팽창 밸브는 리시버 드라이어를 통해 들어온 고온 액체 냉매의 압력을 낮추고, 냉매 흐름을 조절하여 증발기로 냉매를 공급한다.

---

8) Heating, Ventilating and Air Conditioing

④ 증발기(에바포레이터) 및 블로어 모터

증발기에서 저온·저압의 냉매는 차량 실내 공기와 열교환을 한다. 열교환 과정에서 냉매는 과열증기로 변하고 실내 공기 온도는 낮아진다. 저온의 공기는 블로어 모터에 의해서 차량 실내로 유입된다.

⑤ 압축기(컴프레서)

압축기는 증발기에서 증발한 냉매 증기가 응축되기 쉽도록 냉매의 압력을 높이고, 냉매가 시스템 내에서 순환할 수 있도록 한다.

> **쉬어가는 잡학**
>
> 실내 열관리 장치인 에어컨은 냉매를 이용하여 실내에 있는 열을 흡수 후 외부로 방출하는 사이클을 가진다. 히트 펌프도 에어컨과 동일한 사이클로 작동하는데, 열을 방출하는 곳이 차량 외부가 아닌 차량 내부라는 점이 다르다. 외부 공기나 차량 내 열이 발생하는 부품에서 냉매를 이용하여 열을 흡수한 후, 냉매가 응축기에서 열을 공급함으로써 해당 열을 실내 난방에 활용할 수 있다.
>
>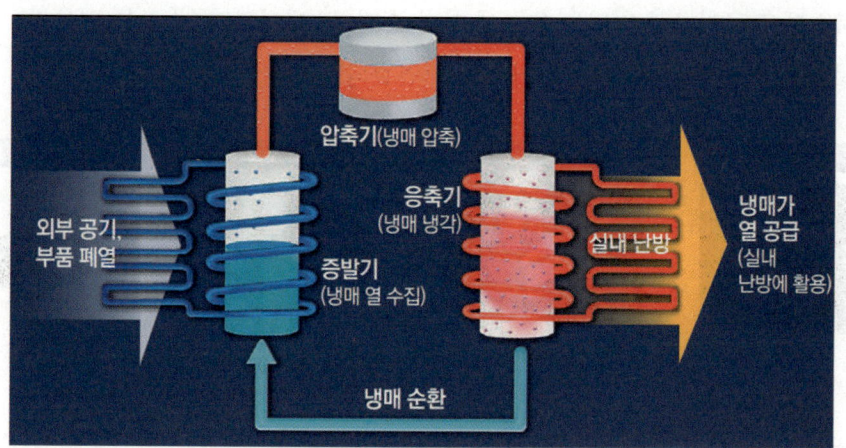
>
> [그림 2-64] 히트 펌프의 원리

7. 흡기 및 배기 시스템

(1) 개요

흡기 시스템은 엔진 연소에 필요한 공기를 적절하게 공급한다. 공기에는 미세한 이물질 및 습기 등이 포함되어 있는데, 이것이 엔진 속에 들어가면 피스톤이 손상되거나 스로틀 밸브 기능에 영향을 줄 수 있기 때문에 에어필터를 이용하여 공기를 정화한 후 공급한다.

배기 시스템은 엔진의 연소과정에서 발생하는 배기가스를 배출하는 시스템이다. 연소과정에서 발생한 고온·고압의 배기가스는 배기 시스템을 거치는 과정에서 저온·저압으로 바뀌며 촉매를 지나면서 정화된다.

차량을 판매하기 위해서는 판매 국가의 배출가스 규제 및 소음에 대한 규제를 만족해야 하므로 적절한 배기 시스템을 구성하는 것이 중요하다.

(2) 흡기 시스템(Intake System)의 구성

흡기 시스템은 공기가 흡입되는 흐름에 따라 흡기구, 에어필터, 스로틀 밸브, 흡기 매니폴드로 구성되어 있으며 각 부품은 에어덕트로 연결되어 있다.

[그림 2-65] 흡기 시스템 구성 부품

① 흡기구, 에어필터

흡기구는 공기가 유입되는 곳으로 주로 차량의 엔진룸 앞쪽에 있다. 주행 중 비나 이물질이 흡기 시스템으로 유입되지 않는 위치에 설치된다. 흡기구로 들어간 공기는 에어필터에서 이물질 등이 걸러진다. 에어필터는 흡입과정에서 흡기저항이 발생하지 않으면서, 이물질을 잘 걸러낼 수 있도록 한다.

② 스로틀 밸브(스로틀 바디)

스로틀 밸브는 엔진으로 유입되는 공기 양을 조절하는 장치로, 운전자의 가속페달위치 신호를 받은 ECU가 스로틀 밸브 제어를 통해서 운전자가 의도한 가속성능을 구현한다.

③ 흡기 매니폴드

흡기 매니폴드는 스로틀 밸브를 통해 들어온 공기를 엔진 각 실린더에 분할하여 공급하는 관이다. 엔진의 기통 수와 엔진 연소 특성을 고려하여 흡기 매니폴드의 형상이 결정된다.

④ 센서

센서의 종류로는 최적의 엔진 연소를 구현하기 위해 외부 공기의 질량, 유량, 온도, 상대습도 등을 측정하는 공기유량센서와 흡입 공기량을 제어하기 위해 흡기 매니포드 내부 압력을 측정하는 흡기압력센서 등이 있다.

(3) 배기 시스템(Exhaust System)의 구성

배기 시스템은 배기가스의 배출 흐름에 따라, 배기 매니폴드, 카탈릭 컨버터, 레조네이터 등으로 구성되어 있다.

[그림 2-66] 배기 시스템의 구성 부품

① 배기 매니폴드

배기 매니폴드는 엔진 각 실린더에서 연소된 고온의 배기가스를 한 개의 관으로 모은다. 흡기 매니폴드와 마찬가지로 배기 매니폴드의 형상에 따라서 엔진 성능에 영향을 주기 때문에 차량의 특성을 고려하여 적절한 배기 매니폴드 형상이 결정된다.

② 카탈릭 컨버터(촉매)

카탈릭 컨버터는 촉매 컨버터라고도 한다. 카탈릭 컨버터는 삼원촉매(백금, 로듐, 팔라듐)를 이용하여 배기가스 내에 유해한 가스인 탄화수소(HC), 일산화탄소(CO), 질소산화물(NOx) 등을 물과 이산화탄소(CO_2), 질소(N_2)로 변환하여 배출한다. 촉매장치 내부는 격자무늬로 되어 있어 배기가스가 통과하는 과정에서 표면에 코팅되어 촉매와 접촉하게 된다. 일반적으로 촉매는 고온에서 반응성이 좋기 때문에 배기 매니폴드 근처에 장착된다.

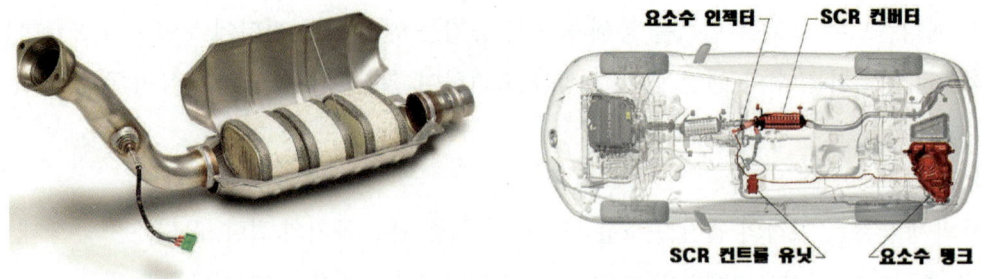

[그림 2-67] 가솔린 엔진의 삼원촉매(좌) 디젤 엔진의 SCR시스템(우)

가솔린을 사용하는 내연기관이 삼원촉매를 이용하여 배기가스를 처리한다면, 디젤 엔진에서 발생하는 배기가스는 EGR[9], LNT[10], SCR[11]시스템을 이용하여 정화한다. 디젤 엔진의 배기가스 기준이 강화되기 전에는 LNT시스템을 이용하여 규제를 만족하였지만, 강화된 환경규제에서는 LNT시스템으로 환경규제를 만족하기 어려워 최근 디젤 차량은 대부분 SCR시스템을 적용하고 있다. SCR시스템은 삼원촉매 대신 요소수 인젝터와 SCR 컨버터로 구성되는데, 요소수를 이용하여 NOx를 암모니아(NH_3)로 변환하고 이를 질소로 정화하여 배출한다.

③ 레조네이터(머플러)

고온·고압의 배기가스가 외부로 방출되면 급격하게 팽창하기 때문에 큰 소음이 발생한다. 이를 방지하기 위해 배기가스는 배출 전 레조네이터를 통과한다. 레조네이터는 보통 서브 레조네이터와 메인 레조네이터로 구성되는데, 서브 레조네이터는 고온·고압의 배기가스를 저온·저압으로 변환하여 1차적으로 소음을 줄인다. 이후 메인 레조네이터에서 최종적으로 적정 소음레벨로 낮춘다.

레조네이터의 종류는 내부에는 흡음재를 이용하여 소음을 저감하는 흡음식과 레조네이터 내부의 구조를 활용하여 공명시켜 소음을 저감하는 공명식, 배기가스를 순차적으로 팽창시켜 소음을 저감하는 팽창식이 있다. 특히, 배기소음은 배출가스와 같이 규제가 존재하는데, 국내의 경우에는 100dB 이하로 규정되어 있다.

---

9) Exhaust Gas Recirculation
10) Lean NOx Trap, 질소산화물 흡장 촉매
11) Selective Catalytic Reduction, 선택적 환원 촉매 시스템

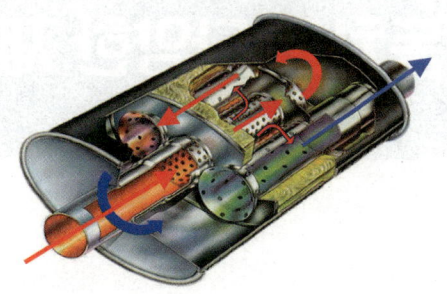

[그림 2-68] 레조네이터(머플러)

④ 배기열 재순환 시스템(EHRS)

최근에는 버려지는 배기열을 회수하여 차량의 효율을 높이는 데 사용한다. 내연기관 차량의 열량 중 약 30~35%가 폐열로 버려지는데, 이를 활용하여 엔진 웜업(Warm-up) 시간을 단축하거나, 변속기 오일 온도를 조기에 올려 차량 연비 및 겨울철 난방 성능을 향상시키는 데 활용한다. 그뿐만 아니라 초기에 다량으로 발생하는 탄화수소(HC)를 줄이는 데에도 효과적이다.

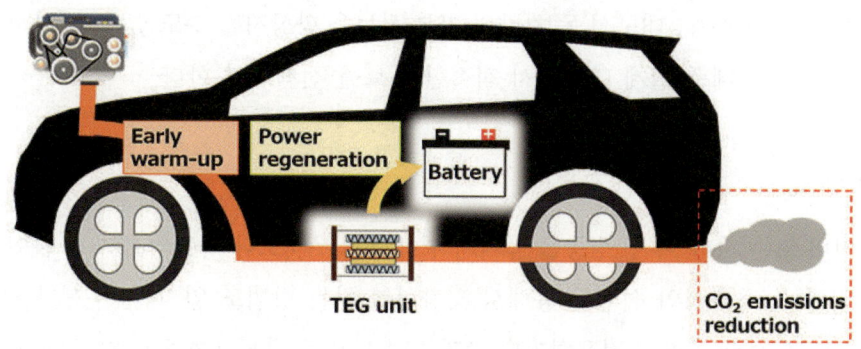

[그림 2-69] 배기열 재순환 시스템의 일종인 TEG시스템 (ⓒYAMAHA)

CHAPTER 04 자동차의 다양한 재료

> 자동차 제작에 사용하는 재료는 어떤 것들이 있는지 알아보고, 자동차 소재의 개발 동향을 알아본다.

1. 재료의 중요성

어떤 제품을 만들더라도, 적절한 재료(Materials)의 선정은 무엇보다 중요하다. 자동차 재료는 생산의 효율성과 차량 가격 등에 직접적인 영향을 미치는 요소이며, 적절한 재료를 사용한다면 안전성, 주행 성능, 내구성 등 차량의 기본 성능을 향상시킬 수도 있다. 따라서 다양한 재료의 특징을 알고 제품 설계 단계에서 적절한 재료를 선택해야 한다.

(1) 경량화

차량의 연비 또는 전비, 주행 성능을 높이기 위해서는 무엇보다 차량의 무게를 줄이는 것이 가장 효과적이다. 효과적인 설계를 통해서 경량화를 하는 방법도 있지만, 두께가 얇더라도 기계적 물성이 우수한 강판을 적용하거나 플라스틱 등으로 대체하여 차량의 무게를 줄일 수 있다. 차량에 고강도강을 적용하여 차체의 강도와 강성은 유지하면서 무게를 줄이는 방법, 알루미늄과 같은 경량 소재를 적용하여 무게를 줄이는 방법도 있다. 또한 기계적 물성이 좋은 엔지니어링 플라스틱으로 소재를 대체해서 무게를 줄이는 방법도 있다. 과거에는 차량의 외판(후드, 트렁크, 도어 등)에 강판을 많이 적용하였지만, 최근에는 외판에 알루미늄, 마그네슘, 플라스틱 등 다양한 경량 소재를 적용하여 차량의 무게를 줄이고 있다.

(2) 친환경 소재

최근에는 많은 완성차 제조사들이 브랜드의 친환경적인 이미지를 강조하고, ESG[12]경영의 일환으로 다양한 친환경 소재를 적용하고 있다. 대표적인 사례로, 자동차 내장재로 가죽 대신 바이오PU(Bio Polyurethane) 또는 비건 레더 등을 사용하거나, 재활용 플라스틱을 사용한 휠 가드, 언더커버, 배터리 트레이, 팬-쉬라우드 및 램프류, 클로저 부품을 적용하고 있다.

주요 완성차 업체의 친환경 소재 적용에 대한 방향성으로 볼보의 경우 2025년까지 신차 내부에 사용되는 소재의 25%를 친환경 소재로 적용하겠다고 선언하였다. 메르세데스-벤츠의 경우 2039년까지 차량 전체 수명 주기에 걸쳐 탄소 중립적인 라인업을 구축하겠다는 계획을 발표하며, 바이오 스틸 섬유 소재를 이용한 도어 손잡이, 버섯과 선인장으로 만든 인조 가죽, 대나무 섬유로 제작한 바닥 매트 등 친환경 소재를 개발을 적극적으로 추진하고 있다. 현대자동차의 경우 신차 개발 단계에서부터 폐차 과정에서 발생하는 폐기물의 회수·처리·재활용을 고려하여 차량을 개발하고 있다. 특히 폐차에서 회수한 플라스틱만을 재활용하는 것이 아닌 타 산업에서 발생하는 폐기물의 재자원화도 추진하고 있다.

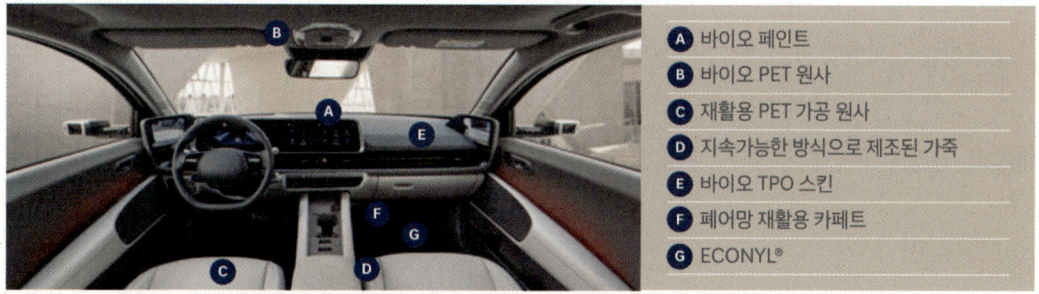

[그림 2-70] 현대차 아이오닉6 재활용 · 천연 소재 적용사례 (ⓒ2024 현대차 지속가능성 보고서)

[표 2-9] 현대차 주요 전기차 모델별 친환경 소재 적용 현황

적용 차종	천연 소재 적용현황
아이오닉5/5N	유채꽃·옥수수 추출 바이오 페인트, 아마씨앗 추출 오일, 사탕수수/옥수수 추출 바이오 원사, 재활용 PET 가공원사, 페이퍼렛 소재, 재활용 폴리에스테르를 활용한 알칸타라
아이오닉6	폐타이어를 재활용 도료, 식물성 원료 기반 도료, 재활용 PET 가공원사
GV60	옥수수·사탕수수 유래 바이오 폴리올
Electrified GV70	울(Wool) 30% 함유 천연원단, 재활용 PET 가공원사
Electrified G80	천연염료, 자투리 나무 조각 재활용 포지드 우드

---

12) Environmental, Social, Governance의 약자로 기업을 지속 가능한 성장과 사회적 가치 창출을 목표로 운영한다는 것을 의미함

2. 강판

(1) 개요

자동차 제작에 많이 사용하는 재료는 철이다. 철은 강도와 내구성이 뛰어나고 재활용을 통해 원래의 물성을 거의 그대로 유지하면서 무한히 사용할 수 있는 재료이다. 자동차의 경량화 트렌드에 맞물려 안전규제와 연비규제가 지속적으로 강화됨에 따라, 새로운 고강도강이 개발되고 있으며 차량 내 고강도강의 적용 비율이 높아지고 있다.

(2) 제조방법에 따른 강판 종류

① 열연강판(HR, Hot Rolled Steel Plate)

열연강판은 철을 고온에서 가열하여 만들어진 슬래브(Slab)를 압연하여 만든 강판이다. 고온 상태에서 압연과정을 거치기 때문에 표면 품질이 좋지는 않다.

② 냉연강판(CR, Cold Rolled Steel Plate)

냉연강판은 CR강판이라고도 불리는데, 열연강판을 상온에서 추가로 압연하여 만든 강판이다. 냉연강판은 압연과정에서 압력과 온도 조절로 인해 조직구조가 열연강판보다 더 균일해지고 인장강도, 경도 등 기계적 물성이 향상된다.

③ 도금강판

제설을 위한 염화칼슘이나 제설제, 해안가 지방의 해수 등으로 인해 차량에는 부식이 발생한다. 이러한 부식을 방지하는 것을 '방청'이라고 하며, 차량의 방청 성능을 높이기 위해 부식이 쉽게 발생하는 부위에 도금강판을 적용한다.

도금강판의 종류로는 GA강판(합금화용융아연도금강판), ALGOT강판(용융알루미늄도금강판), GI강판(용융아연도금강판), EG강판(전기아연도금강판) 등이 있다. 주로 강판에 아연을 코팅하는 이유는 아연이 희생 부식 과정을 통해 강판을 보호할 수 있기 때문이다. 자동차에는 GI강판이라 불리는 용융아연도금강판이 많이 사용된다. GI강판은 강판을 아연 용탕에 통과시켜 표면에 아연을 입히는 방식으로, 다른 도금 방식과 비교하여 아연을 두껍게 코팅하여 부식 방지 성능을 향상할 수 있다. 자동차에 많이 적용되는 GI강판과 EG강판의 구조는 아래 그림과 같다.

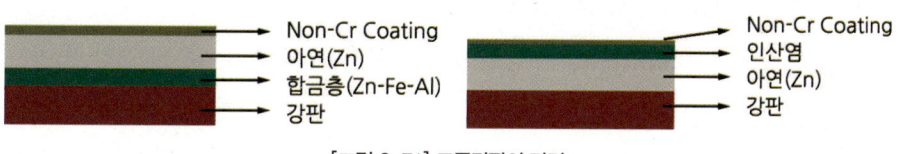

[그림 2-71] 도금강판의 단면

(3) 인장강도에 따른 분류

일반적으로 자동차 강판은 인장강도에 따라 저강도강(LSS, 270MPa 이하), 고강도강(HSS, 270~700MPa), 초고강도강(AHSS or UHSS, 700MPa 이상)으로 구분하고 있다. 세계철강협회(WSA)에서는 인장강도 270~400MPa의 강판을 마일드 스틸(Mild Steel, 연강), 440MPa 이상의 강판을 AHSS(초고장력강)이라고 하며 지정된 최소 인장강도가 매우 높은 강판을 UHSS(Ultra High Strength Steels, 초고장력강)라고 한다.[13] 고장력강은 강도와 연성을 높여 차량 충돌 시 에너지를 잘 흡수할 뿐만 아니라, 차량의 경량화를 통한 주요 성능(충돌, 주행, 연비, 배기가스 배출 감소 등) 향상이 가능하다.

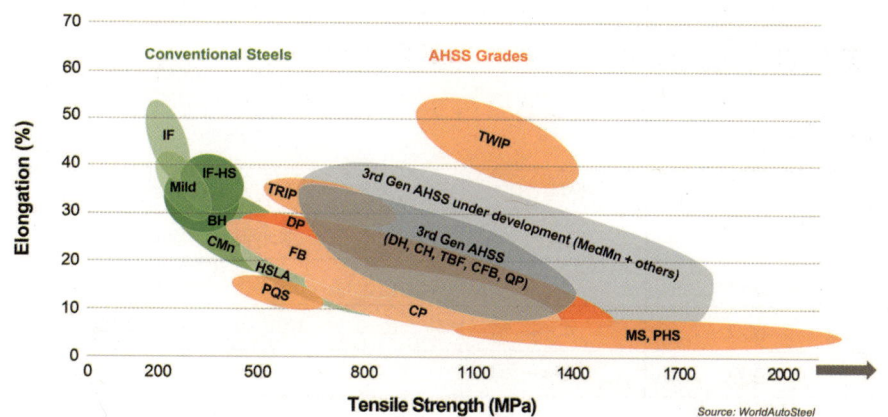

[그림 2-72] 강종별 인장강도와 연신율 (ⒸWorldAutoSteel)

① LSS강(마일드강, Low Strength Steel, Mild Steel)

연강 또는 마일드강이라고도 하는 LSS강은 인장강도 270MPa 미만의 강판을 말하며, 대표적인 소재로 IF강이 있다. 인장강도가 상대적으로 낮지만 높은 연신율로 성형성이 뛰어나 디자인 자유도가 필요한 외판 부위에 사용한다.

---

13) 세계철강협회에서는 UHSS 강종에 대해서는 명확하게 합의된 수준이 없음

② HSS강(고강도강, High Strength Steel)

HSS강은 인장강도 340Mpa 이상인 강판을 말하며 BH, HSLA, IF HSS강 등이 있다. 대표적인 HSS강인 BH강은 성형이 용이하며 소부경화현상으로 인해 인장강도가 향상되어 내덴트성이 좋다. 이로 인해 보닛(후드)이나 도어 외판 등 차체 외판에 많이 사용한다.

③ AHSS강(초고강도강, Advanced High Strength Steel, UHSS강)

인장강도 700Mpa 이상[14]인 강판을 AHSS강이라고 한다. 지속적인 차량 충돌 안전성 및 환경 규제 강화에 대응하기 위해 자동차에 초고강도강을 적용하는 경우가 지속적으로 늘어나고 있다.

AHSS강은 강화된 특성에 따라 일반적으로 1~3세대로 분류한다. 1세대 AHSS강의 종류로는 DP강(Dual Phase), TRIP강(Transformation Induced Plasticity), CP강(Complexed Phase) 등이 있으며 상변태로 인해 높은 강도와 연성을 동시에 가지는 특징이 있다. 2세대는 TWIP강(Transformation Induced Plasticity)이 대표적인 강재로 망간(Mn)이 많이 포함되어 높은 연성과 강도를 가진다. 3세대 AHSS강은 1세대와 2세대 AHSS강의 장점을 결합하여 동일강도의 AHSS강과 비교하여 높은 충격 흡수성과 성형성을 향상한 강재로 AMP강(Advanced Multi-Phase), DH강, CH강, TBF강 등이 있다.

[표 2-10] AHSS의 종류

구분	인장강도(Mpa)	연신율(%)	사용처
DP	590~	24~	센터 필러, 시트레일 등
TRIP	590~	27~	플로어 사이트 판넬 등
TWIP	950~	45~	범퍼 빔, 서브프레임 등
CP	980~	5~	언더바디 레인포스 등 구조용

---

14) 세계철강협회는 인장강도 440Mpa 이상을 AHSS로 정의

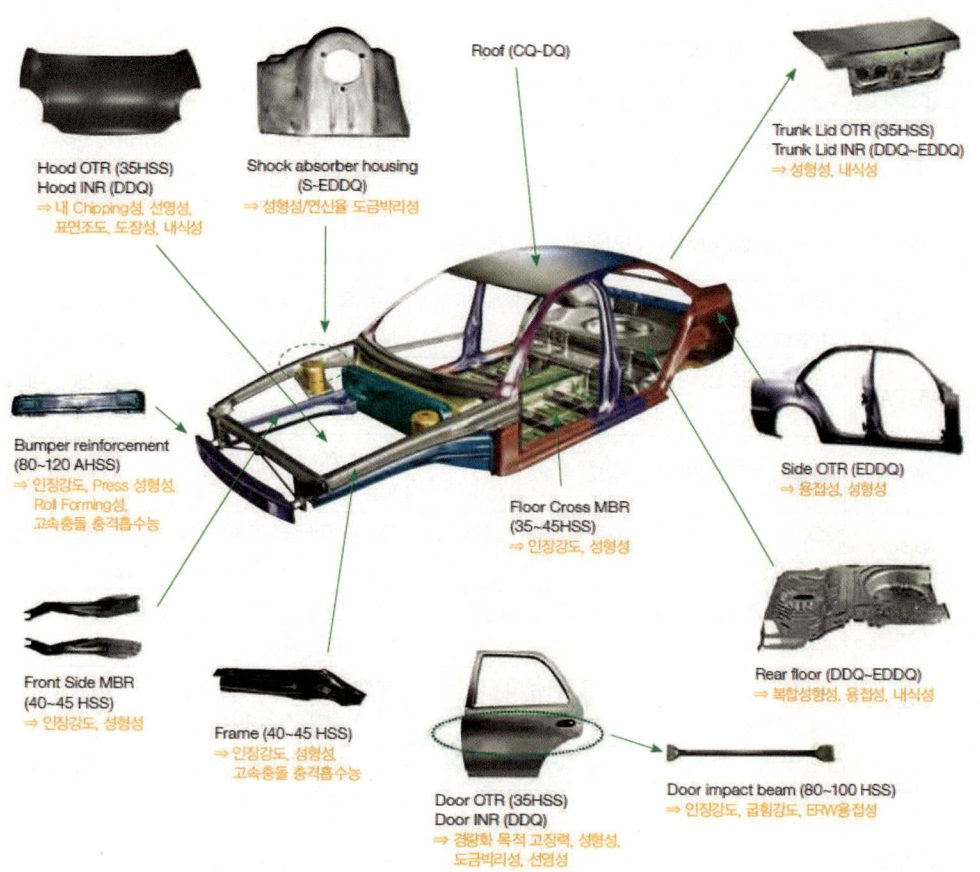

[그림 2-73] 자동차 부위별 강판 적용사례 (ⓒ포스코)

3. 엔지니어링 플라스틱

(1) 개요

자동차에서 금속(철, 알루미늄) 다음으로 많이 사용하는 소재는 플라스틱으로 가볍고, 강도가 높으며 성형성도 좋아 다양한 산업 분야에서 사용한다.

자동차에 사용하는 플라스틱은 범용 플라스틱과 엔지니어링 플라스틱이 있는데, 그중 엔지니어링 플라스틱은 열적(Heat) 특성과 강도, 내마모성 등의 기계적·화학적 특성을 향상시켜 자동차 부품이나 다양한 기계, 전기/전자 부품에 사용하는 소재이다. 자동차 부품에 많이 사용하는 엔지니어링 플라스틱으로는 PC, PBT, POM, PA 등이 있으며, 각 플라스틱의 특성을 고려하여 금속재료를 대체하고 있다.

[표 2-11] 주요 EP 소재별 특성 및 제품 적용 분야

수지		주요특성	적용 분야
5대 범용 EP	PC	투명성, 전기전열성, 고충격강도, 고치수안정성	램프 reflector, Spoiler, Side/Back Mirror, 방음벽 등 내·외장재
	PBT	치수안정성, 난연성, 전기절연성, 내마모성	와이퍼, 범퍼, 휀더, 리어쿼터판넬, 각종 케이스 등
	POM	굽힘 강도, 내피로성, 내마모성, 금속에 가까운 성질을 띰	도어록, 탱크용 캡, Instrument Panel, Floor Mat, Head Lining Skin, 전기전자 부품 등
	PA6, PA66	고강도, 190℃ 이상의 고내열성, 내약품성, 난연성, 가공성	엔진커버, 휠커버, 도어핸들, Insulator, 라디에이터 탱크, 미러 프레임 등
	mPPO	내열성, 전기절연성, 고강도	Bumper, Battery Case, Rock Panel, Instrument Panel 등
5대 슈퍼 EP	PPS	200℃ 이상의 높은 내열성, 고강도, 내약품성, 치수안정성	알터레이터, 워터펌프, 배기가스 밸브 빛 필터, 각종 센서, EV용 배터리 등
	LCP	고탄성, 저성형 수출률, 내약품성, 저선팽창계수, 자기소화성	엔진 및 관련 부품, 보빈, 컨텍터, 전기전자 부품 등
	PI	용융점 700℃로 뛰어난 내열성(슈퍼 EP 중 가장 뛰어남)	트랜스 미션용 오일 실링, 엔진/베어링 열수 메터 부품, 열수펌프 등
	PEEK	240℃에서 연속 사용 가능, 300℃의 내열성, 내마모성, 난연성	항공우주용 내열구조 부품, 공업용 모터/PCB외 절연재료 등
	내열PA	PA에 수분흡수성, 내열성, 가공성 강화 등의 기능성 강화	엔진 및 연료 관련 부품 등

(2) 샤시·PT 부품의 플라스틱

샤시 및 엔진부품은 상시 작동하고, 외부에 노출되어 있어서 열적·화학적으로도 안정적인 소재가 필요하다. 따라서 샤시 및 엔진부품에 사용하는 플라스틱은 우수한 기계적 물성(인장강도, 경도 등)과 내마모성, 내화학성과 내열성이 우수하다.

① PA(폴리아미드, Poly Amide)

PA는 보통 나일론으로 알려진 엔지니어링 플라스틱으로 기계적 강도, 내구성, 내열성, 내화학성이 좋고 가격이 저렴하여 기계 부품에 많이 사용한다. 하지만 수분을 흡수하는 성질이 있어서 습도가 높은 환경에서는 치수 변화로 이어지는 단점이 있다.

PA의 종류로는 PA6, PA66, PA612 등이 있다. PA6는 기계적 강도와 내마모성이 뛰어나지만 흡수성이 높으며, PA66은 PA6보다 높은 강도와 내열성을 가지고 있다. 습도가 높은 환경에서 사용하는 부품의 경우 낮은 흡수성을 가진 PA612를 사용한다.

② POM(아세탈, Polyoxymethylene)

POM은 높은 인장강도와 경도, 낮은 마찰계수, 우수한 내마모성으로 자동차의 기어, 베어링 등 상시 작동하는 부품에 사용하는 엔지니어링 플라스틱이다. 자동차 연료와의 화학적 반응에도 강하여 연료펌프 및 연료 인젝터 부품으로도 사용한다.

③ PBT(Polybutylene Terphthalate)

PBT는 기계적 물성과 전기절연성이 우수한 엔지니어링 플라스틱으로 전장류의 커넥터나 소켓, 스위치 부품에 많이 사용한다. 또한 내열성과 내습성이 우수하여 공조 장치의 덕트 등에도 사용한다.

(3) 차체 및 내·외장용 플라스틱

차체 및 내·외장부품은 눈에 잘 보이는 부품으로 외관 품질이 우수하고 복잡한 형상을 만들기 쉬워야 한다.

① PC(폴리카보네이트, Polycarbonate)

폴리카보네이트는 유리와 비슷한 투명도로 빛 투과율이 90% 이상으로 높아서 차량의 헤드램프 또는 리어램프에 많이 사용하는 플라스틱이다. 이 외에도 내충격성과 치수안정성이 좋아 대시보드 커버, 디스플레이 패널 등에 많이 사용한다.

② PU or PUR(폴리우레탄, Polyurethane)

폴리우레탄은 신율, 인장강도, 내마모성, 충격 흡수 및 소음 차단 효과가 좋아서 차량의 실내 흡·차음재로 사용한다. 특히, 연질폼(foam) 형태로 만들면 쿠션감이 좋아 차량의 시트, 헤드레스트, 암레스트 등 쿠션감을 요구하는 부위에 많이 사용한다.

③ ABS(아크릴로니트릴 부타디엔 스티렌, Acrylonitrile Butadiene Styrene)

ABS는 기계적 강도 및 내충격성이 우수하며, 표면 품질이 좋고 복잡한 형상의 부품도 비교적 쉽게 제작할 수 있어 내장재로 많이 사용한다. ABS 소재는 대쉬보드, 도어트림, 기어노브, 센터콘솔, 글로브 박스 등 대부분의 실내 트림류에 사용한다.

4. 다양한 표면처리

(1) 개요

자동차 미관상의 이유와 더불어 내구성을 높이기 위해 외관을 보호하고자 차체나 자동차 부품 표면에 다양한 표면처리를 한다. 표면처리는 부품, 사용 환경, 외관 형태, 요구되는 내식 성능 등 다양한 요소를 고려한 여러 방법이 있다. 대표적인 자동차 부품 표면처리 방법으로는 도장, 도금, 화성처리, 크로메이트 처리, 수전사 등이 있다. 샤시 부품이나 차체 부품 등 차량 외관 부품의 경우 내식성이 중요하기 때문에 차량이 운행될 환경을 고려하여 부품에 적절한 표면처리를 한다.

도장은 제품의 표면 위에 액체 상태의 페인트 또는 도료를 스프레이, 붓 등의 방법으로 도포하는 것으로 차체 외관에 도색 하는 것이 대표적인 도장의 사례이다. 이외에도 분체 도장, 화학 도장 등 다양한 도장 방법이 있다. 도장은 도료의 종류가 다양하여 도료의 색상을 선택하여 외관 색상을 결정할 수 있다. 그리고 도금과 비교하여 공정을 간소하게 구성할 수 있다. 도장이 완료된 이후 박리나 균열과 같은 문제가 발생하더라도 리터치 작업 등으로 간단하게 해결할 수 있지만, 결국 페인트(도료)가 표면에 부착된 것이기 때문에 장기적으로 유지하기는 어렵다.

도금은 제품의 표면에 다른 금속을 얇게 입히는(피막) 방법으로 전기도금, 용융도금 등이 있다. 도금은 제품과 피막이 금속적으로 결합되기 때문에 피막이 제품에 강하게 부착되어있는 것이 특징이다. 따라서 오랜 기간 외부환경으로부터 모재를 보호할 수 있다. 하지만 도금은 도장과 달리 색상 선택이 제한적이며, 공정이 많고 다양한 설비가 필요하여 시간이 많이 소요된다. 또한 도금과정에서 불량이 발생하여 재작업을 해야 할 경우, 모든 도금을 제거한 이후에 재작업해야 한다.

(2) 분체 도장(Powder Coating)

분체 도장은 대표적인 도장 방법 중 하나로 분체 도료를 정전 스프레이 방식 또는 유동 침지법 등을 활용하여 제품 표면에 입히고, 고온에서 가열하여 제품에 입혀진 도료를 녹여 표면에 부착시킨다. 분체 도장은 먼저 도장 처리할 제품을 세척한 다음 분체 도료를 입히는 분체 도장 공정을 거쳐 열처리, 냉각, 최종 도장 검수를 진행한다.

① **전처리 및 탈지 공정**: 제품을 도장하기에 앞서 표면에 붙은 이물질이나 녹, 기름 등의 오염원을 제거하는 공정으로 용제로 닦거나 알칼리 세척제 등을 활용하여 세척하는 공정이다. 세척한 이후에는 표면에 있는 세척액 또는 수분을 완전히 말린다.

② **분체 도료 도포 공정**: 스프레이 건 등을 이용하여 제품 표면에 도료를 입히는 과정으로, 정전기를 활용하여 분체 도료가 제품에 고르게 잘 부착되도록 한다.

③ **열처리 및 냉각**: 도료가 부착된 제품을 180~220℃로 고온챔버에서 열처리하여 분체 도료를 녹여 제품에 부착시킨다. 이후 냉각과정을 통해 표면의 도막을 안정화한 후 최종 도장 품질을 검수한다.

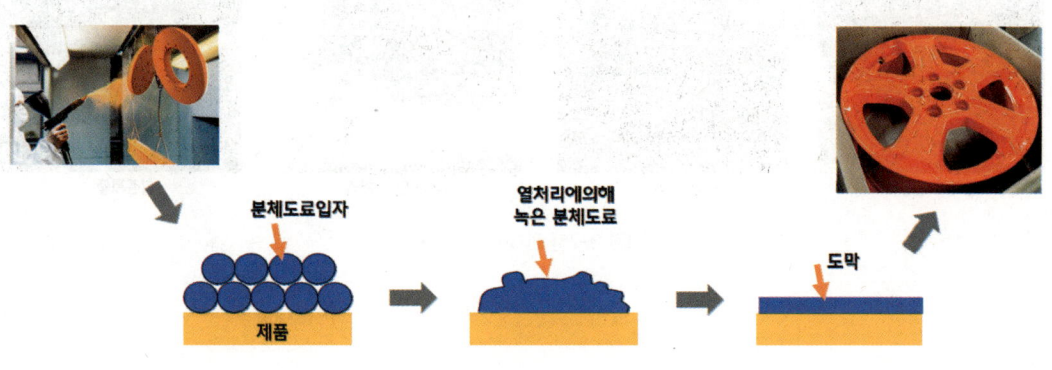

[그림 2-74] 분체 도장 프로세스

(3) 전기 도금(Electro Plating)

자동차 부품은 주로 전기 도금을 적용한다. 전기 도금의 종류에는 아연(Zn) 도금, 아연-니켈(Zn-Ni) 도금, 니켈-크롬(Ni-Cr) 도금 등이 있다. 도금은 주로 방청 효과(내부식성 향상)를 위해 차체 부품 또는 샤시 부품에 많이 적용한다. 니켈-크롬(Ni-Cr) 도금은 자동차 외관의 디자인용 장식 부품(엠블럼, 가니쉬 등)에 사용한다. 전기 아연도금은 금속 이온이 포함된 전해질 용액에 제품을 넣고, 제품에 음극을 인가하면 전해질 용액 중의 양이온(금속)이 음극(제품)에 부착하는 원리를 이용한 것이다.

① **전처리 공정**: 전처리는 산처리와 수세 공정 순서로 진행한다. 산처리는 도금할 제품 표면에 묻어있는 이물질(먼지, 방청유 등)을 제거하는 것을 의미하고, 수세 공정은 물로 제품을 깨끗하게 씻는 과정이다.

② **도금 공정**: 먼저 도금할 제품을 금속 이온이 포함된 전해질 용액이 있는 욕조에 넣는다. 이후 욕조에 전기를 공급하면 제품의 표면에 금속 이온이 부착되면서 제품 표면에 피막이 형성된다.

③ **수세 및 후처리(크로메이트) 공정**: 수세 공정을 통해서 도금이 끝난 제품에 남아있는 전해질 용액을 제거한 후 제품을 건조한다. 이후 추가적인 크로메이트 처리(크롬 피막) 또는 열처리를 통해 제품의 내부식성을 높이고 도금층의 강도와 접착력을 높인다.

④ 수세 및 탈수, 건조: 후처리까지 끝난 제품을 다시 수세 공정을 통하여 세척·건조하면 도금 공정이 마무리된다.

전처리 공정 → 도금 공정 → 수세 및 후처리 → 최종제품

[그림 2-75] 전기 도금 프로세스

CHAPTER 05 전장/인포테인먼트

학습 POINT

차량의 전장 시스템과 인포테인먼트 시스템의 핵심 기능을 이해한다.

1. 전기 장치

현대의 자동차는 과거와 달리 많은 전기 장치들이 탑재되어 있다. 이 장치들은 차량의 성능과 안전성을 높이고, 운전자의 편의성과 이동의 즐거움을 높이는 데 중요한 역할을 한다. 주요 전기 장치로는 모터, 인버터, DC-DC 변환기, 배터리, 디스플레이 등이 있으며 친환경 차량용 충전기 역시 점차 중요도가 올라가고 있다. 이 중 구동을 담당하는 PE 시스템15)과 배터리 시스템을 묶어서 알아보자.

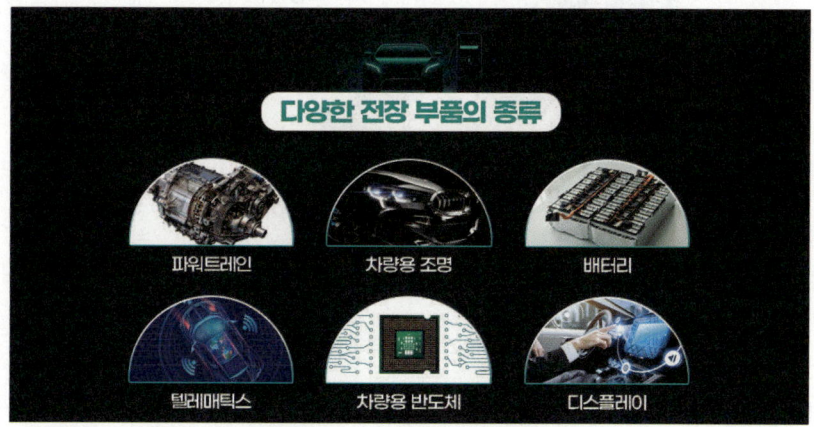

[그림 2-76] 다양한 전장 부품의 종류

---

15) Power Electric System

(1) PE 시스템

PE 시스템은 크게 모터, 감속기, 인버터로 구성되며 그중 전기 모터는 차량의 움직임에 있어 중요한 역할을 한다. 전기 자동차는 내연기관 자동차와는 달리 모터 작동과 동시에 최대 토크를 발생시키는 특징이 있어 높은 기동 토크를 제공할 수 있다. 이러한 특성 덕분에 전기 자동차는 뛰어난 가속 성능을 자랑하며 다양한 속도에서 안정적인 출력을 유지할 수 있다.

① 모터

㉠ 개요

모터는 차량의 다양한 부분을 작동시키는 중요한 부품이다. 예를 들어 스타터 모터는 엔진을 시동할 때 크랭크축을 돌리는 역할을 하며, 윈도우 모터는 창문을 올리고 내리는 역할을 수행한다. 내연기관 차량의 경우 연료 펌프 모터는 연료를 엔진으로 공급하고, 파워 스티어링 모터는 운전자가 스티어링 휠을 돌리는 힘을 보조하여 더 쉽게 조작할 수 있도록 돕는다. 모터는 특히 전기 자동차와 하이브리드 차량에서 핵심적인 역할을 한다. 이러한 차량에서는 엔진 대신 구동 모터가 전기를 사용해 구동력을 발생시켜 차량의 움직임을 책임진다. 구동 모터는 차량의 바퀴에 적절한 토크를 전달해 차량을 움직이게 하는데, 이를 위해 모터 축에 감속기가 연결되어 있다. 이러한 구동 모터는 고출력과 고효율 기술이 요구되지만, 이 두 가지는 상반되는 특성을 가지고 있기 때문에 두 가지 성능 모두를 향상시킬 수 있는 최적의 설계가 필요하다.

[그림 2-77] 모터의 구조

㉡ 모터의 기본 구조

모터는 크게 고정자(Stator), 회전자(Rotor), 하우징(Housing)이라는 세 가지 부품으로 나눌 수 있으며 이들은 모터의 기능과 성능을 결정짓는 핵심 부품이다.

ⓐ **고정자**: 움직이지 않지만, 전기를 통해 회전 자기장을 발생시킨다. 고정자는 코어, 코일, 절연지로 구성된다. 코어는 얇은 전기강판으로 만들어지며, 그 안에 구리 코일이 들어간다. 배터리에서 공급된 전류가 고정자에 흐르면, 회전 자기장이 만들어진다.

ⓑ **회전자**: 고정자가 발생시킨 회전 자기장에 반응하여 이를 구동 에너지로 변환한다. 회전자는 회전자 코어, 자성체(영구자석 또는 도체), 샤프트로 구성된다. 코어는 전기강판으로 이루어지며, 샤프트는 회전력을 전달하는 역할을 한다.

ⓒ **하우징**: 모터의 부품들을 보호하고 고정하는 역할을 한다. 하우징에는 냉각 수로도 포함되어 있으며, 모터의 전체적인 구조를 유지하는 데 중요한 역할을 한다.

ⓒ 전기 자동차와 하이브리드 자동차에서 사용하는 모터의 종류

전기차와 하이브리드 차량에는 다양한 종류의 모터가 사용되며, 각 모터는 그 구조와 작동 원리가 다르다.

[표 2-12] 전기차 구동모터의 종류와 특징

구분	SPM	IPM	SynRM	SRM	IM
회전자 구조					
효율	◎	◎	△	△	X
회전 수	△	◎	○	◎	○
고토크	◎	◎	○	◎	X
가격	X	△	◎	◎	◎
토크리플	◎	○	○	X	◎
장단점	• 고효율, 저소음 • 저속, 고토크 → 저속 특성 우수 • 제조공정상 불리, 착자의 불균일 • 온도 특성 불리(자석감자) • 고속운전 시 이탈 방지용 Can 요구 (SPM) • 상용화된 제IC 및 Switching Module 존재		• 온도 특성 우수 • BLDC 대비 저비용 • BLDC 대비 효율 저하	• 간단한 회전자 구조 • 온도 특성 우수 • BLDC 대비 저비용 • 소음/진동 • BLDC 대비 저효율 • 다양한 Topology 적용	• 견고한 구조 • 정속 운전 가능 • 장시간 연속운동 가능 • 적은 유지비 • 온도 특성 불리

ⓐ **표면형 영구자석 모터(SPM)**: 영구자석이 회전자의 표면에 부착되어 있는 구조로, 고정자에 전류가 흐를 때 발생하는 자기장이 회전자의 영구자석과 상호작용하여 회전 운동을 만드는 원리이다. 토크 리플이 낮고, 효율이 높으며, 저속에서 고출력 성능을 발휘한다. 다만, 부하 변화에 따라 일정한 토크 특성을 보장하기 위해서는 설계에 신경 써야 한다. 이러한 특성 덕분에 소형 전기차나 다양한 기계에서 널리 사용된다.

ⓑ **동기 릴럭턴스 모터(SynRM)**: 자석 없이 회전자와 고정자의 자기 저항 차이를 이용해 회전 운동을 발생시키는 구조로, 고정자가 자기장을 생성하면 회전자의 비대칭 구조가 그에 반응하여 회전하는 원리이다. 이 모터는 간단한 구조 덕분에 제조 비용이 저렴하며, 유지보수도 용이하다. 하지만 효율성과 출력 밀도는 영구자석 모터에 비해 낮을 수 있다. 대량 생산이 요구되는 산업 분야에서 주로 사용된다.

ⓒ **스위치 릴럭턴스 모터(SRM)**: 고정자에 흐르는 전류가 자기장을 생성하고, 이 자기장이 회전자에 유도되어 회전 운동을 발생시킨다. 구조가 단순하고 내구성이 뛰어나 저비용으로 제조할 수 있으나 토크 리플이 크고, 소음과 진동이 발생할 수 있어 제어 설계가 중요하다. 주로 비용 절감이 중요한 산업용 응용 및 특정 전기차 모델에 사용된다.

ⓓ **유도 모터(IM)**: 고정자에 전류를 흘려 자기장을 생성하고, 이 자기장이 회전자에 유도 전류를 발생시켜 회전 운동을 일으킨다. 높은 내구성과 신뢰성을 가지고 있으며, 유지보수가 용이하다. 특히 고속에서 효율이 뛰어나 테슬라의 모델 S 같은 고성능 전기차 및 다양한 산업 기계에서 널리 사용된다.

② **인버터**

㉠ **개요**

인버터는 전기 자동차와 하이브리드 차량에서 필수적인 역할을 하는 부품이다. 이 장치는 배터리로부터 공급되는 직류(DC) 전력을 교류(AC) 전력으로 변환하여 전기 모터를 구동하는 기능을 한다. 인버터는 단순히 전력 변환만을 담당하는 것이 아니라, 모터의 회전 속도와 출력 토크를 제어하는 역할도 한다. 이러한 이유로 인버터는 차량의 구동 성능과 효율성에 큰 영향을 미친다.

㉡ **기본 구조 및 작동 원리**

인버터는 주로 전력 반도체 소자와 제어 시스템으로 구성된다. 전력 반도체 소자는 전력의 변환과 스위칭을 담당하며, 제어 시스템은 모터의 동작을 관리하고 최적화한다.

ⓐ 전력 반도체 소자
- IGBT[16]: 인버터의 핵심 부품 중 하나로, 직류 전력을 교류 전력으로 변환하는 역할을 한다. IGBT는 높은 전압과 전류를 처리할 수 있으며, 고속 스위칭이 가능하여 전력 변환 효율을 높이는 데 기여한다.
- 다이오드(Diode): IGBT와 함께 사용되며, 전력 흐름을 제어하고 역전류를 차단하는 역할을 한다. 이는 전력 손실을 줄이고, 인버터의 효율성을 높인다.

ⓑ 제어 시스템
- PWM[17]: 인버터의 출력 전압과 주파수를 조절하는 기술로, 모터의 회전 속도와 토크를 제어한다. PWM 신호의 폭을 조정하여 모터에 전달되는 전력을 세밀하게 제어할 수 있다.
- 제어 알고리즘: 다양한 제어 알고리즘이 사용되어 인버터가 모터의 요구에 따라 전력을 효율적으로 공급할 수 있도록 한다. 이 알고리즘은 주행 상황에 따라 실시간으로 변화를 감지하고, 모터의 성능을 최적화한다.

ⓒ 인버터의 주요 기능 및 특징
  ⓐ 회생 제동 기능: 인버터는 차량이 감속할 때 발생하는 운동 에너지를 전기 에너지로 변환하여 배터리에 다시 저장하여 에너지 효율을 극대화한다. 이 과정을 회생 제동이라고 하며, 이를 통해 배터리의 충전 주기를 늘리고, 주행 거리를 연장할 수 있다.
  ⓑ 모터 제어 기능: 인버터는 주행 상황에 따라 모터의 회전 속도와 출력 토크를 조정하여 차량의 가속, 감속, 및 주행 성능을 최적화하는 핵심 장치이다. 이를 통해 전기차는 내연기관 차량과 비교해도 부족하지 않은 성능을 발휘할 수 있다.
  ⓒ 열 관리 기능: 인버터는 동작 시 열이 발생하므로 내장된 냉각 시스템을 통해 발생한 열을 빠르게 제거하여 안정적인 동작을 유지한다. 인버터의 효율성과 수명을 유지하기 위해서는 효과적인 열 관리가 필수적이다.

ⓓ 인버터의 종류
  ⓐ 단상 인버터: 주로 소형 전기차나 전기 스쿠터에 사용되며, 간단한 구조로 되어 있다.
  ⓑ 삼상 인버터: 대형 전기차나 고성능 차량에 사용되며, 단상 인버터 대비 더 높은 전력 처리 능력과 효율성을 제공한다. 대부분의 전기차는 삼상 인버터를 사용한다.
  ⓒ 양방향 인버터: 전력을 양방향으로 변환할 수 있는 기능을 제공한다. 이 기능은 배터리 충전 시 인버터를 사용해 외부 전원을 DC로 변환하거나, 차량 주행 시 배터리의 DC 전력을 AC로 변환하는 데 사용된다.

---

16) Insulated Gate Bipolar Transistor
17) Pulse Width Modulation

ⓓ **고효율, 고출력 인버터**: 전력 변환 시 에너지 손실을 최소화하고, 모터의 최대 출력을 안정적으로 공급할 수 있도록 설계한다. 이를 통해 전기차의 성능을 극대화하고, 주행 거리를 늘리는 데 기여한다.

ⓜ **인버터의 발전 방향**

전기차의 성능을 좌우하는 중요한 요소 중 하나인 인버터는 앞으로도 더욱 발전할 것으로 기대된다. 특히, 인공지능 기반 제어 시스템과 고효율 전력 반도체의 도입이 예상되며, 이를 통해 전기차의 주행 성능과 에너지 효율이 한층 더 향상될 것이다.

③ 배터리

㉠ 개요

배터리는 전기차와 하이브리드 차량의 동력원이라는 핵심적인 역할을 수행한다. 전력을 저장해두었다가, 필요시 이를 모터 등 구동 장치에 공급하여 차량을 움직이게 하는 기능을 한다. 배터리의 성능과 효율성은 전기차의 주행 거리, 충전 시간, 그리고 차량의 전반적인 성능과 직결되는 중요한 요소이다.

㉡ 기본 구조 및 작동 원리

배터리는 크게 양극(Positive Electrode), 음극(Negative Electrode), 전해질(Electrolyte)로 구성되며, 이 세 가지 요소가 전기화학 반응을 통해 전력을 저장하고 방출한다. 양극은 리튬이온을 방출하거나 수용하는 역할을 하며, 주로 리튬 금속 산화물(Lithium Metal Oxide)로 구성된다. 양극 소재의 종류에 따라 배터리의 에너지 밀도와 출력 특성이 달라진다.

음극은 주로 흑연(Graphite)으로 구성되며, 충전 시 양극에서 방출된 리튬이온이 음극 내부로 이동하여 저장된다. 방전 시에는 리튬이온이 다시 양극으로 이동하며 전류가 흐른다.

전해질은 양극과 음극 사이에서 리튬이온의 이동을 돕는 역할을 한다. 전해질은 주로 액체 형태로 존재하지만, 최근 고체 전해질을 사용하는 고체 배터리(Solid-State Battery) 기술도 연구되고 있다.

㉢ 배터리의 전압과 전력 시스템

과거의 배터리는 엔진이 작동하기 전에 알터네이터를 통해 12V 저전압으로 전력을 공급받았지만, 현재는 차량 구동을 위해 100V 이상의 고전압 배터리를 사용하고 있다. 하이브리드 자동차와 연료전지 차량은 48~300V의 배터리를 사용하는 반면, 고출력이 필요한 전기차는 400V 이상을 사용하며, 최근에는 800V 고전압 배터리 개발도 진행 중이다. 배터리의 전압이 높아지면 동일한 파워를 공급하는 데 필요한 전류가 감소해 모터 시스템의 효율이 높아지고, 충전 시간을 단축할 수 있다. 하지만 고전압 시스템은 화재 위험이 상대적으로 높은 단점도 있다.

전기차와 하이브리드 차량은 고전압 시스템 외에도 기존의 12V 시스템을 유지하고 있다. 이는 램프와 제어기 전원 등 저전압 전원 공급 장치가 여전히 필요하기 때문이다. 과거에는 엔진에 장착된 알터네이터가 12V 전력을 공급했으나, 현재는 고전압 시스템이 DC-DC 변환기를 통해 저전압 전력을 공급한다. 따라서 전기차의 전장 장치를 사용하면 주행 거리가 감소할 수 있다. 일부 하이브리드 시스템 및 연료전지 시스템에서는 고전압 배터리의 전압을 상승시키기 위해 고전압 DC-DC 변환기를 사용하기도 한다.

ⓔ 배터리 관리 시스템(BMS[18])

배터리의 성능과 수명을 관리하기 위해서는 배터리 관리 시스템(이하 BMS)이 반드시 필요하다. BMS의 역할은 크게 3가지가 있다. 먼저 BMS는 배터리의 충전 상태를 모니터링하여 과충전·과방전을 방지해 배터리 수명을 연장하고 안전성을 확보한다. 두 번째로 BMS는 배터리의 온도를 감지하고 냉각 시스템을 제어해 적절한 온도를 유지함으로써, 발열을 줄이고 성능 저하를 방지한다. 마지막으로 BMS는 배터리 셀의 불균형, 내부 단락, 과전류 등의 이상 상태를 감지하여 이를 경고하거나 직접 조정한다. 이러한 안전 관리 기능은 전기차의 안정적인 운행을 위해 필수적이다.

④ DC-DC 변환기

DC-DC 변환기는 전기차와 하이브리드 차량의 고전압 배터리에서 발생하는 전기를 다양한 전자 장치에 필요한 저전압으로 변환한다. DC-DC 변환기의 주요 기능은 입력 전압을 변환하여 출력 전압을 안정화하는 것이다. 기본적으로 이 장치는 스위칭 소자를 주기적으로 켜고 끄는 동작을 통해 전압을 조절한다. 이 방식에는 두 가지 주요 유형이 있다. 첫째, 부스트 변환기는 입력 전압을 상승시켜 높은 출력 전압을 생성한다. 둘째, 벅 변환기는 입력 전압을 낮추어 낮은 출력 전압을 제공한다. 이 두 가지 유형은 각각의 필요에 따라 효율적으로 전압을 변환하는 데 사용한다.

DC-DC 변환기의 효율은 차량의 전반적인 성능과 안정성에 큰 영향을 미친다. 고주파 스위칭 기술을 이용하면 변환기를 더 소형화할 수 있으며, 디지털 제어 기술은 더욱 정밀한 전압 조절을 가능하게 한다. 또한 변환기의 열 관리와 전력 손실을 최소화하면 차량의 전력을

---

18) Battery Management System

효율적으로 사용할 수 있다.

전기차와 하이브리드 차량의 DC-DC 변환기는 안전성과 신뢰성을 고려하여 설계한다. 이 장치는 차량의 전기적 안전을 보장하며, 고전압-저전압 간의 전환 과정에서 발생할 수 있는 문제를 방지해야 하기 때문에, 제작하기 위해서는 높은 수준의 기술력과 정확성이 요구된다.

⑤ 충전기

충전기는 전기차와 하이브리드 차량의 배터리를 충전하는 장치이다. 충전기는 배터리의 충전 상태를 관리하고 충전 과정을 안전하게 수행해야 한다.

㉠ 충전기의 종류와 작동 원리

ⓐ 리니어 충전기는 입력 전압을 직접 조절하여 배터리를 충전한다. 구조가 간단하고 생산 비용이 저렴하며 낮은 비용으로 충전이 가능하지만, 충전 효율이 낮고 발열이 심하다. 리니어 충전기는 주로 간단한 충전 요구 사항을 가진 소형 장비에 사용된다.

ⓑ 스위칭 충전기는 스위칭 소자를 통해 입력 전압을 조절하여 배터리를 충전한다. 높은 효율과 낮은 발열이 장점이지만, 설계가 복잡하며 고급 전력 변환 기술이 필요하다. 스위칭 충전기는 다양한 전력 요구 사항을 가진 전기차 및 하이브리드 차량에 주로 사용한다.

ⓒ OBC(On-board Charger)는 차량 내부에 장착된 충전기로, 외부 충전기에서 제공하는 전력을 배터리에 맞게 변환하는 역할을 한다. OBC는 배터리의 충전 상태를 실시간으로 모니터링할 수 있고 충전량을 조절하여 과충전을 방지하는 기능도 수행한다. OBC는 전기차의 충전 시스템에서 중요한 부분을 차지하며, 차량의 충전 효율성과 안전성을 높인다.

㉡ 충전 방식

충전 방식은 크게 두 가지로 나눌 수 있다. AC 충전은 교류 전력을 배터리에 맞는 직류 전력으로 변환하는 방식으로, 가정용 또는 공공 충전소에서 주로 사용한다. DC 충전은 직류 전력을 직접 배터리에 공급하여 빠르게 충전할 수 있는 방식이다. 주로 고속 충전소에서 사용한다.

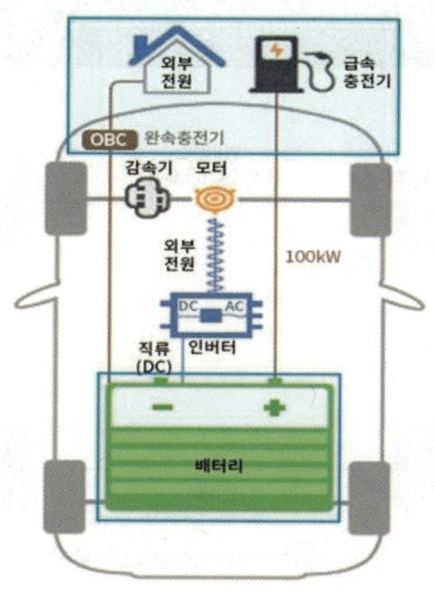

[그림 2-78] AC충전과 DC충전 구조 (ⓒ환경부)

[표 2-13] 전기차 충전기 커넥터 및 차량 소켓 (ⓒ환경부)

구분	AC단상 5핀	AC3상 7핀	DC차데모 10핀	DC콤보 7핀
충전기 커넥터				
차량 소켓				
충전가능 차종	레이, 쏘울, 아이오닉, 스파크, 볼트, ZOE 등	SM3	레이, 쏘울, 아이오닉 등	스파크, 볼트, 아이오닉, 코나 등

⑥ 전력 변환 시스템

　전력 변환 시스템은 전기차와 하이브리드 차량의 핵심 구성 요소로, 배터리-모터-충전기 사이의 전력 흐름을 조절한다. 효율적인 전력 변환은 에너지 손실을 최소화하고, 차량의 주행 거리를 늘리며, 충전 시간을 단축시킨다. 또한 과충전, 과방전, 발열 제어를 통해 배터리와 전력 시스템의 안전성을 확보한다.

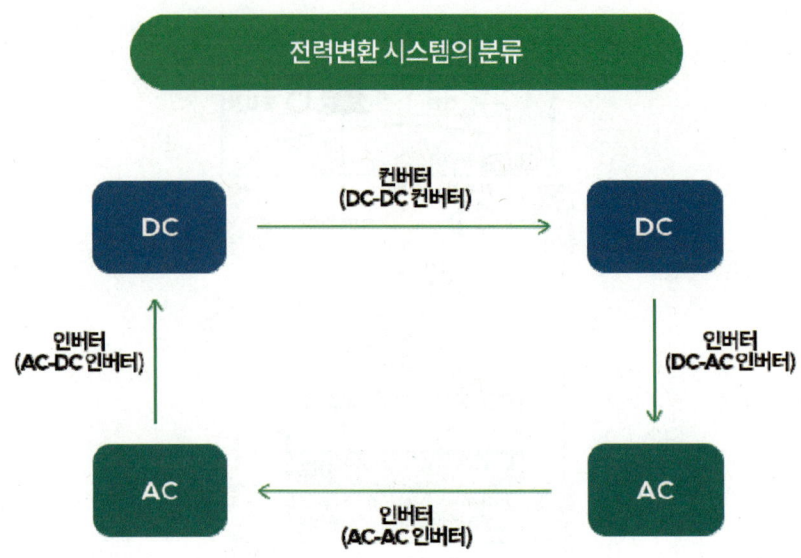

[그림 2-79] 전력 변환 시스템의 분류 (ⓒ이수전자부품)

2. 인포테인먼트 시스템

(1) 개요

인포테인먼트는 정보(information)와 엔터테인먼트(entertainment)가 결합된 멀티미디어 시스템을 의미한다. 현대의 인포테인먼트 시스템은 운전자가 차량의 상태를 확인하고 제어할 수 있도록 정보를 제공하는 전통적인 기능뿐만 아니라, 다양한 미디어 콘텐츠나 서비스를 차량 안에서 즐길 수 있는 기능도 제공한다. 인포테인먼트 시스템은 클러스터, 내비게이션 시스템, 음성 인식 시스템, 사운드 시스템, E-call 시스템, 헤드 업 디스플레이(HUD) 등 다양한 요소로 구성되어 있다.

(2) 인포테인먼트 시스템 구성 요소

최신 인포테인먼트 시스템은 운전자의 건강 상태나 생체 정보까지 파악하여 차량 내 환경을 조성하는 것도 있지만, 여기서는 대표적인 인포테인먼트 시스템을 살펴보겠다.

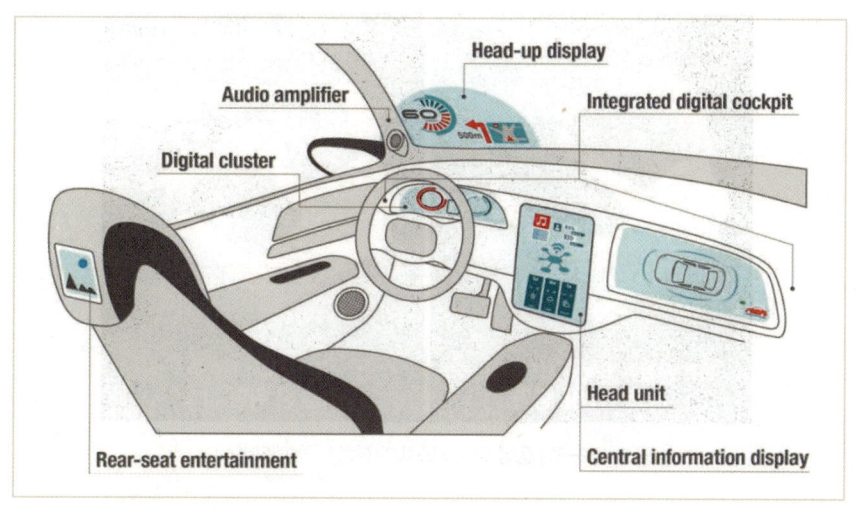

[그림 2-80] 인포테인먼트 시스템 구성 요소 (ⓒSemiconductor Network)

① 클러스터(Cluster)

계기판이라고 부르는 장치로 과거에는 아날로그식이었으나 최근에는 디스플레이로 대체되고 있다. 디지털 화면을 통해 차량의 속도, 연료 잔량, 엔진 온도 등 주요 정보를 제공하여 운전자가 차량 상태를 쉽게 파악할 수 있게 한다. 또한 운전자의 주행 습관과 차량 상태에 따라 제공하는 정보를 조정하여, 운전자가 주행에 필요한 데이터를 효과적으로 확인할 수 있도록 돕는다.

② 내비게이션 시스템

실시간으로 업데이트되는 교통 정보와 경로 안내를 통해 운전자가 목적지까지 효율적으로 도달할 수 있도록 지원한다. 교통 체증, 도로 공사, 사고 등의 정보를 제공하여 최적의 경로를 안내한다.

③ 음성 인식 시스템

음성 인식 기능을 통해 내비게이션 설정, 전화 걸기, 음악 재생 등 차량의 다양한 기능을 제어할 수 있으며, 핸들에서 손을 떼지 않고도 편리하게 차량을 조작할 수 있다. 운전자 개개인의 다양한 발음과 억양을 인식할 수 있어야 한다.

[그림 2-81] 음성 인식 시스템의 장점 (ⓒ현대모비스)

④ 사운드 시스템

　메인 스피커뿐 아니라 서브 우퍼와 트위터 등 다양한 구성으로 선명하고 풍부한 음질의 음악을 제공하며, 음향 설정을 통해 개인화된 오디오 경험을 제공한다. 고급 차량일수록 각 좌석의 음향을 개별적으로 조정할 수 있는 기능을 제공한다.

⑤ E-call(Emergency Call) 시스템

　사고 발생 시 차량이 자동으로 긴급 구조 요청을 전송한다. 차량의 GPS 정보를 활용하여 정확한 사고 위치와 차량 정보를 긴급 구조대에 전달한다.

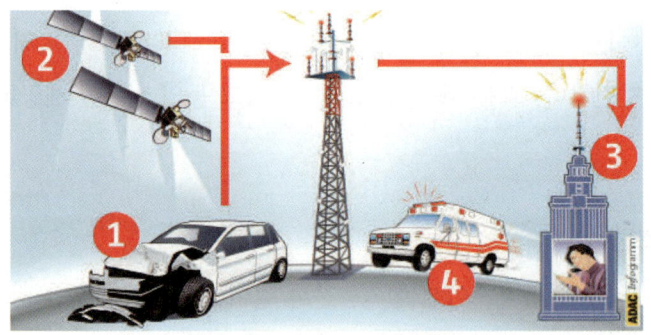

[그림 2-82] E-call 시스템 (ⓒADAC)

⑥ 헤드 업 디스플레이(HUD)

차량의 전방 유리에 현재 속도, 내비게이션, 경고 메시지 등을 투사하여 운전자가 도로를 주시하면서도 중요한 정보를 확인할 수 있도록 한다. 대부분의 HUD는 주행 상황에 따라 밝기와 투사되는 위치를 조절할 수 있다.

(3) 최신 인포테인먼트 시스템의 특징

① 연결성 및 호환성: Apple Car Play나 Android Auto 등을 통해 스마트폰의 다양한 앱과 기능을 차량의 디스플레이에서 직접 사용할 수 있다.

[그림 2-83] Apple Car Play (ⓒ애플)

② 편리한 사용자 인터페이스(UI)와 경험(UX): 차량 내 디스플레이를 스와이프 및 제스처 인식 등 익숙한 방식을 통해 조작할 수 있다. 또한 버튼의 디자인과 배치가 직관적이어서 운전 중에도 기능을 쉽게 사용할 수 있도록 구성되어 있다.
③ 개인화: 운전석 위치, 스티어링 휠 높낮이, 음향 시스템 설정 등을 저장하여 여러 운전자가 각자의 선호에 맞게 차량을 설정할 수 있다.
④ 지속적인 업데이트: OTA 업데이트를 통해 차량 소프트웨어를 주기적으로 업데이트하여 최신 기능과 보안 패치를 제공한다. 이를 통해 지속적으로 최신 기술을 경험시킨다.
⑤ 보안 기능: 사용자 정보를 안전하게 보호하기 위하여 차량용 소프트웨어의 데이터를 암호화하여 해킹을 방지한다.

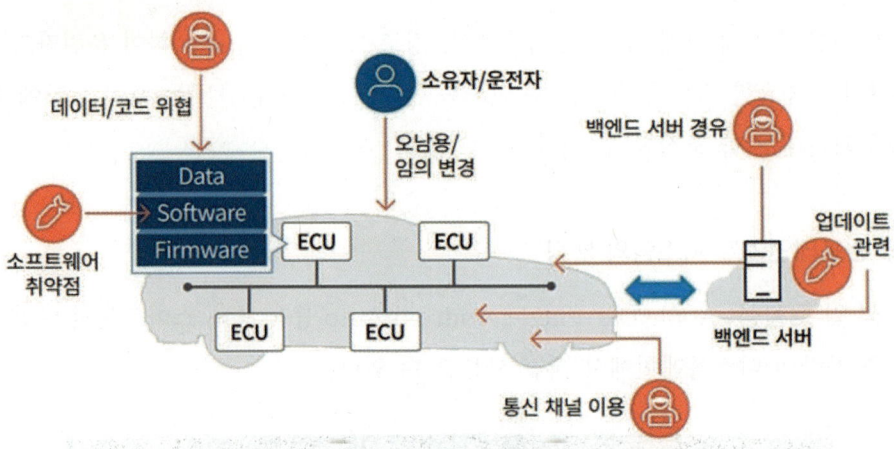

[그림 2-84] 자동차 사이버 보안 위협의 예시 (ⓒ국토교통부)

(4) 인포테인먼트 시스템의 발전 방향

인포테인먼트 시스템은 기술의 발전과 함께 지속적으로 개선되고 있다. 특히 인공지능 기반의 제어 시스템과 고급 데이터 분석 기술의 도입을 통해 운전자의 편의성과 차량의 전체적인 성능이 한층 더 향상될 것으로 기대된다. 미래에는 보다 통합된 사용자 경험과 맞춤형 서비스가 가능할 것이다.

CHAPTER 06 차량 통신

학습 POINT
차량 통신 방법에는 어떤 것이 있는지 파악하고 각 방법의 장단점을 이해할 수 있도록 한다.

현대의 자동차는 단순한 이동 수단을 넘어 첨단 기술의 집합체로 진화하고 있다. 이러한 진화의 중심에는 차량 통신 시스템이 자리잡고 있다. 차량 통신 시스템은 차량의 다양한 기능과 안전을 보장하는 데 중요한 역할을 한다. 이번 챕터에서는 차량 내부 통신 시스템을 위주로 알아보자.

1. CAN(Controller Area Network) 통신

(1) 개요

CAN 통신은 차량 내 여러 전자 제어 장치(ECU)들이 실시간으로 데이터를 주고받을 수 있도록 설계된 통신 프로토콜이다. 이 기술은 엔진 제어, 브레이크 시스템, 에어백 등 차량의 핵심 시스템에서 널리 사용된다. CAN 통신은 데이터 전송 속도와 신뢰성 측면에서 뛰어난 성능을 제공하며, 차량의 전자 시스템 간의 효율적인 데이터 교환을 지원한다. 또한 CAN 통신은 복잡한 배선 작업을 줄이고 시스템의 확장성을 향상시킨다.

CAN 통신은 ISO 11898 표준에 의해 규정되어 있으며, 이 표준은 CAN 통신의 물리적 계층 및 데이터 링크 계층을 정의한다. 최신 표준인 CAN FD(Flexible Data-rate)는 데이터 필드의 길이를 확장하고, 더 높은 데이터 전송 속도를 지원하여 CAN의 한계를 극복한다. CAN FD는 실시간 데이터 전송이 중요한 자율주행차와 같은 최신 차량 시스템에 적합하다.

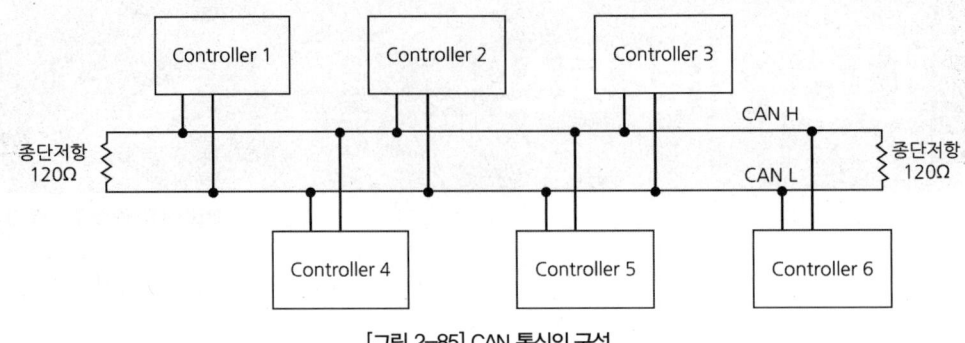

[그림 2-85] CAN 통신의 구성

(2) 역사

CAN은 1985년 Bosch에 의해 차량 네트워크 용도로 최초로 개발되었다. 과거의 차량들은 포인트 투 포인트(일대일) 와이어링 시스템을 사용하여 전자 장치들을 연결했으나, 차량 내 전자 장치의 증가로 인해 배선 장치가 복잡해지고 이로 인해 무게가 증가하는 문제가 발생했다. Bosch는 CAN 시스템을 배선의 복잡성과 비용을 줄이려는 의도를 가지고 개발하였으며, 1993년 ISO 11898 표준으로 채택되었다. 1994년부터는 CANopen, DeviceNet 등 다양한 상위 레벨 프로토콜이 표준화되었고, 현재는 산업 통신의 표준으로 널리 채택되고 있다.

(3) CAN 프레임 구조

CAN 네트워크에서 데이터는 '프레임'이라는 패킷 형태로 전송된다. CAN 프레임은 다음과 같은 섹션으로 구성된다.

① SOF(Start of Frame) 비트: 메시지의 시작을 나타내는 주요 비트이다.
② 중재 ID: 메시지를 식별하고 우선 순위를 지정한다. 표준 프레임은 11비트 ID를 사용하며, 확장 프레임은 29비트 ID를 사용한다.
③ IDE(Identifier Extension) 비트: 표준과 확장 프레임을 구분한다.
④ RTR(Remote Transmission Request) 비트: 원격 프레임과 데이터 프레임을 구별한다. 논리 0 RTR 비트는 데이터 프레임을 나타내며, 논리 1 RTR 비트는 원격 프레임을 나타낸다.
⑤ DLC(Data Length Code): 데이터 필드의 바이트 수를 나타낸다.
⑥ 데이터 필드: 0~8 바이트의 데이터를 포함하며, CAN FD에서는 최대 64바이트까지 지원된다.
⑦ CRC(Cyclic Redundancy Check): 15비트의 CRC와 역행 delimiter 비트로 구성되어 데이터의 오류를 검출한다.

⑧ ACK(Acknowledgement) 슬롯: 메시지를 정확하게 수신한 모든 CAN 컨트롤러가 ACK 비트를 전송한다. 전송 노드는 버스에서 ACK 비트의 유무를 확인하고, ACK가 없으면 전송을 재시도한다.

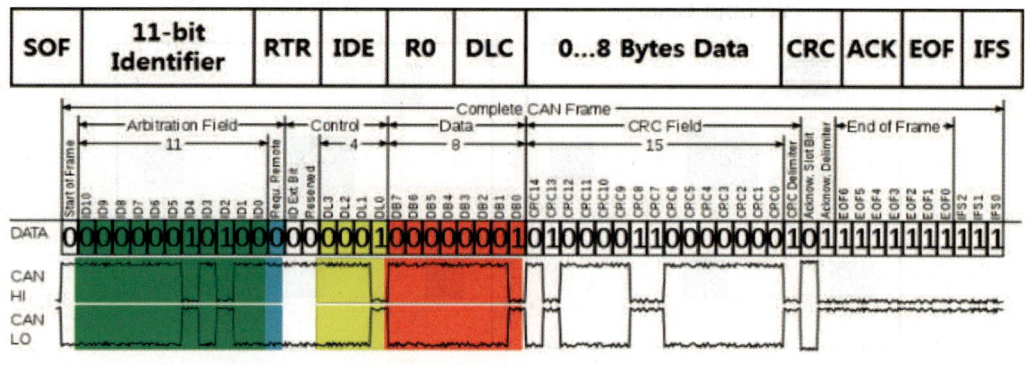

[그림 2-86] 표준 CAN 프레임 구조

(4) CAN 통신의 특징

① 고속 데이터 전송: 최대 1Mbps의 데이터 전송 속도를 지원하며, 최신 CAN FD는 8Mbps 까지 지원한다.
② 동시 수신: 네트워크 내 모든 노드가 동일한 메시지를 수신할 수 있으며, 수신 시점은 네트워크의 부하와 타이밍에 따라 달라질 수 있다.
③ 신뢰성: 에러 검출 및 정정 기능이 뛰어나며, 오류 발생 시 재전송 메커니즘을 통해 데이터의 신뢰성을 높인다.
④ 메시지 지향성: 노드의 주소에 따라 데이터가 교환되지 않고, 메시지의 우선순위에 따라 ID를 이용해 메시지를 구별한다.
⑤ 보완적인 에러 감지 메커니즘: 다양한 에러 감지 메커니즘을 통해 높은 안정성을 보장하며, 에러 발생 시 자동적으로 재전송을 수행한다.

(5) CAN 통신의 장점

CAN은 경제적이고 안정적인 네트워크를 제공하며 여러 CAN 디바이스가 서로 통신할 수 있다. 모든 디바이스가 단일 CAN 네트워크를 통해 연결되어 있어서 배선의 복잡성이 줄어들고 전체 시스템 비용을 절감할 수 있다. 네트워크의 각 디바이스는 CAN 컨트롤러 칩을 통해 매우 지능적으로 동작하며, 전송되는 모든 메시지를 수신하고 필터링한다. 메시지는 우선 순위가 설정되어 있으며, 동시에 여러 노드가 메시지를 전송하려 할 때는 우선 순위가 높은 메시지가 먼저 전송되고 낮은 우선 순위의 메시지는 연기된다.

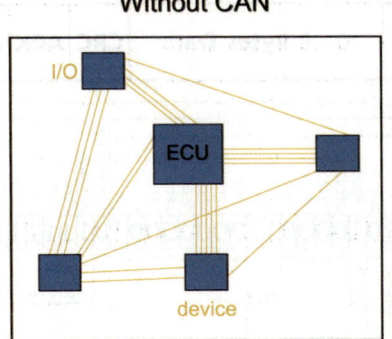 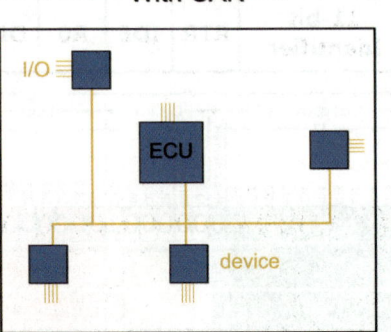

[그림 2-87] 배선 복잡성을 줄이는 CAN 네트워크

(6) 애플리케이션

CAN은 본래 차량용 전자 네트워킹을 위해 개발되었으나, 안정성과 장점 덕분에 다양한 업계에서도 광범위하게 사용되고 있다. 차량 외에도 철도, 항공기, 우주 항공, 의료기기 등에서 CAN이 적용되고 있다. CAN open 프로토콜은 승강기, 에스컬레이터, 실험실 장비, 스포츠 카메라 등 비산업용 애플리케이션에서도 사용된다.

(7) 물리 계층

CAN에는 다양한 물리 계층이 존재한다.
① High-Speed CAN: 두 개의 와이어를 사용하며 최대 1Mbps의 속도로 통신한다. 일반적인 애플리케이션으로는 ABS, 엔진 컨트롤 모듈 등이 있다.
② 저속/내고장(Fault-Tolerant) CAN: 두 개의 와이어로 최고 125kbps 속도로 통신하며, 내고장 기능을 제공하여 높은 신뢰성을 보장한다. 차량 문 제어와 같은 안락 장치에서 사용된다.
③ 단일 와이어 CAN: 최고 33.3kbps 속도로 통신하며, 좌석 조정기 등 고성능이 요구되지 않는 장치에서 사용된다.
④ 소프트웨어 선택 가능한 CAN 하드웨어: 다양한 CAN 인터페이스를 소프트웨어로 구성할 수 있으며, 여러 트랜시버와의 통합이 필요한 애플리케이션에 적합하다.

(8) CAN 데이터베이스 파일

CAN 데이터베이스 파일은 CAN 프레임과 신호 정의를 포함한 텍스트 파일로, 다양한 프로토콜을 통해 CAN 프레임 정보를 실제 값으로 변환한다. 이 파일들은 공학 단위로 변환하기 위한 스케일링 팩터와 채널 위치, 데이터 유형, 스케일링, 유닛 스트링 등을 정의한다. 데이터베이스 파일은 특정 툴에서 기밀일 수 있으며, 이를 통해 여러 CAN API가 프레임 정보를 실제 값으로 자동 변환하여 애플리케이션 개발을 간소화한다.

(9) CAN 통신 방법

CAN은 피어 투 피어(peer-to-peer) 네트워크로, 개별 노드가 중앙 제어 장치 없이 직접 데이터를 전송한다. CAN 노드는 버스의 준비 여부를 확인한 후 CAN 프레임을 네트워크에 작성한다. 전송되는 프레임은 노드의 주소를 포함하지 않으며, 대신 고유한 중재 ID로 분류된다. 모든 노드는 프레임을 수신하고 중재 ID에 따라 프레임 수용 여부를 결정한다. 다중 노드가 동시에 메시지를 전송할 경우, 가장 낮은 중재 ID를 가진 노드가 우선적으로 버스에 액세스하며, 나머지 노드는 대기한다. 이 방식은 CAN 네트워크에서 결정성 있는 통신을 구현한다.

2. LIN(Local Interconnect Network) 통신

(1) 개요

LIN 통신은 자동차 네트워크에서 컴포넌트들 간의 통신을 위한 직렬 통신 시스템이다. LIN은 CAN과 같은 다중화 네트워크를 보완하기 위해 고안된 저가형 임베디드 네트워킹의 표준이다. 자동차 업계에서 가장 널리 사용되며, 현대식 저가형 8비트 마이크로컨트롤러에 내장된 표준 시리얼 유니버설 비동기 송수신기(UART)를 활용하여 비교적 저렴하게 LIN 통신을 구현할 수 있다. LIN은 일반적으로 CAN의 고대역폭과 많은 기능이 필요 없는 액추에이터와 스마트 센서들 간의 통신에 사용된다. 파워 윈도우, 좌석 조절기 등 높은 성능을 요구하지 않는 기능들은 CAN보다 비용이 저렴한 LIN을 통해 구현된다.

LIN 통신은 ISO 17987 표준에 의해 정의된다. 이 표준은 LIN 프로토콜의 전송 계층과 데이터 링크 계층을 규정하며, 차량의 창문 조절기, 조명 시스템, 좌석 조절기 등에서 사용된다. 또한, 산업 분야의 간단한 제어 시스템에도 적용되고 있다.

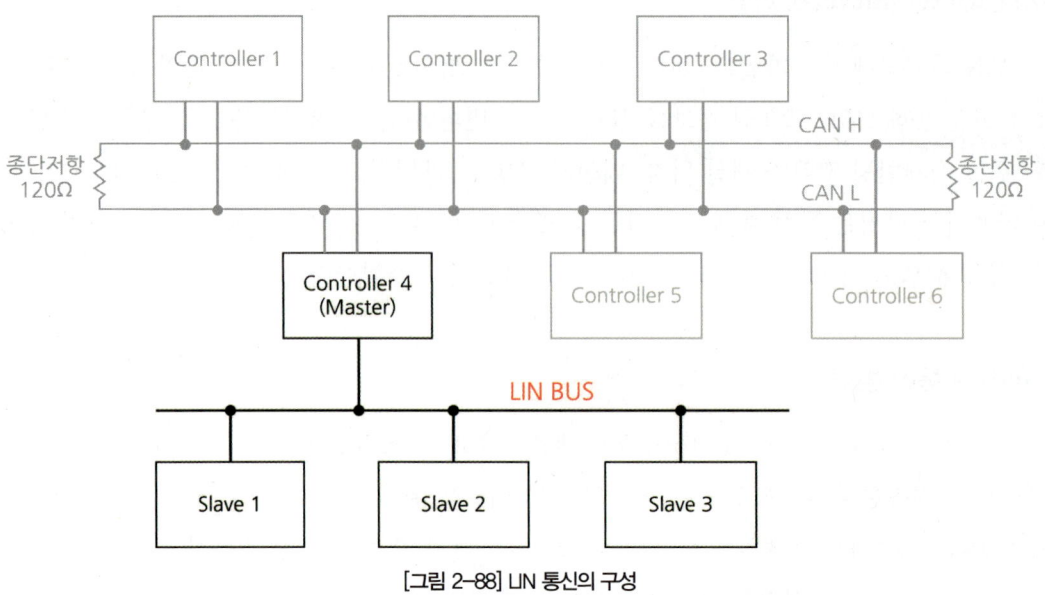

[그림 2-88] LIN 통신의 구성

(2) 역사

LIN은 1998년에 LIN Consortium에 의해 개발되었다. LIN은 CAN 통신의 높은 비용 문제를 해결하고, 차량 내 저속 제어 시스템에 적합한 솔루션을 제공하기 위해 설계되었다. 초기 개발 목적은 차량 내 여러 부가 시스템의 효율적인 통신을 지원하는 것이었다.

(3) LIN 통신의 기본 구조

LIN 통신은 마스터-슬레이브 구조라는 기본 구조를 갖추고 있다. LIN 네트워크는 하나의 마스터 노드와 여러 개의 슬레이브 노드로 구성된다. 마스터 노드는 네트워크의 전체 관리와 데이터 전송을 제어하며, 슬레이브 노드는 마스터의 명령에 따라 데이터를 송수신한다. 마스터는 통신 속도 정의, 동기 신호 전송, 데이터 모니터링, 슬립/웨이크업 모드 전환을 담당하고, 슬레이브는 동기 신호를 대기하고 동기화하며 메시지 식별자를 이해한다.

(4) LIN 통신의 특징

① **단일 마스터-다중 슬레이브 구조**: LIN 버스는 단일 마스터-다중 슬레이브 구조를 가지며, CAN과 달리 버스 중재를 하지 않는다. 하나의 마스터 노드가 모든 통신을 제어하며, 슬레이브 노드는 마스터의 허가를 받아야 응답할 수 있다.
② **저속 데이터 전송**: LIN은 최대 20kbps의 데이터 전송 속도를 지원하여, 간단한 제어 시스템에 적합하다.
③ **비용 효율성**: LIN은 구조가 단순하고 하드웨어 비용이 저렴하여, 차량의 부가 시스템과 같은 저비용 애플리케이션에 적합하다.
④ **신뢰성**: LIN은 낮은 전송 오류율과 높은 신뢰성으로 안정적인 운영을 보장한다.
⑤ **멀티캐스트 수신**: LIN 네트워크의 모든 노드는 메시지 프레임을 수신할 수 있으며, 식별자 바이트에 따라 각 노드는 메시지에 대한 동작을 결정한다.
⑥ **클럭 동기화 방식**: 마스터 노드가 전송한 동기화 필드를 이용하여 모든 슬레이브 노드가 마스터 클럭에 동기화된다.
⑦ **가변 데이터 프레임**: 식별자 필드의 두 비트(ID4, ID5)는 메시지 필드의 길이를 나타내며, 이를 통해 데이터의 길이를 조절할 수 있다. 이는 데이터의 오버헤드를 줄여준다.
⑧ **데이터 체크섬과 에러 검출**: 메시지 프레임의 데이터는 inverted modulo-256 checksum으로 오류를 검출하며, 식별자 바이트는 XOR 알고리즘으로 에러를 검출한다.
⑨ **네트워크 내 손상 노드 검출**: 마스터 태스크가 메시지 전송을 제어하므로, 모든 노드에 정보를 요청하고 각 노드가 올바르게 동작하는지 점검한다.

(5) 애플리케이션

LIN은 차량의 창문 조절기, 조명 시스템, 좌석 조절기 등에서 사용된다. 또한, 산업 분야에서도 간단한 제어 시스템에 적용되고 있으며, 주차 보조 시스템(PAS), 어라운드 뷰 모니터(AVM), 스마트 주차 보조 시스템(SPAS) 등과 같은 운전자 보조 시스템에도 적용된다.

(6) LIN 프레임 구조

LIN 네트워크에서 데이터는 '프레임'이라는 패킷 형태로 전송된다. LIN 프레임은 다음과 같은 구조로 구성된다.
① **동기화 필드**: 8비트로 구성되어 슬레이브 노드들이 마스터 노드의 클록에 동기화하는 데 사용된다.

② **식별자 필드**: 6비트로 구성되어 데이터 프레임의 식별자를 포함하며, 데이터의 종류와 목적지를 정의한다.
③ **데이터 필드**: 0~8바이트의 데이터를 포함하며, 실제 전송되는 정보를 담고 있다.
④ **체크섬 필드**: 8비트로 구성되어 데이터의 무결성을 검증한다.

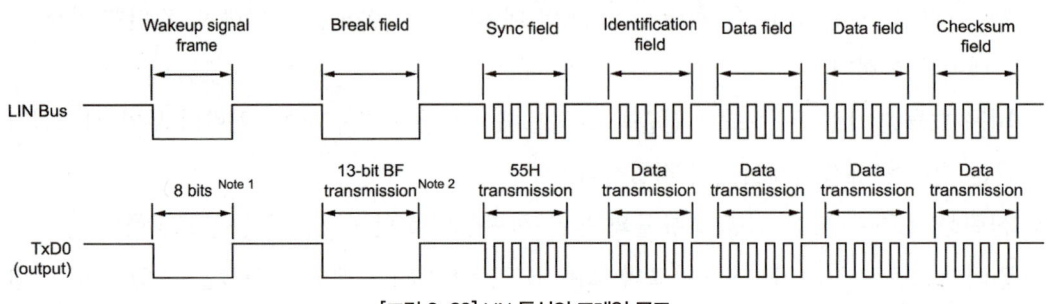

[그림 2-89] LIN 통신의 프레임 구조

(7) LIN 데이터베이스 파일

LIN 데이터베이스 파일은 LIN 프레임과 신호 정의를 포함한 텍스트 파일이다. 이 파일들은 공학 단위로 변환하기 위한 스케일링 팩터와 채널 위치, 데이터 유형, 스케일링, 유닛 스트링 등을 정의한다. LIN 데이터베이스 파일을 통해 여러 LIN API가 프레임 정보를 실제 값으로 자동 변환하여 애플리케이션 개발을 간소화한다.

(8) LIN 버스의 두 가지 상태

LIN 버스는 두 가지 상태(Sleep, Active)를 가지며, 데이터가 버스에 있을 때 모든 노드는 정상 모드(Active) 상태로 유지된다. 버스가 일정 시간(4초 이상) 동안 유휴 상태가 되면, LIN 버스는 저전력 동작 모드(Sleep)로 전환된다. LIN 2.0부터는 마스터가 첫 번째 바이트가 0이고 식별자가 0x3C인 진단 프레임을 전송하면 모든 슬레이브가 자동으로 Sleep 모드로 전환된다. 다시 데이터가 감지되면(WAKEUP 프레임이 전송되면) Active 모드로 복귀한다. WAKEUP 프레임은 Sleep 모드를 종료하고 버스를 활성화하기 위한 프레임으로, 모든 노드에 의해 전송될 수 있다.

3. 플렉스레이(FlexRay)

(1) 개요

플렉스레이는 자동차 제조업체와 주요 부품 공급업체들이 협력하여 만든 내고장성(Fault Tolerant) 고속 버스 시스템으로 고속성과 높은 신뢰성이 요구되는 차량 시스템에서 사용된다. 특히 에어백, ABS와 같은 안전 시스템에서 사용되며, 이중화된 채널로 높은 신뢰성을 제공하는 것이 특징이다.

(2) 역사

플렉스레이는 2003년에 처음 도입되었으며, 차량 내 고속 데이터 통신의 필요성을 충족하기 위해 개발되었다. 초기에는 고성능 차량 및 안전 시스템에서 사용되었으나, 기술의 발전과 차량 내 전자 시스템의 복잡성 증가에 따라 점차 넓은 범위의 애플리케이션으로 확장되었다. 플렉스레이는 차량 내 통신의 표준으로 자리 잡으며, 다양한 차량 제조사와 시스템에서 채택하고 있다.

(3) 플렉스레이의 프레임 구조

플렉스레이 네트워크에서 데이터는 '프레임'이라는 패킷 형태로 전송된다. 플렉스레이 프레임은 다음과 같은 섹션으로 구성된다.

① 헤더: 40비트로 구성되어 프레임의 제어 정보를 포함한다. 헤더에는 메시지의 식별자, 우선 순위 및 기타 제어 정보가 포함된다.
② 페이로드: 최대 254바이트의 데이터를 포함한다. 페이로드는 실제로 전송되는 데이터로, 차량의 다양한 센서와 제어 장치에서 수집된 정보를 담고 있다.
③ 트레일러: 24비트로 구성되어 프레임의 무결성을 검증한다. 트레일러는 오류 검출 및 수정 정보를 포함하며, 데이터 전송의 신뢰성을 높인다.

Header					Payload	CRC
Status 5 bits	Frame ID 11 bits	Payload Length 7 bits	Header CRC 11 bits	Cycle Count 6 bits	Payload Length X 2 bytes	3 bytes

[그림 2-90] 플렉스레이 프레임 구조

(4) 플렉스레이의 특징

① 높은 데이터 전송 속도: 플렉스레이는 최대 10Mbps의 데이터 전송 속도를 지원하여, 실시간 데이터 처리와 고속 통신을 가능하게 한다.
② 이중화 채널: 높은 신뢰성을 제공하기 위해 두 개의 독립된 채널을 사용하여, 채널 중 하나가 실패하더라도 데이터 전송의 안정성을 유지한다.
③ 타임-트리거드 및 이벤트-트리거드 전송: 플렉스레이는 정해진 시간에 데이터를 전송하는 타임-트리거드 모드와, 이벤트 발생 시 데이터를 전송하는 이벤트-트리거드 모드를 지원한다. 이를 통해 다양한 데이터 전송 요구 사항을 충족할 수 있다.
④ 고신뢰성 프로토콜: 플렉스레이는 이중화된 네트워크를 구축할 수 있으며, 하드웨어에 의한 스케줄 감시가 가능하여 높은 신뢰성을 보장한다.
⑤ 유연한 토폴로지 지원: 플렉스레이는 버스형, 스타형, 하이브리드형 등 다양한 토폴로지를 지원하여 네트워크 설계의 유연성을 제공한다.
⑥ X-by-Wire 지원: 플렉스레이는 차량의 고속 제어를 위한 통신 인프라를 제공하며, 타임 트리거(Time Trigger) 프로토콜로서 주기적인 데이터 전송을 지원한다.

(5) 애플리케이션

플렉스레이는 ABS, ESP 같은 차량의 안전 시스템에서 주로 사용된다. 이러한 시스템은 높은 데이터 전송 속도와 신뢰성이 필수적이다. 플렉스레이는 데이터 전송의 신뢰성을 높이고 시스템의 안전성을 향상시키며 복잡한 차량 내 전자 시스템의 효율적인 운영을 지원한다. 또한 이중화된 채널로 인해 시스템의 장애에 대한 내성을 강화하고, 차량의 전반적인 안전성을 높인다.

(6) 플렉스레이 데이터베이스 파일

플렉스레이 데이터베이스 파일은 플렉스레이 프레임과 신호 정의를 포함한 파일로, 다양한 프로토콜을 통해 플렉스레이 프레임 정보를 실제 값으로 변환한다. 이 파일들은 데이터의 스케일링 팩터와 채널 위치, 데이터 유형, 스케일링, 유닛 스트링 등을 정의하며 애플리케이션 개발을 간소화한다.

(7) 플렉스레이 토폴로지와 레이아웃

① **멀티드롭 버스**: 여러 ECU들이 단일 네트워크 케이블에 연결되는 방식으로, CAN과 LIN에서 사용하는 전통적인 방식이다. 네트워크의 끝에는 터미네이션 저항기가 설치되어 신호 반향 문제를 해결한다. 이는 1세대 플렉스레이 차량에서 보편적으로 사용된 토폴로지이다.

② **스타 네트워크**: 플렉스레이는 중앙 활성 노드에 연결되는 개별 링크로 구성된 스타 토폴로지를 지원한다. 능동 스타 구성을 통해 장거리에서도 네트워크의 실행이 가능하며, 네트워크의 한 부분이 오작동해도 전체 네트워크는 신뢰성을 유지할 수 있다. 또한 스타의 브랜치 중 하나가 절단되더라도 다른 브랜치는 계속 기능을 수행할 수 있다.

③ **하이브리드 네트워크**: 멀티드롭 버스와 스타 토폴로지를 통합한 형태이다. 미래의 플렉스레이 네트워크는 편리한 사용과 버스 토폴로지의 비용 절감을 위해 하이브리드 네트워크로 구성될 가능성이 높다.

(8) 플렉스레이 프로토콜

① **버스 동작 원리**: 플렉스레이는 TDMA(Time Division Multiple Access) 원칙에 따라 동작하여, 각 노드는 정해진 시간 슬롯에 메시지를 전송할 수 있다. 이는 충돌을 예방하고 메시지의 버스 상의 시간을 정확히 예측할 수 있게 한다. 모든 플렉스레이 노드는 동일 클럭에 동기화되며, 타이밍은 TDMA 구조에 의해 동일하므로 시간 결정성과 메시지의 일관성이 보장된다.

② **통신 사이클**: 플렉스레이 통신 사이클은 일반적으로 1~5ms의 시간 주기로 구성되며, 다음과 같은 3개의 파트로 나뉜다.

　㉠ **정적 세그먼트**: 타임 트리거 프레임을 스케줄링하기 위한 영역으로, 정해진 시간 슬롯에 ECU가 메시지를 전송할 수 있다. 시간 결정적인 메시지 전송을 가능하게 한다.

　㉡ **동적 세그먼트**: 역동적인 데이터 전송을 위한 영역으로, 미니슬롯을 통해 데이터의 우선순위를 정하고 필요할 때만 대역폭을 사용한다. 이벤트 기반으로 동작한다.

　㉢ **심볼 윈도우**: 네트워크 유지와 시작을 위한 시그널링에 사용되며, 네트워크의 정교한 동기화를 위해 사이클 간의 시간을 조정한다.

4. 이더넷(Automotive Ethernet)

(1) 개요

차량용 이더넷은 높은 대역폭과 빠른 데이터 전송 속도를 제공하여 자율주행 차량의 센서 데이터 처리와 같은 고속 데이터 전송이 필요한 애플리케이션에서 사용된다. 이더넷은 스위치 기반 네트워크를 통해 데이터 패킷을 전송하며, 고속 데이터 전송과 높은 신뢰성을 보장한다. 차량용 이더넷은 복잡한 데이터 요구 사항을 지원하고, 다양한 차량 내 전자 시스템 간의 효율적인 데이터 교환을 가능하게 한다. 과거에는 자동차의 주요 통신망으로 CAN과 LIN이 사용되었으나, ADAS와 인포테인먼트 시스템의 발전으로 제어기 수와 데이터 양이 급격히 증가하면서 기존의 CAN과 LIN으로는 데이터 처리에 한계가 생겼다. 또한 반자율주행 시스템은 실시간으로 주변 사물을 인식하고 판단하기 위해 많은 양의 데이터를 빠르게 송수신할 필요가 있다. 하지만 기존의 IT 이더넷 통신을 차량에 직접 적용하기에는 온도, 신뢰성, EMC, 방수 등의 요구 사항을 충족하기 어려워 차량용 이더넷 통신이 별도로 개발되었다. 2011년 OPEN(One-pair Ether-Net) Alliance가 설립되어 자동차 OEM, 부품사, 반도체 회사들이 참여하여 1-pair(2가닥) 차량용 이더넷을 개발하였으며, 2015년부터 BMW, 재규어, 폭스바겐 등에서 상용화가 시작되었다. IEEE는 이 차량용 이더넷을 Ethernet 100Base-T1으로 표준화했다.

(2) 이더넷의 기본 구조

이더넷 프레임의 구조는 다음과 같다.
① 프리앰블: 7바이트로 구성되어 수신기 동기화를 위한 비트를 포함한다.
② SFD(Start of Frame Delimiter): 1바이트로 구성되어 프레임의 시작을 나타낸다.
③ 목적지 주소: 6바이트로 구성되어 데이터가 전송될 노드를 식별한다.
④ 출발지 주소: 6바이트로 구성되어 데이터를 전송하는 노드를 식별한다.
⑤ 길이/타입 필드: 2바이트로 구성되어 페이로드의 길이 또는 유형을 나타낸다.
⑥ 데이터 필드: 최대 1,500바이트의 데이터를 포함한다.
⑦ FCS(Frame Check Sequence): 4바이트로 구성되어 프레임의 무결성을 검증한다.

(3) 이더넷의 특징

① 높은 데이터 전송 속도: 이더넷은 최대 1Gbps 이상의 속도를 지원하며, 최신 차량용 이더넷 표준인 10GBASE-T는 10Gbps의 속도를 지원한다.

② 스위치 기반 네트워크: 데이터 패킷 전송을 위한 스위치 기반 네트워크 구조를 갖추고 있으며, 충돌을 방지하고 데이터의 효율적인 전송을 보장한다.
③ 표준화: ISO/IEC 8802-3 및 IEEE 802.3 표준에 기반한 이더넷 프레임 형식을 사용하여, 다양한 제조업체의 장치와 호환성을 유지한다.
④ 1:1 통신: 네트워크는 1:1 방식으로 구성되며, 송신과 수신 채널이 분리되어 두 개의 제어기가 동시에 송수신이 가능하다.
⑤ 패킷 스위칭: 데이터를 패킷으로 나누어 전송하여 효율적인 네트워크 통신을 지원한다.
⑥ 계층적 구성: 메인 네트워크와 서브 네트워크의 계층적 구성이 가능하다.
⑦ 주소 기반 통신: 데이터는 특정 주소로 전송되며, 유연한 송수신이 가능하다.

(4) 프로토콜 및 자율주행차 역할

차량용 이더넷은 AVB(Audio Video Bridging), TSN(Time-Sensitive Networking)과 같은 다양한 프로토콜을 지원하여 멀티미디어 및 데이터 스트리밍을 처리한다. AVB는 오디오 및 비디오 데이터의 동기화된 전송을 지원하며, TSN은 시간 민감형 데이터의 전송을 보장하여 실시간 처리가 필요한 애플리케이션에서 유용하다. 자율주행차에서는 센서 데이터의 고속 전송과 실시간 처리가 필수적이므로, 이더넷은 중요한 역할을 한다. 차량 내 다양한 센서와 장치 간의 데이터 교환을 원활하게 처리하고, 높은 대역폭과 낮은 지연 시간으로 자율주행 기능의 성능을 극대화한다.

(5) 애플리케이션

차량용 이더넷은 자율주행차, 고급 운전 지원 시스템(ADAS), 정보 오락 시스템, 차량 내 네트워크 통신 등 다양한 분야에서 사용된다. 특히 자율주행차에서는 센서 데이터의 실시간 전송과 처리, 고해상도 카메라 영상의 스트리밍 등에서 필수적인 역할을 한다. 차량 내 고속 데이터 통신이 필요한 모든 시스템에서 이더넷 기술이 적용되고 있다.

(6) 일반 이더넷과 차량용 이더넷의 차이

일반 이더넷은 2-pair(4가닥) 또는 4-pair(8가닥) 전선을 사용하며, 주로 주소 체계를 이용하여 데이터 송수신을 처리한다. 반면 차량용 이더넷은 1-pair(2가닥) 전선을 사용하며, 신뢰성을 높이고 비용을 절감하기 위해 물리 계층 구조를 변경하였다. 차량용 이더넷은 주로 Ethernet AVB 프로토콜을 사용하여 서비스나 기능에 따른 별도의 프로토콜을 통해 데이터 전송을 관리한다.

(7) 차량용 네트워크 아키텍처

① **분산형 아키텍처**: 과거 자동차 네트워크로, 여러 전자제어장치가 각각 독립적으로 연결되는 구조이다. 중앙의 Central Gateway가 모든 제어장치를 관리한다.

② **도메인 집중형 아키텍처**: 현재 자동차 네트워크로, 백본망을 구성하여 기능별 도메인(파워트레인, 샤시, 바디, 자율주행, 인포테인먼트 등)으로 구분된 네트워크 구조를 가지고 있다. 각 도메인을 대표하는 제어기가 중앙의 Central Gateway와 빠르게 이더넷 통신을 한다.

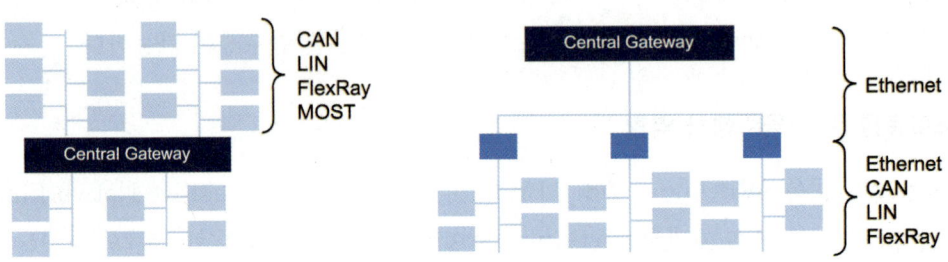

[그림 2-91] 분산형 아키텍처와 도메인 집중형 아키텍처

(8) 물리 계층

차량용 이더넷의 물리 계층은 다양한 표준을 지원하며, 일반적으로 twisted-pair 케이블을 사용하여 통신한다. 이더넷의 물리 계층은 100BASE-T1(100Mbps), 1000BASE-T1(1Gbps), 10GBASE-T1(10Gbps) 등의 표준을 통해 다양한 속도와 대역폭을 지원한다. 이는 차량 내에서 요구되는 데이터 전송 속도와 신뢰성에 맞춰 선택될 수 있다.

(9) 이더넷 데이터베이스 파일

이더넷 데이터베이스 파일은 이더넷 프레임과 신호 정의를 포함한 텍스트 파일로, 다양한 프로토콜을 통해 이더넷 프레임 정보를 실제 값으로 변환한다. 이 파일들은 공학 단위로 변환하기 위한 스케일링 팩터와 채널 위치, 데이터 유형, 스케일링, 유닛 스트링 등을 정의한다. 이더넷 데이터베이스 파일을 통해 다양한 이더넷 API가 프레임 정보를 실제 값으로 자동 변환하여 애플리케이션 개발을 간소화한다.

(10) 이더넷 통신 방법

이더넷 네트워크는 스위치 기반의 구조를 통해 데이터 패킷을 전송하며, 데이터 충돌을 최소화한다. 데이터는 고유한 목적지 주소와 출발지 주소를 가진 패킷 형태로 전송되며, 스위치가 패킷을 적절한 포트로 전달하여 네트워크 내의 노드 간의 효율적인 데이터 전송을 보장한다. 이더넷은 다양한 프로토콜과 표준을 지원하며, 고속 데이터 전송과 높은 신뢰성을 제공하여 자율주행차와 같은 고급 애플리케이션에서 중요한 역할을 한다.

5. OTA(Over-the-Air) 업데이트

(1) 개요

OTA 업데이트는 차량의 소프트웨어를 무선으로 업데이트하는 기술이다. 이 기술을 통해 차량의 기능을 개선하고 보안 패치를 신속하게 적용할 수 있다. OTA 업데이트는 SDV와 밀접하게 연관되어 있으며, 차량의 소프트웨어를 최신 상태로 유지하고 새로운 기능을 추가하는 데 중요한 역할을 한다. OTA 업데이트는 차량의 유지보수 비용을 절감하고, 기능 개선을 신속하게 진행할 수 있도록 한다.

OTA 업데이트 기술은 초기에는 스마트폰과 같은 모바일 기기에서 많이 사용되었지만, 점차 자동차 산업에서도 사용하기 시작했다. 차량에서의 OTA 기술 도입은 2010년대 초반부터 시작되었고, 특히 전기차 및 자율주행차의 대두와 함께 빠르게 발전하였다. 최초의 OTA 업데이트는 주로 차량의 내비게이션 소프트웨어나 엔터테인먼트 시스템의 업데이트에 사용되었으며, 현재는 구동 관련 제어, 안전 시스템 등 차량의 핵심 소프트웨어에까지 적용되고 있다.

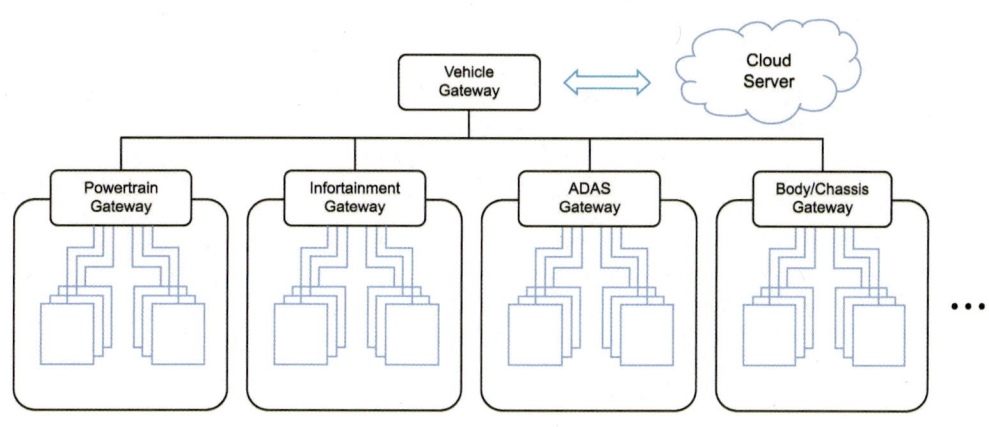

[그림 2-92] 차량용 OTA 업데이트 개요

(2) 장점

① **비용 절감**: 서비스 센터 방문 없이 소프트웨어 업데이트를 원격으로 수행할 수 있어, 유지 보수 비용을 절감할 수 있다.

② **업데이트 속도**: 새로운 기능이나 보안 패치를 빠르게 배포할 수 있으며, 사용자에게 즉각적으로 업데이트를 적용할 수 있다.

③ **기능 향상**: 차량의 기능을 지속적으로 개선할 수 있으며, 새로운 기능 추가 및 성능 향상을 손쉽게 할 수 있다.

④ **보안 강화**: 최신 보안 패치를 신속하게 적용하여 차량의 보안을 강화할 수 있다.

(3) 보안

OTA 업데이트 과정에서 발생할 수 있는 보안 관련 문제를 방지하기 위해 다음과 같은 조치가 필요하다.

① **암호화**: 업데이트 파일 및 통신 과정은 암호화되어야 하며, 데이터 전송 중의 정보가 외부에 노출되지 않도록 보호해야 한다.

② **인증**: 업데이트 파일의 출처와 무결성을 인증하여, 악성 소프트웨어의 설치를 방지해야 한다. 인증 과정에서는 차량의 소프트웨어와 업데이트 서버 간의 신뢰를 확인한다.

③ **무결성 검증**: 업데이트 파일의 무결성을 검증하는 절차가 필요하다. 이를 통해 업데이트 파일이 손상되거나 변조되지 않았는지 확인하여 차량의 안전성을 유지한다.

면접 기출 맛보기

필요 직무
- 차량 제어, SW 연구개발

실제 면접 질문

난이도 ★★★★   중요도 ★★★★
- 미래의 전장에는 어떤 기능이 있을 것 같을지 말해주세요.

1. 질문 의도 및 답변 전략

면접관의 질문 의도
- 전장 기술의 미래 방향성을 알고 있는가?
- 자율주행, 커넥티드 기술, SDV 등의 발전을 이해하고 있는가?
- 차량 내 전장 부품들이 어떻게 다양한 기능을 소화할 수 있는지에 대한 통찰력을 가지고 있는가?

면접자의 답변 전략
- 전장 시스템의 주요 구성 요소를 간단히 설명하고, 그 기능들이 어떻게 통합될 수 있는지 언급한다.
- SDV 시대에 맞춘 고성능 컴퓨팅 연산의 필요성을 설명하고, 여러 기능이 소프트웨어로 정의되는 미래를 논의한다.
- 새로운 전장 기술이 차량의 성능, 사용자 경험, 안전성에 어떻게 영향을 미칠지 설명한다.

➕ 더 자세하게 말하는 답변 전략
- 미래의 전장 기술에 통합될 인공지능(AI)과 머신러닝(ML)의 역할을 설명할 수 있다면 좋다.
- 다양한 전장 부품이 통합되며 고성능 PC/스마트폰처럼 여러 역할을 소화하는 SDV 시대의 전장 시스템을 설명한다.
- 안전성, 사용자 경험 개선, 에너지 효율성 등의 측면에서 기술적 혁신을 어떻게 달성할 수 있을지 자신의 의견을 말한다.

2. 머릿속으로 그리는 답변 흐름과 핵심 내용

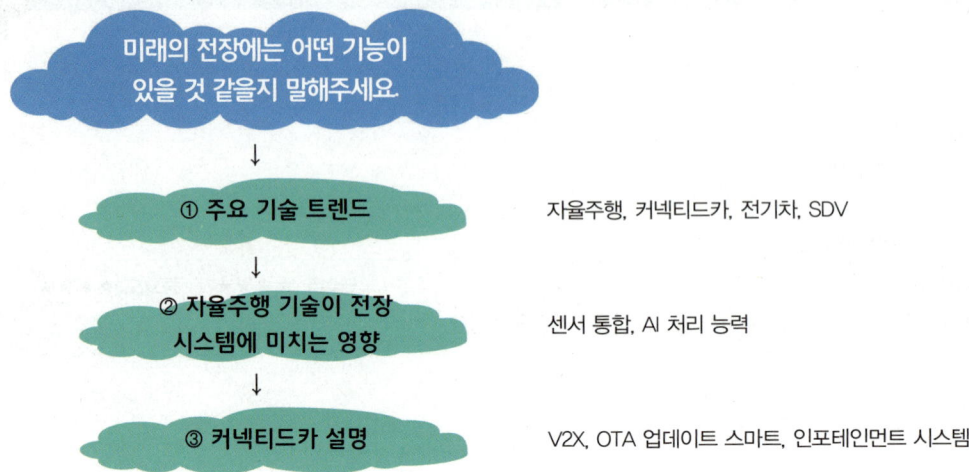

3. 모범답안

　미래의 전장 시스템은 자율주행, 커넥티드카, 전기차 등 혁신 기술이 융합되면서, SDV(Software Defined Vehicle) 시대에 맞춰 마치 바퀴달린 스마트폰과 같은 고성능 PC 탑재 차량으로 진화할 것입니다. 특히 자율주행 기술은 차량 내 센서와 AI 처리 시스템을 통합하여 주변 환경을 실시간으로 분석하고, 안전한 주행을 가능하게 할 것입니다. 이와 함께 커넥티드카 기술은 V2X 통신을 통해 차량과 인프라, 차량 간 정보를 실시간으로 공유하여 더욱 효율적이고 안전한 교통 환경을 조성할 것입니다.

　미래의 전장은 또한 고성능 컴퓨팅 장치를 기반으로 다양한 기능을 소화하는 통합 시스템으로 발전할 것입니다. 기존에는 별도의 전장 부품이 각기 다른 기능을 담당했다면, SDV 시대에는 하나의 고성능 프로세서가 다양한 소프트웨어 기반 기능을 처리할 수 있게 됩니다. 예를 들어 차량의 자율주행 기능, 인포테인먼트, 안전 제어 등이 하나의 통합된 시스템에서 소프트웨어 업데이트만으로 강화될 수 있습니다. 이를 통해 차량은 빠르게 변화하는 기술을 수용할 수 있는 유연성을 갖출 수 있고 사용자에게 새로운 이동 경험을 제공할 수 있을 것입니다. 다만, 이러한 커넥티드카의 발전에 맞춰 보안성 강화 역시 같이 진행되어야 해킹의 위험성에 대비할 수 있을 것 같습니다. 마지막으로, 전기차(EV)의 보급과 함께 배터리 관리 시스템(BMS)과 에너지 효율성에도 전장부가 중요한 역할을 하게 될 것 같습니다. 실시간 배터리 모니터링과 데이터 분석을 통해 에너지 사용을 최적화하고, 장거리 주행에서도 높은 효율성을 유지할 수 있습니다. 또한 전기차 충전소 인프라와 연계된 주행 전략 등 고성능 연산을 요구하는 AI활용 소프트웨어가 탑재될 수 있습니다. 이와 같은 변화는 차량의 성능, 안전성, 그리고 사용자 경험을 획기적으로 개선할 것입니다.

면접 기출 맛보기

필요 직무
- 연구개발, 제어 시스템 설계, 개발, 검증

실제 면접 질문   난이도 ★★★★   중요도 ★★★
- VDC 또는 ESC에 대해서 설명해주세요.

1. 질문 의도 및 답변 전략

면접관의 질문 의도
- 차량의 주행 안전성과 관련된 제어 시스템에 대해 알고 있는가?
- VDC와 ESC가 어떻게 작동하며, 차량 안정성에 어떤 영향을 미치는지 이해하고 있는가?
- 해당 기술의 중요성과 효과에 대한 통찰력을 가지고 있는가?

면접자의 답변 전략
- VDC와 ESC의 개념을 간단히 정의하고 시스템이 어떻게 작동하여 차량의 안전성을 높이는지 설명한다.
- VDC와 ESC가 특히 중요한 상황에서의 차량의 거동(언더스티어/오버스티어)과 이를 보정하는 시스템의 역할을 설명한다.
- VDC와 ESC의 해제가 필요한 특정 상황에 대해서 설명한다.

➕ **더 자세하게 말하는 답변 전략**
- 각각의 센서(자이로, ABS, 속도 센서 등)와 해당 시스템이 어떻게 상호작용하는지 설명한다.
- VDC와 ESC의 발전 방향과 향후 적용 가능성에 대해 언급할 수 있으면 좋다.

2. 머릿속으로 그리는 답변 흐름과 핵심 내용

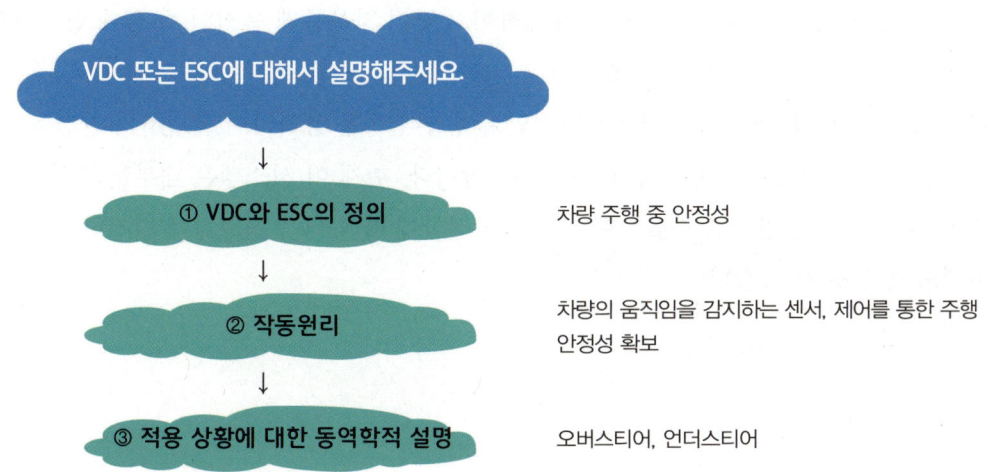

3. 모범답안

    VDC(Vehicle Dynamic Control, 차량 동역학 제어)또는 ESC(Electronic Stability Control, 전자식 주행 안정 장치)는 차량의 주행 중 안정성을 유지하는 데 중요한 역할을 합니다. 이 시스템은 차량의 방향성, 속도, 회전 등을 실시간으로 모니터링하며, 브레이크와 엔진 출력을 조절하여 차량의 미끄러짐이나 과도한 회전을 방지합니다.

    이 시스템은 자이로 센서, 속도 센서, 가속도 센서 등을 통해 주행 데이터를 수집합니다. 차량이 의도한 방향과 다르게 움직일 경우, 각 바퀴에 개별적으로 제동을 가해 주행 안정성을 높입니다. 특히 미끄러운 도로나 급격한 커브와 같은 위험한 상황에서는 제어력을 상실할 수 있기 때문에, 시스템이 즉각적으로 개입해 차량 제어력을 확보합니다.

    차량이 코너링할 때는 횡방향으로 하중이 이동합니다. 이 과정에서 전륜 또는 후륜의 접지력을 잃으면 각각 언더스티어 또는 오버스티어가 발생할 수 있습니다. 언더스티어(Understeer)는 전륜이 접지력을 상실하면 차량이 코너를 돌지 않고 직진하려는 경향이 나타납니다. 이때 VDC와 ESC는 전륜의 제동력을 조절하고 엔진 출력을 줄여 차량이 원하는 방향으로 돌아갈 수 있도록 도와줍니다. 반대로 오버스티어(Overshoot)는 후륜이 접지력을 잃으며 차량의 후미가 미끄러지는 것입니다. 이때는 후륜에 제동을 가해 차량의 회전을 안정화하고, 엔진 출력을 줄여 속도를 낮춤으로써 안전한 주행이 가능합니다.

하지만 특정 상황에서는 VDC나 ESC 기능을 해제하는 것이 필요할 수 있습니다. 예를 들어, 차량이 진흙이나 눈에 빠진 경우 이 시스템들이 차량의 출력을 제한해 오히려 탈출이 어려워질 수 있습니다. 이럴 때는 시스템을 해제하여 차량이 자유롭게 움직일 수 있게 한 후 탈출을 시도하는 것이 더 효과적일 수 있습니다.

결론적으로, VDC와 ESC는 차량의 전반적인 주행 안전성을 강화하여 운전자의 안전을 보장하고, 사고를 예방하는 데 매우 중요한 역할을 합니다. 현재 이 시스템은 대부분의 차량에서 의무화되어 있으며, 앞으로 자율주행 기술이 발전함에 따라 더욱 정교하게 발전하고 자율주행차에도 통합될 것 같습니다.

이공계 취업은 렛유인
WWW.LETUIN.COM

한권으로 끝내는
전공·직무 면접 자동차

PART 03

자율주행

이공계 취업은 렛유인 WWW.LETUIN.COM

Chapter 01. 자율주행의 이해
Chapter 02. 자율주행 풀스택 개발(하드웨어 레이어)
Chapter 03. 자율주행 풀스택 개발(소프트웨어 레이어)
Chapter 04. 취업을 위한 국내·외 기업의 자율주행 현황
Chapter 05. 자율주행 해결 과제

CHAPTER 01 자율주행의 이해

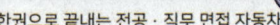
한권으로 끝내는 전공·직무 면접 자동차

> **학습 POINT**
> 자율주행은 다양한 기술이 유기적으로 결합한 결과물이라는 것을 알고, 어떤 기술들이 결합되어 있는지 이해한다.

1. 자율주행 기술 스택

(1) 개요

자율주행이 언제부터 시작된 기술일 것 같은가? 최근 몇 년을 돌이켜보면 자율주행이라는 이름이 들리기 시작한 시점은 그리 오래되지 않았다고 느낄 것이다. 하지만 자율주행은 무려 100년 전부터 시작된 기술이다. 생각보다 오래된 역사를 자랑하는 자율주행의 발전 역사와 함께 자율주행의 기본 지식을 알아보자.

(2) 자율주행의 역사

① 무인자동차 최초의 도로 주행: The American Wonder

1925년 프란시스 후디나(Francis P. Houdina)의 주도로 최초의 무인자동차가 뉴욕 5번가를 주행하였다. 이 차량은 당시 미국에서 제작된 Chander Sedan에 안테나를 부착하여 무선으로 차량을 제어하는 방식으로 작동되었다. 당시에도 교통 정체가 심한 뉴욕 5번가에서 후디나는 무선으로 차량을 제어하며, 가속, 감속, 코너링, 경적을 울리는 등 다양한 실험을 수행하였다. 무선으로 제어하는 방식이므로 카메라, 레이더, 초음파 센서 같은 현대적인 기술이나 인식 알고리즘은 전혀 적용되지 않았다. 이 실험은 무인자동차가 다른 차량을 들이받으면서 종료되었다. 비록 현대의 자율주행 개념과는 차이가 있었지만 무인자동차를 최초로 개발하고 실험했다는 점에서 큰 의의가 있다.

[그림 3-1] 최초의 무인자동차 American Wonder (ⓒDiscover)

② 현대적 방식의 자율주행 아키텍처 최초 제안: Computer Controlled Cars

AI 분야의 선구자인 존 매카시(John McCathy)는 1969년 "Computer Controlled Cars"라는 에세이에서 인간의 개입 없이 자동차가 스스로 움직이는 미래를 상상하고, 이를 통해 안전, 효율성, 편의성 등이 개선될 수 있다고 주장했다. 존 매카시는 정교한 센서, 의사결정 알고리즘, 신뢰할 수 있는 컴퓨팅 시스템 등 고도화된 기술을 제시했으며, 자율주행차가 가져올 사회적 영향에 대해서도 다루었다. 자율주행 차량으로 인한 교통 패턴의 변화, 자율주행 차량의 법적 문제, 대중과 산업계의 잠재적인 저항 등을 예견하였으며, 이를 통해 현대적인 자율주행 자동차의 개념을 처음으로 제시하여 AI와 자율주행 기술 분야의 미래 발전을 위한 기초를 마련했다.

[그림 3-2] 존 매카시(John McCathy) (ⓒ Wikipedia)

③ AI 기반 최초 자율주행 차량

1995년 뮌헨 군사 대학의 에른스트 딕만스(Ernst Dickmanns)는 메르세데스-벤츠사와 협력하여 최초의 AI 기반의 자율주행 차량을 개발하였다. 해당 차량은 인공지능(Artificial Intelligence) 및 컴퓨터 비전(Computer Vision) 기술과 카메라, 레이더 등의 센서를 이용하여 차량이 주변 환경을 인식하고, 주행 경로를 스스로 결정할 수 있는 시스템을 탑재하였고, 이를 활용해 고속도로에서 실제 주행 테스트를 성공적으로 수행하였다. 그의 연구는 현대 자율주행 기술의 기초를 닦는 데 중요한 역할을 했다.

[그림 3-3] 자율주행 자동차 VAMP

④ 대한민국 최초 자율주행 차량

1995년 고려대학교 한민홍 교수는 대한민국 최초로 고속도로에서 자율주행을 시연하였다. 그의 자율주행 자동차는 카메라, 레이더 등을 이용하여 센서 데이터를 수집하고, 수집한 데이터를 인공지능 및 컴퓨터 비전 기술을 통해 가공하였다. 또한 이런 데이터를 통해 주변 환경을 스스로 인식하고 경로 계획을 수립할 수 있었다. 당시에는 이러한 기술이 세계적 수준이었으나, 연구 인프라, 국가 정책, 대중의 인식이 기술력 수준에 미치지 못해 우리나라에서 자율주행 연구가 활성화되지 못했다.

[그림 3-4] 우리나라 최초의 자율주행 자동차 (ⓒKBS)

⑤ DARPA Urban Challenge

2007년 미국 국방고등연구계획국(DARPA[1])에서 개최한 자율주행 대회에서는 복잡한 도시 환경에서 자율주행을 수행하는 시나리오가 다수 포함되었다. 총 60마일(약 97km)의 도시 환경 코스에서 차량이 교통 법규를 준수하며 도로주행을 하고 다른 차량과 상호작용을 하는지가 주요 평가 항목이었다. 카네기 멜런 대학의 Boss, 스탠포드 대학의 Junior, 버지니아 대학의 Odin, MIT 대학의 Talos 차량 등이 대회에 참여하였고, 그중 카네기 멜런 대학의 Boss 차량이 4시간 10분 만에 코스를 완주하며 우승했다. DARPA Urban Challenge를 통해 자율주행 기술의 한계가 넓어졌으며, 실용화 가능성이 증명되었다.

[그림 3-5] 카네기 멜런 대학교 Boss (ⓒrobotsguide)

⑥ 자율주행 기술의 연구 및 실제 적용

2015년 테슬라(Tesla)는 자율주행 레벨 2 수준의 오토파일럿이 탑재된 전기자동차를 출시하였다. GM(General Motors), 웨이모(Waymo), 바이두(Baidu) 등의 기업은 자율주행 택시 서비스를 위한 연구를 수행 중이며, 현재 다수의 지역에서 자율주행 택시 서비스를 제공하고 있다. 현대자동차 또한 2015년부터 자율주행 기술이 접목된 ADAS[2]가 탑재된 차량을 출시하고 있다.

---

1) Defense Advanced Research Projects Agency
2) Advanced Driving Assistance System

[그림 3-6] 레벨 4 자율주행 기술이 탑재된 웨이모 택시 (ⓒWaymo)

2. 자율주행 자동차란

(1) 개요

① 자율주행 자동차의 정의

　자율주행 자동차는 흔히 '알아서 도로를 주행하는 자동차'로 알려져 있지만, 그 의미를 정확하게 알기 위해서는 「자동차관리법」에서 정의하는 바를 알아야 한다.

> 「자동차관리법」 제2조 제1호의3
> "자율주행자동차"란 운전자 또는 승객의 조작 없이 자동차 스스로 운행이 가능한 자동차를 말한다.

　또한 2020년에 제정된 「자율주행자동차 상용화 촉진 및 지원에 관한 법률」에서는 자율주행시스템의 의미를 정의하였다.

> 「자율주행자동차 상용화 촉진 및 지원에 관한 법률」 제2조 제2항
> "자율주행시스템"이란 운전자 또는 승객의 조작 없이 주변상황과 도로 정보 등을 스스로 인지하고 판단하여 자동차를 운행할 수 있게 하는 자동화 장비, 소프트웨어 및 이와 관련한 모든 장치를 말한다.

② 자율주행 레벨

　자율주행 기술의 복잡성을 체계적으로 구분하고 명확하고 표준화된 정의를 제공하고자, 미국자동차공학회(SAE[3])는 레벨 0~5까지 총 6단계로 구분된 자율주행 레벨을 정의하였다. 각 레벨은 차량의 자동화 수준 및 운전자가 개입해야하는 수준에 따라 구분되었다.

---

3) Society of Automotive Engineers

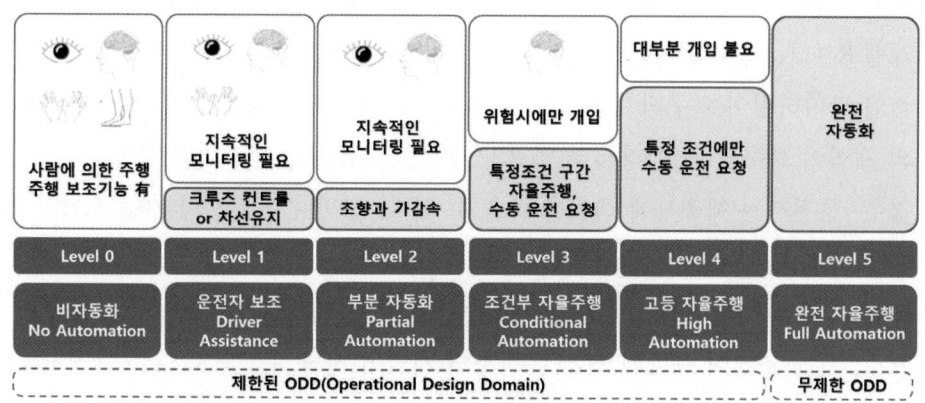

[그림 3-7] 자율주행 레벨

㉠ 레벨 0: 자율주행 레벨 0은 자율주행 기술이 비자동화(No Automation) 수준으로, 사람에 의해 대부분의 차량 주행이 수행되는 단계이다. 후방카메라에 의한 주차 보조 정도의 주행 보조 기능만 존재하고, 사람의 인식 능력에 의해 시나리오[4]를 판단하고, 판단된 시나리오에 적절한 제어를 실현하기 위해 사람이 스티어링 휠, 액셀, 브레이크를 조작한다.

㉡ 레벨 1: 자율주행 레벨 1은 자율주행 기술이 운전자 보조(Driver Assistance) 수준으로, 일부 시나리오만 자동으로 차량 주행이 수행되는 단계이다. 액셀·브레이크를 제어하는 횡방향 제어(Longitudinal Control) 또는 스티어링 휠을 제어하는 종방향 제어(Lateral Control) 중 하나가 수행되는 경우를 자율주행 레벨 1이라고 정의한다. 예를 들어, 횡방향 제어로 속력을 일정하게 유지하는 크루즈 컨트롤(Adaptive Cruise Control) 기능이 탑재되어 있거나, 종방향 제어로 차선을 일정하게 유지하는 차선 유지(Lane Keeping Assist) 기능이 탑재된 경우 레벨 1에 해당한다.

레벨 1은 말 그대로 운전자 보조 수준이므로, 사람의 지속적인 모니터링이 필요하다. 따라서 레벨 1의 기능을 사용한 운전자의 차량에 사고가 발생한 경우, 사람의 전방 주시 의무 소홀 등으로 인한 사고의 책임은 모두 운전자에게 있고 제조사에 책임을 물을 수 없다.

㉢ 레벨 3: 자율주행 레벨 3은 자율주행 기술이 조건부 자율주행(Conditional Automation) 수준으로, 특정 전제 조건이 충족된 경우 자율주행이 수행되는 단계이다. 단순한 횡방향 제어, 종방향 제어뿐 아니라 차량 주위의 물체를 탐지하여 적절한 판단을 내리거나, 교통 신호를 인지하여 최적의 경로를 생성하는 등 다양한 시나리오에서 자동으로 주행

---

[4] 현재 차량이 주행하고 있는 상황(교차로, 끼어들기 등)

이 수행되는 경우, 자율주행 레벨 3이라고 정의한다.

레벨 3부터는 운전자 보조 수준이 아닌 '자율주행'의 영역에 가까우므로, 사람의 지속적인 모니터링이 요구되지 않으며 시스템이 운전자에게 개입을 요청한 경우에만 사람의 개입이 요구된다. 따라서 레벨 3의 기능을 사용한 운전자의 차량에 사고가 발생한 경우, 운전자는 제조사에 책임을 물을 수 있다. 그러나 운전자의 기능 오남용 등 다양한 사유에 의해 운전자의 과실이 인정될 수 있다.

② 레벨 4: 자율주행 레벨 4는 자율주행 기술이 고등 자율주행(High Automation) 수준으로, 특정 조건이 충족된 경우 운전자의 개입이 전혀 요구되지 않는 단계이다. 즉 특정 조건 아래에서는 모든 시나리오에서 차량이 스스로 상황을 판단하고 차량을 제어하는, 일반적인 사람들이 상상하는 자율주행이 실현된 단계라고 볼 수 있다. 다만, 특정 조건을 벗어나는 경우에는 운전자가 직접 운전해야 한다. 예를 들어, 특정 조건이 '차량이 서울 지역 내에 있는 경우'라면 서울 내에서는 운전자의 개입 없이 자율주행이 가능하지만, 차량이 서울을 벗어나면 자율주행 기능을 온전히 사용할 수 없다.

자율주행 레벨 4부터는 '자율주행'의 영역이므로, 특정 조건 아래에서 사람의 지속적인 모니터링이 요구되지 않으며, 특정 조건에 벗어난 경우에만 사람의 개입이 필요하다. 따라서 특정 조건 아래에서 레벨 4의 기능을 사용한 운전자의 차량에 사고가 발생한 경우, 운전자는 제조사에 책임을 물을 수 있다. 그러나 특정 조건이 충족되지 않음에도 레벨 4의 기능을 사용한 운전자의 차량에 사고가 발생한 경우, 운전자의 과실이 인정될 수 있다.

⑩ 레벨 5: 자율주행 레벨 5는 자율주행 기술이 완전 자율주행(Full Automation) 수준으로, 모든 조건에서 운전자의 개입이 전혀 필요하지 않은 단계이다. 즉 모든 시나리오에서 차량이 스스로 상황을 판단하고 차량을 제어하는 수준으로, SF 영화에 등장하는 자율주행이 실현된 단계이다.

레벨 5에서는 지역이나 국가 등의 제한 없이 모든 상황에서 자율주행이 가능하다. 따라서 레벨 5의 기능을 사용한 운전자의 차량에 사고가 발생한 경우, 어떠한 경우라도 운전자는 제조사에 책임을 물을 수 있다.

(2) 자율주행 수행 과정

자율주행 자동차에는 흔히 '자율주행'이라는 기술이 1개 들어갔다고 생각하기 쉽지만, 사실 자율주행에는 상당히 많은 기술이 결합되어 있다. 다양한 자율주행 기술들 각각을 하나의

'레이어'로 보고, 모든 기술 레이어를 유기적으로 결합하여 자율주행 기술을 개발하는 것을 '자율주행 풀스택 개발'이라고 할 수 있다.

① 하드웨어 레이어

하드웨어 레이어는 크게 센서, 휠, 액셀/브레이크로 구분된다. 센서는 차량 주변의 물체, 환경 등을 수치적 데이터로 변환하는 역할을 한다는 점에서, 사람의 오감을 감지하는 기관과 유사하다. 자율주행을 위해 사용되는 센서는 주로 카메라, 레이더[5], 라이다[6], 초음파 센서, GNSS, IMU, 오토인코더 등이 있다. 각 센서는 수집하는 데이터의 종류, 수집 가능한 데이터의 거리 및 범위 등이 상이하므로, 이를 고려하여 센서를 사용해야 한다. 센서의 특징 및 센서 구성에 관해서는 Chapter 2에서 자세히 다루도록 하겠다.

② 소프트웨어 레이어

소프트웨어 레이어는 인식 레이어, 의사 결정 레이어, 경로 계획 레이어, 제어 레이어로 구분된다. 그중 인식 레이어는 다시 물체 탐지 레이어 및 환경 인식 레이어로 구분되며, 환경 인식 레이어는 지도 작성(Mapping) 및 차량 측위(Localization)로 구분된다.

③ 자율주행 수행 과정

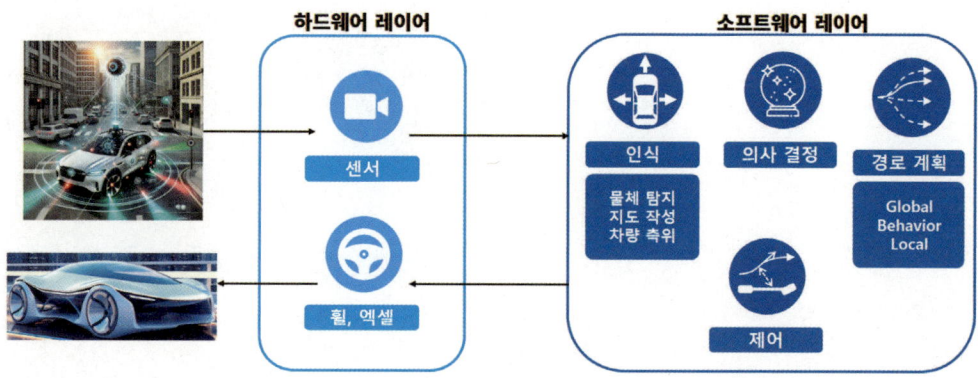

[그림 3-8] 자율주행 수행 과정

자율주행이 이루어지는 과정은 다음과 같다. 먼저 센서로부터 데이터가 수집되면, 데이터 처리를 통해 물체를 탐지하고, 현재 주행 차량의 위치를 파악하는 차량 측위를 수행한다. 차량 측위를 수행하기 위해 센서 데이터를 이용하여 지도를 작성하는데, 차량 측위와 지도 작성

---

[5] RADAR, Radio Detection and Ranging
[6] LIDAR, LIght Detection And Ranging

이 동시에 이루어질 수도 있으며 이를 SLAM[7]이라고 한다. 이후 탐지된 물체 즉 주변 차량이나 사람이 어떤 의도로 이동 중인지 파악하는 의사 예측을 수행한다. 예를 들어 옆 차선의 차량이 직진하는지, 우회전 하려고 하는지 등 다양한 의사를 예측할 수 있다.

이렇게 탐지한 물체, 차량 측위, 의사 예측 결과를 이용하여 경로 계획을 수립하는데 이를 로컬 경로 계획(Local Path Planning)이라고 한다. 로컬 경로 계획을 수립하는 과정에서는 행동 계획(Behavior Planning)을 고려하는데, 행동 계획이란 주변 물체, 환경, 교통 법규 등을 고려하여 차량이 어떻게 이동해야 할지 결정하는 것이다. 또한 출발지부터 목적지까지의 전체 경로에 대한 계획을 수립하기도 하는데 이는 글로벌 경로 계획(Global Path Planning)이라고 한다. 이러한 계획들은 차량 주행 중 실시간으로 변경될 수 있다.

차량이 이동할 경로가 생성되면 실제 스티어링 휠과 액셀을 제어하는 정도를 정량적으로 결정할 수 있고, 이를 제어기로 전달하여 차량을 제어한다. 센서 데이터를 입력하여 스티어링 휠과 액셀 제어 정도를 결정하는 방식을 엔드 투 엔드(End-to-End) 방식이라고 한다. 엔드 투 엔드 방식은 많은 기술 단계를 하나의 인공지능 모델로 간소화할 수 있다는 장점이 있으나, 인공지능의 블랙박스 문제 등 한계점이 명확하여 실제 차량에 적용하기 부적절한 측면이 있다. 위에서 설명한 물체 탐지 레이어, 환경 인식 레이어, 의사 예측 레이어, 경로 계획 레이어, 제어 레이어는 Chapter 3에서 자세히 다루도록 하겠다.

---

[7] Simultaneous Localization And Mapping

CHAPTER 02 자율주행 풀스택 개발 (하드웨어 레이어)

> **학습 POINT**
> 자율주행을 위해 하드웨어 레이어 중 어떤 센서가 필요한지 알고, 각 센서의 특성이 무엇인지 이해한다.

앞서 살펴본 바와 같이, 하드웨어 레이어는 센서, 스티어링 휠, 액셀/브레이크로 구성되어 있다. 스티어링 휠, 액셀/브레이크 제어는 제어기에 의해 수행되므로, 자율주행 기술이라기보다 전통적인 차량 제어와 관련된 기술이다. 따라서 이번 챕터에서는 하드웨어 레이어 중 센서에 대해 자세히 알아보자. 자율주행 기술에서 주로 연구하고 사용하는 센서는 카메라, 라이다, 레이더, GNSS, IMU, 초음파 센서, 오토 인코더 등이 있다.

1. 카메라

(1) 개요

카메라는 시각 정보를 캡처하는 이미지 센서를 의미한다. 엄밀히 말해서 카메라는 이미지 센서나 렌즈 등을 조합한 장치를 의미하지만 설명의 편의를 위해 카메라를 센서로 기술한다. 카메라는 가시광선을 사용하여 이미지를 생성하거나 이미지의 집합인 비디오 스트림을 생성할 수 있다.

(2) 특징

① 센서 메트릭(Sensor Metric)

각 센서는 메트릭으로 그 특성을 정의할 수 있다. 메트릭은 센서의 성능을 비교할 수 있는 지표를 의미한다. 대표적인 카메라 메트릭은 해상도(Resolution)와 FOV(Field of View)가 있다. 해상도는 이미지 데이터 표현과 관련된 것으로, 이미지에 얼마나 많은 데이터가 포함되어 있는지를 의미한다. FOV는 시야각으로, 좌·우 방향으로 데이터를 포함할 수 있는 범위를 의미한다.

② 데이터 표현(Data Representation)

이미지 데이터는 RGB 색으로 나타나는 픽셀 값의 2D 배열로 표현되는데, 이를 데이터 표현이라 부른다. RGB 이미지는 붉은 색의 정도를 결정하는 R 배열, 초록색의 정도를 결정하는 G 배열, 파란색의 정도를 결정하는 B 배열이 각각 2D 배열로 표현되며, 2D 배열의 크기에 따라 해상도가 결정된다.

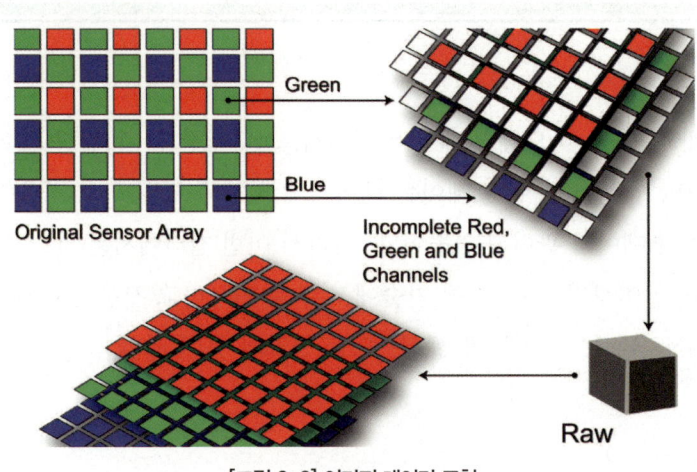

[그림 3-9] 이미지 데이터 표현

③ 장·단점

카메라는 데이터의 높은 해상도에 의해 상세하고 선명한 이미지를 제공하며, 라이다와 레이더에 비해 비용이 저렴하다는 장점이 있다. 그러나 주변 조명 조건에 따라 성능이 저하될 수 있고, 날씨 변화에 민감하며, 라이다와 레이더보다 FOV가 짧다는 단점이 있다.

(3) 카메라 캘리브레이션(Camera Calibration)

① 핀홀 카메라 모델

카메라 모델은 카메라에 의해 포착되는 3차원의 물체를 2차원 이미지 평면에 투영하는 수학적 표현으로 핀홀 카메라 모델은 가장 기본적인 형태이다.

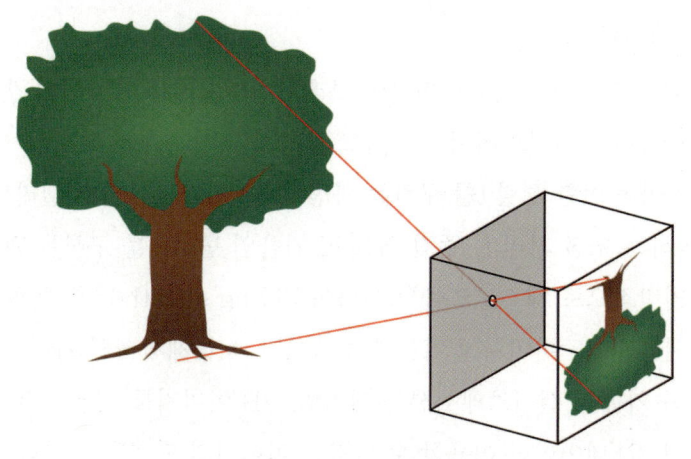

[그림 3-10] 핀홀 카메라 모델

핀홀 카메라 모델은 $x = K(RX+t) = K\hat{x}$로 나타낼 수 있다. 여기서 X는 월드 좌표계에서 표현된 3차원 점이고, x는 첫 번째 픽셀을 영점으로 하는 평면의 2차원 점, R은 회전 변환 행렬, t는 이동 변환 행렬을 의미한다. K는 카메라 행렬로 초점 거리 f(Focal length), 주점 좌표 c(Principle point), 기울임 변수 s(Skewness factor)로 이루어져 있다. 즉, 핀홀 카메라 모델은 월드 좌표계의 3차원의 점 X를 카메라 변환 행렬(R, t) 및 카메라 행렬(K)을 이용하여 2차원 평면의 점 x로 변환하는 수학식이다. 월드 좌표계는 실제 물체가 존재하는 환경의 좌표계를 의미하며, 카메라 좌표계는 카메라를 중심으로 구성된 좌표계를 의미한다.

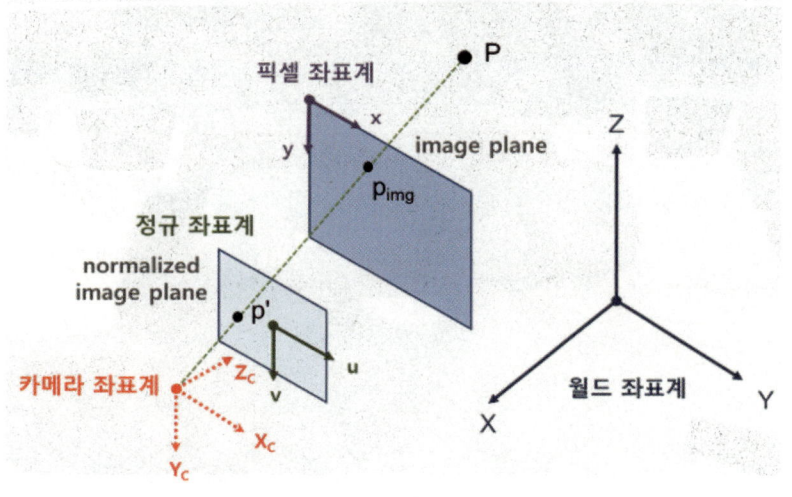

[그림 3-11] 월드 좌표계와 카메라 좌표계 (ⓒ한국컴퓨터그래픽스학회)

② 카메라 캘리브레이션

카메라 캘리브레이션은 외부 파라미터 캘리브레이션[8]과 내부 파라미터 캘리브레이션[9]으로 나뉜다. 외부 파라미터 캘리브레이션은 월드 좌표계를 카메라 좌표계로 변환하기 위한 회전 변환 행렬 R 및 이동 변환 행렬 t를 구하는 과정이다. 내부 파라미터 캘리브레이션은 카메라 행렬 K를 구성하는 초점 거리 f, 주점 좌표 c, 기울임 변수 s를 구하는 과정이다. 카메라 캘리브레이션은 일반적으로 체스보드를 이용하여 Zhang's method를 통해 이루어진다. 카메라 캘리브레이션을 통해, 이미지를 이용하여 이미지 내 물체까지의 거리인 깊이(depth)를 산출할 수 있다. 즉 카메라 캘리브레이션을 거치면, 2D 이미지를 이용해 3D 데이터를 생성할 수 있다. 따라서 2D 데이터만 이용할 수 있다는 이미지의 단점을 보완할 수 있다. 이러한 특징을 이용해 이미지를 이용한 3D 모델 재구성(3D reconstruction)을 수행하거나, visual SLAM[10]을 구현할 수 있다.

(4) 스테레오 카메라(Stereo Camera)

스테레오 카메라는 두 개의 카메라를 나란히 두고, 동일한 장면을 시점만 달리 촬영하여 수집한 두 이미지를 이용하여 깊이 정보를 생성하는 센서이다. 여기서 깊이 정보는 이미지에 표현된 물체까지의 거리에 대응하는 값을 의미한다.

[그림 3-12] 차량 내부의 스테레오 카메라 (ⓒResearch Gate)

---

8) Extrinsic Parameter Calibration
9) Intrinsic Parameter Calibration
10) Simultaneous Localization and Mapping

스테레오 카메라는 고정된 두 개의 카메라의 정확한 위치를 이용하므로, 하나의 카메라를 이용하는 경우보다 정확한 깊이를 산출할 수 있다. 이렇게 산출한 깊이를 이용하여 물체의 3D 형상을 생성하므로, 물체를 탐지하거나 visual SLAM을 구현하는 등 다양한 기능에 활용할 수 있다.

2. 라이다

라이다는 레이저가 반사되어 돌아오는 시간으로 깊이를 측정하는 센서이다. 앞에서 설명했듯이 깊이는 물체까지의 거리를 의미하므로, 라이다는 기본적으로 3차원 데이터를 측정할 수 있다.

[그림 3-13] 라이다 데이터

(1) 특징

① 센서 메트릭(Sensor Metric)

라이다의 센서 성능을 결정하는 메트릭은 레이저 채널 수, 초당 발산하는 레이저 빔 포인트 수, 라이다가 회전하는 각속도, FOV, 레이저 빔의 반사도가 있다.

- ㉠ 레이저 채널 수: 레이저 채널 수는 빔을 발산하는 레이저의 수로, 위 그림에서 동심원 하나가 레이저 채널 하나를 의미한다. 따라서, 레이저 채널 수가 많을수록 데이터의 해상도가 높아진다.
- ㉡ 초당 발산하는 레이저 빔 포인트 수: 하나의 레이저 채널은 빔을 지속적으로 발산하는 것이 아닌, On/Off를 반복하며 다수의 빔을 발산하는데, 이때 초당 발산하는 레이저 포인트 수가 많을수록 데이터의 해상도가 높아진다.

ⓒ 라이다 회전 각속도: 라이다는 한 번 회전할 때마다 하나의 데이터 프레임을 생성한다. 따라서 회전 각속도가 클수록 데이터가 빠르게 갱신된다.

ⓔ FOV: 라이다는 그 종류에 따라 다양한 FOV 특성을 나타낼 수 있다. 위 그림의 라이다 데이터는 360도 회전하므로 FOV가 360이지만, 라이다의 종류에 따라 FOV가 제한적일 수 있다.

ⓜ 레이저 빔 반사도: 라이다는 빛을 발산하고 반사되는 빛을 감지하므로, 반사되는 빛의 양을 의미하는 반사도를 데이터에 표현할 수 있다. 예를 들어 반사도가 낮은 물체는 빨간색으로, 반사도가 높은 물체는 파란색으로 표현할 경우, 유사한 위치의 물체는 유사한 반사도를 보이므로 반사도만으로 물체를 어느 정도 구분할 수 있다.

② 데이터 표현(Data Representation)

라이다는 물체에 반사된 빛을 감지하는 센서이므로 기본적으로 레이저 포인트 빔에 의한 '점'으로 데이터가 표현된다. 따라서 다수의 레이저 포인트 집합으로 하나의 데이터를 구성하는데, 이를 포인트 클라우드라 한다. 포인트 클라우드를 구성하는 각 포인트는 x, y, z 값을 포함하며, 라이다에 따라 반사도 값을 포함할 수도 있다.

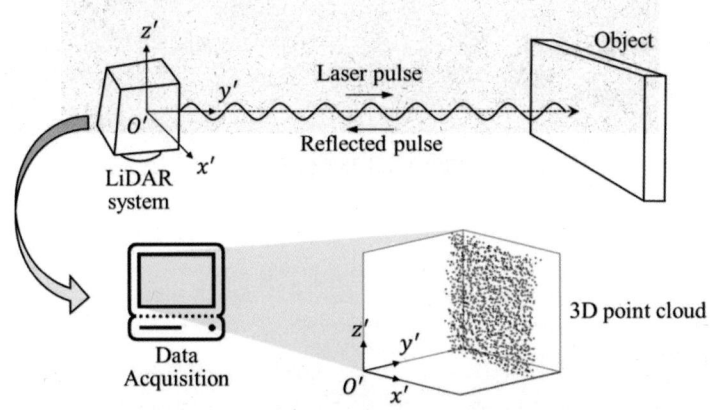

[그림 3-14] 라이다 데이터 수집 과정 (ⓒMDPI)

포인트의 x, y, z 값은 라이다의 회전 각도 및 라이다에서 물체까지의 깊이(거리)를 이용하여 산출할 수 있는데, 라이다에서 물체까지의 깊이는 TOF(Time of Flight)라고 한다. TOF는 라이다에서 빛이 발산한 시점부터 빛이 물체에 반사되어 라이다로 되돌아온 시점까지 빛이 비행한 시간이다. TOF를 구하면 빛의 속도는 약 30만km/s로 일정하므로 깊이를 산출할 수 있다.

③ 장·단점

라이다는 정확한 깊이 값을 측정할 수 있고 카메라보다 FOV가 크다는 장점이 있다. 또한 조도 변화, 날씨 변화, 시간 변화에 따른 성능 차이가 크지 않다. 라이다의 레이저 빔은 가시광선 영역의 주파수를 사용하여 빛, 눈 또는 비의 영향을 받을 수 있으나, 최근에는 기술 발전에 의해 비교적 영향이 크지 않다. 하지만 차량에 사용하는 라이다는 가격이 비교적 비싼 편이고 카메라 이미지보다 데이터의 밀도가 낮다. 라이다의 가격이 지속적으로 감소하는 추세지만 아직 양산차에 적용하기에는 비용 저항선이 높은 편이다.

(2) Solid-state 라이다

기존의 라이다는 레이저를 회전시켜야 하므로 회전 운동을 수행하는 모터가 반드시 필요했다. 모터는 기계적인 장치이고 지속으로 작동하기에 장기간 사용에 따른 기능적 결함이 발생할 수 있다. 또한 성능이 높은 라이다 장치일수록 큰 기계 구조가 필요하므로 부피가 지나치게 커진다는 문제가 있다. 위와 같은 문제를 해결하기 위해 기계적 장치인 모터를 제거한 Solid-state 라이다가 개발되고 있다. Solid-state 라이다는 대표적으로 MEMS[11] 방식, OPA[12] 방식, Flash 방식이 있다.

[그림 3-15] Solid-state 라이다 (ⓒVelodyne)

---

[11] Micro-Electro-Mechanical Systems
[12] Optical Phased Array

① MEMS 방식

MEMS 방식은 라이다 내 전위로 제어되는 MEMS 미러가 고속으로 기울어져 레이저 빔의 방향을 변경하여 다양한 각도로 레이저 빔을 발산하는 방식이다. 즉 MEMS 미러는 빛이 반사되는 정도를 전위로 제어될 수 있고, 모터의 회전 없이도 다양한 각도로 빛을 발산하고 수신하여 포인트 클라우드를 생성할 수 있다.

② OPA 방식

OPA 방식은 광학 위상 모듈레이터가 렌즈를 통과하는 빛의 속도를 제어하여 전방으로 나가는 빛의 파면 형상을 제어하고 빔을 여러 방향으로 쏘아 스캔하는 방식이다. 즉 렌즈를 이용하여 빛의 위상을 변경하므로, 모터의 회전 없이도 다양한 방향으로 빛을 발산하고 수신하여 포인트 클라우드를 생성할 수 있다.

③ Flash 방식

Flash 방식은 레이저를 확산 렌즈에 조사하여 빛을 확산시키고, 수신기로 물체에 반사된 확산광을 포착하는 방식이다. 즉 확산 렌즈를 통해 다양한 방향으로 빛을 발산하고 수신하여 포인트 클라우드를 생성할 수 있다.

3. 레이더

레이더는 전자기파(밀리미터파)를 발산하고, 물체에 반사되어 돌아오는 전자기파 신호를 수신하여 물체의 정보를 산출하는 센서이다. 전자기파의 속력을 이용하여 물체의 위치와 속력을 탐지할 수 있다.

(1) 특징

① 센서 메트릭

레이더의 센서 성능을 결정하는 메트릭은 범위와 FOV가 있다.

㉠ 범위

범위는 레이더가 발산하는 전자기파가 도달할 수 있는 거리이다. 전자기파의 신호 세기가 크게 감쇄되지 않는 범위까지 센서 데이터가 유의미하게 생성될 수 있으므로, 범위는 레이더의 센싱 범위를 의미한다.

ⓒ FOV

FOV는 레이더가 좌우 방향으로 데이터를 수집할 수 있는 범위를 의미한다. 레이더는 같은 위치에서 일정 각도 사이를 반복하여 스캔하며 데이터를 수집하므로 FOV는 시야각을 의미한다.

일반적으로 레이더의 범위와 FOV는 trade-off 관계로 본다. 즉, 레이더의 센싱 범위가 커지면 FOV 각도는 좁아지고, 레이더의 FOV 각이 커지면 레이더의 센싱 범위가 좁아진다. 따라서 레이더의 설치 목적에 따라 범위와 FOV를 적절히 설정하는 것이 중요하다.

② 데이터 표현(Data Representation)

레이더의 출력인 ADC 신호는 사람이 해석하기 어렵기 때문에 해석이 용이한 포인트 클라우드 형태로 변환하여 사용한다. 레이더에서 수신한 레이더 ADC 신호에 샘플링, FFT[13]를 적용하여 이미지 형식의 레이더 텐서로 변환한 다음 피크 검출(Peak Detection)을 사용하여 잡음을 제거하면 아래 그림과 같이 포인트 클라우드 형태로 변환할 수 있다.

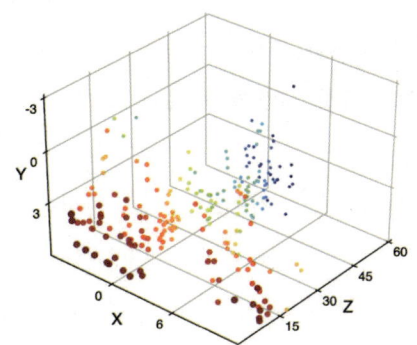

[그림 3-16] 레이더 데이터 표현 (ⓒarxiv)

③ 장·단점

레이더는 전자기파를 이용하므로 주변 환경에 영향을 많이 받지 않는다. 따라서 폭설, 폭우 등의 악천후 환경이나, 저조도 환경, 야간 주행 시에도 사용이 가능하다. 또한 라이다와 같이 정확한 깊이 데이터를 생성할 수 있으며, 가격이 상대적으로 저렴하다는 장점도 있다. 하지만 레이더 데이터는 라이다보다 밀도가 낮아 물체의 형태를 파악하기 어렵고, 다른 레이더 신호에 의해 간섭이 발생할 수 있다. 또한 상대적으로 FOV가 좁아서 넓은 범위를 커버하기 어렵다.

---

13) Fast Fourier Transform

(2) 4D 이미징 레이더

4D 이미징 레이더(4D Imaging Radar)는 자율주행 자동차, 드론, 로봇 및 기타 다양한 애플리케이션에서 환경을 더 정밀하게 인식하고 탐지하기 위해 사용하는 첨단 센서 기술이다. 일반적인 레이더는 거리와 속도를 제공하는 반면, 4D 이미징 레이더는 거리, 속도, 방위각, 고도(높이) 같은 4차원 공간 정보를 실시간으로 제공한다.

4. GNSS/IMU

GNSS[14])는 인공위성을 이용한 항법 시스템의 통칭이며 전 세계 어디에서나 정확한 위치, 속도, 시간 정보를 파악하기 위해 위성 신호를 사용하는 시스템이다. IMU[15])는 관성 측정 장치로 가속도 센서와 자이로스코프 센서로 이루어진 장치이다.

(1) 특징

GNSS는 위성 항법 장치를 일반적으로 일컫는 용어로 GNSS의 종류로는 GPS(Global Positionaing System, 미국), GNSS(Global Navigation Satellite System, 러시아), Galio(유럽), BeiDou(BDS, 중국) 등이 있다. 4개 이상의 위성 신호를 사용한 삼각 측량(Trilateration)으로 위도, 경도, 고도를 산출할 수 있다.

IMU의 가속도 센서는 물체의 3축 방향 가속도를 측정할 수 있고, 자이로스코프 센서는 3축의 회전 속도를 측정할 수 있다.

(2) 장·단점

GNSS는 위치 정보를 산출하려는 시점마다 위성으로부터 데이터를 수신하므로, 데이터 누적으로 인한 오차가 발생하지 않는다. 그러나 위성 신호가 도달하지 못하는 터널, 지하와 같은 곳에서는 정확한 값을 산출할 수 없다. 반면 IMU는 가속도 센서로 위치를 추정하므로, 터널이나 지하 등 환경에 관계없이 위치를 산출할 수 있다. 그러나 타이어 미끄러짐, 저항, 센서 오차 등 다양한 요인으로 가속도 오차가 누적되어 위치 추정 정확도가 지속적으로 낮아진다. 이러한 GNSS와 IMU의 장·단점을 보완하는 방법으로, GNSS/IMU 센서 데이터의 융합 프레임워크가 제안되었다.

---

14) Global Navigation Satellite Systems
15) Inertial Measurement Unit

(3) GPS/IMU 센서 융합 - 칼만 필터(Kalman Filter)

칼만 필터는 역학 시스템의 상태를 추정하는 재귀 알고리즘으로, 상태 추정기(State Estimator)를 의미한다. 상태란 시스템이 추정되기 위한 물리학적 정보를 의미하는데, 자동차의 경우 차량의 속도나 위치 등이 상태에 해당한다. 칼만 필터를 이용해 t초간 이동한 차량 상태를 추정하는 경우, IMU에 의해 측정된 가속도를 이용하여 1차적으로 차량의 위치를 추정한다. 이후 2차적으로 GNSS를 이용하여 계산한 위치 정보를 확률적으로 융합하여 최종적인 t초 후 차량의 위치를 결정한다.

5. 초음파 센서/오토인코더

(1) 초음파 센서

초음파 센서는 초음파를 발산하고, 물체에 반사된 초음파가 되돌아오는 시간을 이용해 거리(깊이)를 측정한다. 초음파 센서는 가격이 저렴하고 설치가 용이하며 근거리 정확도가 우수하여 실제 차량에 널리 이용되고 있다. 하지만 센싱 가능한 범위가 제한적이며 넓은 FOV를 확보하기 어렵고 저속 주행 시에만 사용할 수 있다는 단점이 있다. 따라서 다른 센서를 적절하게 배치하여 사용하는 것이 중요하다.

(2) 오토인코더

오토인코더는 바퀴의 회전 정보를 이용해 위치와 방향을 추정하는 센서이다. IMU와 같이 터널이나 지하 같은 위성 신호가 도달하지 못하는 장소에서도 차량의 위치를 추정할 수 있다는 장점이 있으나, 타이어 미끄러짐이나 가속에 의한 타이어 변형 등 다양한 요인에 의해 오차가 누적된다는 단점이 있다.

6. 센서 구성(Sensor Configuration)

 앞서 설명한 센서들은 각각 장단점을 가지고 있다. 따라서 각 센서들의 장점을 살리고 단점을 보완할 수 있는 방향으로 차량에 센서를 탑재하면, 최적의 자율주행 성능을 발휘할 수 있을 것이다. 어떠한 센서를 사용할 것인지, 센서를 차량에 어떻게 배치할 것인지를 의미하는 센서 구성이 중요한 이유가 바로 이것이다.

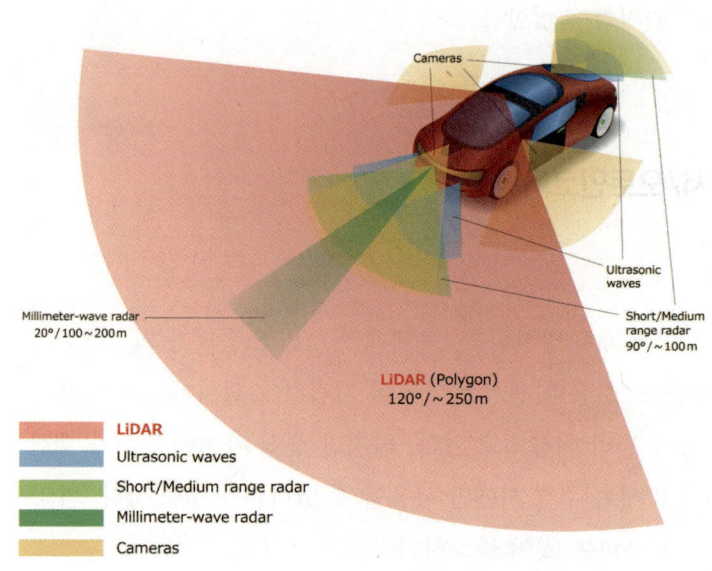

[그림 3-17] 센서 구성 예시 (ⓒNIDEC COMPONENTS)

 위 그림은 센서 구성의 예시이다. 카메라를 차량의 전·후·좌·우에 배치하여 차량 전방위적으로 카메라 이미지를 수집한다. 하지만 전·후방에 카메라를 설치해도 전·후방 근거리 하단에 사각이 생길 수 있다. 이를 보완하기 위해, 차량 전·후방 하단에 초음파 센서를 배치했다. 또한 카메라의 짧은 센싱 범위, 부정확한 거리 측정 성능 등의 단점을 보완하기 위해 레이더를 사용했다. 레이더의 제한적인 센싱 범위 및 FOV를 보완하기 위해서는 차량 윗부분에 라이다를 배치할 수 있다. 라이다를 차량의 가장 높은 부분에 배치하면 단거리 센싱 성능이 제한적일 수 있으나, 카메라, 초음파 센서, 레이더 등을 통해 단거리 센싱 성능을 확보한다.

CHAPTER 03 자율주행 풀스택 개발 (소프트웨어 레이어)

학습 POINT

자율주행 기술의 핵심이자 가장 활발하게 연구되고 있는 소프트웨어 레이어가 무엇인지 알아보고, 소프트웨어 레이어에는 어떤 기술이 포함되는지 이해한다.

앞서 살펴본 바와 같이, 소프트웨어 레이어는 센서 데이터를 받아 적절히 처리하여 안전하고 효율적인 경로로 차량을 제어하는 모든 기술 레이어가 포함되어 있다. 즉 소프트웨어 레이어는 물체를 탐지하는 물체 탐지 레이어, 차량 측위 및 지도를 작성하는 환경 인식 레이어, 주변 차량의 의도를 파악하는 의사 예측 레이어, 차량의 행동 및 경로를 설정하는 경로 계획 레이어, 차량의 스티어링 휠·액셀·브레이크를 제어하는 정도를 결정하는 제어 레이어로 구성된다.

[그림 3-18] 자율주행 기술 흐름

1. 물체 탐지 레이어

(1) 배경 지식

① 물체 인식 vs 물체 탐지

　물체 인식(Object Recognition)과 물체 탐지(Object Detection)의 차이는 무엇일까? 용어 자체만 보았을 때는 큰 차이가 없어 보이지만 둘을 구분할 줄 알아야 한다.

　물체 인식은 이미지에 포함된 물체가 무엇인지 판단하는 기술이다. 즉 물체 존재 여부를 식별하고 어떤 물체인지 분류(Classification)하는 것이다. 예를 들어 자동차와 신호등이 포함된 이미지에 물체 인식 기술을 적용하면, 먼저 배경을 제외한 물체가 존재하는지 식별한 후 식별된 물체가 자동차와 신호등이라고 분류하면 물체 인식의 목적이 달성된다. 다만 물체 인식은 물체가 무엇인지 분류할 수 있으나, 이미지 내 물체의 위치를 표시하지 못한다.

　안전하고 완성도 높은 자율주행을 위해서는 물체의 위치를 정확하게 탐지하는 것이 중요하다. 이미지 내의 물체의 위치를 식별하는 기술을 Localization(글로벌 좌표계 상에서 차량의 위치를 판단하는 차량 측위인 Localization과는 다른 용어) 또는 바운딩 박스 탐지라고 표현한다. 물체 탐지는 물체 인식 기술에 바운딩 박스 탐지를 추가한 것이다. 위 예시에서 이어서 설명하면, 자동차와 신호등이라고 분류한 물체의 이미지 내의 위치를 식별하여 바운딩 박스를 표시하는 것이다.

[그림 3-19] 물체 인식과 물체 탐지의 차이 (ⓒBrandon M.)

② 물체 탐지 대상

　㉠ 주행 가능 영역(Drivable Space, Free Space): 차량이 현재 주행 방향에서 주행 가능한 영역을 탐지하여 안전한 경로 생성에 이용한다.

　㉡ 차선(Lane): 현재 주행 중인 차선 및 주변 차선을 탐지하여, 차선을 유지·변경하고 차량 측위를 수행하는 경우에 이용한다.

ⓒ 도로 표시(Road Marking): 도로에 표시된 다양한 마킹(직진, 좌회전 등)을 탐지하여, 계획한 경로에 맞게 적절한 차선을 주행하고 있는지를 판단한다.

ⓔ 교통 표지판(Traffic Signs), 신호등(Traffic Lights): 교통 법규에 맞게 주행하기 위해 속도 제한 등의 교통 표지판이나 신호등을 탐지하여 차량을 제어한다.

ⓜ 보행자(Pedestrians), 차량(Vehicle): 차량의 안전을 위해 주행 차량 주변의 보행자와 다른 차량, 자전거 등 도로 사용자 전부를 탐지한다.

③ 이미지 물체 탐지 vs 포인트 클라우드 물체 탐지

물체 탐지는 다양한 데이터 표현으로 수행되는데, 대표적으로 카메라 이미지를 이용한 물체 탐지와 포인트 클라우드를 이용한 물체 탐지로 나눌 수 있다. 이미지를 이용한 물체 탐지와 포인트 클라우드를 이용한 물체 탐지는 '물체가 탐지된다'라는 개념이 같을 뿐 각각의 데이터 처리는 다르게 이루어진다.

(2) 물체 탐지 방법

물체 탐지 방법은 크게 인공지능, 머신러닝, 딥러닝으로 나눌 수 있다. 각각의 의미와 서로 간에 어떤 관련이 있는지 알아보자.

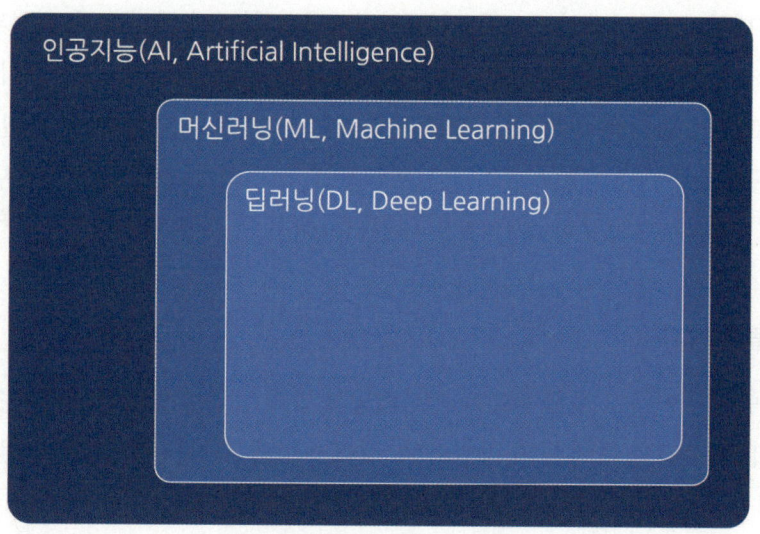

[그림 3-20] 물체 탐지 방법 간 관계도

① 인공지능(AI, Artificial Intelligence)

인공지능은 인간의 판단 과정이 필요한 작업을 대신 수행할 수 있는 시스템을 만드는 광범위한 분야를 의미한다. 최근에는 인공지능 분야가 크게 발전하여 고도의 학습 과정을 거친 판단 시스템을 주로 인공지능이라고 부르지만, 규칙 기반 시스템 등 단순한 판단 알고리즘도 인공지능이라고 할 수 있다.

② 머신러닝(ML, Machine Learning)

머신러닝은 인공지능의 하위 분야로, 컴퓨터가 명시적으로 프로그래밍되지 않고 데이터로부터 학습하고 결정을 내릴 수 있게 하는 학습 모델을 개발하는 분야를 의미한다. 학습 모델은 학습 가능한 인공지능으로, 입력 데이터에 대해 특정한 목적의 출력을 할 수 있도록 학습이 가능한 모델이다. 머신러닝은 신경망을 이용한 딥러닝뿐 아니라, 베이지안 필터, k-mean 알고리즘, Support Vector Machine 등 신경망을 이용하지 않는 학습 모델을 포함한다.

③ 딥러닝(DL, Deep Learning)

딥러닝은 인공 신경망(ANN, Artificial Neural Network)을 이용한 학습 모델을 개발하는 분야를 의미한다. 딥러닝의 성능은 기존 머신러닝의 성능에 비해 크게 개선되어, 현재 대부분의 인공지능 연구는 딥러닝 연구라 할 수 있다. 딥러닝은 이미지 인식·탐지를 위한 학습 모델, 텍스트·음성 인식을 위한 학습 모델, 생성형 인공지능을 위한 학습 모델 등으로 나눌 수 있다. 머신러닝은 개념적으로 딥러닝을 포함지만, 설명의 편의를 위해 아랫부분에서는 머신러닝 학습 모델 중 딥러닝이 아닌 것을 머신러닝이라 말하겠다.

(3) 이미지 물체 탐지

위에서 설명했던 이미지 물체 탐지는 머신러닝 방법과 딥러닝 방법으로 구분할 수 있다. 머신러닝 방법은 전통적인 물체 탐지 방법이고, 딥러닝 방법은 최근 뛰어난 성능을 보여주고 있는 물체 탐지 방법이다. 머신러닝과 딥러닝 모두 이미지에 포함된 특징(Feature)을 이용하여 물체를 탐지한다. 이미지 품질은 환경 변화(날씨, 조도 등)의 영향을 크게 받는데, 딥러닝 방법으로 추출하는 이미지 특징이 머신러닝 방법으로 추출하는 이미지 특징보다 환경 변화에 민감하지 않으므로 딥러닝 방법의 물체 탐지 성능이 더 뛰어나다.

① 머신러닝 방법

머신러닝 방법은 여러 머신러닝 알고리즘을 이용하여 물체 탐지 결과를 출력하는 방법이다. 머신러닝 방법은 크게 전처리(Pre-processing) → 특징 추출(Feature Extraction) → 물체 위치 식별(Localization) → 분류(Classification)를 거쳐 물체 탐지를 수행한다.

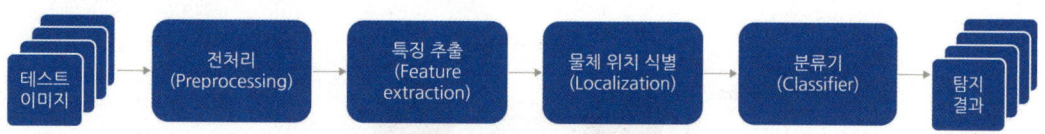

[그림 3-21] 머신러닝을 이용한 물체 탐지 과정

㉠ 전처리: 이미지의 특징을 보다 정확하게 추출하기 위해 수행하는 과정으로, 이미지 왜곡 제거(Distortion Removal), 이미지 노출(Exposure), 게인 조절(Gain Tunning) 등을 진행한다.

㉡ 특징 추출: 물체의 위치 및 종류를 판단하기 위한 특징을 추출하는 과정이다. 특징은 이미지 픽셀 값을 이용하여 추출한 것으로, 동일한 물체의 여러 이미지에서 동일한 특징이 추출되면 좋은 특징이라고 할 수 있다. 머신러닝을 이용한 특징 추출 알고리즘으로는 HOG[16], SIFT[17] 등이 있다.

㉢ 물체 위치 식별: 추출한 특징으로 물체를 식별하면 물체의 픽셀 인덱스를 추출해 물체의 위치를 탐지할 수 있다. 예를 들어 물체의 중심 픽셀 인덱스 및 물체의 폭, 물체의 높이 정보를 이용해 물체의 위치 정보를 저장하고, 이를 이용해 이미지에 바운딩 박스를 생성할 수 있다.

㉣ 분류: 추출한 특징을 기초로 분류기를 이용하여 물체의 종류를 판단할 수 있다. 주로 사용하는 분류기는 SVM[18]이 있다. SVM은 다수의 가중치와 특정 값으로 변환된 특징의 선형 결합(Linear Combination)으로 산출된 값으로 물체를 분류할 수 있는 학습 모델이다. 물체를 정확하게 분류하기 위해 SVM의 가중치들을 적절히 학습하는 과정이 필요하다. 물체의 종류는 클래스(Class) 또는 레이블(Lable)이라고 부른다.

㉤ 물체 탐지: 물체 위치 식별 결과(바운딩 박스) 및 물체 분류 결과를 결합하여 최종적으로 물체 탐지 결과를 출력한다.

---

16) Histogram of Oriented Gradient
17) Scale-Invariant Feature Transform
18) Support Vector Machine

② 딥러닝 방법

딥러닝은 인공 신경망(ANN)을 구성하는 레이어가 4개 이상인 학습 모델을 의미한다. 딥러닝은 기본적으로 입력 레이어(Input Layer), 히든 레이어(Hidden Layer), 출력 레이어(Output Layer)로 나뉜다.

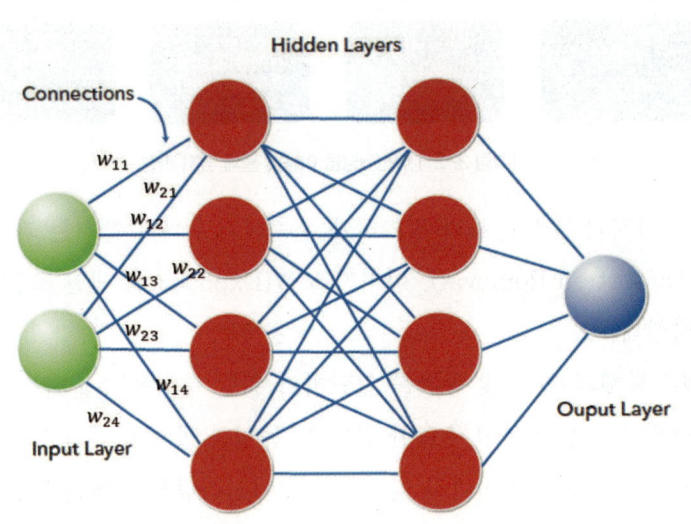

[그림 3-22] 딥러닝 학습 모델 기본 구조

위 그림은 가장 기본적인 딥러닝 학습 모델(딥러닝 모델)로, 입력 레이어에 2개의 노드, 첫 번째 히든 레이어에 4개의 노드, 두 번째 히든 레이어에 4개의 노드, 출력 레이어에 1개의 노드가 포함되어 있다. 딥러닝 학습 모델의 기본 구조는 각 노드가 가중치 있는 엣지(Edge)로 완전 연결(Fully-connected)되어 있고, 목적에 따라 연결 구조나 각 레이어의 노드 개수가 달라질 수 있다. 엣지별로 할당된 가중치들($w11$, $w21$, $w12$, $w22$ 등)을 이용하여 최종 결과를 출력하므로, 가중치들이 학습 모델이라 할 수 있다. 또한 입력값과 가중치의 선형 결합된 결과가 하나의 히든 레이어를 이루므로, 히든 레이어가 이미지에서 추출한 특징이라고 볼 수 있다. 정확한 탐지 결과는 정확한 특징에 의해 산출되고, 딥러닝의 특징은 가중치들에 의해 계산되므로, 최적의 가중치를 구하는 것이 중요하다. 여기에서, 최적의 가중치를 구하는 과정이 바로 '학습'이다. 따라서 정확하게 딥러닝 학습을 진행하면 최적의 가중치에 의해 정확한 특징이 추출되고, 결과적으로 정확한 물체 탐지 결과를 출력할 수 있다. 다음은 딥러닝 기본 모델을 발전시킨 대표적인 물체 탐지 알고리즘이다.

㉠ CNN(Convolutional Neural Network) 기반 물체 탐지: CNN은 Convolution 기법과 딥러닝을 결합하여 강력한 특징을 추출할 수 있는 물체 인식 알고리즘이다. 따라서

CNN을 이용하여 물체 탐지를 구현하기 위해 R-CNN, Fast R-CNN, Faster R-CNN이 제안되었다. R은 Region을 의미하며 이미지 내 물체의 위치를 나타낸다. 따라서 R-CNN 시리즈는 모두 이미지에 포함된 물체의 종류 및 바운딩 박스를 출력할 수 있으며, 알고리즘 이름과 같이 처리 속도가 개선되도록 발전했다. 물체의 위치를 따로 식별해야 하므로, 일반적인 CNN보다 더 복잡한 신경망 구조를 가진다.

ⓒ Single Shot 기반 물체 탐지: CNN 기반 물체 탐지와 달리 신경망을 한 번만 통과하여 물체 탐지 결과를 출력하므로, Single Shot이라고 부른다. Single Shot 기반 물체 탐지 알고리즘은 대표적으로 YOLO, SSD가 있다. 신경망을 한 번만 통과하므로 처리 속도가 빠르고, 물체 탐지를 위한 하드웨어 부하가 R-CNN 시리즈보다 낮다. 따라서 Single shot 모델은 빠른 물체 탐지가 요구되는 차량 주행 상황에 적합하다.

ⓒ 트랜스포머(Transformer) 기반 물체 탐지: 트랜스포머는 2017년 「Attention All You Need」 논문에서 처음 제안된 딥러닝 모델로, 이미지 인식뿐 아니라 텍스트·음성 인식 등 광범위하게 적용되어 기존 딥러닝 학습 모델의 성능을 크게 개선하였다. 여러분이 익히 알고 있는 Chat-GPT에서 T가 트랜스포머이므로 그 혁신은 논란의 여지가 없다고 볼 수 있다. 트랜스포머 기반 물체 탐지 모델은 DETR이 있다. DETR은 실시간 탐지는 물론, 기존의 다른 학습 모델이 탐지하지 못하는 큰 물체도 무리없이 탐지가 가능한 성능을 보인다.

(4) 물체 탐지 레이어와 다른 레이어의 관계

물체 탐지 레이어에서 성공적으로 물체를 탐지하였다면, 이를 의사 예측 레이어와 경로 계획 레이어에 전달할 수 있다. 의사 예측 레이어는 탐지된 물체의 이동하고자 하는 방향 등 의사를 예측할 수 있고, 경로 계획 레이어는 탐지된 물체를 회피하도록 경로를 생성할 수 있다. 경우에 따라 탐지된 물체가 차량 측위에 이용될 수도 있다.

2. 환경 인식 레이어

환경 인식 레이어는 크게 지도 생성 기술(Mapping) 및 차량 측위 기술(Localization)로 구성된다. 일반적으로 맛집을 찾아갈 때 네이버 지도, 카카오 지도, 구글 지도 등을 사용하여 길을 찾아가는 것처럼, 자율주행 자동차가 목적지를 찾아가기 위해서는 지도를 사용해야 한다. 이때 사용되는 지도는 자율주행을 위한 지도로 목적에 따라 다양하게 작성될 수 있다. 또한 정확하게 목적지를 찾아가기 위해 현재 위치를 정확하게 파악하는 것이 중요하다. 따라서 주행 중 현재 위치를 정확하게 파악하는 차량 측위가 수행되어야 한다.

(1) 배경 지식

① 포즈(Pose)

차량의 미래의 위치를 추정하기 위해 가장 중요한 정보는 무엇일까? 현재 차량의 위치도 중요하지만, 차량이 향하는 방향도 중요하다. 1초 뒤의 차량의 위치는 차량의 방향을 고려하여 예측하기 때문이다. 따라서 차량의 위치와 차량의 방향을 모두 고려한 '포즈'라는 개념이 도입되었다.

포즈는 차량의 위치 및 회전 각도를 동시에 포함하는 개념이며, 3차원 좌표계 상의 포즈는 x, y, z위치 좌표 3개와 x축 회전 각도(roll, γ), y축 회전 각도(pitch, β), z축 회전 각도(yaw, α) 3개를 포함한 6개 데이터를 가지며, 이를 6 DoF(Degree of Freedom) 포즈라고 한다. 여기서 차량이 향하는 방향은 yaw이며, 이를 헤딩(Heading) 또는 헤딩 앵글(Heading Angle) 등으로 표현한다.

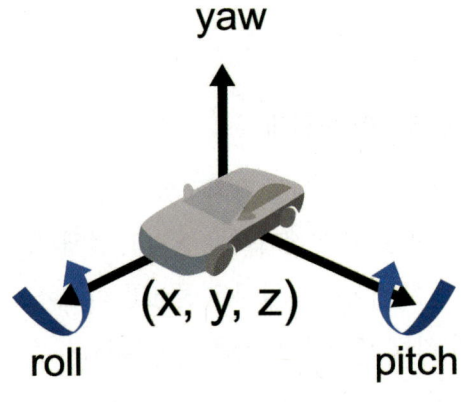

[그림 3-23] 6 DoF 포즈의 구성

② 상태(State)

자율주행 기술에서 차량의 상태는 차량의 기능 고장 여부가 아닌, 차량의 위치나 속도를 의미한다. 따라서 차량의 상태는 하나 이상의 값을 포함하는 행렬로 표현될 수 있다. 예를 들어 차량의 상태 행렬(X)은 속도(v), 위치(s)로 이루어진 행렬일 수 있다.

(2) 지도 생성(Mapping)

① 로컬 좌표계 vs 글로벌 좌표계

지도 생성 방법을 이해하려면 로컬 좌표계와 글로벌 좌표계가 무엇인지 이해해야 한다. 아래 그림은 포인트 클라우드 데이터로 표현한 로컬 좌표계(왼쪽)와 글로벌 좌표계(오른쪽)의 예시이다. 왼쪽의 포인트 클라우드 데이터는 차량 지붕에 설치된 라이다로 수집한 데이터이다. 따라서 포인트 클라우드 데이터의 좌표계는 라이다의 위치를 중심 좌표(0, 0, 0)로 한다. 이러한 포인트 클라우드 데이터의 좌표계를 로컬 좌표계라 한다. 즉 센서 데이터에서 센서가 수집되는 중심 좌표를 기준으로 한 좌표계를 로컬 좌표계라 할 수 있다.

오른쪽의 데이터는 임의의 위치인 중심 좌표(0, 0, 0)를 기준으로 포인트 클라우드 지도가 만들어지는 글로벌 좌표계이다. 포인트 클라우드 지도는 여러 개의 포인트 클라우드를 적절히 이어붙여 생성한다. 인접한 두 개의 포인트 클라우드 데이터를 이어붙이는 과정을 '매칭' 또는 '스캔 매칭(Scan Matching)'이라 한다. 매칭 과정 없이 로컬 좌표계의 포인트 클라우드 데이터를 글로벌 좌표계에 추가하면, 글로벌 좌표계의 (0, 0, 0)에 데이터가 추가되어, 부정확한 지도가 생성된다.

[그림 3-24] 로컬 좌표계(왼쪽)와 글로벌 좌표계(오른쪽) 예시

② 지도 표현(Map Representation)

자율주행 자동차에서 사용하는 지도는 다양한 방식으로 표현할 수 있으며, 이를 지도 표현이라고 한다. 대표적인 지도 표현의 종류로는 Occupancy Grid 맵, 포인트 클라우드 맵, 고정밀 맵, 특징 맵이 있다.

㉠ Occupancy Grid 맵: 주변 환경을 격자(Grid) 형태로 나누어 각 셀마다 장애물이 존재하는지(Occupancy) 표현한 지도이다. 아래 그림에서 왼쪽은 지도를 생성할 환경을 나타내고, 오른쪽은 환경 내에서 Occupancy Grid 맵이다. Occupancy Grid 맵은 주변 환경이 격자로 표현되기 때문에 데이터의 정확도가 떨어질 수밖에 없다. 즉 실제 물체가 존재하지 않는 위치라도, 물체가 존재한다고 판단될 수 있다.

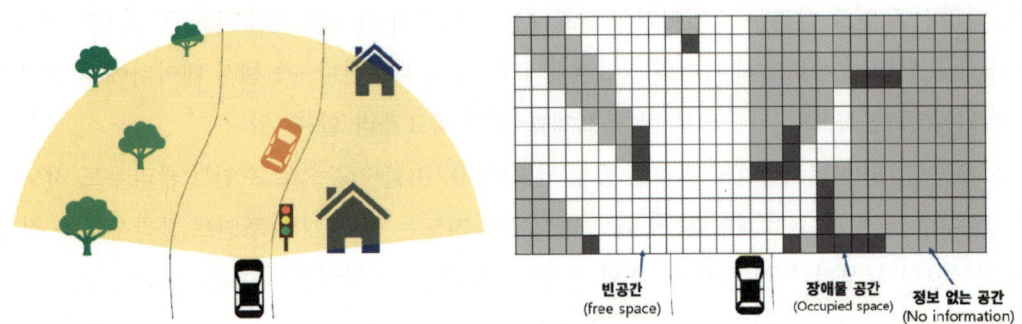

[그림 3-25] Occupancy Grid 맵 (ⓒMunich university)

㉡ 포인트 클라우드 맵: 정확한 차량 측위를 위해 사용할 수 있는 포인트 클라우드 데이터로 만든 맵으로, 3차원 지도이다. 일반적으로 라이다를 이용하여 포인트 클라우드 데이터를 수집하고, 스캔 매칭 등 알고리즘을 이용하여 포인트 클라우드 맵을 생성한다. 포인트 클라우드 지도의 각 포인트는 x, y, z 값 및 포인트의 인텐시티 값까지 총 4개 값을 포함하여 데이터 크기가 매우 크기 때문에 생성을 위한 처리 속도와 저장 등 데이터 처리 방식이 중요하다.

[그림 3-26] 포인트 클라우드 맵

ⓒ 고정밀 맵(High Definition Map): 포인트 클라우드 맵을 기반으로 만든 3차원 지도로, 포인트 클라우드 맵에 차선, 신호등, 장애물 등의 정보를 추가한 지도이다. 다양한 정보가 포함되어 있어서 정확한 자율주행을 위해 필요한 지도이다. 자율주행 레벨 4, 5 단계를 완성하기 위해 고정밀 맵은 필수적으로 필요하다고 보는 견해가 많다.

[그림 3-27] 고정밀 맵 (ⓒdabrownstein)

ⓔ 특징 맵(Feature Map): 일반적으로 카메라 이미지를 이용하여 실시간으로 측위 및 지도 생성을 수행하는 기술인 visual SLAM에 사용되는 지도이다. visual SLAM은 카메라 이미지의 특징을 추출하고 이를 3차원 좌표로 변환한 지도를 실시간으로 생성하여 이를 측위에 이용한다. 데이터 양이 적어 가볍고 빠르지만, 라이다 포인트 클라우드에 비해 3차원 정보가 부정확하다는 단점이 있다.

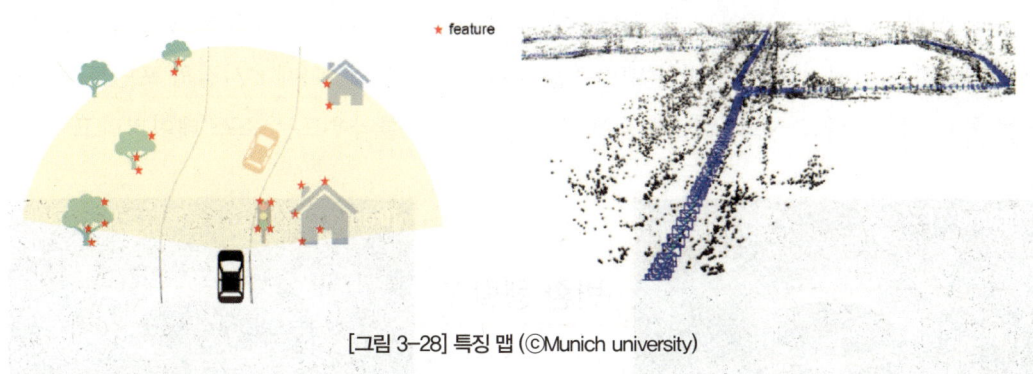

[그림 3-28] 특징 맵 (ⓒMunich university)

③ 지도 생성 방법

지도 생성은 센서 데이터로 수집한 글로벌 좌표계상의 포즈를 이용하여 지도상의 수집된 포즈 사이의 변환 행렬 T를 구하고, 변환 행렬 T를 수집된 데이터(로컬 좌표계)에 적용함으로써, 수집된 센서 데이터를 글로벌 좌표계로 변환하여 수행된다.

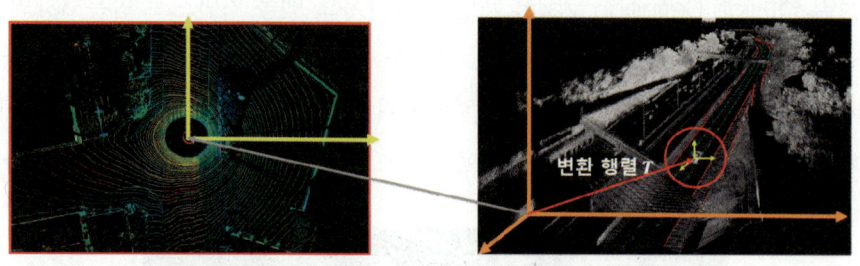

[그림 3-29] 지도 생성 방법

　글로벌 좌표계 상에서 라이다 포인트 클라우드 데이터를 왼쪽 그림과 같이 수집하고, 로컬 좌표계인 포인트 클라우드 데이터를 글로벌 좌표계로 변환할 수 있는 변환 행렬 T를 구한다. 변환 행렬 T가 계산된 경우, 수집된 포인트 클라우드 데이터에 변환 행렬 T를 적용하여 글로벌 좌표계인 지도로 변환하여 순차적으로 수집되는 데이터를 지도로 작성한다. 이와 같이 센서 데이터를 지도 데이터에 순차적으로 옮기는 과정이 지도 작성이므로, '지도를 쌓는다(Accumulate)'고 표현하기도 한다. 결론적으로 지도를 작성하기 위한 핵심은 변환 행렬 T를 구하는 것이다. 지도를 더 정확하게 쌓기 위해서 정확하게 매칭되는 변환 행렬 T를 찾는 것이 중요하기 때문이다.

④ 포인트 클라우드 맵 생성 방법

　포인트 클라우드 지도를 생성하기 위해 변환 행렬 T를 찾아야 한다. 이때 변환 행렬 T를 찾기 위해 '스캔 매칭(Scan Matching)'을 수행할 수 있다. 스캔 매칭은 글로벌 좌표계 상의 포즈를 알고 있는 t 시점의 포인트 클라우드 데이터와 t+1 시점에 수집한 포인트 클라우드 데이터가 정확하게 겹쳐지게 하는 변환 행렬 T를 구하는 기법이다. 이때 t 시점의 포인트 클라우드는 목표 데이터라고 하고, t+1 시점에 수집한 포인트 클라우드는 소스 데이터라고 한다.

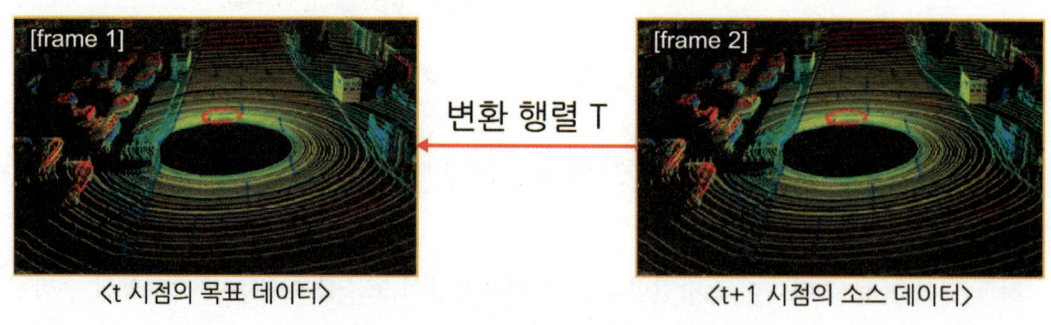

[그림 3-30] 스캔 매칭 과정

위 그림에서 [frame 1]은 t 시점의 목표 데이터로, 새롭게 수집된 데이터를 지도에 매칭하기 위해 사용되는 목표 포인트 클라우드이다. [frame 2]는 매칭 되어야 할 t+1 시점의 데이터로, 소스 포인트 클라우드라 한다. 소스 포인트 클라우드가 목표 포인트 클라우드 방향으로 이동하고 회전 변환이 수행되기 때문에 이와 같은 이름으로 불린다.

[frame 2]가 [frame 1]에 매칭되기 위한(변환 행렬 T를 구하기 위한) 스캔 매칭 알고리즘은 ICP(Iterative Closest Point) 알고리즘, NDT(Normal Distributions Transform) 알고리즘, DCP(Deep Closest Point) 알고리즘이 이용될 수 있다.

㉠ ICP 알고리즘: 두 포인트 클라우드 사이의 변환 행렬 T를 반복적으로 계산하여 소스 데이터를 목표 데이터에 매칭하는 알고리즘이다. [frame 1]에 포함된 복수의 점들과 [frame 2]에 포함된 복수의 점들 사이의 거리를 기준으로, 일정 거리 이하의 점들끼리 동일한 물체로 보고 변환 행렬 T를 산출하는 알고리즘이다. ICP는 구현이 간단한 알고리즘 구조를 가지지만, 직관적인 기준(거리)으로 변환 행렬을 산출하므로 정확하게 매칭되지 않을 수 있다.

㉡ NDT 알고리즘: 그리드 셀에 분포된 복수의 점들을 정규 분포로 나타내어 변환 행렬 T를 찾는 알고리즘이다. 즉 [frame 1]과 [frame 2]의 복수의 점들을 그리드로 나누어 각 셀 내의 점들의 분포를 정규 분포로 표현한 다음, [frame 1] 및 [frame 2]의 공분산이 최소가 되도록 하는 변환 행렬 T를 찾는다. NDT는 ICP에 비해 정확도는 높으나 처리하기 위한 계산 코스트가 높다는 단점이 있다.

㉢ DCP 알고리즘: 딥러닝 알고리즘을 이용하여 두 포인트 클라우드의 특징을 추출하고, 정렬을 위한 변환 행렬 T를 출력하는 알고리즘이다. DCP는 DGCNN(Dynamic Graph CNN) 및 트랜스포머를 이용하여 [frame 1] 및 [frame 2] 각각의 특징을 추출하여 변환 행렬 T를 찾아낸다. DCP는 ICP에 비해 성능이 좋고 NDT에 비해 [frame 1] 및 [frame 2]의 초기 정렬 상태에 크게 영향을 받지 않으나, 학습이 오래 걸리고 학습을 위한 데이터 셋에 따라 성능이 달라질 수 있다는 단점이 있다.

⑤ 특징 맵 생성 방법

앞서 설명한 바와 같이 특징 맵은 visual SLAM을 통해 생성되어 측위에 이용된다. 따라서 특징 맵을 생성하는 알고리즘은 visual SLAM 알고리즘에 포함된다. 대표적인 visual SLAM 알고리즘은 PTAM(Parallel Tracking and Mapping)과 ORB-SLAM(Oriented FAST and Rotated BRIEF SLAM)이 있다.

㉠ PTAM: 이미지에서 특징을 추출하고, 추출된 특징을 이용하여 포즈를 추정하는 모듈과 지도를 작성하는 모듈을 병렬적으로 구동하는 아키텍처로 제안되었다. PTAM은 실시간 SLAM이 가능하나, 지도 작성에 따라 오차가 누적된다는 단점이 있다.

㉡ ORB-SLAM: PTAM을 개선한 알고리즘으로 지도를 작성하는 과정에서 이전에 생성된 지도 부분(루프, Loop)이 발견되면, 이전에 추출했던 특징과 매칭하여 지도 전체의 오차를 보정하는 기능(루프 클로저, Loop Closure)이 추가된 SLAM 알고리즘이다. 루프 클로저에 의해 PTAM보다 정확한 측위가 가능하나, 루프 부분의 계산 속도가 오래 걸리며 포인트 클라우드 지도보다 정확성이 낮은 측위 결과를 보인다는 단점이 있다.

(3) 차량 측위(Localization)

측위는 센서 데이터를 이용하여 차량의 포즈를 추정하는 기술이다. 차량의 현재 포즈를 파악하여야 다음 스텝에서 차량을 어떻게 제어할 것인지 결정할 수 있기 때문에 차량 측위는 자율주행을 위해 필수적인 기술이다. 차량의 위치 및 이동 방향을 결정하기 위해 x, y, z위치 및 roll, pitch, yaw를 포함한 포즈를 추정하는 것이 원칙이나, 데이터 처리를 간소화하기 위해 가장 중요한 데이터인 x, y, yaw만 추정하는 경우도 있다.

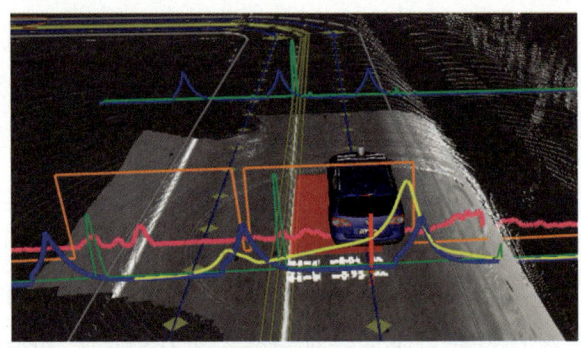

[그림 3-31] 차량 측위 예시 (ⓒStanford University)

① 차량 측위 방법 - 칼만 필터(Kalman filter)

칼만 필터는 차량 외 다양한 제어 시스템에 이용할 수 있으나 여기서는 차량에 이용되는 경우를 상정하여 설명한다. 칼만 필터는 모션 모델(Motion Model)만 사용하여 차량의 상태를 추정한 경우보다 정확한 상태를 추정하기 위해 사용하는 상태 추정기이다. 모션 모델이란 현재 상태와 물리적인 법칙 등을 이용하여 다음 상태를 예측하는 모델이다. 차량의 현재 위치와 이동 속도 및 가속도가 주어지면, t초 후의 차량의 위치, 속도를 계산하는 동역학 물리법칙이

그 예시이다. 실제에 가깝도록 다양한 파라미터를 고려하는 모션 모델로 상태를 추정할 수도 있으나, 실제 환경은 예측 불가능한 다양한 요인이 포함되어 있어 그 정확도에 한계가 있다. 따라서 정확하게 상태를 추정하기 위해 모션 모델에 의한 예측 값과 측정 모델에 의한 측정 값을 융합한 칼만 필터가 제안되었다.

② 칼만 필터 구현 방법

앞서 설명한 바와 같이 모션 모델은 동역학 물리 법칙에 따른 차량의 상태를 예측하는 모델이고, 측정 모델은 차량의 상태를 측정하는 모델이다. 측정 값의 예로 GNSS를 통해 획득한 차량의 상태, 포인트 클라우드 맵과 라이다 데이터의 매칭을 통해 산출한 차량의 상태 등이 있다.

칼만 필터를 이용하여 차량의 상태를 추정하기 위해 차량의 상태 및 측정 값을 가우시안 확률 분포(Gaussian Probability Distribution)로 표현하여야 한다. 상태의 확률 분포 및 측정 값의 확률 분포는 각각의 공분산을 통해 융합된 값을 산출할 수 있기 때문이다.

차량의 상태를 X라 할 때, 상태의 확률 분포는 X~N(x, P)로 표현할 수 있다. 여기서 N은 정규 분포(가우시안 분포), x는 차량의 상태의 평균 값, P는 차량의 상태의 분산이다. 측정 값을 y라 할 때, 상태의 확률 분포는 y~N(y, R)으로 표현할 수 있다. 여기서 N은 정규 분포(가우시안 분포), y는 측정 값의 평균 값, R은 측정 값의 분산이다.

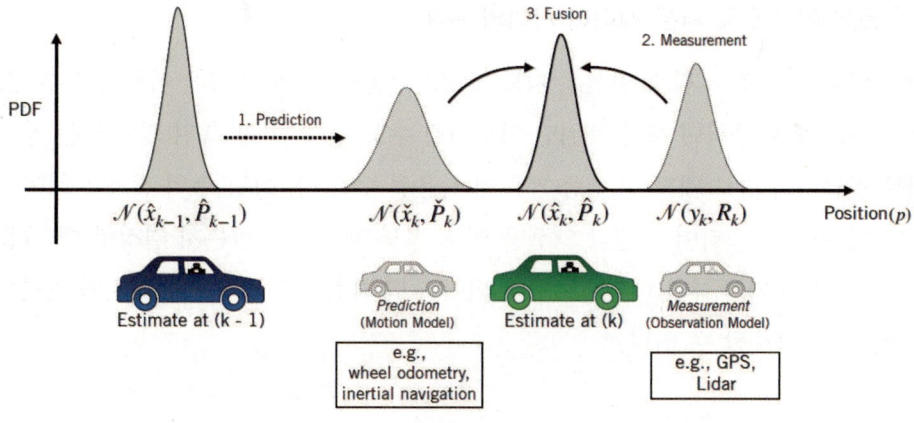

[그림 3-32] 칼만 필터에 의한 차량 상태 추정 (©Munich university)

위 그림은 칼만 필터에 의해 차량의 상태를 추정하는 과정이다.

㉠ 예측 단계(Prediction): k-1 단계에서 추정된 차량의 상태 $\hat{x}_{k-1}$ 및 모션 모델을 이용하여 k 단계에서의 차량의 상태 $\check{X}_k$를 예측한다. 이때, 차량의 상태의 분산도 예측한다($\check{P}_k$).

ⓛ 측정 단계(Measurement): GPS 등 다양한 센서에 의해 k 단계에서의 차량의 상태에 대한 측정 값 y_k를 산출한다. 이때 측정 값의 분산 R_k는 측정을 위해 사용한 센서의 정확도를 나타낸다.

ⓒ 융합 단계(Fusion): k 단계에서의 차량의 상태 $\check{X}_k$ 및 k 단계에서의 차량의 상태에 대한 측정 값 y_k을 융합하기 위한 칼만 게인 K_k을 산출하고, 최종 상태 추정 값인 $\hat{X}_k$을 산출한다.

위와 같은 과정을 거쳐 최종 추정된 상태 값인 $\hat{X}_k$가 k 단계에서의 차량 측위 결과이다.

③ 칼만 필터의 종류

위에서 설명한 칼만 필터는 모션 모델이 선형인 선형 상태 예측기이므로, 최종 추정 값에 어느 정도 가정이 포함되어 있다. 따라서 보다 복잡한 모션 모델을 상정한 경우, 보다 정확한 상태를 추정할 수 있다. 이에 따라 칼만 필터를 발전시킨 확장 칼만 필터(Extended Kalman Filter), 무향 칼만 필터(Unscented Kalman Filter)가 제안되었다. 또한 칼만 필터와 다른 파티클 필터(Particle Filter)가 제안되었다. 파티클 필터는 추정을 위한 가우시안 분포를 가정하지 않으므로, 다양한 상황에서 정확한 상태를 추정하는 데 사용할 수 있다.

(4) 환경 인식 레이어 및 다른 레이어 사이의 관계

앞서 살펴본 바와 같이 환경 인식은 지도 작성과 차량 측위가 동시에 이루어질 수 있고, 이미 작성된 지도를 이용하여 차량 측위만 이루어질 수도 있다. 차량 측위 및 지도는 경로 계획 레이어로 전달되어 경로 계획 및 행동 계획에 사용될 수 있다. 차량 측위 결과는 제어 레이어로 전달되어 차량의 스티어링 휠과 액셀을 어느 정도 제어해야 하는지 결정할 때 사용될 수 있다. 또한 지도는 의사 예측 레이어로 전달되어 주변 차량이 어떻게 이동할지와 관련된 의사를 예측하는 데 사용될 수 있다.

3. 의사 예측 레이어

의사 예측 레이어는 센서 데이터를 직접적으로 받아서 처리하지 않고, 물체 탐지 및 환경 인식 결과를 이용하여 주변 차량의 이동 의사를 예측하는 단계이다. 단순히 실시간으로 주변 차량을 탐지한 결과만으로 차량을 제어하면 갑작스러운 센서 오작동이 발생하거나, 센싱하는 부분이 가려져 데이터가 생성되지 않는 상황에서 큰 사고가 발생할 수 있다. 따라서 다른 차량의 불확실한 움직임을 미리 예측한다면, 다양한 상황에서 유연하게 대처할 수 있다.

(1) 의사 예측 방식

의사 예측은 크게 물리 모델 기반 의사 예측(Physics-based Prediction), 패턴 기반 의사 예측(Pattern-based Prediction), 계획 기반 의사 예측(Planning-based Prediction)으로 구분된다. 물리 모델 기반 의사 예측은 앞서 살펴본 칼만 필터와 같은 상태 예측기를 이용해 주변 차량의 의사를 예측하는 방법이고, 패턴 기반 의사 예측은 머신러닝과 딥러닝을 이용하여 주변 차량의 의사를 예측하는 방법이다. 계획 기반 의사 예측은 역강화학습(Inverse Reinforcement Learning) 기반으로 주변 차량의 의사를 예측하는 방법이다.

① 물리 모델 기반 의사 예측

앞에서 칼만 필터는 상태 예측기이고, 모션 모델(Motion Model)을 이용하여 차량의 상태를 추정할 수 있다고 설명한 바 있다. 물리 모델 기반 의사 예측에서 '물리 모델'은 '모션 모델'과 동일한 의미로, '물리 모델'을 이용해 다른 차량의 상태를 예측하는 것이다. 주변 차량의 상태를 확률적으로 표현하고, 상태 예측기를 이용하여 일정 시간이 흐른 뒤의 차량의 상태를 확률적으로 예측할 수 있다.

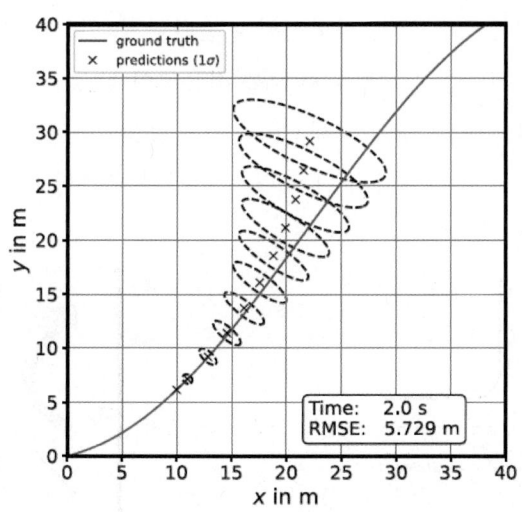

[그림 3-33] 물리 모델 기반 의사 예측 (ⓒMunich university)

위 그림은 물리 모델에 따른 주변 차량의 상태를 예측한 결과이다. 차량의 미래 상태를 확률적으로 예측하므로, 확률 분포가 시간 흐름에 따라 분포한다. 구현이 쉽다는 장점이 있으나, 시간 흐름에 따라 불확실성이 커지는 단점이 있다.

② 패턴 기반 의사 예측

　패턴 기반 의사 예측은 머신 러닝 또는 딥러닝 방법으로 주변 차량의 의사를 예측하는 방법이다.

　㉠ 머신 러닝 기반 의사 예측: 머신 러닝 알고리즘인 k-means 클러스터링 알고리즘 및 SVM을 이용하여 주변 차량의 의사를 예측할 수 있다. k-means 클러스터링 알고리즘은 데이터의 분포에서 데이터 간 거리를 기준으로 유사한 데이터 간 클러스터를 생성하는 학습 모델이다. SVM은 다수의 가중치 및 특정 값으로 변환된 특징의 선형 결합으로 산출된 값으로 물체를 분류할 수 있는 학습 모델이다. 아래 왼쪽 그림은 k-means 클러스터링 알고리즘 결과이고, 오른쪽은 각 클러스터에 SVM을 적용한 결과이다. K-means 클러스터링은 다음과 같은 순서로 진행된다. 먼저, 어떤 위치를 기준으로 차량이 이동하는 궤적(Trajectory)들을 수집한다. 그리고 그 궤적 중 유사한 경향을 나타내는 것들의 추세선을 클러스터로 표현한다. 예를 들어 교차로의 한 위치에서 우회전하는 차량의 궤적, 직진하는 차량의 궤적, 좌회전하는 차량의 궤적에 대해 k-means 클러스터링을 적용하면 우회전하는 클러스터(Cluster 1), 직진하는 클러스터(Cluster 2), 좌회전하는 클러스터(Cluster 3)가 생성된다. 사람은 클러스터의 형상만으로 우회전인지, 직진인지, 좌회전인지 판단할 수 있으나 컴퓨터는 판단 과정을 따로 거쳐야한다. 이후, 클러스터에 SVM을 적용하여 각 클러스터의 클래스가 무엇인지 분류한다. 최종적으로 SVM에 의해 Cluster 1, Cluster 2, Cluster 3이 각각 우회전, 직진, 좌회전이라고 분류하여 주변 차량의 의사를 예측할 수 있다.

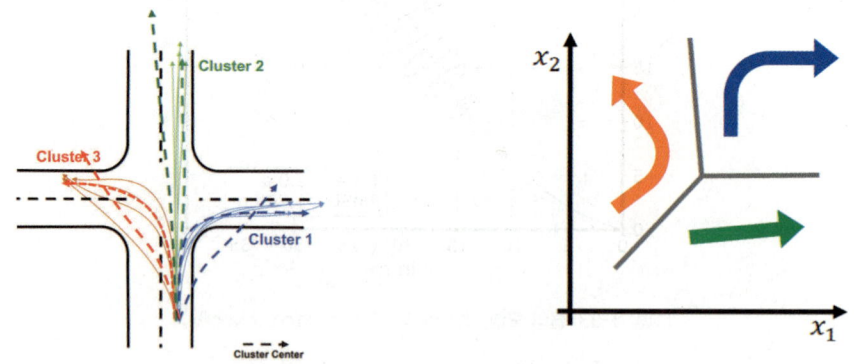

[그림 3-34] 머신 러닝 기반 의사 예측 (ⓒMunich university)

ⓛ **딥러닝 기반 의사 예측**: 딥러닝 기반 의사 예측은 오토인코더에 기반한 학습 모델을 이용하여, 주변 차량의 상태를 생성하는 것으로 의사를 예측한다. 오토인코더는 입력 데이터를 이용해, 입력 데이터와 유사한 데이터로 재구성하는 비지도 학습 모델이다. 따라서 오토인코더만으로는 차량의 상태를 생성할 수 없기 때문에 데이터를 생성할 수 있도록 변형하여야 한다. 오토인코더를 변형한 학습 모델은 VRNN(Variational Recurrent Neural Network)이다. VRNN은 VAE의 변형 모델로, VAE는 생성형 인공지능 중 하나이다.

- **오토인코더**: 입력 데이터와 유사한 데이터로 재구성하기 위해 인코더(Encoder), 잠재 공간(Latent space) 및 디코더(Decoder)를 사용한다. 아래 그림은 차량의 상태를 입력하는 오토인코더의 예시이다.

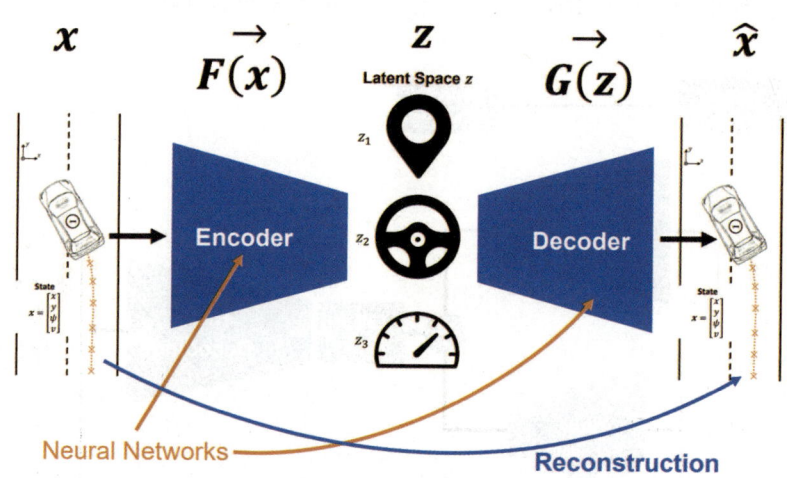

[그림 3-35] 오토인코더 (ⓒMunich university)

인코더는 입력 데이터를 더 낮은 차원의 데이터로 표현하는 인코딩 과정을 수행한다. 인코더는 입력 레이어의 노드 수보다 출력 레이어의 노드 수가 더 적은 신경망 구조로 구성되어 있다. 이때 출력 레이어를 잠재 공간이라 한다. 예를 들어 인코더가 순차적으로 획득한 주변 차량의 복수의 상태를 인코더에 입력하면, 복수의 상태는 추상화한 잠재 특징(Latent Feature)을 잠재 공간 z에 출력한다. 잠재 공간(Latent Space)은 입력된 데이터를 낮은 차원의 데이터로 변환하여 출력하는 공간을 의미한다. 잠재 공간은 입력된 데이터를 재구성하기 위한 특징들을 포함하는 공간이며, 잠재 특징으로 구성된다. 예를 들어 차량의 상태에 대한 잠재 공간의 잠재 특징들 z_1, z_2, z_3는 각각 위치, 스티어링 휠 각도, 속력을 나타내는 값일 수 있다.

디코더는 낮은 차원의 데이터인 잠재 공간의 데이터를 입력 데이터와 유사하게 재구성하는 디코딩 과정을 수행한다. 디코더는 입력 레이어의 노드 수보다 출력 레이어의 노드 수가 더 많은 신경망 구조로 구성되어 있어 디코딩 과정에서 입력 데이터의 노이즈가 제거되는 효과가 있다. 예를 들어 위치, 스티어링 휠 각도, 속도를 나타내는 잠재 특징 z_1, z_2, z_3가 디코더에 입력되면, 입력된 차량의 상태에서 노이즈가 제거된 출력 데이터를 얻을 수 있다.

- VRNN: 시계열 데이터를 생성하는 생성형 인공지능 학습 모델로, 생성형 학습 모델인 VAE와 RNN을 결합한 모델이다. VAE는 오토인코더의 변형으로, 데이터를 재구성하는 것이 아닌 생성하기 위한 학습 모델이고, RNN은 텍스트와 같이 순차적인 데이터의 특징을 추출할 때 사용되는 학습 모델이다. 차량의 상태는 순차적으로 수집되는 데이터이므로, RNN으로 특징을 추출하기 적절하다.

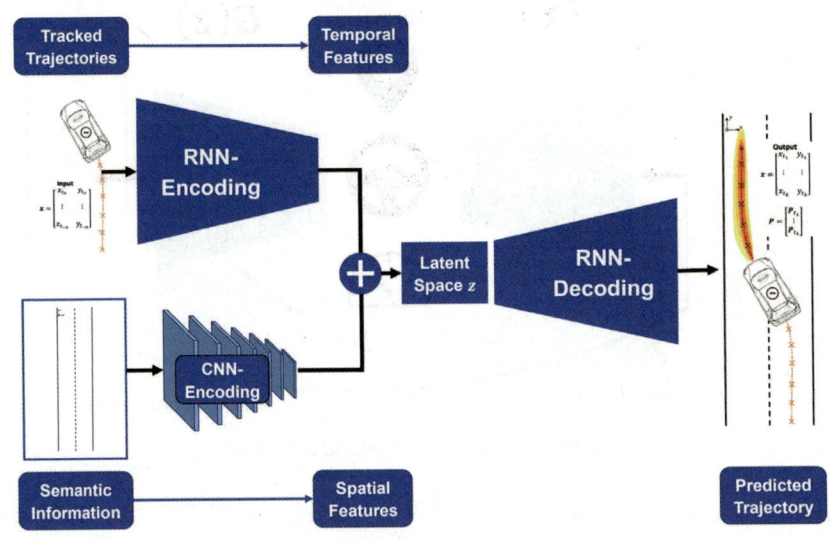

[그림 3-36] VRNN을 이용한 의사 예측 (©Munich university)

위 그림은 차량의 상태를 입력받아 차량의 미래 상태를 생성하는 학습 모델인 VRNN의 아키텍처이다. VRNN은 수집된 차량의 상태를 RNN(Recurrent Neural Network)으로 인코딩하여 낮은 차원의 데이터로 압축한다. 그리고 차량이 주행하는 도로와 관련된 데이터를 CNN에 입력하여 낮은 차원의 데이터로 압축한다. RNN 및 CNN으로 압축된 데이터를 결합하여 잠재 공간 z를 구성한다. 이후 VRNN의 디코더는 잠재 공간 z를 이용하여 차량의 미래 상태를 생성한다. 즉 잠재 공간 z를 출력 차원이 더 높은 RNN 디코더를 이용하여 차량의 상태를 생성한다. 이와 같이 생성된 차량의 상태는 의사 예측의 결과로 사용된다.

③ 계획 기반 의사 예측

계획 기반 의사 예측은 주변 차량 움직임의 불확실성을 통해 상대 차량의 의사를 예측한다. 주변 움직임의 불확실성을 통해 현재 주행 중인 차량의 모션 플래닝을 수립할 수 있다는 점에서 계획 기반 의사 예측이라 한다. 모션 플래닝은 차량이 특정한 시나리오에 어떻게 차량을 이동할지 결정하는 것이다. 모션 플래닝은 역강화학습(Inverse Reinforcement Learning)을 통해 구현될 수 있다. 역강화학습은 에이전트의 현재 상태에 대한 정책 함수 $\pi(a|s)$를 설정한 다음 보상 함수 $R(R|s,a)$를 학습하는 학습 모델로, 강화학습(Reinforcement Learning)의 변형이다. 여기서 에이전트는 주행 중인 차량으로 모션 플래닝의 주체이며, 정책 함수는 차량의 상태(s)에서 행동(a)을 결정하는 함수이다. 차량의 상태(s)에는 주행 중인 차량의 위치, 주변 차량의 위치 등 다양한 파라미터가 포함될 수 있다. 차량의 상태에 따른 행동이 수행되면(s, a), 그에 대한 보상(R)이 학습된다. 학습이 완료되면 보상 함수를 고려하여 차량을 제어한다.

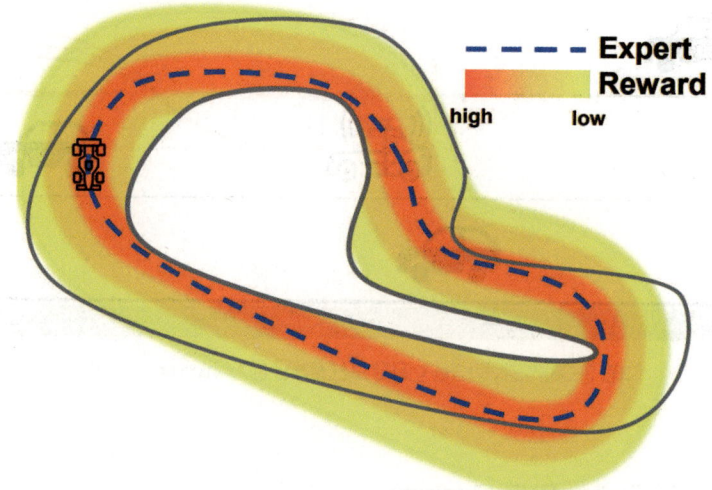

[그림 3-37] 역강화학습을 이용한 모션 플래닝 (ⓒMunich university)

(2) 의사 예측 레이어와 다른 레이어의 관계

의사 예측 레이어는 주변 차량의 이동 의사를 예측하여 더 안전하게 차량을 제어한다. 따라서 주변 차량의 의사가 예측되면 이를 경로 계획 레이어로 전달하여 주행 중인 차량의 경로를 계획할 수 있다.

4. 경로 계획 레이어

경로 계획 레이어는 로컬 경로 계획, 행동 계획, 글로벌 경로 계획으로 구성된다. 가장 먼저 수립되는 것은 글로벌 경로 계획이다. 글로벌 경로 계획은 어떤 맛집을 찾아가기 위해 지도에서 길 찾기 기능을 사용할 때와 같이 현재 위치에서 목적지까지의 경로를 생성한다. 따라서 차량 출발 전 수행된다. 행동 계획과 로컬 경로 계획은 차량이 출발한 다음, 주행 중에 수행된다. 행동 계획은 현재 주행 차선을 유지할지 변경할지 등과 같은 넓은 개념에서 차량의 제어 방향을 결정한다. 로컬 경로 계획은 전방에 방해되는 물체가 있거나 다른 차량과의 거리가 가까워질 경우 다른 차선으로 변경하는 등 주행 상황에서 세부적인 주행 경로를 계획한다.

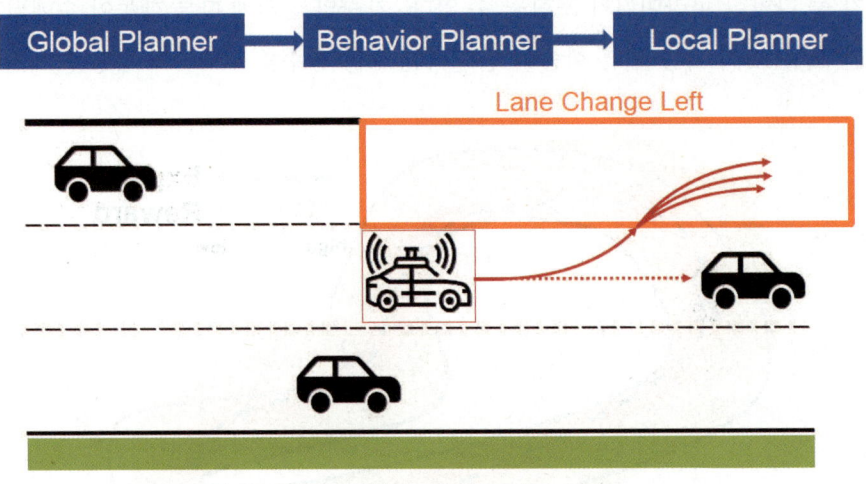

[그림 3-38] 역강화학습을 이용한 모션 플래닝 (ⓒMunich university)

(1) 글로벌 경로 계획(Global Path Planning)

① 경로 계획에 사용하는 그래프

경로 계획에 사용하는 그래프(Graph)는 노드(Node)와 엣지(Edge)로 지도를 표현하는 방식으로, 좌표 평면에 그려지는 그래프와는 차이가 있다. 아래 그림에서 노드는 분기점에 표시하고, 엣지는 각 분기점이 이어지는 도로에 표시한다. 엣지마다 가중치(Weight)가 부여될 수 있는데, 일반적으로 차량이 엣지를 통과하기 위한 비용으로 결정된다. 하나의 엣지를 통과하는 데 소요되는 이동 시간이 길수록 가중치가 크게 부여된다. 그래프는 글로벌 경로 계획과 로컬 경로 계획을 수립할 때 사용한다.

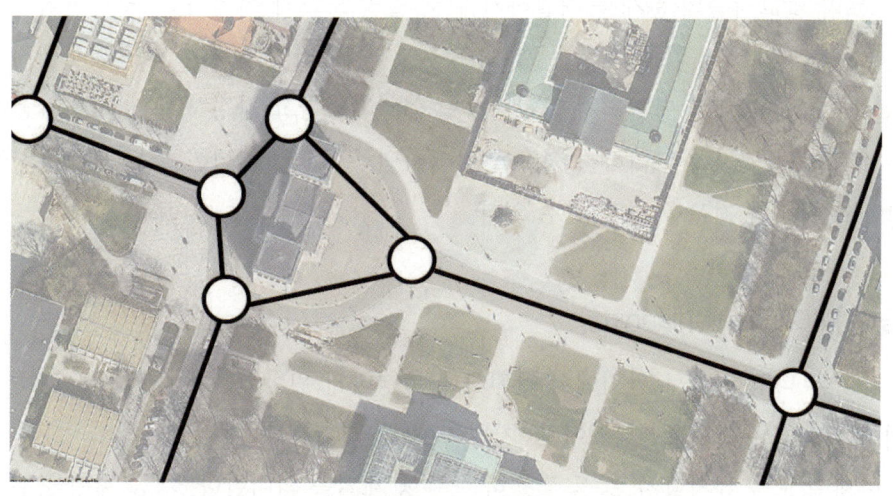

[그림 3-39] 경로 계획에 사용하는 그래프 (ⓒMunich university)

② 글로벌 경로 계획 알고리즘

글로벌 경로 계획은 출발 노드에서 목적지 노드로 이어지는 가장 효율적인 엣지들을 찾는 과정으로, 다익스트라(Dijkstra) 알고리즘을 발전시킨 A* 알고리즘을 주로 사용한다. 다익스트라 알고리즘은 출발 노드 및 목적지 노드와 관련 없는 지도상의 모든 노드와 연결된 엣지를 검사한 다음 최적의 경로가 되는 엣지를 선택하므로 불필요한 계산 과정을 수행하는 문제가 있다.

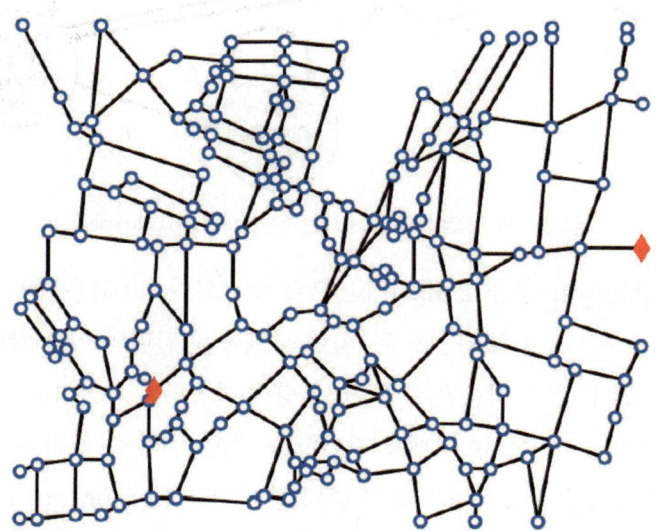

[그림 3-40] 그래프로 표현된 지도의 출발과 목적지 노드 (ⓒMunich university)

다익스트라 알고리즘의 문제를 해결하기 위해 출발 노드와 목적지 노드 사이의 에어라인(Air Line)을 고려한 A* 알고리즘을 주로 사용한다. 에어라인은 출발 노드와 목적지 노드를 연결하는 엣지로, 실제로 연결되지 않았더라도 연결되었다고 가정하여 엣지의 가중치를 결정한다. 에어라인 엣지를 고려하여 경로를 탐색하면, 관련 없는 다른 노드의 가중치를 계산하지 않아도 최적의 경로를 결정할 수 있다.

(2) 행동 계획(Behavior planning)

행동 계획은 다양한 도로 환경에서 안전하게 주행하기 위한 고수준(High-level) 주행 계획을 의미한다. 고수준 주행 계획이란, 차량이 이동될 위치를 결정하는 것이 아닌, '좌회전할지', '현재 속도를 유지할지' 등을 결정하는 주행 계획을 의미한다. 행동 계획을 결정할 때 교통 법규와 차량 주변의 물체의 움직임을 고려할 수 있기 때문에 글로벌 경로 계획과 로컬 경로 계획의 중간 다리 역할을 수행한다.

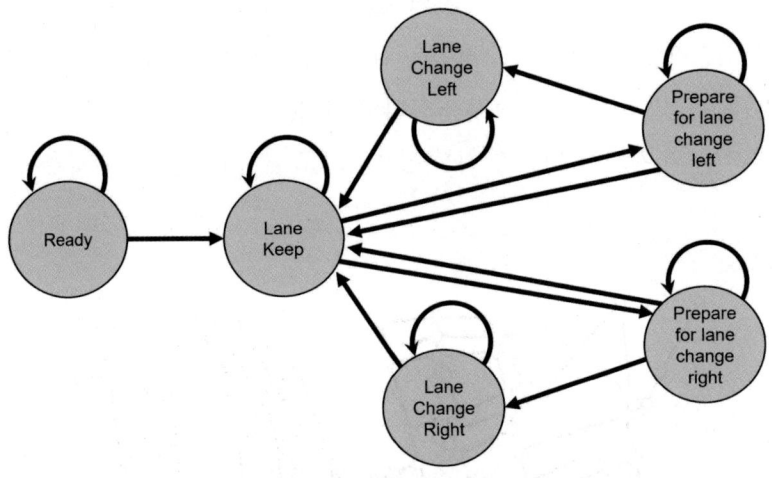

[그림 3-41] 행동 계획이 수립되는 과정 (ⓒMunich university)

행동 계획은 FSM(Finite State Machine)으로 수립된다. FSM은 어떤 시스템의 상태를 결정하기 위해 사용하는 일종의 규칙으로, 차량의 행동을 일련의 이산 상태(주행, 정지, 회전)로 모델링할 수 있다. 위 그림을 예로 들면, 차량이 이동하기 시작하면, 준비 상태(Ready)에서 차선 유지 상태(Lane Keep) 상태로 전이한다. 또한 주행 중 주변 차량의 이동, 글로벌 경로 계획 상의 루트 등을 고려하여 좌회전 준비 상태(Prepare for lane change left)로 전이한다. 만약 왼쪽 차선에 차량이 존재하면, 다시 차선 유지 상태(Lane keep)로 되돌아간다.

(3) 로컬 경로 계획(Local Path Planning)

앞서 설명한 바와 같이 로컬 경로 계획은 글로벌 경로 상에서 세부적으로 차량을 제어하기 위한 목표점을 설정하기 위한 경로 계획이다. 로컬 경로 계획은 대표적으로 RRT(Rapidly-exploring Random Tree) 알고리즘을 개선한 RRT* 알고리즘으로 결정된다.

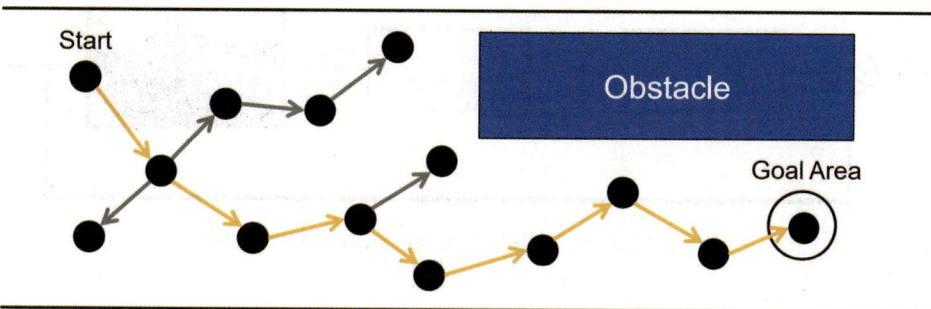

[그림 3-42] RRT 알고리즘 예시 (ⓒMunich university)

위 그림은 RRT 알고리즘의 예시이다. RRT 알고리즘은 출발 노드 근처에 랜덤하게 샘플 포인트를 생성하고, 이를 연결하는 과정을 반복하여 목표 노드까지 경로를 생성한다. 랜덤하게 생성된 샘플 포인트가 장애물에 생성되면 해당 샘플을 제거하고 다시 샘플 포인트를 생성한다. 위 과정을 통해 빠르게 경로를 생성할 수 있으나, 샘플이 충분하지 않으면 최적의 경로가 아닐 수 있다는 문제가 있다. 이를 해결하기 위해 RRT*는 랜덤하게 생성된 샘플 포인트와 각 노드를 연결하는 엣지에 가중치를 부가하여 최적의 경로를 생성한다.

(4) 경로 계획 레이어와 다른 레이어의 관계

경로 계획 결과는 차량이 이동할 목표 지점이 생성된 것이다. 차량이 목표 지점까지 이동하도록 스티어링 휠과 액셀을 제어해야 하기 때문에 경로 계획을 통해 생성된 목표 지점을 제어 레이어로 전달한다.

5. 제어 레이어

제어 레이어는 이전 레이어에서 결정된 모든 정보를 종합하여 차량을 제어하는 단계이다. 제어 레이어에서는 액셀을 제어하여 차량의 속도를 결정하는 종방향 제어와 스티어링 휠을 제어하여 차량의 이동 방향을 결정하는 횡방향 제어를 수행한다.

(1) 종방향 제어(Longitudinal Control)

종방향 제어는 고수준 제어기(High Level Controller)와 저수준 제어기(Low Level Controller)로 구분되는데, 아래 그림은 고수준 제어기와 저수준 제어기로 구성된 종방향 제어의 예시이다.

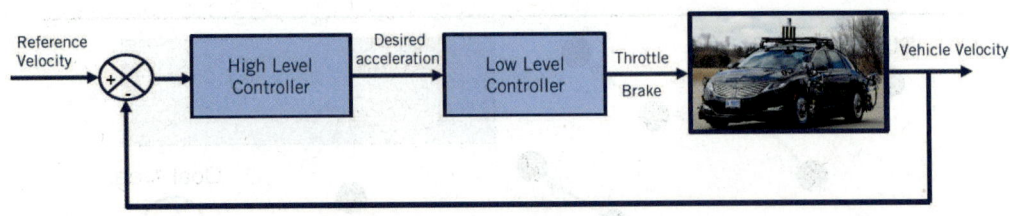

[그림 3-43] 종방향 제어를 위한 PID 제어 (ⓒToronto university)

① 고수준 제어기

차량의 현재 속도와 목표가 되는 기준 속도를 입력으로 한 PID 제어를 통해 목표 가속도를 결정한다. PID 제어(Proportional-Integral-Derivative Control)는 현재 속도 $\dot{x}(k)$와 기준 속도 $\dot{x}_{ref}(k)$의 차이인 에러 함수 $e(k)(e(k) = \dot{x}_{ref}(k) - \dot{x}(k))$를 이용하여 목표 가속도 $\ddot{x}$를 결정한다. PID 제어는 아래 수식에 따라 산출된다.

$$\ddot{x} = K_P \times e(k) + K_1 \times \sum_{k=1}^{t} e(k) \times \Delta t + K_D \times \frac{e(k) - e(k-1)}{\Delta t}$$

K_P, K_1, K_D는 각각 P 이득, I 이득, D 이득이다. 적절한 목표 가속도를 산출하기 위해서 적절한 PID 이득의 튜닝 과정이 필요하다.

② 저수준 제어기

저수준 제어기는 고수준 제어기에서 산출한 목표 가속도를 이용하여 실제 액셀이 제어되는 정도를 결정한다. 아래 그림과 같이 엔진 토크와 엔진 속도가 주어지면 액셀이 제어되는 정도를 퍼센트(%)로 결정하여 종방향 제어를 실현한다. 엔진 토크는 목표 가속도에 의해 계산되고, 엔진 속도는 엔진의 회전을 감지하는 센서에 의해 결정된다.

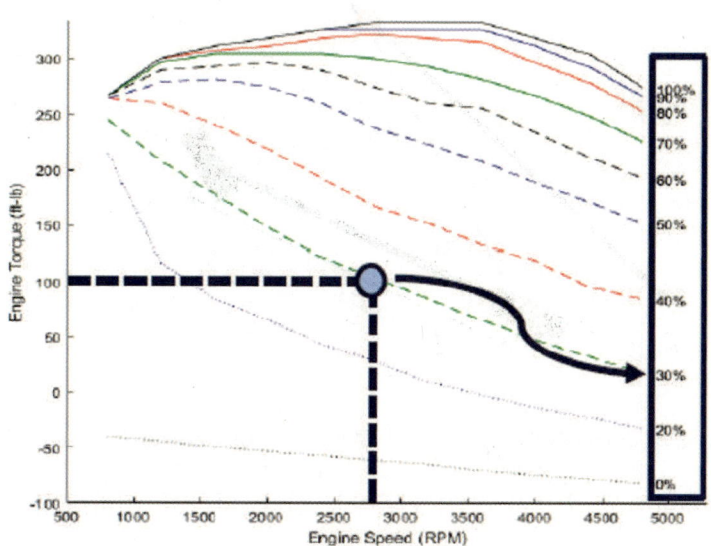

[그림 3-44] 종방향 제어를 위한 저수준 제어 (ⓒToronto university)

(2) 횡방향 제어(Lateral Control)

횡방향 제어는 차량이 현재 위치에서 목표 지점까지 이동하기 위한 스티어링 휠의 회전 각도를 결정한다. 이를 차량 관점에서 보면 이동방향, 즉 yaw를 결정한다. 차량의 yaw를 결정하려면 차량의 바퀴가 z축을 기준으로 회전할 각도를 구해야 하며, 이는 스티어링 휠의 회전 각도와 관련이 있다. 따라서 차량의 동역학적 모델을 이용하여야 차량의 바퀴의 z축 기준 회전 각도를 구할 수 있다.

① 바이시클 모델(Bicycle Model)

차량을 동역학적으로 모델링하는 방법은 다양하다. 그중 간단하게 차량을 모델링할 수 있는 바이시클 모델로 횡방향 제어를 설명하면 아래와 같다. 바이시클 모델은 스티어링 휠 회전 각도와 앞바퀴의 회전 각도가 동일하다고 가정하고, 타이어 슬립이 없다고 가정한다. 따라서 앞바퀴의 회전 각도를 산출하면 스티어링 휠을 제어하는 정도를 알 수 있다. 실제 차량은 스티어링 휠의 회전 각도와 앞바퀴 회전 각도가 다르지만, 스티어링 휠과 앞바퀴 회전의 기어비를 적용하면 실제 차량에도 적용이 가능하다.

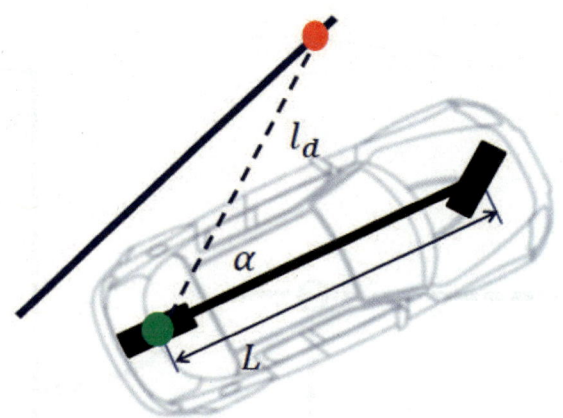

[그림 3-45] 횡방향 제어를 위한 바이시클 모델 (ⓒToronto university)

바이시클 모델은 뒷바퀴 중심(초록 점)을 기준으로 한다. 따라서, 뒷바퀴 중심 및 차량의 목표 점(빨간 점)을 기준으로 앞바퀴 회전 각도를 산출하고, 스티어링 휠 회전 각도를 결정한다. 뒷바퀴 중심에서 목표점까지 거리를 지향 거리 l_d, 차량 전장 길이를 L, 차량의 헤딩 방향을 기준으로 뒷바퀴 중심에서 목표점으로 이어지는 선분의 각도를 α라고 한다.

② 스티어링 휠 제어 정도

아래 그림은 앞바퀴 회전 각도 δ를 산출하기 위한 그림이다. 목표점의 좌표를 $(x_{desired}, y_{desired})$, 차량 뒷바퀴 중심을 (x_c, y_c), 지향 거리를 l_d, 차량의 헤딩 각도(yaw)를 θ, 차량 전장 길이를 L이라 할 때, α는 아래와 같이 계산된다.

$$\alpha = \tan^{-1}(\frac{y_{desired} - y_c}{x_{desired} - x_c}) - \theta$$

α를 이용하여 앞바퀴의 회전 각도 δ는 아래와 같이 계산된다.

$$\delta = \tan^{-1}(\frac{2L\sin\alpha}{l_d})$$

바이시클 모델에서 스티어링 휠의 회전 각도는 앞바퀴의 회전 각도와 같으므로, 스티어링 휠을 δ만큼 회전하여 종방향 제어를 수행할 수 있다. 앞서 설명한 바와 같이 스티어링 휠과 앞바퀴 회전의 기어비에 따라 δ를 적절히 보정하여 스티어링 휠 각도를 계산하여 제어할 수 있음은 물론이다.

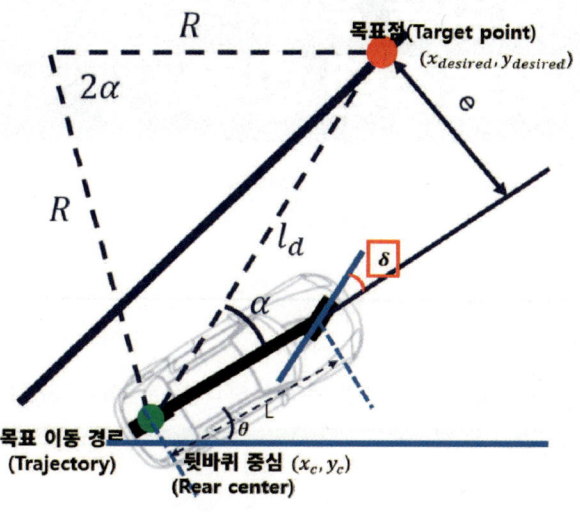

[그림 3-46] 횡방향 제어 (ⓒToronto university)

(3) 제어 레이어와 다른 레이어의 관계

자율주행 차량의 횡방향 제어 및 종방향 제어가 수행되는 동안 센서에서 지속적으로 데이터가 수집되며, 물체 탐지, 환경 인식 등의 알고리즘들이 병렬적으로 수행된다. 제어 레이어에 의한 제어 명령이 반복적으로 전달됨으로써, 차량을 제어하여 차량을 목적지까지 안전하게 이동하도록 한다.

CHAPTER 04 취업을 위한 국내·외 기업의 자율주행 현황

> **학습 POINT**
> 국내·외 주요 기업의 개발 히스토리에 따라 최근 각광받는 SDV 및 다양한 관점에서의 자율주행 트렌드를 알아본다.

1. 개요

[Chapter 01 자율주행의 이해]에서 언급한 것과 같이 미국은 일찍이 자율주행 관련 연구가 진행되어 왔으나, 국내의 경우 2010년대부터 자율주행 연구가 본격적으로 시작되었다. 국내외 주요 기업인 테슬라, 웨이모, GM, 애플, 바이두, 현대자동차의 자율주행 관련 주요 개발 현황과 최근 화두로 떠오른 SDV를 알아보고 다양한 관점에서 자율주행 트렌드를 살펴보자.

2. 국내·외 주요 기업의 개발 현황

(1) 테슬라(Tesla)

테슬라는 2015년 레이더 및 카메라를 기반으로 자율주행 레벨 2 수준의 오토파일럿 기능을 탑재한 전기차를 출시하였다. 이후 2019년에 자율주행 레벨 2.5 수준의 FSD(Full Self-Driving)를 출시하였고, 2021년에 출시된 차량부터는 레이더와 초음파 센서를 모두 제거하고 카메라 8개 만으로 자율주행 기능을 수행하는 Tesla Vision을 도입했다. 2024년에는 자율주행 레벨 3 수준의 FSD v.12를 출시하였다.

(2) 웨이모(Waymo)

2018년부터 라이다 기반 자율주행 연구를 활발히 수행하였고, 2023년 샌프란시스코의 로보택시를 시작으로 2024년 LA, 애틀랜타에서 자율주행 택시 서비스를 출시하였다. 웨이모 로보택시는 라이다 4개, 레이더 6개, 카메라 14개, 초음파 센서 8개를 사용하여 자율주행 레벨 4 수준의 주행 성능을 구현하였다.

(3) GM

GM은 2013년부터 라이다 기반 자율주행 연구를 시작하였고, 2014년 자율주행 레벨 1 수준의 Cruise RP-1을 출시하였다. 이후 2017년에 인공지능을 탑재한 자율주행 레벨 2 수준의 Cruise AV를 출시하였다. 2021년에는 자율주행 차량 Cruise Origin을 개발하였고, 2023년 8월부터 샌프란시스코에서 로보 택시를 운영하였으나 불의의 사고로 잠시 운영을 중단하였다가 2024년 다시 영업을 재개하였다. Cruise는 라이다 4개, 레이더 5개, 카메라 16개, 초음파 센서 12개로 운영되며, 자율주행 레벨 4 수준의 주행 성능을 구현하였다.

(4) 애플

애플은 2015년 Titan 프로젝트로 야심차게 자율주행 차량 개발을 시작한 후 자율주행 기업을 인수하고 관련 특허도 공격적으로 출원하였으나, 2024년에 개발 포기를 선언하였다. 공격적인 투자를 하였음에도 후발주자로서 경쟁력을 확보하기 어렵다고 판단하여 사업 종료를 결정한 것으로 보인다.

(5) 바이두(Baidu)

바이두 Apollo는 2017년부터 라이다 기반의 자율주행 연구를 시작하였다. 2020년 베이징, 창사, 창저우에 Apollo 로보 택시 서비스를 시작했고, 2024년 자율주행 레벨 4 수준의 Apollo 개발 계획을 발표하였다. 바이두 Apollo는 라이다 8개, 레이더 6개, 카메라 12개, 초음파 센서 12개를 사용한다. 현재 중국은 특유의 정치 체제를 이용하여 과감한 규제 완화, 데이터 수집, 인프라 구축을 통해 미국의 자율주행 기술을 따라잡기 위해 전력을 다하고 있다.

(6) 현대자동차

현대자동차는 2015년 자율주행 레벨 1 수준의 HDA(Highway Driving Assist)를 출시하였고, 2016년부터 2018년까지 CES에서 자율주행 기술을 시연하였다. 2023년 레벨 3 수준의 HDP(Highway Driving Pilot)를 EV9과 G90에 적용할 것을 발표하였으며, 2024년 아이오닉 5 로보택시의 미국 네바다주 운전면허 시험을 성공하여 자율주행 기술을 발전시키고 있음을 꾸준히 증명하고 있다. 현대자동차는 자율주행 기능뿐 아니라, 차량 IT 기술을 발전시키기 위해 SDV 개발에 많은 투자를 하고 있다.

3. SDV(Software Defined Vehicle)

SDV는 직역하면 소프트웨어로 정의된 차량이다. 현재 출시되는 차량의 많은 기능들이 이미 소프트웨어로 구현되고 있는데, 새삼스레 소프트웨어를 강조하는 것이 의아할 수 있다. 그러나 SDV의 지향점은 소프트웨어로 하드웨어를 제어하고 관리하는 것으로, 아이폰의 IOS, 갤럭시의 안드로이드처럼 내부 소프트웨어 업데이트에 의해 새로운 기능을 추가하거나 기능을 개선할 수 있도록 하는 것이다. 이러한 장점 덕분에 많은 기업에서 SDV를 연구하고 있으며, 현대자동차는 42dot을 중심으로 SDV 솔루션을 개발하고 있다. 소프트웨어 아키텍처와 기능 구현을 위한 OS 관점에서 SDV를 살펴보자.

(1) SDV 소프트웨어 아키텍처

SDV 소프트웨어 아키텍처는 크게 분산 아키텍처, 도메인 중심 아키텍처, 영역 중심 아키텍처로 구분되며 언급한 순서대로 발전했다.

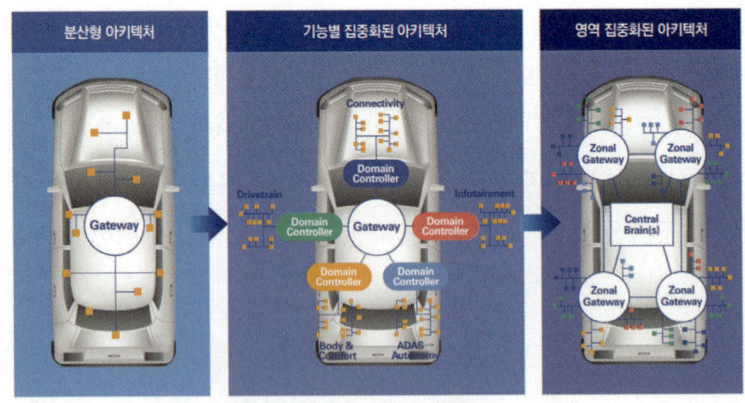

[그림 3-47] SDV 소프트웨어 아키텍처 (ⓒ삼정)

① 분산형 아키텍처(Distributional Architecture)

분산형 아키텍처는 기존 차량에서 사용한 방식으로, 다수의 ECU(전자 제어 장치)가 차량 전체에 분산되어 있다. ECU는 차량에 사용되는 일종의 컴퓨터로, 분산형 아키텍처에서 ECU 각각은 브레이크, 조향, 파워트레인 등을 전자적으로 제어한다. 기능별로 ECU가 필요하기 때문에 많은 수가 필요하며, 각 기능을 업데이트하려면 업데이트된 소프트웨어를 각 ECU에 다시 이식해야 하므로, 기존 차량의 기능 업데이트는 사실상 불가능하다. 이러한 ECU는 CAN이나 이더넷과 같은 게이트웨이를 통해 통신을 수행한다. 분산형 아키텍처는 SDV라고 분류하지 않는다.

② 도메인 중심 아키텍처(Domain Centralized Architecture)

도메인 중심 아키텍처는 유사한 기능들을 모아 하나의 ECU로 관리하는 구조로 여기서부터는 SDV라 볼 수 있다. 차체 제어, 인포테인먼트, 파워트레인과 같은 여러 기능이 모여 하나의 시스템을 이루는 각 도메인들을 하나의 ECU가 관리한다. 따라서 분산형 아키텍처에 비해 적은 수의 ECU로 전체 시스템을 관리할 수 있다. 하나의 게이트웨이를 통해 서버와 ECU 간 통신이 진행되어, 소프트웨어의 기능 개선을 위한 업데이트를 할 수 있다.

③ 영역 중심 아키텍처(Zone Centralized Architecture)

영역 중심 아키텍처는 차량을 물리적 영역으로 나누고 각 영역을 하나의 ECU가 관리한다. 영역별로 게이트웨이가 존재하고, 각 영역의 ECU를 제어하는 중심 ECU가 있어서 소프트웨어 관리가 보다 용이하다. 또한 중심 ECU 제어기는 해당 존 내의 모든 기능과 통신을 관리하여 와이어 하네스를 줄이고 시스템 효율을 향상시킨다.

(2) SDV 기능 구현을 위한 차량용 OS

차량의 기계적 구성은 하드웨어 플랫폼이지만 자율주행, 인포테인먼트 기능을 수행하는 소프트웨어는 소프트웨어 애플리케이션이다. 따라서 하드웨어와 소프트웨어 사이의 연결고리가 필요한데, 이것이 소프트웨어 플랫폼인 차량용 OS이다. PC, 스마트폰의 OS는 전체 기능을 통합하여 관리하는 반면, 차량용 OS는 자율주행용 OS나 인포테인먼트용 OS와 같이 각 기능을 특화하여 개발한다.

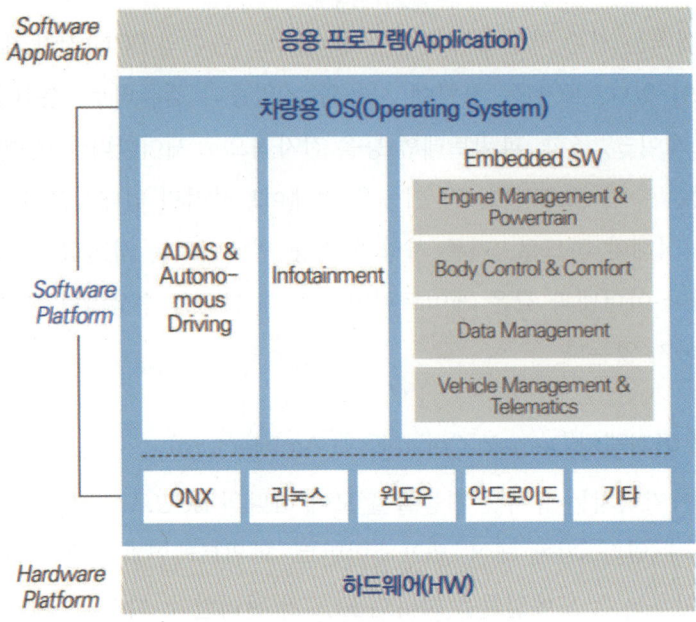

[그림 3-48] SDV 차량용 OS (ⓒ삼정)

위 그림과 같이 차량용 OS는 ADAS&자율주행용 OS, 인포테인먼트용 OS, 임베디드 SW용 OS로 나뉜다. 임베디드 SW용 OS는 구동계를 제어하는 기능과 관련된 엔진 관리 및 파워트레인 OS, 공조시스템 OS, 편의 기능과 관련된 바디 컨트롤 및 컴포트 OS, 차량 내·외부 통신 시스템과 관련된 데이터 매니지먼트 OS, 차량 관리 및 텔레매틱스 OS가 있다.

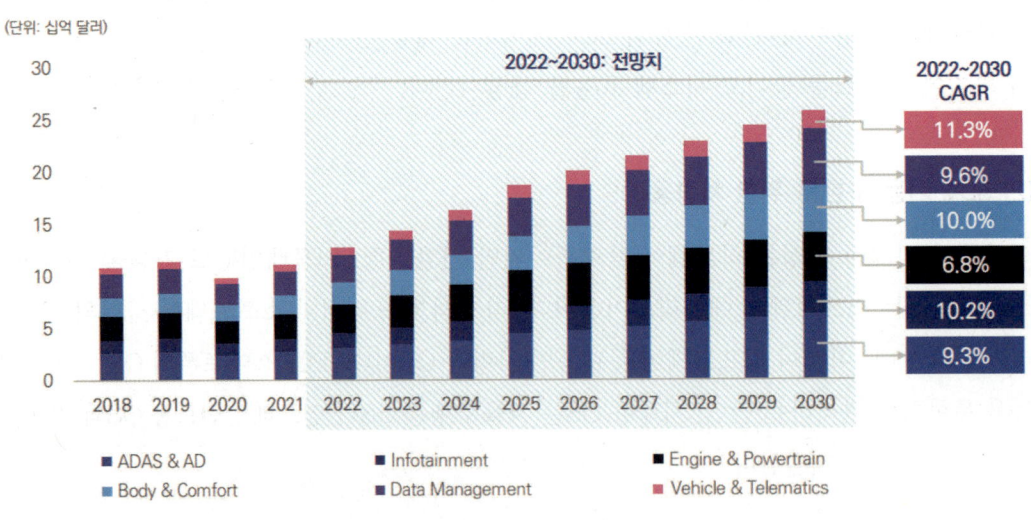

[그림 3-49] OS별 시장 규모 전망치 (ⓒ삼정)

4. 자율주행 트렌드 분석

자율주행 자동차는 첨단 기술이자 유망한 분야로 알려져 있지만, 처음 이슈가 된 시점부터 지금까지 시간이 어느 정도 흐른 것도 사실이다. 지금부터는 자율주행이 아직 유망한 분야인지 살펴보기 위해 다양한 관점에서 자율주행 트렌드를 분석해보자.

(1) 시장 규모 및 전망

아래 그림은 ADAS를 포함한 자율주행 분야의 시장 규모 및 전망을 나타낸 그래프이다. 2024년 현재 자율주행 시장은 2,070억 달러 규모이지만 연 평균 35% 정도 성장할 것으로 전망하여, 2032년에는 약 2조 3천억 달러 규모 시장이 형성될 것으로 보인다. 이는 다양한 요인에 의한 결과인데 사람들의 자율주행에 대한 인식이 보다 긍정적으로 변화하고 있고, 안전과 관련된 운전 보조 시스템의 필요성이 대두되고 있기 때문이다. 그뿐만 아니라 정부 자금 지원, 관련 인프라 구축 및 규제 완화 등도 자율주행 시장 성장에 큰 기여를 하고 있다.

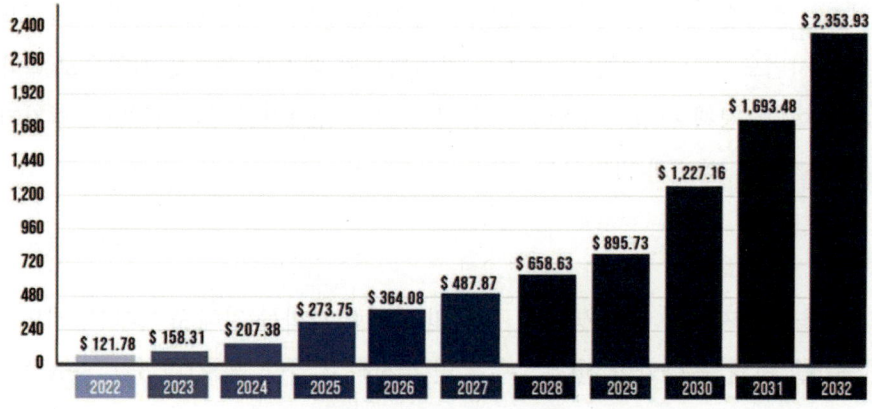

[그림 3-50] 자율주행 시장 규모 (ⓒprecedence research)

(2) 국가별 주요 정책

① 미국

2020년 1월 38개 주 정부 부처 등이 참여한 'Automated Vehicle 4.0'을 발표하여 사용자 커뮤니티 보호와 효율적 시장 조성 등에 관한 정책을 지원하고 있다. 2022년 3월에는 도로교통안전국「연방 자동차 안전기준」을 개정하여, 특정 조건에서 운전을 완전 자율화하는 레벨 4 이상 차량을 대상으로 수동제어 장치(조향, 제동) 장착 의무화 규정을 삭제하였다.

② 유럽

2021년 7월 프랑스는 고속도로 규정과 대중교통 규정에 자율주행차 도로 주행 관련 조항을 신설하여 자율주행 시스템에 의한 교통사고의 법적 책임, 운전자와 자율주행 시스템 간의 상호작용, 긴급 상황에서의 자율주행 기술 활용 등의 법적 근거를 마련했다. 2021년 5월 독일은 소형 버스, 화물차에 한해 레벨 4 자율주행차 상시 운행을 허용하는 법적 근거를 마련했다. 또한 동년 7월에는 자율주행 자동차의 조속하고 안정적인 상용화를 위한 법률 정비의 일환으로 「도로교통법」과 「자동차 의무보험법」을 개정하였다.

③ 일본

2023년 4월 일본은 인구가 많지 않은 지역에서 자율주행 자동차 운송 서비스를 제한적으로 허용하였다. 보수적인 일본 특성상 전면 자율 운행은 아직 허용되지 않았으며, 사고를 방지하기 위해 사람이 원격으로 차량을 감시해야 한다는 조건을 충족해야 운행이 가능하다.

④ 중국

2021년 5월 중국은 베이징, 상하이, 광저우 등 6개 지역을 '커넥티드카와 스마트도시 공동 발전을 위한 시범도시'로 지정하고, 스마트 커넥티드카 테스트 구간을 전역으로 확대하는 방안을 추진 중이다. 정책 결정권이 편중된 중국 특성상 공격적인 정책 완화 및 투자가 가능하여 자율주행 기술이 빠르게 발전하고 있다.

⑤ 한국

한국도 자율주행 자동차 산업 생태계 구축 및 경쟁력 강화를 위해 규제개선, 시범 운행지구 지정, 연구개발 지원 등 다양한 전략을 수립 및 추진하고 있다. 2021년 3월 '자율주행 기술개발 혁신사업단'이 출범하였고 산·학·연 기관 및 연구인력이 모여 2027년 자율주행차 상용화를 목표로 기술 개발 중이다. 2020년 5월 국토교통부는 자율주행 서비스를 실증할 수 있는 시범운행지구를 전국 14개소에 지정하였고, 2025년까지 17개소 이상 추가 지정할 계획이다. 또한 레벨 3 자율주행차 출시 및 레벨 4 자율주행차 상용화를 대비하여 2030년까지 규제혁신 과제 40개를 선정 중이며, 2023년부터는 특정 조건을 만족하는 기업의 신청을 받아 자율주행 기술 개발 관련 규제를 완화하는 모빌리티 규제 샌드박스를 제공한다.

(3) 학술 연구 진행 상황

일반적으로 기술 개발보다 학술 연구가 더 먼 미래를 고려하여 진행된다. 따라서 기술 개발의 방향성과 학술 연구의 방향성은 크게 다르지 않으며, 기술 분야의 트렌드를 파악할 때 학술 연구도 주의깊게 살필 필요가 있다.

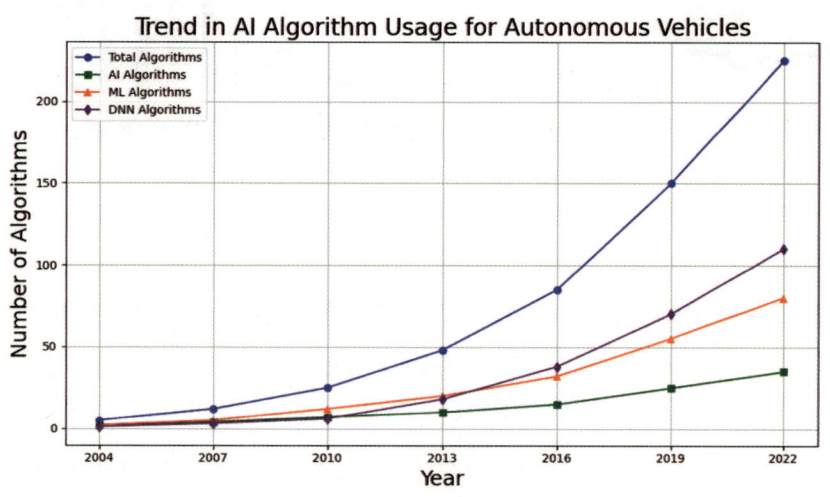

[그림 3-51] 자율주행 연구 트렌드

위 그래프는 자율주행에 사용되는 인공지능 알고리즘 수가 증가하고 있다는 것을 의미하며, 알고리즘 수는 논문을 통해 발표된 연구 결과로 볼 수 있다. 자율주행에 사용되는 전체 알고리즘은 꾸준히 증가하였으며, 2013년을 기점으로 더 급격히 증가하고 있다. 세부적인 연구 분야에도 변화가 있었다. 2013년 이전에는 머신 러닝을 이용한 자율주행 알고리즘 연구가 주로 이루어졌다면, 이후에는 딥러닝으로 트렌드가 변화한 것을 볼 수 있다. 2017년 발표된 「Attention all you need」 논문에 의해 딥러닝 연구가 강하게 촉발되었다.

(4) 특허 분석 관점의 자율주행 트렌드

특허는 독점이 불법이 된 현대 사회에서 '독점권'을 부여하는 특별한 권리이다. 따라서 많은 기업들이 중요한 기술에 대한 특허를 받기 위해 노력하고 있으며, 기업들이 보유한 특허는 특정 기술 산업의 트렌드를 고스란히 반영한다.

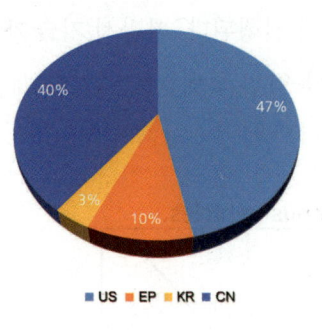 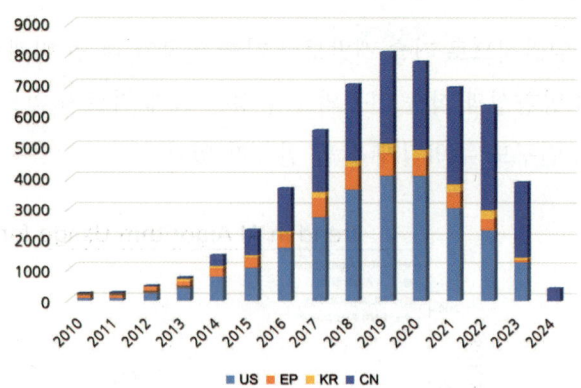

[그림 3-52] 국가별 특허 출원 건수

위 그림은 자율주행 자동차 기술에 대한 주요 국가별 공개된 특허 출원 건수이다. 자율주행 자동차 기술과 관련된 특허는 미국(47%), 중국(40%), 유럽(10%), 한국(3%) 순으로 많이 출원하고 있다. 전체 특허 출원 건수는 2019년 이후로 소폭 감소하였으나, 여전히 많은 특허가 출원되고 있다는 것을 확인할 수 있다. 2023년과 2024년은 출원된 특허가 아직 모두 공개되지 않아 정확한 수가 집계되지 않았다.

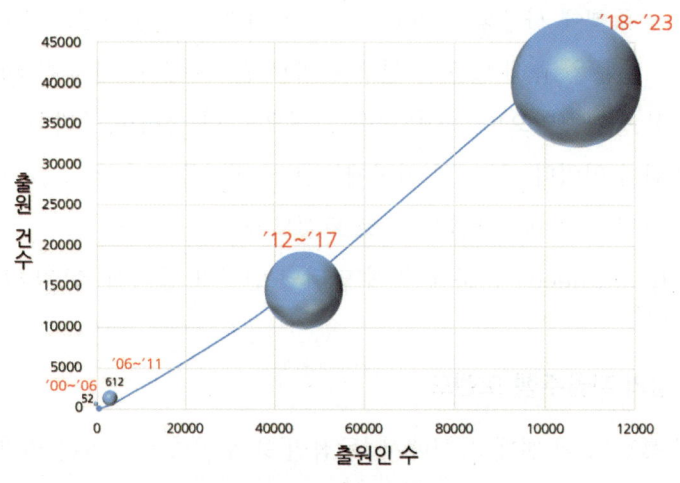

[그림 3-53] 기술 수명 주기

위 그림은 자율주행 자동차 기술에 대한 기술 수명 주기 그래프이다. 기술 수명 주기 그래프가 지속적으로 증가하는 추세인 경우를 기술 성장기라고 보기 때문에, 자율주행 자동차 기술 분야는 현재 성장기라고 할 수 있다.

CHAPTER 05 자율주행 해결 과제

> **학습 POINT**
> 자율주행 기술과 관련된 다양한 사회, 경제, 윤리, 문화적 문제점과 해결 과제를 알아본다.

1. 개요

앞서 살펴본 바와 같이, 자율주행은 다양한 기술이 포함된 종합 예술이지만 아직 해결해야 할 다양한 문제가 있다. 자율주행 기술 수준이 많이 발전하였으나 자율주행과 관련된 사고는 지속적으로 발생하고 있다. 2023년 12월 자율주행 택시를 운영하는 GM 크루즈에 의해 인명 사고가 발생하였고, 2024년 7월에는 웨이모 자율주행 택시가 역주행하는 사건이 발생했다. 자율주행 레벨 4를 표방하는 GM 크루즈와 웨이모에서 센서 등의 오인식으로 인한 사고가 계속 발생한다는 점에서, 자율주행의 기술적 문제를 해결하는 것이 중요하다.

2. 기술적 해결 과제

(1) 센서의 한계

카메라, 라이다, 레이더와 같은 센서는 선천적인 취약점을 내포하고 있다. 카메라는 렌즈를 통해 수신한 빛을 기반으로 이미지를 생성하므로, 눈·비와 같은 날씨 변화가 이미지의 품질을 떨어트린다. 라이다는 가시광선 영역의 빛을 이용하므로, 고성능 라이다가 아니라면 주변 빛에 의한 노이즈가 발생할 수 있다. 레이더는 많은 차량이 이용하는 센서이므로, 도로에서 레이더 신호의 간섭이 발생할 수 있다.

센서가 선천적으로 가지고 있는 한계를 극복하기 위해 센서 자체의 성능을 고도화하거나, 센서 데이터를 이용한 인식 알고리즘의 성능을 강화할 수 있다. 또한 각 센서의 한계점이 상호보완되도록 센서 데이터를 융합하여 사용하는 방법도 있다.

(2) 엣지 케이스와 예측 불가능한 상황 처리

엣지 케이스(Edge Case) 또는 코너 케이스(Corner Case)는 예측 불가능한 상황을 뜻하는 말로, 안전한 대처가 어려운 특이한 상황을 의미한다. 도로 구성의 특이성, 예기치 않은 보행자 행동 등이 엣지 케이스가 될 수 있다. 일정량 이상의 데이터를 학습해야 적절한 성능을 보이는 인공지능의 경우, 엣지 케이스는 그와 관련된 데이터가 절대적으로 부족하기 때문에 대처법을 학습하는 데 한계가 있다.

이와 같은 엣지 케이스가 발생하는 것을 최대한 방지하기 위해서는 여러 방법이 있지만, 그 중 ISO 인증을 받는 것이 대표적이다. ISO는 1947년에 출범한 국제 표준 기구로, ISO 인증은 품질을 보증하고 안전성 및 신뢰성을 확보하였다고 볼 수 있다.

[그림 3-54] ISO 심볼

자율주행 자동차와 관련된 ISO 인증은 크게 ISO 26262 및 ISO/WD PAS 21448이 있다. ISO/WD PAS 21448은 ISO 26262를 보완하여, 시스템 오류가 없음에도 발생할 수 있는 잠재적 위험으로부터 보호하는 것을 목표로 한다. ISO/WD PAS 21448에서 알려지지 않은 이벤트에 해당하는 잔여 위험(Residual Risk)이라는 개념이 도입되었고, 엣지 케이스에 관한 최대한의 안전을 구현하고자 한다.

(3) 추가적인 기술적 문제

자율주행 자동차는 물체 탐지, 환경 인식을 포함한 최종 의사 결정을 실시간으로 처리해야 한다. 따라서 차량에 탑재되는 시스템은 강력한 성능이 필요하지만, 경제적인 관점에서의 생산 비용도 고려해야 한다. 또한 자율주행 자동차의 경우 대부분의 기능이 전자화되어 해킹이나 데이터 유출 같은 위험에 노출되어 있기 때문에 이를 방지하기 위한 수단이 필요하다.

3. 규제 및 법적 해결 과제

(1) 표준화된 규칙의 부재

모두가 알듯이 국가마다 교통 체계와 교통 법규가 다르다. 예를 들어 한국이나 미국은 도로에서 차량이 우측으로 통행하지만, 일본이나 호주는 차량이 좌측으로 통행한다. 그뿐만 아니라 교통 표지만의 모양, 신호등의 형상 등 디테일한 부분까지 고려하면 그 차이는 셀 수 없는 정도일 것이다. 이와 같은 국가별 규칙의 불균일성은 완전 자율주행을 달성하는 데 큰 장애물이라고 볼 수 있다.

(2) 사고에 대한 과실 비율 문제

자율주행 차량에 의해 사고가 발생한 경우 책임자가 누구인지, 과실 비율이 어떻게 되는지가 문제될 수 있다. 일반적으로 자율주행 소프트웨어 개발자는 자동차 제조업체의 직원이므로, 직접적인 사고의 책임을 지지 않는다. 사고 당사자 사이의 과실 비율은 기존의 법규대로 판단되면 된다. 따라서 자율주행 기능을 사용한 운전자와 자동차 제조업체 사이의 과실 비율이 문제가 된다.

Chapter 01에서 설명했듯이 자율주행 레벨 2 이하 수준에서 사고가 발생하면 모두 운전자의 과실이다. 자율주행 레벨 2 수준까지는 운전자의 지속적인 주의가 기본 전제이기 때문이다. 그러나 자율주행 레벨 3부터는 자동차 제조업체의 과실이 인정된다. 따라서 사고의 과실에 대한 운전자와 제조업체 사이의 증명 책임, 과실 비율 등 법적 분쟁이 발생할 수 있다.

4. 윤리적·사회적 해결 과제

(1) 의사 결정에서의 윤리적 딜레마

자율주행 차량의 의사 결정 알고리즘에서 발생하는 대표적인 윤리적 문제로는 트롤리 문제가 있다. 트롤리 문제는 운전자와 보행자 중 누구의 안전을 우선으로 할 것인가에 관한 것이다. 한 명의 운전자를 태운 자율주행 자동차가 다수의 보행자를 들이받을 상황에서, 핸들을 돌리면 다수의 보행자를 살릴 수 있으나 차량이 벽을 들이받아 운전자가 사망하고, 핸들을 돌리지 않으면 운전자 한 명만 살리되 다수의 보행자는 사망한다. 이러한 상황에서 어떻게 자율주행 알고리즘을 구성할 것인지는 보다 많은 논의가 필요하다.

(2) 사회적 관점의 문제

① 대중의 신뢰

대중은 자율주행 차량의 사고 소식을 지속적으로 미디어를 통해 접하고 있다. 사고가 자주 발생할수록 자율주행 차량에 대한 신뢰도는 떨어질 것이며, 이것이 자율주행 기술 개발에 장애물로 작용할 수 있다. 따라서 자율주행 차량의 안전성에 대한 대중의 신뢰를 유지할 수 있는 방안이 필요하다.

② 실직자 발생

자율주행 차량 도입으로 운송업, 라이드셰어링, 배송 서비스 등 관련 산업의 종사자 고용 문제가 발생할 수 있다. 따라서 자율주행 차량 등장으로 실직한 근로자를 지원하기 위한 재교육 프로그램 같은 대책이 필요하다.

③ 개인정보 유출

자율주행 차량의 기술 개발을 위해서는 데이터 수집이 반드시 필요하다. 하지만 수집된 원본 데이터에는 차량의 번호판, 사람의 얼굴 등 개인정보가 포함될 수밖에 없어 사생활 침해 문제가 발생할 수 있다. 따라서 기업은 원본 데이터의 민감한 정보는 블러 등의 후처리를 거친 후 사용하는데, 이와 같이 후처리된 데이터로 학습한 인공지능의 경우 정확도에서 문제가 발생할 수 있다.

면접 기출 맛보기

필요 직무
자율주행/ADAS SW 개발·설계·시험 직군, 내비게이션 관련 직군

실제 면접 질문

난이도 ★★★　중요도 ★★★★
- 현대자동차에서 생산하는 차량에 어느 정도의 자율주행이 적용되어 있는지 설명해보세요.

1. 질문 의도 및 답변 전략

면접관의 질문 의도
- 현대자동차의 자율주행 개발에 대한 관심도 및 자율주행 레벨에 대한 지식 수준 확인
- 현재 생산 중인 현대자동차 차량에 적용된 ADAS 기능의 자율주행 레벨에 대한 지식 수준 확인

면접자의 답변 전략
- 면접관의 질문의 키워드는, '현대자동차에서 생산하는 차량'과 '그 차량에 어느 정도의 자율주행이 적용되었는지'이다.
- 현대자동차에서 생산하는 차량은 현재 양산되는 차량 뿐 아니라, 연구용으로 사용되는 차량도 포함될 수 있다.
- 따라서 현재 양산되는 차량의 자율주행 레벨을 답변하고, 연구용으로 사용되는 차량의 자율주행 레벨을 답변하는 것이 옳다.

➕ 더 자세하게 말하는 답변 전략
- 연구용으로 생산되는 차량의 자율주행 레벨은 처음 답변에서 언급하지 않고, 추가 질문으로 유도할 수 있다. 현재 양산되는 차량의 자율주행 레벨(레벨 2)을 상세히 답변한 후 추가 질문을 받는다면, 연구용으로 생산되는 차량의 자율주행 레벨(레벨 3 이상)을 답변하면 된다.

- 자율주행 레벨과 관련된 질문을 받을 수 있다. 따라서 자율주행 레벨의 정의 및 쓰임새 등을 정리해두어야 한다.
- 자율주행에 사용되는 다양한 ADAS 기능에 대한 추가 질문을 받을 수 있다. 따라서 차량에 적용될 수 있는 다양한 ADAS 기능을 정리해두어야 한다.
- 보다 높은 자율주행 레벨이 양산 차량에 적용되기 위한 방법에 대해 질문 받을 수 있다. 현대자동차는 높은 자율주행 레벨을 양산차에 적용하는 것에 대해 보수적으로 생각하고 있기 때문에, 안전 검토를 충분히 한 다음 적용해야 한다는 방향으로 답변하면 된다.

2. 머릿속으로 그리는 답변 흐름과 핵심 내용

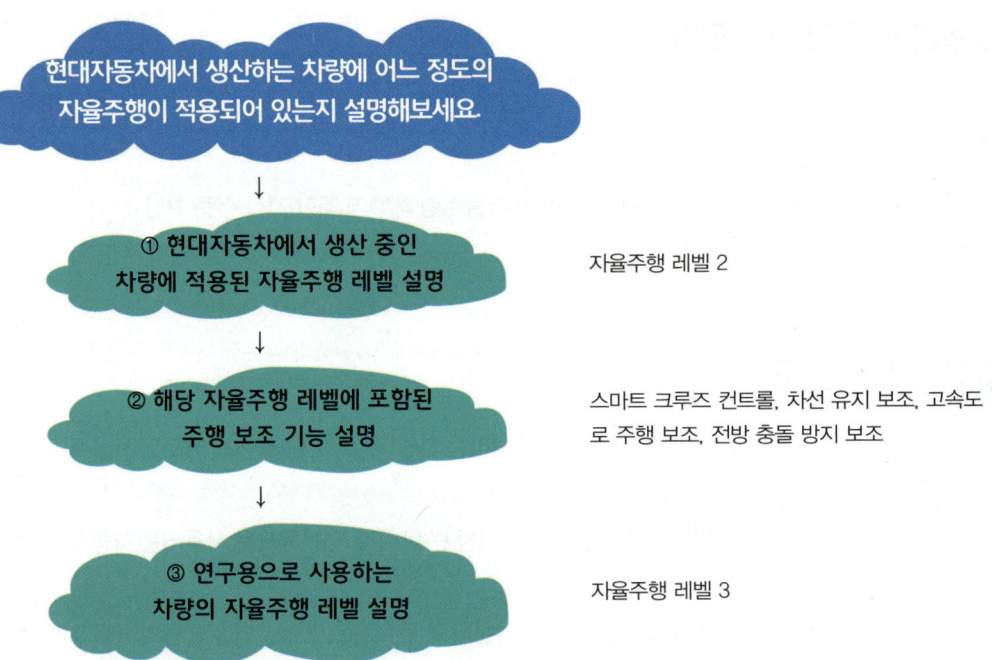

3. 모범답안

　현대자동차는 다양한 수준의 자율주행 기능을 제공하며, 주로 고급 운전자 지원 시스템, 즉 ADAS에 초점을 맞추고 더 높은 수준의 자율주행을 양산차에 단계적으로 적용하고 있습니다.

　현재 많은 현대자동차 차량에는 자율주행 레벨 2 수준의 기능들이 포함되어 있습니다. 자율주행 레벨 2 수준의 기능의 예로, 스마트 크루즈 컨트롤, LFA라 불리는 차선 유지 보조 기능, HDA라 불리는 고속도로 주행 보조 기능, FCA라 불리는 전방 충돌 방지 보조 기능이 있습니다. 스마트 크루즈 컨트롤은 Longitudial Control과 관련된 기술로, 앞 차량과의 일정 거리를 유지하는 기능을 제공합니다. LFA는 Lateral Control과 관련된 기술로, 차량을 차선 중앙에 유지하는 기능을 제공합니다. HDA는 Longitudial Control과 Lateral Control이 함께 적용된 기술로, 적응형 크루즈 컨트롤과 차선 유지 보조기능과 함께 결합하여 반자율 고속도로 주행이 가능합니다. FCA는 전방에 대한 충돌을 감지하고 자동으로 브레이크를 제어하는 기능을 제공합니다.

　3단계 자율주행과 관련하여, 현대자동차는 대부분의 자율주행 기능을 차량 스스로 처리할 수 있지만 인간의 개입이 필요할 수 있는 조건부 자동화 수준인 자율주행 레벨 3을 구현하였습니다. 그에 따라, 양산차인 EV9 및 G90에 적용할 예정이었으나 계획이 늦춰진 것으로 알고 있습니다. 이는 엣지 케이스 등 예측하기 어려운 상황에서 보다 완벽한 자율주행을 완성하기 위한 조치이며 현대자동차의 개발 철학인 보편적 안전, 선택적 편의에 부합하는 결정이라고 생각합니다.

　나아가 현대자동차는 4단계 및 5단계 자율주행 기술을 완성하기 위해 국내 스타트업 기업인 42dot을 인수하고, Aptiv와 합작 투자 회사인 Motional을 설립한 것으로 알고 있습니다.

한권으로 끝내는
전공·직무 면접 자동차

PART 04

전기 자동차

이공계 취업은 렛유인 WWW.LETUIN.COM

Chapter 01. 친환경차의 이해
Chapter 02. 전기 자동차 주요 부품과 기술
Chapter 03. 전기 자동차와 배터리
Chapter 04. 전기 자동차 현황과 해결 과제

CHAPTER 01 친환경차의 이해

학습 POINT
친환경차가 무엇인지, 종류는 어떤 것이 있는지, 종류별 특징은 무엇인지 학습하고 스스로 설명할 수 있도록 한다.

1. 친환경차의 분류

(1) 개요

친환경차는 배터리와 모터만으로 구동하는 전기 자동차(Electric Vehicle), 엔진과 모터를 동시에 사용하는 하이브리드 자동차(Hybrid Electric Vehicle)와 플러그인 하이브리드 자동차(Plug-in Hybrid Electric Vehicle), 수소와 공기를 전기화학적으로 산화/환원하여 전기를 발생시켜 모터를 구동하는 수소연료자동차(Fuel Cell Vehicle)로 분류한다. 그 밖에도 가솔린과 디젤 사용을 최소화하여 탄소 배출량을 줄여 환경에 기여할 수 있는 차들은 모두 친환경차라고 부를 수 있다. 이번 챕터에서는 대표적인 친환경차를 살펴보고 각각의 특징을 알아보자.

[표 4-1] 친환경차 분류와 특징

구분	전기차 (BEV)	하이브리드차 (HEV)	플러그인 하이브리드차 (Plug-in HEV)	수소연료전지차 (FCEV)
구조				
특징	• AC 혹은 DC 전원인 충전기로부터 에너지를 받아 DC로 배터리에 저장 후 AC 혹은 DC로 모터 구동 • 배터리만을 사용하여 주행	• 충전기가 필요 없음 • 엔진의 구동력을 전기로 변환하여 배터리에 저장하였다가, 엔진의 효율이 떨어질 때 전기 모터를 사용하여 연비와 효율 향상	• 구동방식은 HEV와 동일 • 배터리를 충전 가능 • 충전된 에너지를 모두 사용하면 HEV와 동일하게 동작	• 고압의 수소를 충전한 후 공기 중의 산소를 이용하여 전기화학 반응으로 전기 생성 • 생성한 전기로 주행하며 HEV와 동일하게 동작
에너지원	전기	전기+화석연료	전기+화석연료	수소+산소+전기
구동원	모터	모터+엔진	모터+엔진	모터
연료주입	배터리 충전설비	기존 내연기관과 동일	배터리 충전설비	수소 충전설비
대표차종	테슬라 모델 X/Y/S, 현대 아이오닉	토요타 프리우스, 현대 아이오닉 HEV	기아 니로	토요타 미라이, 현대 넥쏘
판매량 (2021년도)	473만 대	310만 대	196만 대	1.55만 대

(2) 친환경 자동차의 구조

① 전기 자동차(Battery Electric Vehicle)

전기차는 오직 배터리에 충전된 에너지를 사용하여 전기 모터를 구동하여 움직이는 자동차이다. 전기차의 주요 부품으로는 전기모터, 인버터, 배터리가 있는데, 배터리의 DC(Direct Current) 전압을 인버터를 통해 AC(Alternate Current) 전압으로 변환 후 모터에 공급하여 움직인다. 가속할 경우 배터리를 사용하여 모터를 구동하고 감속할 경우 모터를 통해 배터리를 회생충전[1]하기도 한다.

---

[1] 모터에서 발생하는 전기에너지를 배터리로 충전하는 기술

전기차는 최근에 개발되었다고 생각하기 쉽지만, 사실 전기차는 내연기관차보다 먼저 고안되었고 1890년대 후반에서 1900년대 초반에 걸쳐 증기기관차와 더불어 세계적으로 보급되었다. 내연기관차에서 나는 휘발유 냄새가 없고 엔진에 의한 진동과 소음이 발생하지 않으며 운전 중 번거롭게 기어를 바꿀 필요가 없었기 때문에 당시 효율이 나빴던 휘발유 차량에 비해 각광받았다. 하지만 1920년대 이후 원유가 대량으로 발견되어 휘발유 가격이 떨어지고, 장거리 주행에 대한 수요가 증가하면서 무거운 납축전지를 사용하여 주행거리가 짧았던 전기차는 점차 역사 속으로 사라졌다. 이후 전기차 수요는 2000년대 초반 각국의 기후변화에 대응하는 규제와 배터리 기술의 급격한 성장과 더불어 폭발적으로 성장하여, 현재는 전기차와 하이브리드 자동차의 전 세계 판매량이 유사한 정도이다. 전기차는 모터와 배터리로 차량을 구동하기 때문에 내연기관차에 있던 엔진과 변속기가 필요하지 않고 구조가 내연기관차에 비해 단순하다. 전기차의 가장 큰 걸림돌은 충전시간과 충전 인프라의 부족이다. 충전의 불편함을 줄이기 위해 초급속충전 가능한 배터리와 충전기가 개발되고 있으며, 주행거리를 늘리기 위해 배터리 탑재 용량이 증가하고 있다.

② 하이브리드 자동차(Hybrid Electric Vehicle)

하이브리드(Hybrid)는 모터와 엔진 두 동력을 동시에 사용한다는 뜻으로, 기존 내연기관차의 연비를 향상시키기 위해 내연기관차에 모터와 배터리를 추가한 차량이다. 엔진이 최적 효율점에서 구동하도록 모터가 보조해 내연기관차보다 향상된 연비를 지닌다. 따라서 엔진, 구동에 필요한 배터리, 모터가 동시에 필요하여 가격과 부품 수가 증가한다.

구조 또한 기존 내연기관차와 유사한 구조를 지니지만 엔진에 시동을 거는 Starter가 하이브리드용 고전압 모터로 대체되며 기존 엔진 구동에너지를 활용했던 기계식 에어컨 컴프레서는 전자식 에어컨 컴프레서로 대체된다. 헤드램프 및 전장품에 전원을 공급하기 위해 고전압 전원을 저전압(12V)으로 변환하는 저전압 컨버터가 추가되며 회생충전을 위한 브레이크 시스템 또한 추가된다. 하이브리드차의 주행 상황별 엔진과 모터의 구동을 아래 그림을 참고하여 확인해 보자.

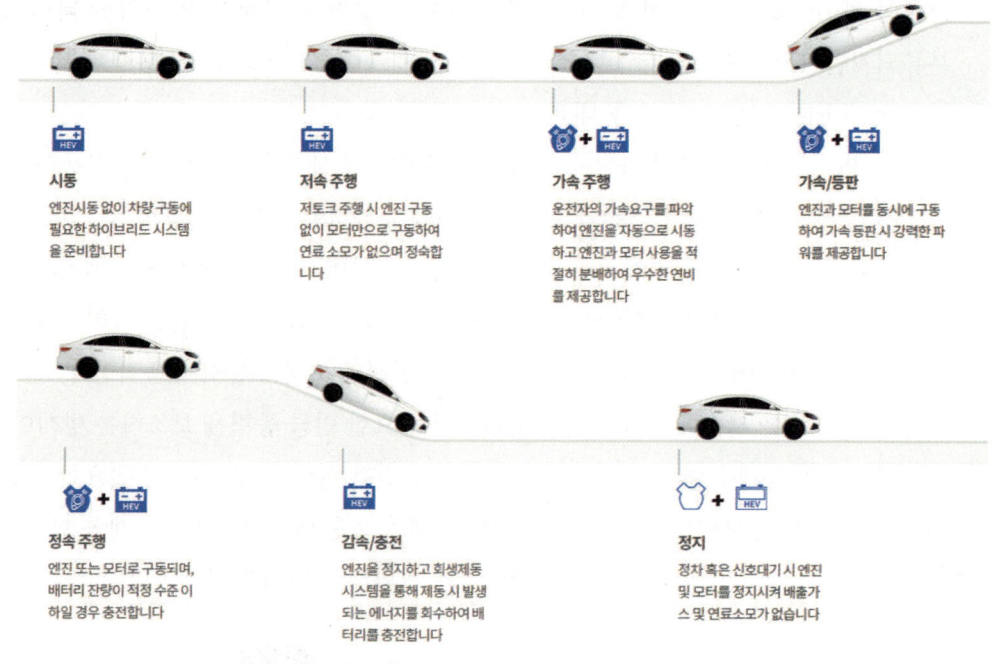

[그림 4-1] HEV 주행 상황별 엔진과 모터의 구동

하이브리드 자동차는 구조적으로 직렬(Series), 병렬(Parallel), 동력분기(Power-split) 형으로 나뉘는데, 이는 자동차 회사에서는 상당히 중요하게 생각하는 상식 중 하나이다. 현대자동차는 병렬 하이브리드 중 TMED를 선택하여 하이브리드 차종을 양산 중이다.

㉠ 직렬형 하이브리드: 구조가 단순해 하이브리드 개발 초기에 많이 사용되던 방식이다. 엔진이 발전기(제너레이터)를 돌려 전기에너지를 생성해 배터리를 충전하고, 배터리에서 인버터를 거쳐 AC전원으로 변환하여 AC모터에 전력을 공급하는 방식으로 엔진-인버터-모터까지가 직렬로 연결되어 있다. 아래 그림처럼 엔진부터 구동모터까지 직렬로 연결되어 있다고 이해하면 쉽다. 고전압배터리를 거치지 않고 엔진-제너레이터-인버터-구동모터로 바로 전기가 흘러 구동하기도 한다. 모터로 구동하기 때문에 트랜스미션과 클러치 삭제가 가능하다. 현재 중국 자동차 OEM에서 주행거리 향상과 원가 절감을 위해 직렬형 하이브리드 전기차를 양산 중이며 대부분 자동차 업체도 연구개발 중이다.

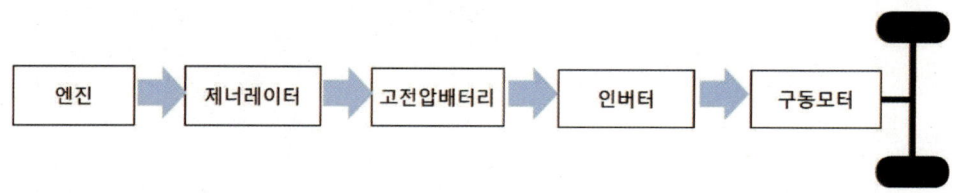

[그림 4-2] 직렬형 하이브리드 모식도

ⓒ **병렬형 하이브리드**: 병렬형 하이브리드는 모터의 장착 위치에 따라 다양한 타입으로 분류되지만 TMED(Transmission Mounted Electric Device)와 FMED(Flywheel Mounted Electric Device)가 대표적이다.

TMED 방식은 모터와 엔진 사이에 클러치가 있어 주행 상황에 따라 엔진만 구동하는 모드, 모터만 구동하는 모드, 엔진과 모터를 동시에 구동하는 모드를 사용할 수 있다. 배터리가 충분할 경우 큰 구동력이 필요 없는 구간, 예를 들어, 저속 주행의 경우 엔진과 구동모터를 분리한 후 배터리-구동모터만 동작시켜 전기차처럼 움직인다. 가속하거나 오르막길 등 큰 구동력이 필요할 때는 클러치를 붙여 엔진과 모터가 동시에 움직인다. 엔진은 항상 효율이 높은 지점에 위치시키고 배터리가 필요한 만큼 동력을 보조하는 방식이다. 배터리가 방전된 경우 엔진을 구동해 배터리를 충전할 수도 있다. 이처럼 필요한 구동력에 따라 엔진 또는 모터로 주행하며, 감속이나 제동 혹은 내리막길에서는 계속 회전하고 있는 모터의 남는 운동에너지를 전기에너지로 변환해 배터리를 충전한다.

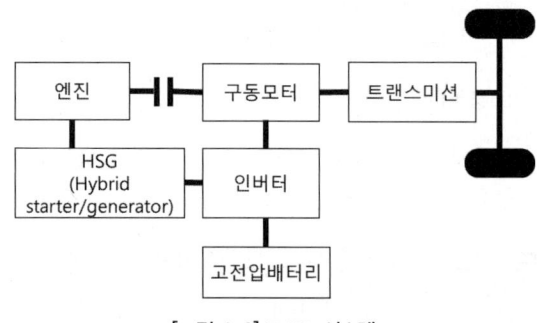

[그림 4-3] TMED 시스템

FMED 방식은 모터가 엔진 플라이휠(크랭크 샤프트 한쪽 축에 연결되어 엔진의 회전을 안정적으로 만드는 장치)에 장착되어 있기 때문에 엔진을 정지하고 모터만 동작하는 EV모드가 불가능하다. FMED도 TMED와 마찬가지로 엔진의 최고 효율 지점을 목표로 배터리가 동력을 보조하며 연비를 높인다. 하지만 특별한 장점이 없어 현재는 사용하지 않는 구조이다.

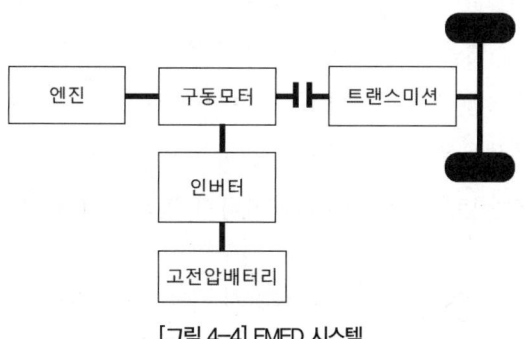

[그림 4-4] FMED 시스템

ⓒ **동력분기형 하이브리드**: 동력분기형 하이브리드는 토요타에서 사용하는 하이브리드 방식으로 2개의 모터를 사용한다. 토요타 하이브리드 방식은 상당히 복잡하므로 간략하게만 소개한다. 모터1은 주로 발전과 시동용으로 사용하며 모터2는 EV모드의 구동모터로 사용한다. 모터1, 모터2는 동시에 전기를 생성해 배터리를 충전할 수 있다. 주행 상황에 따라 Power-split모듈이 직렬, 병렬식으로 구동을 수행한다. EV모드에서는 배터리에서 전기를 모터2에 공급하여 주행한다. 엔진이 켜질 때는 모터1이 엔진을 동작시키고 엔진동력과 모터1과 모터2가 동시에 구동하며 엔진 최고 효율점에서 동작한다. 동력이 많이 필요한 등판 모드에서는 엔진과 모터2가 최대출력으로 구동하고 회생제동 시에는 모터2로 회생을 받는다.

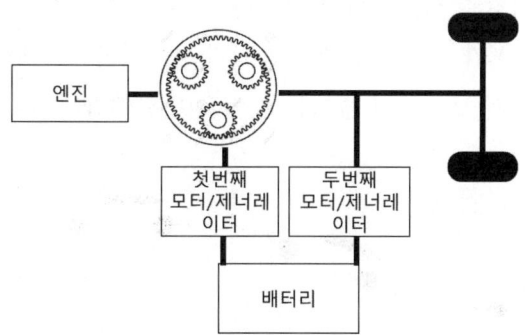

[그림 4-5] 동력분기형 하이브리드 모식도

ⓔ **48V시스템**: 48V시스템은 일반적인 200~400V 하이브리드 고전압배터리보다 낮은 전압과 용량을 가진 48V급 배터리를 장착한다. 동작방식은 HEV와 동일하지만 EV모드는 불가하다. 업계에서는 48V시스템을 마일드하이브리드라고 부른다. 48V의 충·방전 전압범위는 30~60V이므로 실제 완전 충전된 시스템의 전압은 60V이다. 이는 60V 이상에서의 고전압 안전 설계를 요구하는 LV148의 Safety-Extra Low-Voltage(SELV)를

Chapter 01 친환경차의 이해   **219**

만족하여 기능제한 없이 설계가 가능하다는 장점을 활용하기 위해 전략적으로 선택한 전압이다. 48V시스템은 배터리 용량과 전압을 줄였음에도 엔진이 최고 효율점에서 구동하도록 순간 보조출력을 공급할 수 있어서 연비 향상이 가능하다. 하지만 현재 차량에서 사용하는 전장품은 12V전원을 사용하도록 설계되어 있기 때문에 48V배터리 또한 12V로 강압하는 별도의 DC-DC컨버터가 필요하여 원가저감의 한계가 있다.

③ 플러그인 하이브리드 자동차(Plug-in Hybrid Electric Vehicle)

플러그인 하이브리드는 하이브리드와 구성이 유사하지만 하이브리드보다 더 큰 용량의 배터리를 탑재하고, 외부 충전이 가능한 탑재형 완속충전기(OBC, On Board Charger) 부품이 추가된다. 하이브리차의 배터리 용량을 키우고 충전기를 추가했다고 이해하면 쉽다. 하이브리드 자동차와 유사하게 주행 환경에 따라 엔진과 모터를 효율적으로 활용하여 주행하며 배터리 에너지가 고갈되면 하이브리드 모드로 동작한다. 베터리에 저장된 전기를 사용하여 EV모드로 주행하는 것을 CD모드(Charge Depletion Mode)라고 하며, 하이브리드 자동차처럼 주행하는 것을 CS모드(Charge Sustain Mode)라고 한다. 일정 수준의 배터리를 CD모드로 사용 후 CS모드로 전환하게 되며 배터리의 에너지가 고갈되어도 엔진이 탑재되어 있기 때문에 연료만 있으면 전기차와 달리 주행거리의 제한 없이 운전할 수 있다. 하지만 엔진과 더불어 큰 용량의 배터리와 모터가 추가되어야 하므로 원가가 비싸져서 수익을 내기 어렵고, 패키지가 거대해져서 차량을 경량화하기 어렵다.

현재 유럽에서는 PHEV가 꾸준히 판매되고 있지만 하이브리드에서 전기차로 넘어가는 과도기에 위치한 차량이어서 보조금이 줄어들고 있으며 판매량이 조금씩 감소하는 추세이다.

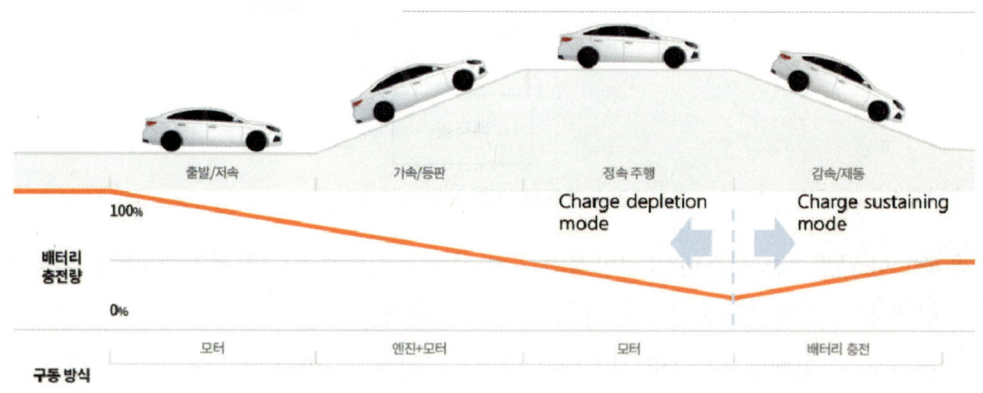

[그림 4-6] 하이브리드 자동차의 CD모드와 CS모드

(3) 전기 자동차와 내연기관 자동차의 차이점

지금까지 친환경차의 종류, 구조와 작동원리를 살펴보았다. 이번에는 전기차와 내연기관차의 주요 차이점을 간략히 알아보자. 기술적인 차이점도 중요하지만 상식으로 알아두어야 하는 내용들이다.

① 가격

평균적으로 전기차의 가격은 내연기관차보다 비싸다. 내연기관차와 전기차의 가격 차이 중 대부분은 배터리 가격에서 기인한다. 배터리는 전기차 원가의 30~40%를 차지하며, 원자재 가격이 상승함에 따라 가격이 더욱 더 상승하고 있는 추세이다. 배터리 원가의 30% 정도는 배터리의 양극소재가 차지하는데, 니켈, 코발트 등 삼원계 배터리의 주요 원재료 가격은 전기차 원가를 낮추기 힘든 원인 중 하나이다. 삼원계의 핵심 광물인 니켈, 코발트 가격이 인도네시아산 니켈의 공급과 콩고산 코발트의 공급으로 하락하여 삼원계 배터리 가격이 LFP배터리 가격 수준으로 낮아지고 있지만, 내연기관차 수준의 가격 경쟁력을 가지기에는 여전히 부족하다.

가격비교에 활용할 수 있는 지표 중 하나로는 TCO(Total Cost of Ownership)가 있다. 자동차의 구입요금, 보조금, 세금, 유지비, 유류비 등을 모두 포함하는 가격의 개념으로 차량가격과 유지비를 합친 개념이다. 국가마다 보조금, 유류비, 전기료 등이 상이하여 국가별 TCO 비교는 적절치 않으나, 우리나라에서 판매 중인 자동차에 대해서 상대적으로 비교해보면, 아이오닉6를 구매해 10년간 8만km를 주행할 경우 TCO는 6,740만 원이며 이 가격은 차급이 높은 그랜저 3.3 가솔린 모델의 TCO인 6,675만 원과 유사하다.[2] 물론 전기차 보조금과 세제혜택을 제외하면 동급 차종에서 차이는 더 커질것이므로 현재까지는 국내 전기차의 TCO가 내연기관차보다 높다고 볼 수 있다.

② 안전성

내연기관 차량과 전기 차량에서 가장 차이가 큰 부분은 화재위험성이다. 내연기관차의 화재발생의 원인은 기계적 요인과 전기적 요인이 대부분이다. 기계적 요인으로는 엔진오일이나 냉각수의 부족에 의한 엔진과열과 기타 기계 부속품의 과열에 의한 화재가 원인으로 작용한다. 전기적 요인으로는 배터리와 얼터네이터에서 생성하는 12V급 전원이 쇼트(Short)되거나 접촉불량이나 체결부 불량에 의한 과열이 발생하여 발화하는 경우가 있다.

전기차에서는 그 양상이 사뭇 다른데, 전기차에서의 화재는 대부분 배터리에서 발생하며 한번 발생한 화재는 차량이 전소될 때까지 쉽사리 진압되지 않는다. 배터리는 가열되면 아세

---

[2] 출처: 다올투자증권

틸렌, 에틸린, 메탄 등의 가연성 기체를 발생시키며 SEI(Solid Electrolyte Interface)막이 분해되며 배터리 외장재가 터져 산소와 접촉하게 된다. 이때 음극에 석출된 리튬금속이 외부의 산소와 반응하면서 불꽃이 발생하고 이로 인해 음극 탄소 소재들에 불이 붙어 타게 된다. 화재를 방지하기 위해 BMS(Battery Management System)가 주기적으로 배터리를 모니터링해 화재 발생 위험이 있을 시 릴레이나 스위치 등을 통해 전기를 차단하는 방법을 사용한다. 물리적으로 열이 발생하거나 배터리셀이 부풀어 오르면 전기를 차단할 수 있는 기계 장치를 사용하기도 하며, 난연성 소재로 배터리 사이사이를 치밀하게 채우고 산소와의 접촉을 원천적으로 차단하기 위해 배터리 전체를 접착소재로 밀봉하는 방법도 사용 중이다. 실제로 내연기관차 대비 전기차의 화재 발생 빈도는 높지 않으나 한번 화재가 발생하면 진압이 쉽지 않다.

③ 성능

내연기관차의 엔진은 최대 토크를 내기 위해서 회전영역이 전체 중 후반에 위치한다. 다시 말해 엔진의 회전이 빨라져야 최대 토크가 나온다는 의미로 일정 속도까지 엔진 회전속도를 올려야 큰 힘을 얻을 수 있다. 하지만 전기차에 쓰이는 구동용 모터는 작동하는 순간부터 바로 최대 토크를 발생시키므로 이론적으로 회전을 시작할 때 최대 토크를 생성할 수 있다. 따라서 내연기관차는 정지상태에서 출발해 가속력을 얻기까지 전기차 대비 시간이 오래 걸린다.

고속 영역에서 내연기관차는 변속기의 도움으로 고속에서 엔진 최대토크를 사용할 수 있지만 전기차는 회전수가 높은 영역에서 낮은 토크를 가지므로 가속력이 떨어진다. 따라서 일반 시내 도로 주행에서는 전기차의 성능이 내연기관차 대비 좋게 느껴질 가능성이 높고, 고속 주행을 할 경우에는 내연기관차가 전기차 대비 가속이 잘된다고 느낄 수 있다.

감성적인 성능으로는 전기차는 무게 중심이 낮아 롤링, 선회성이 우수하고 고속주행 시 차가 바닥에 붙어있는 듯한 느낌을 받을 수 있다. 또한 모터는 소음이 발생하지 않아 실제로 사람 바로 옆으로 전기차가 지나가더라도 알아차리지 못할 정도로 정숙하며 진동 또한 적다.

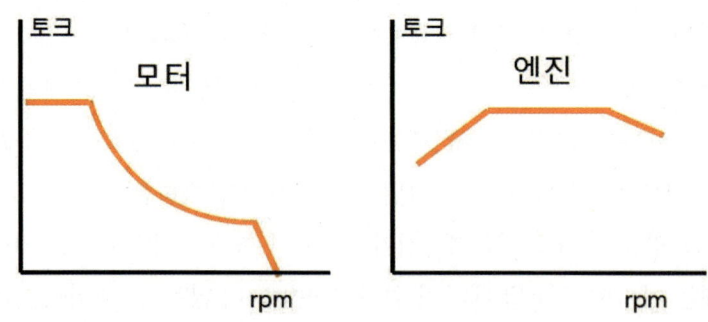

[그림 4-7] 모터와 엔진의 rpm과 토크 관계

2. 충전기술과 충전인프라

(1) 충전기술

① 충전기 타입에 따른 충전기술

전기차는 충전소에 설치된 충전기를 사용하거나 가정용 콘센트를 사용해 충전할 수 있다. 충전기술을 구분할 때는 충전하는 전원의 종류가 AC인지 DC인지, 충전속도가 빠른지 느린지, 충전기 타입(생김새)이 어떤지에 따라 구분한다. 충전기는 제조사별, 국가별로 서로 상이하여 복잡해 보이나 천천히 살펴보면 이해하기 어렵지 않다.

플러그 타입		지역			
		한국/북미	유럽	일본	중국
AC	형상	 ⬤	 ⬤	 ⬤	 ⬤
	플러그타입	Type1-J1772	Type 2	Type1-J1772	GB/T
DC	형상	 ⬤	 ⬤	 ⬤	 ⬤
	플러그타입	Type1-CCS	Type2-CCS	CHAdeMO	GB/T

[그림 4-8] 지역별 충전기 모양

㉠ SAE(Society of Automotive Engineers) J1772 - Type1

J-plug 또는 Type1이라고 부르는 충전기로, 국내에서는 AC단상 5핀이라고 부른다. 최대 19.2kW의 AC충전이 가능하나 현재는 한국을 포함한 아시아지역과 북미지역에서 완속충전에 사용한다. 한국 현대자동차의 가정용 완속충전기가 이 타입으로, 7kW 또는 11kW급 J1772타입을 차용하고 있으며 대부분 타사 차량에서도 완속 표준 충전기로 사용한다. 완속충전에는 휴대용전원(가정용 콘센트충전)을 사용하는 방법과 충전기에 설치된 완속충전기를 사용하는 방법이 있다. 급속충전기를 설치할 수 없는 가정에서 주로 완속충전을 사용하지만 가정용 충전기의 경우 완전 충전까지 20~30시간이 소요되어 개인주차장이나 오랜 시간 충전이 가능한 사용자만 이용할 수 있다는 한계가 있다. 충전기에 설치된 완속충전기의 경우 100% 충전까지 9~11시간 정도 소모된다.

[그림 4-9] SAE J1772 충전기

  ⓛ Mennekes - Type 2

  IEC 62196-2를 채택한 충전기로 Type2 혹은 Mennekes라고 불리는 유럽 표준 충전기이다. Type2 충전기는 중국의 GB/T 충전기와 모양은 비슷하지만 암/수 핀이 다르고 서로 호환되지 않는다.

  ⓒ GB/T

  중국의 독자적인 충전기로 AC와 DC충전 모두 가능하다. 중국에서는 GB/T만을 충전 규격으로 사용하고 있다. AC로 최대 27.2kW(250V, 440V), DC로 최대 250kW(750V, 1,000V) 충전이 가능한 규격이다.

  ⓔ CCS(Combined Charging System) Type1

  CCS Type1은 앞서 설명한 Type1 충전기에 DC 충전기를 합친 형태이다. 우리나라에서는 흔히 'DC콤보 7핀'이라고 부르는 국내 표준규격이다. 위 그림에서 볼 수 있듯 Type1 충전기 아래 2핀의 DC충전기가 장착되어 있는 형상이다. CCS Type1은 최대 350kW까지 충전이 가능하나 대부분 50kW급 충전기가 보급되어 있다. AC와 DC가 혼합된 형태이므로 완속/급속충전 모두 가능하다. CCS Type1은 유럽과 중국을 제외한 대부분 국가에서 사용 중이며 한국의 아이오닉, 코나, 니로와 북미 차종 대부분에서 주로 사용한다.

  ⓜ CCS Type2

  유럽에서 사용하는 충전기이다. AC단상, AC3상, DC급속 충전을 지원하며 대부분의 유럽 충전기는 CCS Type2이다. DC급속충전은 Type1과 유사하지만, AC충전에서는 3상 충전을 지원해 Type1에 비해 빠르다.

  ⓗ CHadeMO

  '차데모'라고 불리며 일본의 5개 자동차 회사가 합작하여 표준화한 규격의 급속충전기로 DC급속충전만 지원한다. 세계적으로 CCS를 표준 규격으로 선택하여 차데모는 점차 사라지는 추세이며, 국내에서는 초창기 전기차와 일본 메이커 전기차에서 주로 찾아볼 수 있다. 급속충전만을 지원하므로 완속충전을 위해서는 자동차에 완속충전 포트가 별도로 필요하다.

ⓢ 독자규격

위에서 설명한 규격 외에도 초고속 충전을 위해 차량 제조사에서 독자적으로 개발한 충전시스템이 있다. 테슬라 수퍼차저의 경우 Type2(유럽, 대만 등)와 테슬라 전용 규격을 북미와 한국에서 서비스 중이다.

국내에서는 충전규격이 같아도 충전소 제조사마다 충전기의 전압과 전류가 달라 충전이 안 되는 경우가 종종 있다. 이러한 불편함을 없애기 위해 충전 인프라를 표준화·규격화하는 사업이 진행되고 있다는 것 정도는 알아두어야 한다.

[표 4-2] 충전기 타입과 특징

구분	Type 1	Type 2	CHAdeMo	Type 1,2 CCS
충전타입	AC 충전	AC 충전	DC 급속충전	DC 급속충전
핀수	5	7	4	9
용량	최대 11kW	최대 43kW	50 kW~100kW	Up to 170kW
전압	230V	230V / 400V	500V	450V
전류	Up to 32A	Up to 63A	125A	125A

쉬어가는 잡학

충전시간 계산방법

현대자동차의 아이오닉6를 완전 충전하는 데 걸리는 시간을 계산해보자. 아이오닉6의 배터리 용량은 77kWh인데 여기서 kWh = kW × h(시간)을 의미한다. 따라서 7kW급 충전기로 11시간 만에 충전을 완료할 수 있다. 하지만 충전환경에 따라 실제 충전 시간은 가변적이다.

② 충전인프라

전기차 보급에 있어 가장 큰 장애물 중 하나라 꼽히는 것이 충전의 불편함이다. 따라서 충전인프라 구축 계획은 전기차 보급 정책의 중요한 요소로 간주될 수밖에 없다. 우리나라와 미국 등 주요 전기차 시장별 충전인프라 보급 현황과 정책에 대해 알아보자.

㉠ 한국

전기차는 내연기관차와 다르게 충전에 많은 시간이 필요하다. 통상적으로 초급속 충전은 충전 0%에서 80%까지 도달하는 데 20분 내외가 소모되며 최근에는 15분까지 단축되었다. 이러한 50~100kW 출력의 급속충전기는 충전 속도는 빠르지만 배터리의 수명이 단축된다는 단점이 있기도 하다. 국내 도심에서는 아파트에 주차하는 차량이 많아 완속충전이 쉽지 않기 때문에 앞으로 전기차 숫자가 늘어날수록 급속충전 인프라에 더 많은 투자가 이루어질 전망이다.

완속충전기는 3.3~7kW 전력을 이용하며 통상 80~90% 충전에 10~20시간이 필요하기 때문에 주택 개인주차장 등 장기 주차가 가능한 곳에 주로 설치한다. 최근 새로 짓는 아파트에는 주차 대수의 5%(구축 2%) 이상 규모로 전기차 충전기를 의무 설치해야 한다. 정부는 2025년까지 충전기 51.7만기(거주지·직장 등 생활거점 중심 50만기, 휴게소 등 이동거점 중심 1.7만기)를 설치하고자 한다. 또한 100세대 이상 아파트와 다중이용시설, 공용주차장 등을 신축할 때 충전기 의무설치 비율을 2022년 기준 5%에서 2025년 기준 10%까지 점차 늘리고 있다. 기존 건물에는 2% 비율로 충전기를 의무 설치하고 공공기관 등의 충전시설을 개방하는 계획도 가지고 있다.

고속도로와 도로에는 2025년까지 급속충전기를 중심으로 1.7만기를 추가 설치하고 주유소 LPG충전소 내 전기차 충전기를 설치한다. 고속도로 휴게소에는 초급속 충전기(350kW)급을 설치하고 있다. 더불어 버스를 대상으로 하는 무선충전기 사업도 시행하고자 한다. 하지만 폭발적으로 성장하는 전기차 수를 따라가기에는 강제적인 정책으로는 한계가 있기 때문에 차량 제조사들은 직접 제조한 차량용 급속충전기를 곳곳에 설치하여 전기차 판매 소구점으로 활용하고 있다.

ⓒ 미국

미 의회는 2021년 11월 1조 2천억 달러 규모의 대규모 인프라 예산법을 통과시켰고, 이 중 75억 달러를 전기차 충전소 구축에 배정했다. 50개 주와 워싱턴DC, 푸에르토리코에서 전체 75,000마일 길이의 고속도로 인근에 충전시설을 구축하기로 하고 연방기금 15억 달러를 배정했다.

미 행정부는 2030년까지 50만 개의 급속충전 시설을 설치하고자 하며, 이를 위해 50마일마다 전기차 충전소를 설치할 예정이다. 전기차 판매 1위 업체인 테슬라는 테슬라 차량만 충전 가능한 자체적인 충전 설비인 슈퍼차저를 가지고 있는데 미국 정부의 압박에 의해 다른 회사의 차량도 충전 가능하도록 슈퍼차저를 타사에 개방하고 있다. 따라서 타사에서 주로 사용하는 CCS방식으로 슈퍼차저를 개조하거나, 앞으로 건설하는 슈퍼차저에 CCS가 포함되도록 제조할 계획이다.

ⓒ 그 외 국가

중국은 충전인프라 시설촉진연맹(EVCIPA)의 주도로 충전 시설을 설치 중이다. 2022년 12월 기준 495만 개가 설치되었으며, 이는 2021년 대비 100% 증가한 것이다. 또한 2025년까지 충전기 2,000만 대를 설치하고자 한다.

EU의 전기차 충전소는 독일, 네덜란드 등 서유럽에 절반 이상 집중되어 있다. 내연기관차의 기술력 강화에 집중했던 유럽 국가들은 전기차로의 빠른 산업 전환이 필요하다. 유럽의회는 60km 구간마다 전기차 충전소를 의무 설치하고, 100km마다 수소충전소를 의무 설치하는 Fit for 55 법안을 발의하였다. 또한 2035년부터 신규 내연기관차 판매를 금지하는 등 전기차 확대에 최선을 다하고 있다.

CHAPTER 02 전기 자동차 주요 부품과 기술

> **학습 POINT**
> 전기차는 수천 개의 부품으로 이루어져 있지만, 그중 핵심적인 역할을 하는 모터, 배터리시스템, 인버터, 충전시스템, DC-DC 컨버터 등을 자세히 알아본다.

1. 개요

전기차는 전기모터(Electric Traction Motor), 인버터/컨버터(Inverter/Converter), 감속기(Transmission), 온보드차저(Onboard Charger), 구동배터리(Traction Battery), 냉각시스템(Thermal System), 통합제어기(Power Electronics Controller) 등으로 구성되어 있다. 먼저 전기모터는 바퀴를 구동하는 엔진에 해당하고 인버터는 배터리의 DC전압을 모터에서 필요한 AC전압으로 변환하는 역할을 한다. 온보드차저는 충전기의 전압을 배터리 충전에 적절한 전압과 전류로 변환하는 역할을 한다. 또한 전기차는 주행 중 배터리/모터 온도가 상승하여 손상을 입을 수 있기 때문에 냉각수를 돌려 온도를 낮춰줄 수 있도록 별도의 냉각시스템을 구비한다. 이 외에도 각 부품제어기들과 CAN통신으로 연결되어 통합제어를 수행하는 제어기가 구비되어 있다. 또한 내연기관차에서의 트랜스미션이 전기차에서는 감속기모터로 대체되어 구동모터의 높은 rpm을 구동력으로 변환하는 감속기도 탑재되어 있다.

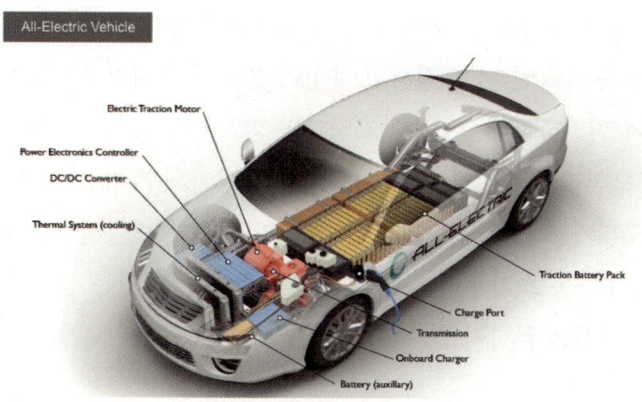

[그림 4-10] 전기 자동차의 주요 부품

2. 전기 자동차를 구성하는 주요 부품

(1) 전기모터

전기모터는 내연기관차의 엔진에 해당하는 부품으로 자동차에 구동력을 공급하여 차량을 움직이는 역할을 한다. 충전된 배터리의 에너지를 사용하여 주행하며 브레이크를 밟거나 속력이 줄어들어 토크의 방향이 바뀔 때 회생제동을 통해 배터리를 충전하는 발전기의 역할도 한다. 모터는 내연기관 엔진 대비 90% 이상의 효율을 가지고 있으며 구동 시작부터 최대 토크를 낼 수 있기 때문에 자동차 입장에서 상당히 효율적인 부품이며 복잡한 변속기가 필요 없다는 장점이 있다.

전기차에 사용하는 모터는 여러 종류가 있지만 실제로 양산 전기차에 사용하는 모터는 두 가지가 있다. 이번 챕터에서는 회전자(Rotor)에 영구자석을 사용하는 동기모터(PMSM)와 영구자석을 사용하지 않는 유도모터(Induction Motor)에 대해 알아보자.

① 영구자석동기모터(PMSM, Permanent Magnet Synchronous Motor)

영구자석을 회전부(Rotor)에 위치시키고 고정자(Stator)에 감겨있는 코일에 3상 전류를 흘려 자성을 띠게 만들어 회전하는 모터이다. 일반적으로 Rotor는 Stator 안에 위치하며 영구자석으로 이루어져 있다. Rotor와 Stator의 위치에 따라 모터의 명칭이 구분된다. Rotor의 영구자석이 표면에 있으면 SPMSM[3]이라고 부르고 Rotor 내부에 영구자석이 위치하면 IPMSM[4]으로 부른다. 일반적으로 이 두 모터를 PSMS로 통칭하는 경우가 많다.

---

[3] Surface Permanent Magnet Synchronous Motor

PSMS의 작동원리를 간략하게 살펴보자. 모터를 회전시키기 위해 고정자의 자기장 극성을 변환하여 회전부를 움직인다. 고정자의 자성이 움직이면 회전부는 고정자의 자성이 변하는 속도를 따라가며 회전하는데, 이렇게 고정자와 회전부가 동기화되어 움직이기 때문에 동기(Synchronous)모터라고 표현한다. 동기모터는 고정자의 자기장이 변하는 만큼 회전부가 회전하기 때문에 모터가 초기에 구동할 때 자기장만 빠르게 변화시키면 회전자가 강하게 회전할 수 있다. 따라서 구동 초기부터 최대 토크를 발생시킬 수 있는 장점이 있다. 실제로 전기차를 정지상태에서 액셀을 끝까지 밟으면 큰 힘을 내며 시트가 뒤로 쏠리는 듯한 느낌을 받을 수 있다.

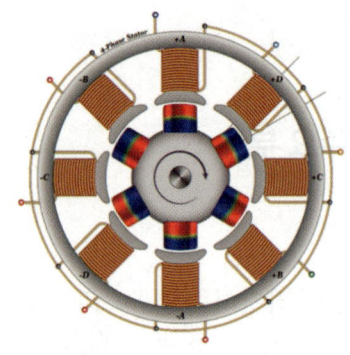

[그림 4-11] 회전자(Rotor)와 고정자(Stator) (ⓒMotor trend)

3상 모터의 원리를 조금 더 깊이 살펴보자. 아래 그림 같이 철심에 코일을 감은 것을 3상의 U상 코일, V상 코일, W상 코일이라고 해보자. 각 코일을 120° 간격으로 배치하고 AC전압을 차례로 흘리면 3상 전압이 높은 코일에 N극, 낮은 쪽에 S극이 형성된다.

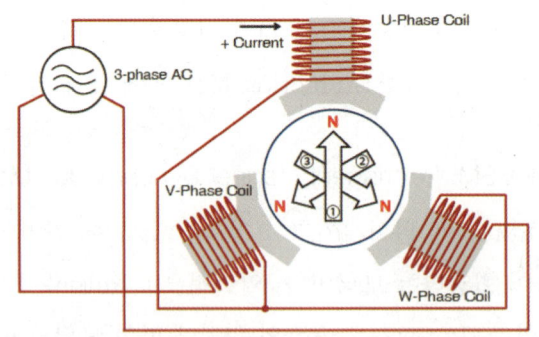

[그림 4-12] U상 코일, V상 코일, W상 코일(ⓒROHM)

---

4) Interior Permanent Magnet Synchronous Motor

각각의 상은 정현파 상태로 변화하므로, 각 코일에서 발생하는 극(N극, S극)과 자력이 정현파에 따라 변화한다. 이때 N극이 발생하는 코일만을 보면 U상 코일 → V상 코일 → W상 코일 → U상 코일의 순서로 변화하므로, 자기장이 회전하게 되고 Rotor에 위치한 자석도 따라서 회전한다. 쉽게 이야기하면 3축으로 도선이 감긴 동그란 도넛에 자성을 회전시켜가며 도넛 가운데 자석을 회전시킨다고 생각할 수 있다.

PMSM을 사용하는 가장 큰 이유는 구조적으로 매우 단순하고 회전자에 전기연결이 불필요하기 때문에(영구자석이므로) 효율이 95% 수준에 달할 정도로 매우 우수하여 전기차에 적격이기 때문이다. 하지만 자석 희토류(Nd-Fe-B계)가 매우 비싸고 전기차 시장이 치열해질수록 미래의 희토류 가격은 점점 더 상승할 것이라는 점은 치명적인 단점이다. 또한 희토류의 80% 이상이 중국에서 생산/수출되고 있어 중국 의존성이 크고 영구자석의 물량이 부족하여 가격과 수급의 변동성 또한 크다. 따라서 모터 제조사에서는 영구자석의 사용량을 줄이는 모터 개발에 집중하고 있다. 현재는 영구자석과 SynRM을 조합한 IPM-SynRM모터를 사용하는 추세이다. IPM-SynRM모터는 영구자석을 V자형으로 배치하여 역기전력에 의한 출력저하를 최대한 줄이는 방식이다. 현대 아이오닉 5/6, 기아 EV6, 테슬라 Model S/3/X/Y 후륜축, 폭스바겐 MEB 차량들의 후륜축, 포르쉐 Taycan 등이 해당 모터를 사용 중이다.

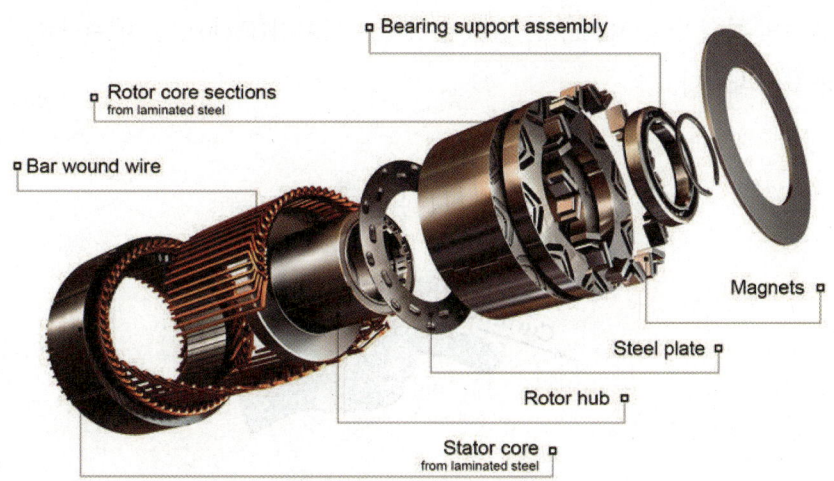

[그림 4-13] 쉐보레 볼트 EV에 탑재된 영구자석 동기모터 (ⓒ쉐보레)

② 유도모터(Induction Motor)

유도모터는 동기모터와 유사하게 삼상교류를 사용하지만 회전자에 영구자석을 사용하지 않고 원통모양의 도체를 사용한다. 도체 주변에서 자기장이 움직이면 도체를 통과하는 자성의 양이 변하고 이때 전류가 발생하는 유도기전력을 사용하여 자석과 유사한 효과를 내며 회전한다. 유도모터의 회전원리를 이해하기 위해서는 중학교때 배운 앙페르의 오른손 법칙, 플레밍의 오른손/왼손 법칙, 페러데이 법칙을 이해할 필요가 있다.

㉠ 앙페르의 오른손 법칙: 전류의 방향을 엄지로 설정했을 때, 손가락이 감기는 방향으로 자기장이 형성된다. 전류의 방향에 따른 자기장의 방향을 알 수 있으며 전류에 의한 자기장의 세기는 전류의 세기에 비례하고 도선으로부터 거리에 반비례한다.

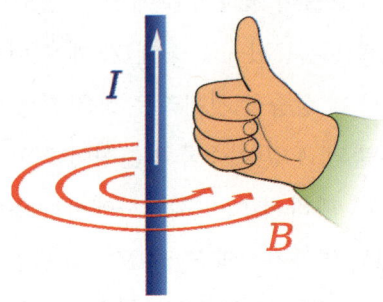

[그림 4-14] 앙페르의 오른손 법칙

㉡ 플레밍의 오른손 법칙: 자기장 내에 도체가 움직이면 자기장의 자속을 변화시키며 도체에 전류가 흐르는데, 이때 전류의 방향을 설명하는 법칙이다. 오른손의 엄지 손가락이 도체의 힘의 방향(Motion), 검지 손가락은 자기장(Field), 중지는 전류(Current)의 방향을 나타낸다.

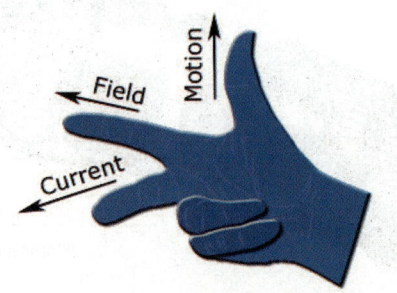

[그림 4-15] 플레밍의 오른손 법칙

㉢ 플레밍의 왼손 법칙: 자기장(Field) 속에 있는 도선에 전류(Current)가 흐를 때 도선이 수직 방향으로 힘(Motion)을 받는다는 법칙이다. 플레밍의 오른손 법칙은 발전기의 원리이며 왼손 법칙은 모터의 원리이다. 왼손 법칙은 자기장과 전류의 결과로 힘을 얻는 방향을 설명할 수 있으며 오른손 법칙에서는 자기장과 힘의 결과로 전류(전기에너지)가 생성되는 것을 설명할 수 있다.

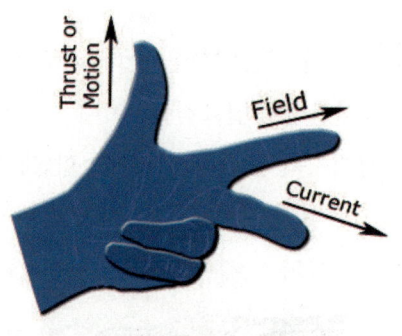

[그림 4-16] 플레밍의 왼손 법칙

ㄹ 패러데이 법칙: 자기장 내에서 이동하는 도체에 유도기전력이 발생한다는 이론이다.

ㅁ 아라고의 원판: 유도전동기의 회전원리는 프랑스의 물리학자 아라고(Arago)가 발견한 원의 동작 원리와 동일하다. 아래 그림과 같이 도체로 만든 원판 위에서 자석의 N극을 시계 방향으로 회전시키면 상대적으로 원판은 자기장 사이를 반시계 방향으로 움직인다고 느끼게 된다. 플레밍의 오른손 법칙에 따라 원판 중심방향으로 유도기전력이 발생하고 유도기전력은 와류전류를 일으킨다. 이 전류의 방향을 왼손 중지로 가리키고 플레밍의 왼손법칙을 적용하면 원판은 시계방향으로 힘을 받아 회전하게 되는 것을 알 수 있다.

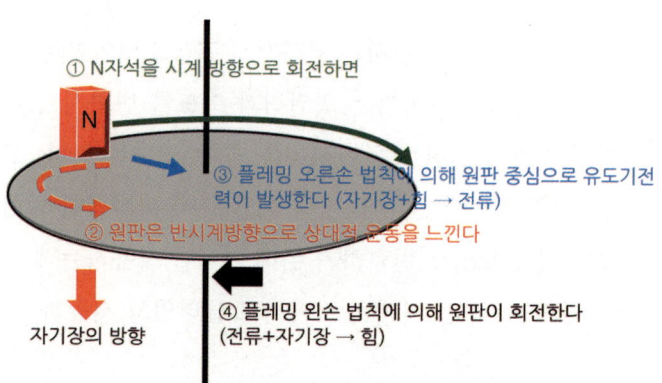

[그림 4-17] 아라고의 원판의 회전 원리

유도전동기는 아라고의 원판과 동일한 원리이지만 위 그림처럼 직접 자석을 회전시키는 것이 아니라 고정자에 코일을 감아 극성을 변화시켜 자석이 회전하는 것과 동일한 효과를 주고, 이때 회전자에 와전류가 발생하여 회전자가 회전하게 된다. 유도모터는 아우디 e-Tron SUV, 벤츠 EQC, 테슬라 Model S/3/X/Y, 폭스바겐 MEB 차량의 전륜모터에 사용된다.

(2) 인버터

인버터는 DC전원과 AC전원을 교환하는 역할을 한다. 전기차의 고전압배터리는 DC전원을 저장하지만 대부분의 모터는 AC전원이 필요하다. 이때 인버터가 배터리의 DC전력을 AC로 변환하여 모터에 공급한다. 전기차가 감속하거나 제동할 때 회생제동을 통해 발생한 AC전력을 인버터가 DC로 변환해 배터리에 다시 저장하기도 한다.

[그림 4-18] 일체형 모듈

(3) 감속기

감속기는 내연기관차의 변속기에 해당하는 부품으로 구동모터와 바퀴 사이에 직접 연결된 기어 부품이다. 내연기관차에서의 변속기는 회전력과 속도를 변화시키지만 감속기는 RPM을 줄이고 토크를 높여 운전자가 원하는 동력성능을 낼 수 있도록 한다. 모터는 특성상 전기 공급 시점부터 분당회전수(RPM)가 높은데, 가속 페달을 아주 살짝만 밟아도 1,000RPM 이상으로 회전한다. 이 회전력을 토크로 변환하기 위해 기어를 사용하는데 이것이 감속기이다. 감속기에서의 기어는 작은 기어와 큰 기어의 기어비로 물려있고 제동과 감속, 차동기어로 구성되어 있다.

(4) 배터리시스템

배터리시스템은 배터리 셀을 직렬/병렬로 연결한 후 냉각장치와 셀을 제어하는 BMS(Battery Management System)를 추가한 형태이다. 전기차의 핵심 부품으로 전기를 저장했다가 공급하는 역할을 한다. 폭스바겐 플랫폼인 MEB를 참고해 배터리시스템의 구조를 간략히 알아보자.

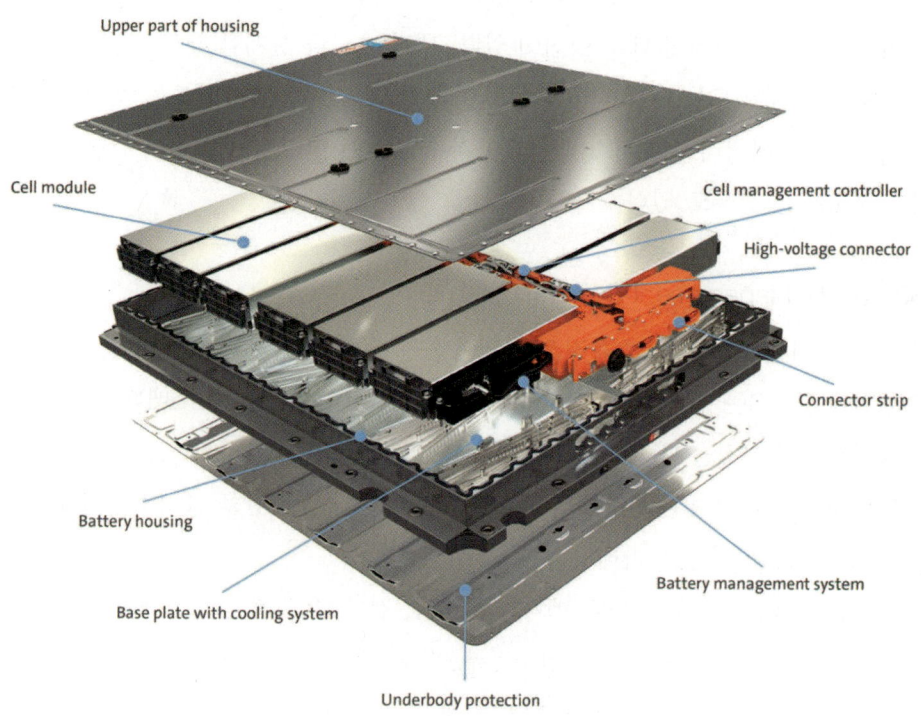

[그림 4-19] 폭스바겐 MEB 플랫폼 배터리시스템

① Housing(하우징)

배터리를 만들어 감싸고 있는 외부 케이스를 하우징이라고 한다. Underbody Protection(하부 보호), Upper Part of Housing(상부 하우징), Battery Housing(배터리하우징) 등 배터리를 보호하는 외장재를 통칭한다. 일반적으로 차량 하부에 배터리시스템이 위치하므로, 하우징은 부식에 강하도록 스테인레스강을 사용하여 제작한다. 차량이 충돌해 시스템이 파괴될 때 최대한 셀을 보호할 수 있도록 구조설계 또한 필요하다. 배터리는 전기에너지를 저장하고 있으므로 배터리와 하우징 사이 절연거리(전기적으로 차단)가 필요하며 셀과의 쇼트가 발생하지 않아야 한다. 배터리뿐만 아니라 냉각 시스템 및 BMS와 와이어하네스를 보호하는 역할도 한다.

② Cell module(셀모듈)

배터리를 셀(Cell)이라고 하는데, 셀모듈은 배터리를 직렬/병렬로 연결해 모듈로 만든 단위이며 AS가 이루어지는 단위이다. 셀을 모듈화하지 않고 한번에 이어 만들면 셀 상태를 센싱하는 와이어의 길이가 길고 복잡해져 조립이 어렵고 통신 효율이 떨어진다. 공장단위에서

Chapter 02 전기 자동차 주요 부품과 기술 235

입고/출하 검사를 할 때 시스템을 통째로 검사하기 어려운 항목들은 모듈단위로 관리하면 관리가 용이하며 재고를 보관할 때도 이점이 있다. 냉각 유로를 설계할 때도 모듈단위로 냉각을 하면 되므로 편리하여 모듈을 제작한 후 모듈들을 조립해 시스템을 만드는 것이 일반적인 방법이다. 셀 모듈은 배터리셀이 버스바로 레이저 용접되어 연결된 구조이며 간단한 기계적 안전장치를 포함하는 경우도 있다.

③ BMS(Battery Management System)

BMS는 배터리를 보호하고 효율적으로 활용하기 위한 제어기로 모니터링, 진단, 제어를 모두 수행한다. BMS는 수 밀리초(ms) 단위로 배터리 상태를 지켜보며 배터리 온도/전압 등이 비정상적으로 올라갔을 때 배터리로 향하는 전류, 전압을 차단하고 냉각을 수행하도록 냉각제어기에 명령을 내리며 운전자에게 배터리가 이상하다는 진단을 클러스터에 표출해 주는 역할을 한다. BMS의 기능은 아래와 같다.

㉠ 배터리 모니터링 및 상태추정: 배터리의 전압, 전류, 온도를 수 밀리초(ms)의 단위로 센싱하여 입력받고 연산한다. 전압, 전류, 온도, 시간 정보를 통해 배터리의 충전상태(SOC)와 건강상태(SOH)를 연산하여 주행 가능한 거리를 차량에 표출하도록 명령한다.

㉡ 배터리 보호 및 이상감지: 배터리의 과충전, 과방전의 위험이 있을 경우 충·방전을 차단하기도 하고 주차/주행 중 배터리를 상시로 모니터링하여 이상 증후가 있으면 릴레이를 차단하거나 사용자에게 경고를 표출한다. 또한 주행 중 외기 온도가 상승해 배터리가 과열되면 제어기를 통해 배터리의 사용량을 제한하고 냉각장치를 구동하여 배터리의 온도를 제어한다.

④ High Voltage Connector

배터리에서 차량으로 전기를 연결하는 커넥터이다. 고전압이 흐르는 커넥터로 일반적으로 주황색 커버로 덮여있으며 인터락을 포함한다. 여기서 인터락이란 커넥터가 제대로 체결되지 않으면 BMS가 차량으로 경고를 보내 커넥터를 제대로 연결할 때까지 전원을 차단하는 기능을 의미한다. 고전압 커넥터가 기계적으로 손상되거나 부분적으로 융착될 경우 화재 발생의 위험이 있으므로 품질 관리가 매우 중요하다.

⑤ Cooling System

배터리는 충전과 방전을 거듭하면 열이 발생하는데, 온도가 높을수록 배터리 열화가 빨라진다. 따라서 차량에서 규정한 배터리의 동작온도를 유지하기 위해 별도의 냉각 시스템을 구비한다. 냉각 시스템은 크게 주행풍을 활용한 공냉 시스템과 냉각수를 활용한 수냉시스템이 있다. 공냉 시스템은 냉각팬을 회전시켜 냉각하므로 전력 효율은 좋지만 때때로 냉각팬 소음이 발생하고 냉각 효과가 떨어지는 단점이 있다. 냉각수를 순환시키는 수냉 방식은 냉각수로를 시스템으로 연결하여 배터리 탭, 본방(배터리 납작면)을 직접 냉각하거나 냉각 핀을 배터리와 연결하여 간접적으로 냉각 핀을 냉각한다. 배터리 온도와 다른 부품의 온도를 동시에 고려하여 어떻게 얼마만큼 냉각하는지 전략을 세우는 일도 중요하다.

(5) DC-DC 컨버터

DC-DC 컨버터는 고전압배터리의 높은 전압을 저전압배터리의 낮은 전압으로 변환하여 전장 부품으로 공급하는 역할을 한다. 고전압을 저전압으로 변환한다고 하여 Low DC-DC Converter(LDC)라고도 부른다.

전기차는 고전압배터리와 저전압배터리를 동시에 가지고 있다. 고전압배터리는 지금까지 설명한 주행모터를 구동하는 배터리이고 다른 하나는 차량 전원에 전력을 공급하는 12V급 배터리이다. 전기차에는 엔진의 회전을 활용해 12V 전기를 발생시키는 얼터네이터가 없기 때문에 LDC를 사용하여 고전압배터리의 전기에너지를 12V로 변환하여 전기부하에 공급하고 남은 에너지는 12V보조배터리에 저장한다. 따라서 LDC가 동작하지 않는 시동이 꺼져있는 상태에서는 12V보조배터리가 차량 에너지를 공급하고, 차량 시동이 걸린 후 LDC가 켜지면 보조배터리 혹은 LDC에서 차량에 전원을 공급한다. 차량에 12V 전기를 공급하는 소스가 LDC와 보조배터리 2가지가 있다고 이해하면 쉽다. 앞서 설명한 48V 마일드 하이브리드의 경우도 마찬가지로 48V를 12V로 변환해 주는 컨버터가 필요하다.

(6) On-Board Charger(OBC)

OBC는 충전기로부터 들어오는 전원이 AC일 경우 AC를 DC로 변환하여 배터리를 충전하는 역할을 한다. 이 과정을 통해 전압과 전류를 제어하여 배터리를 안전하게 보호한다. OBC는 DC급속 충전에는 관여하지 않는다. 최근에는 자동차의 배터리 전력을 사용해 전자제품이나 다른 차량을 충전할 수 있는 V2X(Vehicle to X) 기술이 등장하여 OBC는 AC를 DC로 DC를 AC로 변환하여 공급할 수 있는 양방향 기술이 요구되고 있다. 전기 부하를 고려하여 AC전압 및 주파수를 제어하고 전기 안전을 고려한 고장진단 개발 또한 요구되고 있다.

(7) 릴레이

고전압을 사용하는 전기차는 시동이 꺼져 있을 때는 고전압배터리가 차량과 전기적으로 분리되어 있다. 시동을 걸면 배터리와 차량 사이 위치한 릴레이가 붙으면서(ON) 고전압배터리의 전류가 차량으로 인가되는데, 이 경우 전압과 전류가 매우 높은 상태에서 차량으로 전기가 급속히 흐른다. 이때 전기는 허용전류 이상의 전류를 부하에 인가하게 되고 차량에 영구적인 손상을 준다. 또한 릴레이가 전기에너지를 버티지 못해 퓨즈가 끊어지거나 열발생과 함께 릴레이가 터지는 경우, 릴레이의 전기 연결 접점부가 녹아 융착되는 현상 등이 발생한다. 이를 방지하기 위해 릴레이가 붙기 전 전기를 점차적으로 충전시키는 프리차지 릴레이(Precharge Relay, PRA)가 사용된다. PRA는 하이브리드차나 전기차에 시동을 거는 순간 매번 동작하며, 운전자는 시동을 걸 때마다 '딸깍'하는 소리를 들을 수 있는데 그 소리가 바로 릴레이가 ON/OFF 되는 소리이다.

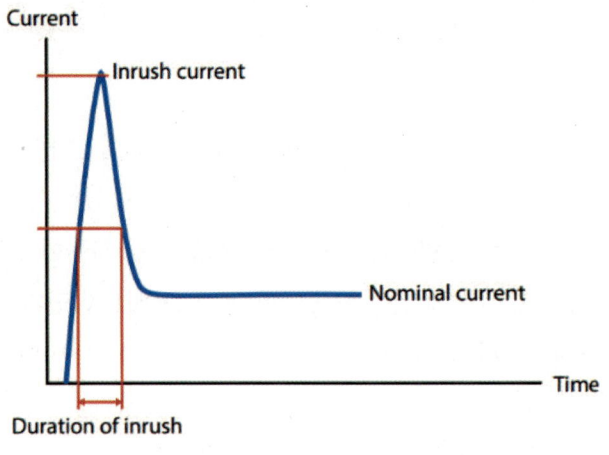

[그림 4-20] 프리차치 릴레이가 없을 때 전류의 거동

전기차의 릴레이는 2개의 릴레이(Positive Relay, Negative Relay)와 1개의 PRA, 프리차지 저항(Precharge Resistor)과 캐패시터(Capacitor)로 구성되어 있다. 배터리 기준으로 배터리의 플러스 쪽에 연결되어 있는 릴레이가 Positive, 마이너스 쪽에 연결되어 있는 릴레이가 Negative이다.

그렇다면 PRA는 어떻게 큰 전류를 제한하는 것일까? 비결은 릴레이의 연결 순서에 있다. 가장 먼저 시동을 걸면 BMS는 Negative Relay를 ON시킨다. 이후 PRA를 ON하면 전압은 마이너스 릴레이와 PRA가 같아질 때까지 서서히 증가하며 전류는 서서히 감소한다. 캐패시터의 전압이 배터리의 전압과 같아지면 Positive Relay를 붙인다(ON). Positive Relay가 붙을 때 릴레이의 양쪽은 이미 같은 전압이 형성되어 있으므로 릴레이를 통한 큰 전류가 흐르지 않기 때문에 돌입전류가 발생하지 않는다. 이후 PRA를 떼어내면(Off) 전체 릴레이는 ON상태가 된다.

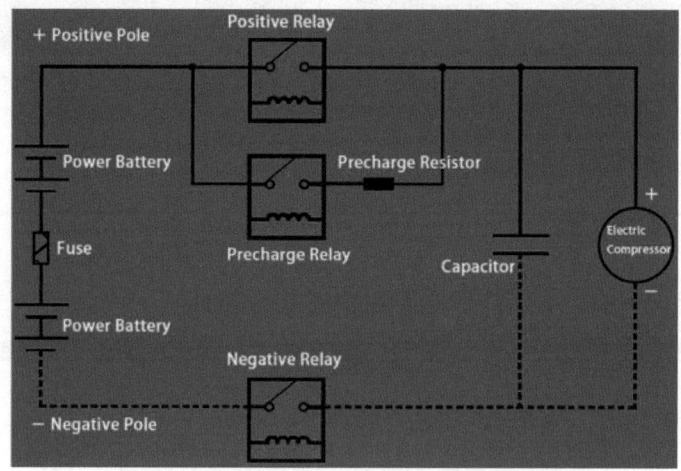

[그림 4-21] 릴레이를 붙여 전기를 공급하는 순서

CHAPTER 03 전기 자동차와 배터리

> **학습 POINT**
> 전기차의 핵심 부품이자 원가 비중이 가장 높은 배터리의 역할과 특징을 알아본다.

전기차에서 고전압배터리는 자동차 원가의 40%를 차지하는 전기차의 핵심 부품이다. 대량 생산으로 가격이 지속적으로 떨어지고 있었으나 최근에는 오히려 배터리의 불량을 검출하기 위한 장비가 고도화되고, 원자재 가격이 상승하면서 가격 하락은 주춤하는 추세이다. 배터리는 전기차의 충전속도, 주행거리, 내구, 중량, 무게, 부피 등 자동차의 상품성과 기술력을 좌우한다.

배터리를 구성하는 셀, 모듈, 시스템의 정의는 다음과 같다.

① **셀(Battery Cell)**: 전기차 배터리의 기본 단위인 전지 하나하나를 '배터리 셀'이라고 하며 양극, 음극, 분리막 전해액을 파우치, 원통, 각형 케이스 등에 넣은 것이 전지이다.

② **모듈(BMA, Battery Module Assy)**: 셀을 일정한 개수로 묶어 프레임에 넣은 배터리 조립 단위이다. 케이스를 통해 셀을 열이나 충격으로부터 보호한다. 최근에는 셀을 자동화 설비를 통해 바로 시스템으로 제조하는 Cell to Pack 기술이 개발되어 모듈의 개념이 사라지는 추세이다.

③ **시스템(BSA, Battery System Assy)**: 모듈을 연결하여 팩으로 만들고 BMS와 냉각시스템, 릴레이, 안전장치 등을 모두 포함하여 시스템으로 만든다.

1. 2차전지의 개념과 구성 요소

(1) 2차전지의 개념

충전과 방전이 가능한 전지를 2차전지라고 하며 재충전이 불가한 전지를 1차전지라 한다. 전기차 초창기에는 Lead Acid 배터리 또는 Ni-MH 배터리가 사용된 적이 있으나 현재는 에너지와 출력밀도가 가장 높은 리튬이온 배터리를 주로 사용한다.

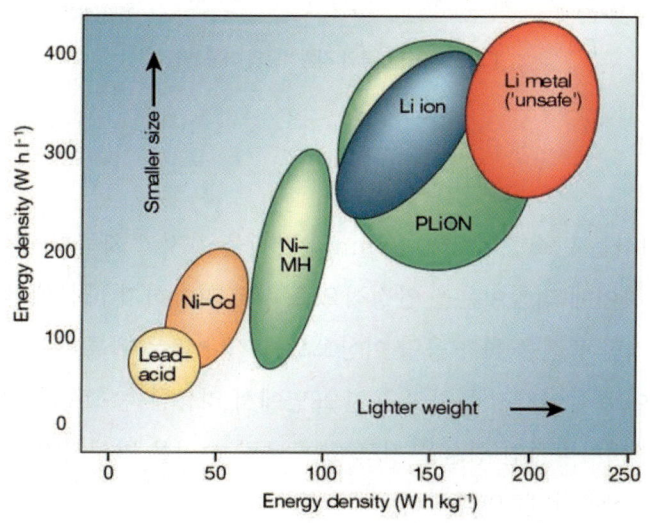

[그림 4-22] 배터리 종류에 따른 에너지 밀도

리튬이온 배터리는 양극과 음극의 전압 차이를 이용해 에너지를 저장하는 장치이다. 배터리는 외부 저항 연결 시 높은 전압에서 낮은 전압으로 이동하는 전자를 사용하여 에너지를 저장/발생시킨다. 마치 물이 높은 곳에서 낮은 곳으로 흐르듯이 전위도 높은 곳에서 낮은 곳으로 이동하려는 특성을 이용한다.

배터리 충전 시 양극에 포함된 리튬산화물이 리튬이온으로 산화된 후 전해액을 통해 음극으로 이동한다. 이때 양극물질은 리튬이 빠져나가며 전위가 상승한다. 빠져나온 리튬이온은 음극 흑연의 사이사이로 이동해 위치하며 음극의 전위를 낮추게 되므로 전체 셀전압을 의미하는 양극과 음극의 전압 차이는 상승한다. 방전 시 음극에 위치했던 리튬이온이 양극으로 이동하여 양극 격자 사이에 위치하게 되며 이때 셀 내부의 리튬이온 이동과 동시에 외부로는 전자가 이동하여 전류를 발생시킨다.

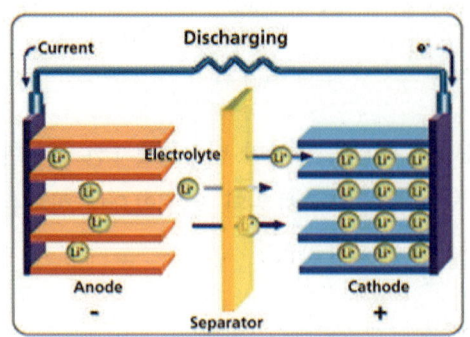 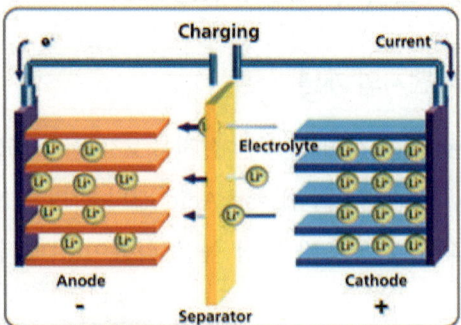

[그림 4-23] 전류와 리튬이온의 이동 방향

(2) 음극

흑연은 그라핀이라는 탄소층이 약 0.34nm의 간격을 가지고 차곡차곡 쌓여 있는 구조로, 이러한 그라핀 층 사이에 리튬이온을 안정적으로 저장 가능하기 때문에 배터리 음극소재로 사용하고 있다. 하지만 충전을 허용 용량 이상으로 하거나 너무 빠른 속도로 충전하면 리튬이온이 그라핀 층 사이로 들어가지 못하고 흑연 표면에서 리튬금속으로 석출되는데, 이 리튬은 전해액과 반응하여 비가역적인 성질을 띠고 있어 용량 손실을 발생시키고 때때로 화재를 발생시키는 원인으로 작용할 수 있다.

대표적인 흑연계 음극재로는 천연흑연(Natural Graphite), 인조흑연(Synthetic/Artificial Graphite)이 있다. 천연흑연의 경우 자연에서 채굴한 흑연을 가공하여 만들어 가격이 인조흑연 대비 저렴하다. 하지만 천연흑연은 모서리(Edge)가 많은 형태로 잘게 부서져 있는 경우가 대부분이기 때문에 충·방전 시 전해액과 리튬이온 등이 반응성 높은 모서리(Edge) 부분과 결합하여 용량이 줄어드는 단점이 있다. 인조흑연은 석유, 석탄 코크스 등 탄소소재를 고열(~3,000℃)에 처리하여 제조한다. 인위적으로 흑연화도를 높이고 모서리 반응성을 줄여 배터리 소재용으로 만든 재료이기 때문에 충/방전 효율이 높고 수명이 우수하다. 또한 급속충전에 유리하며 인위적으로 등방형 구조를 만들었기 때문에 부피팽창이 적다.

흑연화가 적은 비정질 탄소(Amorphous Carbon)도 음극소재로 사용된다. 비정질 탄소는 크게 소프트카본(Soft Carbon)과 하드카본(Hard Carbon)으로 구별된다. 하드카본은 3,000℃ 이상에서도 무질서하게 존재하여 흑연화가 어려운 카본을 말하며 그라핀 층 또한 매우 적다. 하지만 무질서한 적층 때문에 미세기공과 결함(Defects)을 가지고 있어 음극에 적용 시 리튬이온의 출입이 용이해 고출력 소재로 사용할 수 있다. 소프트카본은 열처리를 통해 흑연화가 가능한 소재이기 때문에 여러 조건의 합성으로 음극 소재로 적용이 가능하다.

[표 4-3] 음극 활물질의 종류 및 특징

구분	천연흑연	인조흑연	금속계	저결정탄소
원료	천연흑연	피치/코크스	SiOx, Si 탄소 복합계	피치/코크스, 열경화성수지
용량(mAh/g)	350~360	320~340	600~1,600	200~250
출력	하	중	중	상
수명	중	상	하	중
장점	고용량	고수명	고용량	고출력
제조사	포스코케미칼, 애경유화, BTR, Hitachi 등	포스코케미칼, Shanshan, Hitachi 등	Shinetsu, OTC, BTR, 3M 등	Nippon Carbon, Mitsubishi, JFE Chemical 등

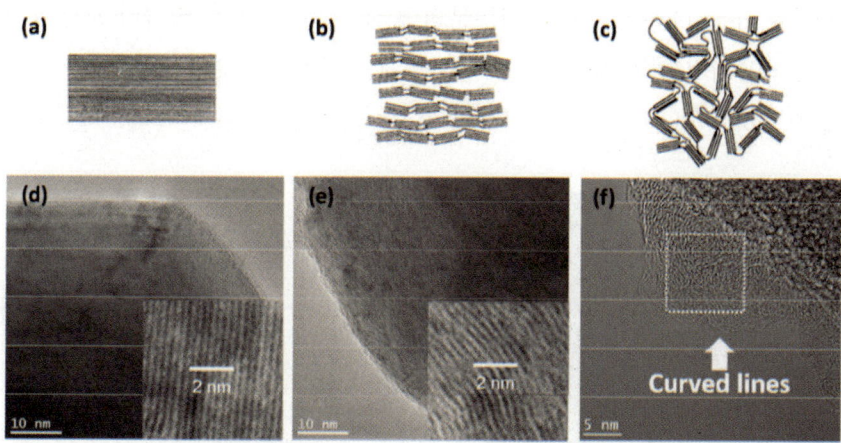

[그림 4-24] 결정질 흑연(a, d) / 비정질 소프트카본(b, e) / 비정질 하드카본(c, f)

 실리콘은 흑연(372mAh/g)에 비해 10배 이상(3,580mAh/g)의 이론용량을 가지고 있지만, 리튬과 반응하는 충전과정에서 부피가 4배 가량 커져 충·방전을 거듭할수록 실리콘끼리 깨져 전극간 저항이 증가하고 집전체로부터 박리되는 현상이 발생한다. 따라서 음극소재에 많은 양을 사용할 수는 없고 실리콘을 나노입자로 쪼개거나 실리콘을 탄소와 혼합하는 등 다양한 연구를 통해 음극에 소량 첨가하는 방식을 많은 제조사들이 선택하고 있다. 일반적으로 음극소재 중 실리콘의 비율은 5% 미만으로 사용 중이다.

 음극소재로 리튬메탈을 사용하려는 연구도 진행되고 있으나, 리튬금속은 반응성이 크고 충·방전을 거듭할수록 나뭇가지 형태로 자라나 결국 분리막을 뚫고 양극과 쇼트를 발생시키는 화재의 위험성이 있어 이를 극복하기 위한 방법이 필요하다. 미국 솔리드에너지시스템(SES)에서 국내에 파일럿 라인을 세워 가동하고 있으니 관심을 가지고 찾아보자.

(3) 양극

양극소재로는 리튬 전이금속산화물을 사용하며 전이금속의 함량에 따라 배터리의 수명, 안정성, 용량이 결정된다. 전이금속 산화물은 NCM(Li[Ni,Co,Mn]O2), NCA(Li[Ni, Co, Al]O2), LFP(LiFePO4)이 대표적이며 현재 전기차용으로는 NCM과 LFP가 시장의 90% 이상을 차지한다.

LFP는 원재료 Fe가 저렴하여 가격이 저렴하다. 고온에서 산소 방출량이 적어 과충전 시 열폭주 위험성이 적으나 NCM전압(4.2V) 대비 낮은 전압(3.4V)과 낮은 전극밀도로 높은 에너지밀도 전극을 만드는 데 어려움이 있다. 따라서 높은 안정성과 내구성, 낮은 원가는 장점이지만 에너지 밀도가 낮은 것이 단점이다. 2022년 전기차에 적용되는 양극소재의 비율은 LFP가 NCM을 앞질렀으며 장거리 주행이 필요한 고항속 차량에는 NCM을 적용하고 저항속 차량에는 LFP를 적용하는 추세이다. 대부분의 중국 전기차, 일부 테슬라 모델과 완성차 업체에서 LFP를 적용하고 있기 때문에 LFP가 NCM을 앞질렀다는 통계가 나온 것이며, 실제로 고성능을 요구하는 한국, 미국, 유럽 자동차 회사는 삼원계를 선택하고 있다.

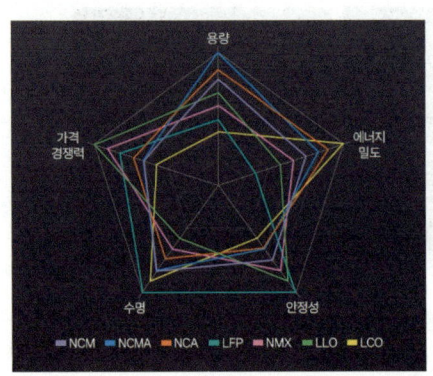
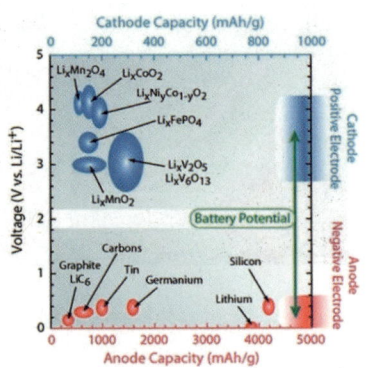

[그림 4-25] 전극 활물질에 따른 성능 (ⓒ포스코케미컬)

NCM은 안전성, 내구성, 가격 등 모든 측면에서 유리하고 Ni, Co, Mn의 비율에 따른 성능 변화가 쉽다. Ni 함량이 증가하면 용량이 증가하지만 안정성은 떨어지며 Co 함량이 증가하면 출력이 향상된다. Mn 함량이 증가하면 내구 수명이 증가하며 이 세 성능은 Trade-off 관계이기 때문에 조합을 적절히 하여 622, 811(Ni, Co, Mn의 비율) 등의 배터리 소재를 설계하게 된다. 최근에는 항속거리 증가를 위해 Ni 함량을 높이는 추세이지만 Ni 함량 증가 시 소재의 구조적 안정성이 떨어지기 때문에 Al을 첨가하여 안정성을 향상시킨 NCA 사용이 늘고있다. 대표적인 국내 제조사의 경우 9/0.5/0.5 비율을 택한 제조사가 있는 반면 안전성 이유로 811을 지속 사용하는 제조사도 있다.

(4) 도전재

앞에서 소개한 전극소재들은 금속산화물과 같은 비전도성 물질이므로 전자 전도를 향상시키기 위해 탄소계 소재를 첨가하게 된다. 도전재는 주로 흑연계 소재와 탄소계 소재로 나뉘며 탄소계 도전재로 Acetylene Black, Carbon Black, Super-C 등의 소재를 사용한다. 대부분 구형의 형태로 양극, 음극 소재들 사이사이로 잘 들어갈 수 있게 설계한다. 최근에는 많은 제조사들이 CNT(Carbon Nanotube)를 도전재로 채택하고 있다. CNT는 도전성이 다른 탄소계 도전재보다 높지만 가격이 상대적으로 높고 전극을 도포하기 위해 만드는 슬러리(Slurry)를 제조할 때 분산성이 떨어져 분산 시 미리 NMP(N-Methyl-2-pyrrolidone)와 혼합하여 분산용액 형태로 제조 후 전극 슬러리를 제작한다.

모든 도전재는 전지 용량을 늘리는 데 기여하지 않기 때문에 최소한의 양으로 높은 전도도를 얻어야 한다. 도전재는 비표면적이 높은 탄소소재이므로 배터리를 만들어서 최초 충·방전할 때 표면과 전해액 리튬이온이 반응하여 여러 물질들을 생성하는데, 이 물질들은 충·방전 효율을 저해하는 요소이므로 최소화하기 위한 첨가재 연구 또한 진행되고 있다.

(5) 전해액

전해액은 리튬이온을 안정적으로 빠르게 운반하는 액체로 리튬염(Salt), 유기용매(Solvent), 첨가제(Additive)로 구성되어 있다.

리튬염을 전해액에 녹여 Li^+이온의 이동을 용이하게 하며 전극 내부로 리튬이온을 공급하고 리튬이온의 산화 환원반응을 돕기 때문에 염은 용해와 해리(이온으로 분리됨)가 잘 되어야 한다. $LiPF_6$는 용해도와 해리도가 높아 가장 많이 쓰인다. 유기용매는 염을 용해시켜 리튬이온의 이동을 돕기 때문에 유전율과 점도가 중요한 인자로, 고리형(EC, PC)과 사슬형(DMC, DEC, EMC) 등을 혼합해 사용한다. 첨가제는 양극과 음극의 표면을 보호하고 발열을 줄임과 동시에 배터리 수명을 늘리는 역할을 하며, 과충전을 방지하는 Redox Shuttle형 첨가제는 과충전이 발생할 경우 양극 표면에 보호피막을 형성해 이온의 형성을 차단하는 기능도 한다. 전해액은 유기용매이며 발화가 쉽기 때문에 난연성 첨가제로 Phosphate계를 사용하기도 한다.

전해액 또한 이온과 전자의 교환반응이 이루어지기 때문에 사용할 수 있는 안정전압(Stability Window)이 존재하는데, 전해액의 산화가 시작되는 전압과 환원이 시작되는 전압의 차이를 사용전압으로 정의할 수 있다. 이는 깁스프리에너지(Gibbs Free Energy)로부터 계산되어 정의되는 값으로 HOMO LUMO의 차이와는 다른 개념이다. 안정전압은 높을수록 배터리 전압 사용에 자유롭기 때문에 안정전압이 높은 전해액을 선택하는 것이 중요하다. 또

다른 특징으로는 높은 리튬 이온전도도, 전해질막과의 젖음성이 좋아야 하며 사용 가능한 온도범위가 높아야 한다.

전해액은 전극 활물질과 도전재에 직접 접촉하는 액체 물질이기 때문에 이들 계면에 흡착될 때 새로운 계면층을 형성한다. 이 계면층은 부도체이지만 리튬이온의 전도도가 높아 고체 전해질과 같다고 하여 SEI(Solid Electrolyte Interphase)라고 한다. SEI는 배터리 수명과 성능에 중요한 역할을 한다. 비가역 반응으로 충전 방전을 거듭해도 사라지지 않으며 SEI 생성 시 기체(Gas)를 동반한다. 흔히 오래 사용한 배터리의 중앙이 부풀어 오르는 경우를 종종 볼 수 있는데 원인 중 하나는 전해액과 전극이 지속적으로 비가역 반응을 하며 SEI가 두꺼워졌기 때문이다. SEI는 리튬이온만 통과시키고 다른 전해액 성분은 막아주는 역할을 하여야 한다. 만약 SEI가 정상적으로 형성되지 않으면 리튬이온이 전해액 성분과 동시에 양극/음극 물질 사이로 침투하게 되고 활물질을 파괴하거나 심한 경우 화재가 발생할 수 있다.

(6) 분리막

분리막은 양극과 음극 사이에 위치하여 리튬이온이 이동하는 경로를 제공하며 쇼트를 방지하는 부품이다. 가장 많이 사용하고 있는 분리막은 PE(Polyethylene), PP(Propropylene)가 있다. 화학적, 기계적으로 안정적이어야 하며 전지 동작 온도에서 안정적이어야 한다. 일반적으로 25마이크로미터 이하의 필름 형태를 사용한다. 분리막은 필름의 한 종류이며 일반적으로 산업에서 사용하는 필름 제조법으로 제작이 가능하다. 필름은 필름을 압출한 후에 필름을 연신하여 미세균열을 만드는 방법과, 고분자와 가소제를 혼합하여 필름을 만든 후 고온에서 가소제를 제거하여 다공정 구조를 만드는 방법으로 나뉜다. 건식은 필름을 당겨 기공을 만들고 습식은 첨가제를 넣었다가 제거하면서 기공을 만든다고 이해하면 쉽다. 분리막은 얇게 만들수록 이온간 이동 거리가 줄어들어 출력이 향상된다. 얇은 필름은 기계적, 화학적으로 파괴될 가능성이 높으므로 제조사들은 분리박에 세라믹 바인더를 접착하여 내열성을 확보한다.

(7) 바인더

바인더는 전극을 기계적으로 결합하는 물질로 양극은 PVdF, 음극은 SBR/CMC가 대표적이다. 바인더는 반응에 참여하지 않는 접착제이며 전극활물질과 도전재, 집전체와 전극을 잘 붙어있도록 도와주는 물질이다. 바인더는 접착력이 강하고 전해액과 접촉하여도 안정적으로 접착력을 유지할 수 있어야 하며, 부피 팽창이 큰 소재로 발생할 수 있는 전극의 파괴를 막아주기도 한다. 양극 바인더인 PVdF는 NMP와 혼합하여 사용하며 음극 바인더인 SBR/CMC는 증류수와 혼합하여 사용한다. 음극 소재는 분산이 매우 어렵기 때문에 SBR과 증류수를 먼저 혼합하여 분산하고 음극 그라파이트와 섞어 반죽을 만든 후 CMC를 첨가하여 음극 슬러리를 완성한다.

[표 4-4] 배터리 소재 구성 요소와 특징

구성요소			특징	소재	소재예
양극	슬러리	활물질 (양극재)	전지의 용량 결정 (리튬이온 source)	Li, Co, Ni, Mn, Al, F, P	NCM, LFP, NCA, LCO
		도전재	전자 전도 path 형성	탄소계	Carbon(Acetylene) black + CNT
		바인더	활물질/도전재/집전체의 결착성 부여	고분자	PVdF
		용매	슬러리 제조용 액채	NMP	NMP
	집전체		알루미늄에 양극 형성	금속필름	알루미늄포일
음극		활물질 (양극재)	양극과 가역반응, 리튬이온 삽입(충전) 탈리(방전)	흑연, Si	Graphite, Si
		도전재	전자 전도 path 형성	탄소	Carbon(Acetylene) black + CNT
		바인더	활물질/도전재/집전체의 결착성 부여	고분자	SBR + CMC
		용매	슬러리 제조용 액채	Di-water	Di-water
	집전체		구리 동박에 양극 형성	금속 필름	구리포일(동박)

2. 2차전지의 제조 과정

리튬 2차전지는 형태에 따라 파우치형(Pouch), 원통형(Cylindrical), 각형(Prismatic)으로 분류한다. 2차전지 제조 과정은 전극(Electrode), 조립(Assembly), 화성(Formation) 공정으로 나뉘며 모든 전지 타입이 유사한 프로세스로 진행된다.

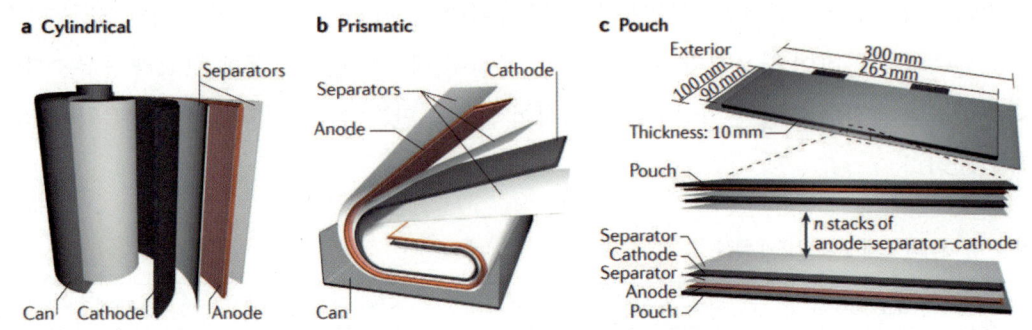

[그림 4-26] 원통형(a), 각형(b), 파우치형(c) 타입의 2차전지

(1) 배터리 형태

① 원통형 배터리

테슬라에서 주력으로 생산하는 배터리로 원통 캔에 배터리 부품을 넣고 캡을 용접한 단순한 구조이다. 과거에 노트북 배터리 등에 널리 쓰였으나 전기차용으로 사용한 것은 오래되지 않았다. 배터리 한 개당 에너지가 파우치형 대비 작기 때문에 보다 많은 배터리가 전기차에 탑재된다. 이 때문에 원통형 배터리를 탑재할 경우 BMS의 역할이 중요하다. 원통형 배터리는 고속으로 대량 생산이 가능하기 때문에 양산 가격을 낮추기 위해서 선택하지만 배터리 하나당 용량이 작기 때문에 여러 개의 배터리가 들어가야 하고 하나의 배터리만 고장나도 전체 팩을 전부 교체해야 할 수도 있기 때문에 불량 관리가 매우 중요하다.

② 각형 배터리

중국 업체에서 주력으로 생산하는 배터리로 CATL 등 모든 중국 제조사들은 각형 배터리를 생산한다. BYD 같이 파우치형을 생산하는 배터리 회사도 있으나 주력 제품은 모두 각형이다. 일반적으로 양극, 분리막, 음극을 돌돌 말아 젤리롤을 만든 후 가열하여 압착한 다음 각형 캔에 넣고 전해액을 주입하여 완성한다. 양극, 분리막, 음극을 차례로 스태킹하여 캔에 넣어 제조한 형태도 있다. 각형 배터리는 취급과 조립이 용이하기 때문에 배터리 팩까지 조립을 자동화하기 쉽다는 장점이 있어서 향후 각형 배터리의 사용률이 높아질 것이다. 하지만 배터리 활물질의 로딩량(단위면적 당 중량)을 증가하는 데 한계가 있어서 실제 부피당, 중량당 에너지 밀도는 파우치형 대비 다소 떨어진다.

③ 파우치형 배터리

파우치형 배터리는 LG에너지솔루션, SK온이 주력으로 생산하는 배터리로 양극, 음극을 탭으로 연결한 후 전해액을 주입하고 알루미늄 파우치로 감싸 만든 전지이다. 원통형이나 각형 대비 사이즈를 자유롭게 설계할 수 있고 가스 발생 시 파우치의 실링부부터 가스 배출이 이루어져 별도의 벤트 구조가 필요하지 않다. 부품 수가 적고 외장재가 가벼우므로 무게가 가볍고 에너지 밀도가 높다. 하지만 얇고 약한 외장재 때문에 충방전을 거듭할수록 배터리가 팽창할 가능성이 다른 배터리 타입보다 높고 탭과 외장재간 전기적 쇼트가 발생할 가능성이 있다. 파우치형 배터리는 각형과 원통형에 비해 부피당/중량당 에너지 밀도가 20% 정도 높다. 이유는 파우치는 원통형처럼 와인딩을 하지 않고 스태킹하기 때문에 와인딩 양 끝에서 발생하는 전극의 미사용 구간이 적고, 케이스가 없기 때문에 전지 내 공간활용이 우수하다. 외장재 또한 알루미늄 포일로 가벼워 중량당 에너지 밀도가 높다. 하지만 최근 파우치 셀을 적용한 전기차에서 화재가 발생하는 경우가 있어서 구조적 개선이 필요하다.

(2) 2차전지 제조 공정

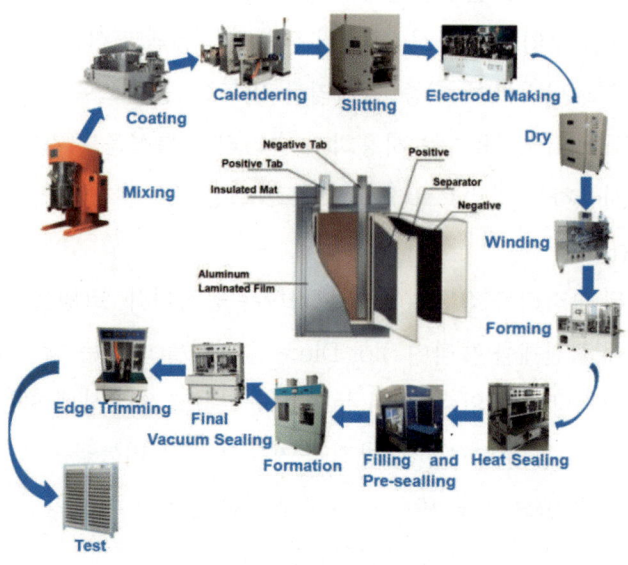

[그림 4-27] 2차전지 제조 공정

① 전극공정(Electrode)

　액체 용매에 양극활물질과 도전재 바인더를 섞어 알루미늄박(Aluminium Foil)에 코팅하며 음극은 음극활물질 도전재 바인더를 섞은 후 동박(Coper Foil) 위에 코팅한다. 액체 형태로 섞은 끈적한 액체를 슬러리(Slurry)라고 하며 슬러리를 Slot Die 등으로 얇게 바르는 공정을 코팅공정이라고 한다. 코팅공정에서 건조로를 지나가며 전극이 건조되며 건조 후 롤과 롤(Roll to Roll) 사이에 전극을 흘려보내서 강하게 눌러 압연(Roll Press)하여 전극 밀도를 올리고 원하는 전극 두께로 맞춘다.

　이후 전극을 원하는 형태로 자르고(Slitting) 진공 건조(Vacuum Drying)까지 하면 전극공정이 완료된다. 리튬2차전지는 수분이 침투하면 HF의 생성으로 내구성이 떨어지기 때문에 건조 공정 전/후로 수분을 ppm 단위로 관리하는 드라이룸(Dry Room)에서 작업이 이루어진다. 전극 건조는 때때로 온풍 건조 외에도 적외선건조기(Infrared Ray Drying)를 사용하여 수분을 완벽히 제거하기도 한다. 전극공정은 전지의 형태와 관계없이 같은 공정을 사용한다.

　㉠ 믹싱(Mixing)

　　믹싱은 전극의 활물질, 도전재, 바인더, 용매를 혼합하고 분산하여 슬러리(Slurry)를 만드는 공정이다. 양극 슬러리를 만들 때는 NMP라는 용매를 사용하고 음극 슬러리를 만들 때는 물을 사용한다. 이 공정에서는 슬러리의 입도, 점도를 동일 품질로 유지해야 한다. 도전재와 바인더는 분산이 잘 안 되는 특성이 있기 때문에 활물질에 앞서 선분산(Pre Mixing)하고 이후 활물질을 투입하여 믹싱하는 방법이 일반적이다. 믹싱은 일반적으로 원자재를 투입하는 공정, 투입된 원자재를 용액과 섞는 공정, 섞인 용액을 커다란 믹서에 넣고 니딩하여 최종 슬러리를 만드는 공정으로 구분된다. 최종 믹싱은 Planetary Dispenser를 주로 사용하며 슬러리의 특성을 평가하기 위해 산업계에서 통상적으로 사용하는 방법으로 입도, 점도, 고형분을 평가한다.

　㉡ 코팅(Coating)

　　코팅은 완성된 슬러리를 집전체 위에 코팅하는 공정이다. 코팅은 롤투롤(Roll to Roll) 방식으로 롤에 집전체를 흘리며 Slot Die로 슬러리를 바르는 방법을 사용한다. 코팅은 로딩량(단위면적당 전극의 무게)과 두께를 균일하고 일정하게 하는 것이 기술의 핵심이다. 로딩량의 불균일은 충전과 방전을 거듭할 경우 리튬금속 석출을 유발하므로 균일한 코팅이 매우 중요하다. 또한 이물질에 의한 분리막 손상 등을 방지하기 위해 청정도를 10,000class 수준으로 높게 유지해야 한다.

ⓒ 압연(Roll pressing)

코팅된 전극을 일정한 열과 압력으로 누르는 공정이다. 상온 또는 고온에서 압연이 이루어지며 압연율에 따라 2회에 걸쳐 진행하는 경우도 있다. 압연 전·후 로딩량과 두께 측정이 이루어진다. 많이 누를수록 전극 밀도가 증가하지만 그만큼 전극이 찢어질 가능성도 높아진다. 또한 단위면적당 로딩량을 늘릴수록 전지의 용량은 증가하나 출력은 감소할 수 있으며 로딩량이 올라간 만큼 전극 밀도가 올라갔기 때문에 전해액과의 함침성이 떨어져 전극 반응의 균일성이 낮아질 수 있다.

ⓔ 슬릿팅(Slitting)

슬릿팅은 전극을 원하는 크기로 자르는 공정이다. 슬릿팅 후 커팅된 면의 전극이 벗겨지거나 오염되는 경우가 있어 마그네틱바 등으로 이물질을 제거하는 기술이 필요하다. 슬릿팅은 칼날(Blade) 혹은 레이저(Laser)를 활용하며 금속을 자르는 공정이며 전극의 최종 공정이기 때문에 표면 불량, 버(Burr), 이물질을 제거하기 위해 비전 카메라를 여러 대 설치하거나 샘플을 주기적으로 측정하여 제품 상태를 확인할 필요가 있다.

ⓜ 건조(Drying)

진공건조는 완성된 전극에서 수분과 용매를 제거하는 공정이다. 건조 시 전극이 갈라지지 않도록 온도를 설정하고 습도를 관리하여야 한다. 일반적으로 건조 패턴을 나누어 천천히 온도를 상승하였다가 감소하도록 하기도 하며 진공을 사용하는 경우도 있다. 전지 제조사에 따라 승온 기술이 다양하며 단순 열풍건조, 전기건조, 자기장건조, 유도가열건조 등 다양한 방식을 사용한다. 몇몇 제조사는 건조 자체를 하지 않는 경우도 있는데, 전극룸의 공조를 습도 1% 미만으로 항시 관리하면 건조 없이도 원하는 수준의 수분 제거에 도달할 수 있기 때문이다.

② 조립(Assembly)공정

전극공정에서 제작된 전극은 조립공정을 거쳐 파우치형, 원통형, 각형 전지로 탄생한다. 조립공정은 배터리 타입마다 다르기 때문에 주요 공정만 간략하게 알아보자.

[표 4-5] 배터리 형태에 따른 중요 공정

타입	조립공정							
파우치	노칭	와인딩&젤리롤 프레싱	탭 용접	파우치 포밍	파우치에 젤리롤 안착	전해액 주입, 디가싱	파우치 실링	
		지그재그 스태킹						
		라미네이션 스태킹			파우치에 스택셀 안착			
원통형	와인딩	젤리롤 투입	(-) 탭 용접	캔	전해액 주입	(+)탭 용접	캔 크림핑	튜빙
각형	노칭	와인딩	탭 용접	젤리롤 투입	Can-Cap 용접	전해액 주입	용접	튜빙
		지그재그 스태킹						

㉠ **노칭**

양극과 음극에 전극 탭(Tab)을 만드는 공정이다. 금형을 만들어 타발판으로 자르는 방법과 레이저로 자르는 방법이 있다. 타발판은 수명 주기에 따라 주기적으로 교체가 필요하며 때때로 타발판에서 이물 유입 가능성이 있어 최근에는 고가의 레이저로 절단하는 추세이다. 하지만 레이저도 전극과 금속표면을 잘라낼 때 금속산화 부산물 등 이물이 발생하기 때문에 장단점이 있다. 컨베이어 벨트처럼 흘러가는 라인에서 레이저로 탭을 만들기 위해서는 라인이 정지와 주행을 반복해야 하는데, 주행 정지 없이 탭을 커팅하는 공정에서만 정지를 하기 위해서 댐퍼(Damper)를 사용하여 노칭을 진행한다. 테슬라에서는 노칭공정을 제거하고 탭이 없는 탭리스(Tabless) 배터리를 4680원통형 셀에 적용하여 양산하겠다고 발표한 적이 있다. 하지만 기술적 난이도와 실효성이 검증되지 않아 대부분 전지 제조사에서는 아직 적용하지 않고 있다. 탭의 면적을 넓혀 전기이동 통로를 늘리는 것도 하나의 방법이다.

 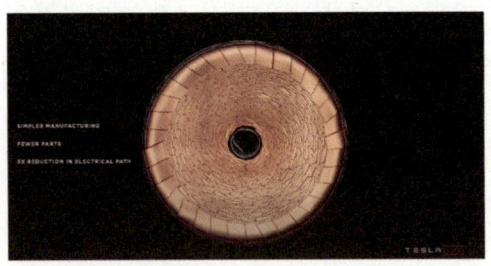

[그림 4-28] 테슬라 탭리스 배터리 (ⓒ테슬라)

ⓛ 와인딩

노칭까지 끝난 양극/음극을 분리막을 사이에 넣고 돌돌 마는 공정이다. 와인딩을 마친 양극/분리막/음극을 젤리롤(Jelly Roll)이라고 한다. 각형이나 파우치의 경우 젤리롤을 원하는 형태의 사각형 형태로 만들기 위해 고온·고압 프레스를 하기도 한다. 와인딩 이후에는 양극/음극이 전기적으로 분리되어 있는지 쇼트 평가를 진행한다. 쇼트 검사는 고온·고압 환경에서 높은 전압을 인가하여 평가하며 이를 산업계에서는 하이팟 평가라고 한다.

ⓒ 스태킹

와인딩 대신 양극/분리막/음극을 원하는 모양으로 커팅 후 스태커 장비를 사용해 쌓을 수도 있다. 쌓는 방법은 Z자 모양으로 지그재그 형상으로 쌓거나, 미리 전극을 분리막과 합지한 후 장비로 잡아 쌓아 올릴 수도 있다. 한 번에 양극/분리막/음극을 여러 층으로 쌓아올린 후 커팅하여 여러 개의 스택셀을 얻는 등 다양한 연구가 이루어지고 있다.

ⓔ 웰딩/패키징

스태킹을 마친 후 각형/파우치 등에 넣고 전지의 모양을 갖추는 공정이다. 노칭을 통해 형성된 탭들을 양극은 같은 극의 극판끼리 모아 용접하여 붙인다. 주로 초음파용접과 레이저용접을 동시에 사용한다. 탭에 실런트가 붙어있어 패키지 공정에서 실런트와 파우치를 열압착하여 외부와의 공기를 차단한다.

ⓜ X-ray검사

X-ray를 투과하여 배터리 내부의 양극과 음극이 제대로 정렬되어 내부 쇼트의 발생 위험이 없는지 확인하는 공정이다. 이노메트리, 쎄크, 자비스 등의 X-ray 검사장비 제조사가 있다. 대부분의 제조사들은 양극과 음극의 정렬도를 확인하기 위해 CT, X-ray 장비를 도입하여 라인에서 전극의 정렬도를 검사하고 있다.

ⓗ 전해액 주입/디게싱 공정

전해액을 배터리 내에 최초로 주입하면 SEI 막이 형성되며 가스가 발생한다. 안정적인 가스 배출을 위해 전해액 주입 후 충전을 진행하는 경우도 있다. 전해액을 주입한 후 충방전, 가열을 수행하여 충분히 가스가 발생하면 디가스(Degas)를 진행하고 이후 다시 전해액을 주입한다. 마지막으로 전해액이 주입된 곳을 실링(Sealing)하여 최종 형상을 완성한다. 기존 디게싱 장비 시장은 일본 캐논(Cannon)이 장악하였으나 NS 등의 회사가 국산화에 성공하였다.

ⓐ 활성화 공정

충방전을 거듭하여 배터리를 출하하기 위해 원하는 배터리 특성을 만드는 과정이다. 활성화 공정에서 각 전지의 충전용량, 방전용량을 측정하며 OCV불량(전지의 내/외부 쇼트 등에 의해 전압이 감소하는 불량)셀을 검출한다. 활성화 공정은 100% 수준의 자동화가 이루어져 있는 제조사가 대부분이며 대부분의 불량을 활성화 공정에서 거를 수 있다. 전지의 가장 큰 주요 불량은 배터리 내부의 이물이나 분리막 뚫림에 의해 미세한 내부단락이 발생하여 시간이 흐를수록 배터리의 전압이 떨어지는 현상이다. 이 또한 활성화 단계에서 검출이 가능하여야 하며 활성화 전후로 배터리의 전압이 떨어지는 현상을 모니터링한다.

3. 배터리 수명과 주행거리

전기차는 실제 주행 패턴을 기반으로 내구패턴을 만들고 실차 주행 부하를 기반으로 배터리의 수명 평가를 한다. 일반적으로 전기차의 배터리 내구패턴은 급속충전, 완속충전을 포함하고 연비평가를 위한 국제 공인 연비 평가모드를 제조사에 알맞게 튜닝하여 개발한다. 내구 패턴에서 급속충전 비율이 증가할수록, 저온영역을 늘릴수록 내구도가 떨어진다. 이러한 평가를 거친 후 일반적인 제조사의 배터리 수명은 15~30만km 주행 후 초기 대비 70~80% 이상의 내구 성능을 가진다. 하지만 급속충전의 비율이 높은 렌터카나 춥거나 더운 지방에서는 배터리 내구도가 크게 떨어진다.

급속충전에 의해 내구가 떨어지는 가장 큰 이유는 배터리의 불균일 반응이다. 충전 속도가 빠르다는 의미는 전류와 이온의 이동이 빠르다는 의미이다. 전류와 이온이 빠르게 이동할 경우 전지 내부에서 반응에 참가하는 물질들이 동시에 반응하여야 하지만, 내부의 수많은 불균일 요소들 때문에 반응은 특정 영역에 집중되어 발생한다. 이럴 경우 전지 내부의 불균일이 심해져 특정 부분에서 열화가 시작되며 저항이 증가하여 배터리의 수명이 단축된다. 또한 이온과 전류의 이동 속도가 감당할 수 없을 만큼의 급속충전이 수행된다면 전지는 부분적으로 과전압이 걸리게 되고 이로 인해 리튬금속이 석출되어 영구적으로 열화된다.

저온에서의 열화 메커니즘도 크게 다르지 않다. 저온에서는 이온과 전류의 이동속도가 느려지고 마찬가지로 과전압에 노출될 가능성이 높다. 따라서 리튬석출과 더불어 전지 내부의 불균일 반응이 촉진되고 영구적으로 열화가 발생한다. 고온에서의 열화는 양상이 조금 다르다. 앞서 설명한 SEI막이 파괴되기도 하며 열에 의해 양극소재의 구조가 무너지기도 한다. 가스 발생에 의한 구조 붕괴도 가능하다.

전기차의 주행거리는 배터리 탑재량과 비례한다. 전기차는 일반적으로 3~7km/kWh 수준의 전비를 가지고 있으며 배터리의 용량이 40~70kWh임을 고려해 보면 통상 200~500km의 주행거리를 가진다. 하지만 배터리는 저온 영역에서 용량이 크게 감소하기 때문에 추운 지역에서는 주행거리가 현저하게 떨어지고 충전속도 또한 느려진다. 더운 지역에서는 에어컨을 틀기 때문에 에어컨에도 에너지가 소모되고, 배터리 냉각에도 에너지가 소모되어 역시나 큰 폭으로 주행거리가 감소한다.

4. 대표적인 전기 자동차용 2차전지

전기차는 3원계인 NCM의 양극소재를 주로 사용하였으나, 최근 LFP배터리의 사용이 증가하는 추세이다. CATL, BYD 등 중국업체를 필두로 사용 중인 LFP배터리는 국내업체인 LGES, SKON, SDI의 삼원계 소재 배터리와 경쟁구도를 형성하고 있다. 2021년 10월 LFP 관련 핵심 특허가 만료되어 LFP배터리 사용은 더욱 증가할 것으로 보인다.

주요 완성차 업체들도 LFP 사용 비중을 늘리고 있는데 LFP는 화재 위험성이 상대적으로 적고 수명이 높기 때문이다. 하지만 LFP는 NCM 대비 전압이 낮아 에너지 밀도가 낮기 때문에 저렴한 가격으로 공급이 가능한 중저가 차량을 중심으로 공급이 확대되고 있다. 배터리 시장은 수요가 폭발적으로 증가하고 있어 이례적인 투자가 이루어지고 있고 전 세계에 배터리 공장이 설립되고 있다. 다음은 주요 기업별 배터리 개발 전략이다.

(1) 테슬라

파나소닉의 NCA와 LGES의 NCM 계열의 원통형 전지를 주로 사용하고 보급형 모델에는 LFP배터리도 사용한다. 중국에서 생산한 Model Y에는 LFP의 에너지 밀도를 개선하여 CATL에서 제작한 인산망간리튬(LMFP) 배터리를 각형 셀에 적용하여 사용 중이다. 테슬라는 자체 배터리 생산기지를 꾸준히 확보하고 리튬광산 업체들을 보유하여 배터리 밸류체인의 선두에 서려는 목표를 가지고 있다.

테슬라의 주력 배터리는 4680셀이며 독일 Berlin, 미국 Austin, Fremont에서 생산 중이다. 4680셀에는 탭리스(Tabless) 기술을 적용해 고속생산이 가능하며 열 손실을 줄일 수 있다. 음극에는 Dry process를 적용하려는 계획이다. Dry Process는 전극물질을 혼합할 때 NMP 용매를 사용하지 않고 파우더 입자를 바로 전극에 바르는 기술이다. 테슬라의 배터리 전략을 자세히 알고 싶으면 'Battery day'를 참고하면 좋다.

[표 4-6] 테슬라 원통형 배터리의 주요 생산지와 적용 차종

배터리 제조사	생산지	Cell type	적용 차종
Tesla	California, Texas	4680	Model Y
CATL	중국	원통형 LFP	Model 3/Y 글로벌 보급형
LGES	중국	21700 NCM	Model 3/Y
파나소닉	일본	18650 NCA	Model S/X
	Nevada	21700 NCA	Model 3/Y

(2) LG에너지솔루션

LG에너지솔루션은 중국 시장을 제외하고 업계 1위를 차지하고 있는 국내 최대 전지회사이다. ALS(Advanced Lamination and Stacking) 공법으로 파우치형 전지를 주로 생산하고 있으며 최근에는 자동차용 원통형 전지도 양산을 시작했다. 국내 1위답게 전고체, 리튬메탈, 리튬황, 나트륨전지 등 전지사에서 할 수 있는 모든 신기술은 다 개발하고 있으며 대부분의 자동차 회사에 전지를 납품하거나 납품할 계획을 가지고 있다. 2022년에는 25년만의 흑자 전환에 성공하였고 향후 500GWh 이상의 세계적인 공급망을 갖출 계획이다.

(3) SK ON

SK ON은 LGES와는 다르게 Z-Stacking방식으로 파우치 전지를 주로 생산한다. 또한 SK ON만의 독창적인 소재기술을 양산에 적용한 배터리도 있다. 상대적으로 후발 주자임에도 경쟁사에 비해 떨어지지 않는 품질을 자랑하지만, SK이노베이션에서 분사한 이후 적자경영을 지속하고 있다.

(4) CATL

각형 배터리를 생산하며 영업이익이 20%로 추정될 정도로 배터리를 대량으로 저렴하게 제작하는 데 최적화되어 있다. 특히 각형 배터리를 바로 시스템으로 제조하는 Cell to Pack 기술로 자동화율을 크게 끌어올리고 있다. 시장점유율 30% 이상으로 전 세계 1위이지만, 소재 및 제조 원천 관련 기술과 특허는 부족하여 경쟁사의 기술을 상당 부분 도용하고 있다.

CHAPTER 04 전기 자동차 현황과 해결 과제

> **학습 POINT**
> 국내 대표 완성차 업체의 전동화 전략과 전기 자동차의 근본적인 해결 과제를 알아본다.

1. 현대자동차그룹의 전기 자동차 현황

(1) 현대자동차그룹의 전동화 전략

현대자동차는 2045년까지 100% 탄소 중립을 이루겠다고 발표했다. 이는 내연기관차를 모두 제거하고 순수 전기/수소차로 전환하겠다는 의미이다. 단기적으로는 2030년까지 전체 자동차 시장 판매량의 12%(323만 대)를 전기차 판매로 달성하고자 한다. 이를 위해 현대차는 2030년까지 제네시스를 포함 18종 이상의 전기차 라인업을 갖춰 연간 183만 대의 전기차를 판매하고자 하고, 기아차는 2030년까지 전기차 13종을 출시해 연간 140만 대의 전기차를 판매하고자 한다.

현대차는 또 2025년 승용 전용 전기차 플랫폼 'eM'과 PBV(목적 기반 모빌리티) 전용 전기차 플랫폼 'eS'를 도입할 예정이다. 전기차 전용 플랫폼은 배터리와 모터 등의 동력계를 담는 차의 뼈대이다. 기존 내연기관차에 쓰던 엔진과 구동축이 전기차에는 불필요해졌기 때문에 새 뼈대를 갖추는 게 중요하다. 무거운 배터리를 차량 하부에, 전륜과 후륜에는 전기 모터를 배치해 더 넓고 안정적인 실내공간을 확보하는 식이다. eM 플랫폼은 표준 모듈 적용으로 기존 E-GMP 대비 공용 범위가 확장돼, 모든 차종과 차급을 아우를 수 있는 형태로 개발된다. 주행가능거리(AER)는 현재 아이오닉5 대비 50% 이상 개선되며, 레벨 3 이상의 자율주행 기술 적용 및 전 차종 무선(OTA) 업데이트가 기본 적용될 예정이다. eS는 스케이트보드 형태의 유연한 구조로 개발되어 Delivery(배달·배송)와 Car Hailing(차량호출) 등 B2B 수요에 대응하는 역할을 담당할 예정이다.

[그림 4-29] 현대차그룹 전기차 전용 플랫폼 E-GMP (ⓒ현대자동차)

① 생산 능력

전기차 생산 능력을 향상시키기 위해 주요 지역 현지 생산 확대와 배터리 개발 및 조달을 위한 투자를 진행하고 있다. 2025년 상반기 가동을 목표로 미국 조지아 브라이언 카운티에 연간 30만 대 규모의 전기차를 생산할 수 있는 완성차 공장을 새롭게 설립할 예정이며, 공장 인근에 배터리셀 공장을 건설해 안정적인 배터리 공급망도 갖출 계획이다. 또한 인도네시아에 LG에너지솔루션과 합작하여 '에이치엘아이파워' 배터리 공장을 설립하였다. 셀공장은 10GWh 규모이며 추후 30GWh까지 생산량을 늘릴 계획을 가지고 있다. 단순 배터리 셀 생산에 그치지 않고 양극재, 양극재 원료인 프리커서(전구체), 니켈 채굴 등 원자재 사이클까지 확보하겠다는 계획이다.

② 상품 경쟁력

EV 상품 경쟁력을 위해 통합모듈러 아키텍처(IMA)를 2025년까지 완성하여 EV 라인업을 확대하고 수익성과 성능을 개선하고자 한다. 통합모듈러는 시스템을 더 작은 부품 단위인 모듈 형태로 하위 분리 설계하는 것을 기초로 모듈화의 규칙과 표준을 정의하고, 다양한 제품을 응용 설계할 때 표준화된 모듈을 선택할 수 있도록 기술, 절차, 방법을 체계화하는 것을 의미한다. 이 방식은 설계 복잡성을 해소하고 원가혁신, 개발기간 단축 등의 효과가 있다. 예를 들어 과거에는 니로EV, 아이오닉EV 등 내연기관 플랫폼을 활용하여 전기차를 개발하였지만, 2021년 개발된 아이오닉5와 아이오닉6는 전기차 전용 플랫폼인 E-GMP를 활용하였다. 미래에는 한 발 더 나아가 EV모델마다 개별 스펙을 두지 않고 부품을 모듈화하여 차급별 적용하고자 한다.

③ 배터리 시스템

표준화된 모듈러 배터리 시스템을 통해 배터리 시스템 종류를 단순화하고 생산, 판매, 설계의 복잡성을 해소하고자 한다. 또한 현재 셀-모듈-팩 단계로 구성된 '셀투모듈(Cell-to-Module)' 배터리 공정을 2025년부터 모듈 비중이 제외된 '셀투팩(Cell-to-Pack)' 방식으로 변경해 에너지 밀도를 높일 예정이다. 셀투팩 기술은 배터리 셀을 패키지 형태로 만드는 과정에서 모듈의 비중을 크게 줄여 패키지 내부에 더 많은 배터리 셀을 배치하는 기술이다. 나아가 배터리 셀을 직접 샤시에 부착해 차체와 배터리를 일체화하는 '셀투프레임(Cell-to-Frame)' 공정 적용도 고려 중이다. 소재 부분에서는 원자재 값이 높은 삼원계 리튬이온 배터리 대신 LFP배터리의 적용을 검토하고 있다.

④ 모터

현재 추진 중인 eM과 eS에 각각 적용 가능한 표준 모듈러 모터 시스템을 개발하여 차급별로 유연하게 적용하고자 한다. 표준 모듈러 시스템을 개발할 경우 원가 절감과 중량 저감을 통한 모터 경쟁력을 강화할 수 있다.

2. 전기 자동차의 해결 과제

(1) 배터리 고장

전기차는 배터리를 직렬·병렬 연결하여 사용한다. 수많은 배터리를 한곳에 모아 놓았을 때 발생할 수 있는 가장 큰 문제점은 하나의 배터리의 고장이 전체 시스템의 고장으로 이어질 수 있다는 점이다. 예를 들어 4V로 100% 충전된 배터리를 10개의 직렬로 연결해 40V짜리 모듈을 만들었다고 가정해 보자. 이때 중간에 배터리 한 개의 분리막이 뚫려 불량이 발생하면 나머지 9개의 배터리는 어떻게 될까? 자동차에서 충전할 때 배터리 모듈은 40V를 목표로 충전할 것이고 불량이 발생한 1개의 배터리를 제외한 9개의 정상배터리로 40V를 유지하려면 배터리 하나당 약 4.44V의 과전압이 걸리게 된다. 과전압이 걸린 배터리는 발열로 인해 화재가 발생할 가능성이 크다. 이를 관리하기 위해서는 배터리 관리 전략을 고도화해야 하며 불량배터리를 차량에서 검출할 수 있어야 한다.

(2) 폐배터리 처리

앞에서 설명한 것처럼 배터리는 수많은 화학물질로 만들어진다. 폐배터리를 그대로 폐기물로 처리해 버린다면 환경 오염이 심각할 것이다. 배터리 재활용은 국내 대기업을 포함 수많은 스타트업에서 도전하고 있으나 방향을 제대로 설정하지 못하고 있다. 주요 원인은 수많은 폐배터리를 재사용했을 때 발생할 수 있는 위험을 감당하기가 불가능하기 때문이다. 폐배터리를 사용하여 ESS(Energy Storage System)를 제조할 경우 화재에 매우 취약하기 때문에 폐배터리를 MWh급의 거대한 에너지 저장장치로 만들었다가는 엄청난 기업 손실로 이어질 수 있다. 그렇다고 폐배터리를 다시 자동차에 재활용하기에는 배터리가 어느 수준까지 망가졌는지 판단하기 어렵다. 폐배터리를 해체하여 전기분해하여 광물을 추출할 수도 있으나 이것 또한 전기 에너지가 매우 많이 요구되어 배보다 배꼽이 더 큰 상황이 될 수 있다. 따라서 폐배터리를 재활용하기 위해서는 배터리 시스템으로 연결되어 있는 개별 배터리의 열화도를 용량, 저항, 전압, 발열량 등의 특성으로 개별 측정이 가능해야 하며, 서로 다른 열화도를 가진 셀을 하나의 시스템으로 연결했을 때 문제없이 작동 가능하도록 컨트롤 할 수 있는 방법이 필요하다.

(3) 전력 공급

전기차에서 사용할 전기를 생산하기 위해서는 발전소가 필요한데, 대다수의 발전소는 친환경적이지 않다. 전기차 1대가 탑재한 배터리의 용량은 100kWh 수준이고 10대의 방전된 전기차를 완전충전하기 위해서는 1Mwh의 전기가 필요하다. 1MWh는 1MW 태양광 발전소가 1시간 동안 생산할 수 있는 에너지의 양인데, 1MW 태양광 발전소는 약 3,000~4,000평(9,917~13,223㎡) 정도로 축구장 약 1.5개 크기이다. 현재의 기술로는 전기차 10대를 충전하는 데 축구장 1.5개 면적의 태양광 발전소가 1시간 동안 가동되어야 하는 것이다. 이처럼 생산 과정에서 탄소 배출을 완벽히 억제한 클린 에너지로만 전기차를 구동하는 것은 현 기술로는 어려운 실정이다. 최근에는 원자력 발전소를 안전하게 소형화하고 관리하는 기술 개발이 이루어지고 있다.

(4) 충전 시간

전기차를 초고속 충전할 경우 0%에서 80%에 도달할 때까지 약 20분이 소요된다. 내연기관차와 비교하여 상당히 긴 시간인데다, 전기차 보급이 대중화되면 비어있는 충전기를 찾기가 매우 어려워질 수 있다. 또한 급속충전은 배터리 수명을 단축시키므로 항상 급속충전만 하는 것은 지양해야 한다. 따라서 전기차 확대를 위해서는 충전 시간을 줄일 수 있는 기술이 반드시 필요하다.

(5) 수리

전기차 배터리는 차량 하부에 위치하기 때문에 배터리를 교체하기 위해서는 리프트로 차량을 띄우고 차량 하판을 분리한 후 볼트를 풀고 고전압 케이블과 각종 센싱 케이블을 분리해야 한다. 숙련된 작업자도 배터리 교체에 3시간 남짓 소요되며 통상 하루에 2~3팩 정도 수리가 가능하다. 이를 해결하기 위해 배터리 모듈 단위 교체가 가능한 기술을 개발 중이다.

면접 기출 맛보기

실제 면접 질문
- 전기자동차는 화재가 더 자주 발생한다는데 사실인가요?

정답을 말하는 스토리 라인
- 1년 간 발생하는 자동차 사고 가운데 화재로 분류되는 사고는 0.02%의 비율입니다. 2021년 자동차 화재 가운데 전기차 화재 건수는 23건으로 전체 전기차 가운데 0.01%의 비율이며, 전체 등록 차량으로 보면 내연기관 차량보다 비중은 더욱 낮습니다.
- 뉴스에 전기차 화재가 자주 등장하는 이유는 한번 화재가 발생하면 쉽사리 불이 꺼지지 않기 때문입니다. 배터리의 유기용매는 발화성 소재로 불이 쉽게 붙기 때문에 셀 하나에서 불이 붙으면 연속적으로 배터리들을 불태워 큰 화재를 발생시킵니다.
- 전기차 화재를 진압하기 위해서는 소화기 중 특별 등급의 소화기를 사용하여야 하며, 다량의 물을 전기차 화재가 꺼질 때까지 계속 부어야 합니다. 따라서 더 자주 발생하지는 않지만 적절한 화재 진압 조치가 이루어 지지 않으면 피해가 발생 할 수 있습니다.

실제 면접 질문
- 전기차 화재 원인은 무엇인가요?

정답을 말하는 스토리 라인
- 화재가 발생한 전기차는 이미 전소된 후라 원인을 알아내기가 매우 어렵습니다. 하지만 화재가 발생하는 시점과 부위를 살펴보아 유추해 보면 가장 큰 비중을 차지하는 원인은 고전압을 사용하는 전장품에서 최초 발생한다고 추측 가능합니다.
- 전기차는 300~800V 사이의 매우 큰 전압과 전류를 사용하므로 전기 누전이나 저항이 큰 부분에서 발생하는 스파크로 인한 화재가 발생할 위험이 상대적으로 큽니다.
- 다른 원인으로는 빈도는 낮지만 배터리가 스스로 발화하는 경우입니다. 테슬라를 비롯하여 수많은 전기차 제조사들이 배터리에서 발생하는 화재로 고통을 겪고 있습니다.
- 배터리가 발화하는 원인은 배터리 내부의 양극과 음극이 분리막을 뚫고 만나 쇼트가 발생하는 경우, 배터리의 불균일한 충전에 따라 특정 배터리의 저항이 커지며 그 배터리의 전기 부하가 몰리면서 가열되는 경우, 배터리 셀 내부의 저항 불균일에 의해 리튬이 석출되거나 전해액이 고갈되는 경우 등 매우 다양합니다.

면접 기출 맛보기

실제 면접 질문
- 전기차도 급발진이 가능한가요?

정답을 말하는 스토리 라인
- 전기차를 비롯한 자동차의 소프트웨어 오류로 인한 급발진 가능성은 현재까지 밝혀지지 않았습니다. 또한 소프트웨어의 결함에 의한 급발진이 공식적으로 인정된 사례는 현재까지 한 건도 없습니다. 토요타의 2014년 리콜 사태는 제조사가 급발진을 공식적으로 인정한 사례이기는 하지만 소프트웨어의 문제는 아니었습니다. 당시 매트 디자인이 잘못돼 가속 페달을 짓누를 수 있어 매트를 교체하였고 가속 페달을 밟은 후 재빠르게 돌아오지 않을 가능성을 발견하여 페달을 교체했습니다.
- 가속페달을 끝까지 밟았을 때 동시에 브레이크를 밟으면 충분한 힘을 낼 수 없어 브레이크를 밟으면 가속페달을 브레이크하는 오버라이드 시스템을 장착한 사례가 있습니다.
- 만약 운전 중 급발진이 의심된다면 내가 착각하고 있는 것은 아닌지 두 발로 브레이크를 밟아 다시 확인하고, 최대한 침착하게 기어를 중립으로 변경하거나 주차 브레이크를 활용해야 합니다.

실제 면접 질문
- 전기차는 정말 친환경 차량인가요?

정답을 말하는 스토리 라인
- 전기차는 차량에서 어떠한 온실가스도 발생시키지 않기 때문에 친환경 차량이라고 할 수 있습니다. 하지만 전기차의 연료인 전기를 생산하고, 전기차에 장착되는 배터리를 생산하는 과정에서는 여전히 온실가스가 발생하고 있습니다.
- 유럽 교통 전문 NGO인 '교통과 환경(T&E)'은 유럽연합 내 전기차는 어떤 전력을 사용해도 내연기관차보다 약 3배 적은 이산화탄소를 발생시킨다고 발표하기도 했습니다. 전기차의 평균 이산화탄소 배출량은 90g으로 이마저도 대부분 차량 제조 과정에서 발생하는 것입니다.
- 전기나 배터리를 생산하는 과정에서 발생하는 이산화탄소는 해당 산업군에서 배출량을 줄일 수 있는 방법을 연구·개발하는 것이 맞습니다.

한권으로 끝내는
전공·직무 면접 자동차

PART 05

수소전기차

이공계 취업은 렛유인 WWW.LETUIN.COM

Chapter 01. 수소전기차의 이해
Chapter 02. 수소전기차 주요 부품과 기술
Chapter 03. 취업을 위한 국내·외 기업의 수소전기차 현황
Chapter 04. 수소전기차의 장단점과 해결 과제

CHAPTER 01 수소전기차의 이해

> **학습 POINT**
> 수소자동차, 수소전기차, 수소연료전지차 등 유사한 용어의 정의를 알아보고 수소전기차의 구동 원리를 파악한다.

1. 수소자동차란

(1) 개요

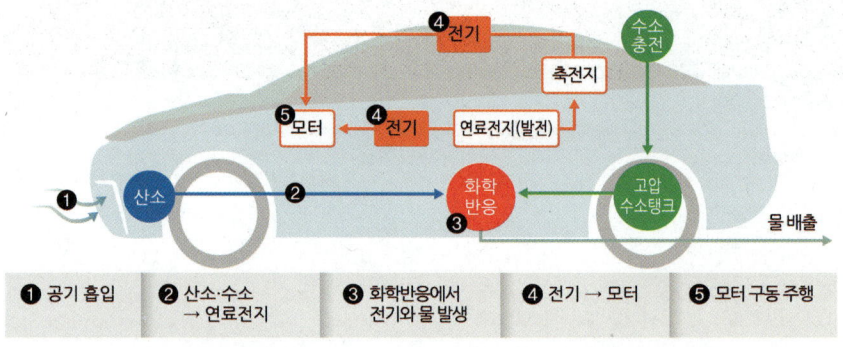

[그림 5-1] 수소전기차의 개념

   수소자동차란 수소를 연료로 하여 동력원을 얻는 차를 말하는데 수소차, 수소전기차, 수소연료전지차, 수소연소차 등 여러 가지 용어로 불러서 많이들 헷갈려 한다. 이들은 어떤 차이로 구분하는 걸까?

   수소자동차는 수소전기차와 수소연소차로 나뉜다. 수소전기차는 과거에 수소연료전지차로 불렸으나 최근에는 간결한 표현으로 수소전기차로 불린다. 즉, 수소전기차와 수소연료전지차는 같은 차라고 생각하면 된다. 미디어에 자주 등장하는 수소자동차는 수소전기차를 의미한다.

수소전기차와 수소연소차는 동력을 얻는 방법에 따라 이름을 구분한다. 수소전기차는 수소를 전기로 변환하여 구동에 필요한 에너지를 얻으며, 수소연소차는 수소를 연소하여 엔진을 구동함으로써 필요한 에너지를 얻는다. 수소전기차는 전기차, 수소연소차는 내연기관차에 가까우며, 두 시스템은 완전히 다른 방식으로 구동된다.

① 수소전기차(수소연료전지차)

[그림 5-2] 현대자동차 수소전기차 넥쏘 (ⓒ현대자동차)

수소전기차는 수소를 전기로 변환하여 모터를 구동하는 방식이다. 예전에는 수소연료전지차라고도 불렸으며, 우리가 흔히 아는 수소차는 이 방식을 의미한다. 하지만 최근에는 원리를 쉽게 파악할 수 있고, 표현도 간결한 수소전기차라고 부른다.

수소전기차는 수소를 연소하지 않기 때문에 폭발과는 거리가 멀다. 그렇기 때문에 수소연소차보다 안전하다. 또한 연소를 통해 엔진을 구동하는 방식보다 에너지 효율이 상대적으로 높다. 따라서 대다수의 기업이 이 방식으로 차량을 개발하고 있다. 대표적인 양산차는 현대자동차의 넥쏘와 엑시언트 트럭, 토요타의 미라이가 있다.

② 수소연소차

[그림 5-3] 토요타 수소연소차 Yaris H2 (ⓒTOYOTA)

수소연소차는 수소를 연소하여 엔진을 가동하는 방식으로, 전기차보다는 내연기관차에 가깝다. 수소연소차는 연소에 의해 폭발할 가능성이 있어 수소전기차에 비해 안전성이 낮고, 제어가 힘들어 개발속도가 느린 편이다. 현재까지 양산차는 없고, 콘셉트카만 존재하는데, 대표적으로 2021년 토요타 유럽이 발표한 Yaris H2가 있다.

2. 수소전기차와 연료전지의 구동 원리

(1) 수소전기차의 구동원리

수소전기차는 수소와 산소를 공급하여 전기와 물을 만드는 원리로 작동하며 구조는 크게 5가지만 기억하면 된다. 연료인 수소와 산소를 공급하는 시스템, 전기화학 반응을 하는 연료전지 스택, 발생된 전기를 이용하는 모터, 생성된 물을 배출하는 배기구이다. 더 상세한 구조는 [Chapter 02 수소전기차의 주요부품과 기술]에서 다루고자 한다.

[그림 5-4] 수소전기차의 구동원리

(2) 연료전지의 구동원리

연료전지는 수소와 산소를 전기화학반응을 통해 전기와 물로 변환하는 장치이다. 수소전기차의 심장이라고 하는 연료전지 스택에서 전기화학반응을 통해 구동에 필요한 전기를 공급한다. 내연기관 엔진 정도의 중요도를 가진만큼 연료전지의 구동원리 이해는 아주 중요하다.

그렇다면 연료전지 구동원리를 알아보자. 기본 원리는 2개의 수소, 1개의 산소가 반응하여 2개의 물이 되고, 이때 전기가 발생하는 것이다. 반응이 일어나는 경우의 수는 많지만 가장 간단한 매커니즘은 아래 그림과 같다.

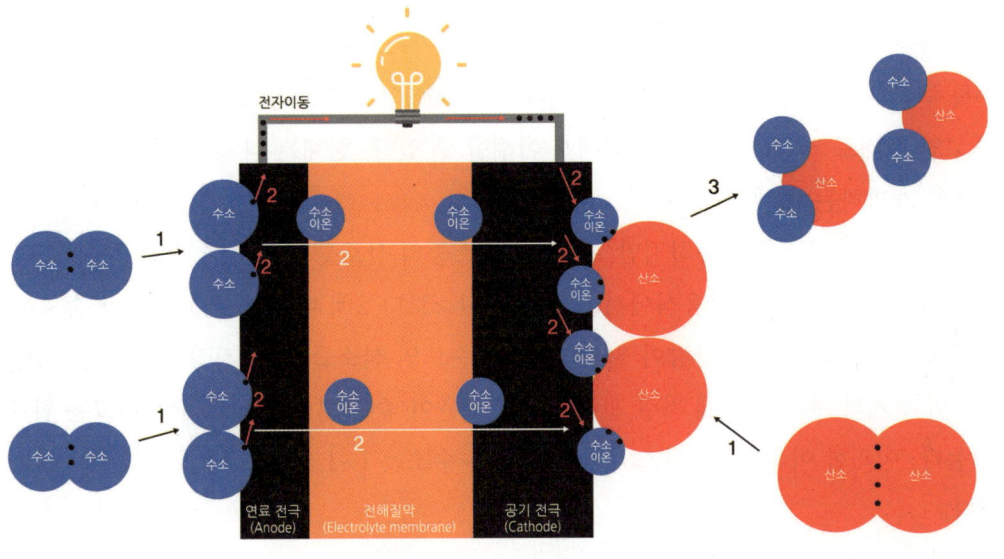

[그림 5-5] 연료전지 구동 원리

1. 수소 분자가 연료극(Anode)의 촉매 표면에 흡착되고, 산소 분자가 공기극(Cathode)의 촉매 표면에 흡착된다.
2. 흡착된 2개의 수소 분자가 4개의 수소이온과 4개의 전자로 분리되고, 전자는 도선을 통해 공기극으로 전달된다. 이때 전기가 발생하여 모터를 구동할 수 있다. 연료극에서 생성된 4개의 수소이온은 전극의 이오노머와 전해질막을 통해 공기극으로 이동한다. 그리고 수소이온은 도선을 통해 이동한 전자와 흡착된 산소 분자와 결합하여 2개의 물을 만든다.
3. 생성된 물은 배출구를 통해 제거된다.

실제 매커니즘은 위의 모식도보다 훨씬 복잡하다. 정확한 매커니즘을 공부하고 싶다면, PEMFC review 논문을 참조하면 좋다. 연료극의 매커니즘은 상대적으로 간단하나, 공기극의 반응은 여러 단계의 매커니즘이 있고, 또한 여러 변수가 있으니 깊이 있는 연구를 원한다면 꼭 논문을 참고하길 바란다.

수소를 연료로 사용하기 때문에 수소가 공급되는 전극을 연료극이라고 이해하면 쉽다. 이론적으로는 수소가 산화되면서 전자를 만들기 때문에 애노드(Anode)라고 표현한다. 공기극은 산소가 공급되는 전극이다. 반응에 필요한 산소를 공기에서 얻기 때문에 공기극이라고 부른다. 공기극은 산소가 수소이온과 전자를 받아 물로 환원되기 때문에 캐소드(Cathode)라고 한다.

반응식에서 보면 알 수 있듯이 수소는 산소보다 2배 많은 양을 사용한다. 수소전기차는 장거리 운전을 위해 고순도의 수소를 압축하여 고압의 가스 형태로 저장한다. 수소를 많이 저장할수록 주행거리가 늘어나기 때문이다. 이제 99.999%의 고순도의 수소를 350bar, 700bar 등의 고압 형태로 저장하는 이유에 대해서 이해할 수 있다. 현재는 더 많은 저장을 위해 액화수소까지 개발하는 업체도 있다.

수소는 고순도 가스를 사용하지만, 산소는 공기 중의 산소를 사용한다. 공기 중 산소의 함유량은 약 21% 수준이다. 반응식에서는 수소가 산소보다 2배 더 많이 필요하지만 순도 차이 때문에 수소보다 공기의 공급량이 훨씬 많다. 고순도의 산소를 함께 저장하면 좋겠지만, 산소탱크의 무게와 부피 때문에 차량 관점에서는 효율이 좋지 않아 별도로 산소탱크는 탑재하지 않는다. 이러한 이유로, 각 가스의 공급 압력은 수소는 1~1.5bar, 공기는 1.5~2.0bar 정도이다.

3. 수소 인프라

수소를 생산하는 방법부터 활용하는 단계까지 수소 인프라에 대해서 알아보자. 각 단계는 아래와 같이 나타낼 수 있다.

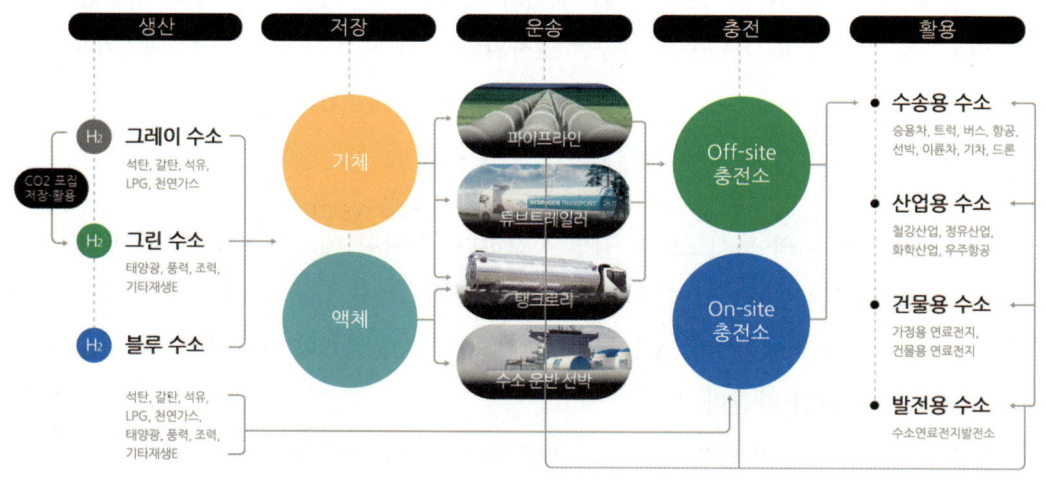

[그림 5-6] 수소 인프라의 이해

수소 인프라는 수소의 생산, 저장, 운송, 충전, 활용(이용)으로 구성되어 있다. 먼저 수소의 생산 단계에서는 수소 생산 방법에 따라 색으로 친환경성을 분류한다. 그린 수소가 가장 친환경적이며, 블루 수소, 그레이 수소 순으로 친환경성을 분류한다. 그레이 수소는 기존 석탄, 석유, 천연가스를 개질하여 수소를 추출하는 방식이며, 수소의 색을 어둡게 분류한 만큼 친환경성은 낮다. 늘어나는 수소의 수요를 따라가지 못해서 현재는 그레이 수소에 의존하는 부분이 크지만, 궁극적인 목표는 그린수소 방법으로 수소를 생산하는 것이다.

생산된 수소는 필요할 때 필요한 양만큼 사용하기 위해서 저장을 해야 한다. 수소는 많은 양을 저장하기 위해 고압 기체 형태로 저장하거나 혹은 기체보다 더 많은 양을 저장하기 위해서 더 높은 고압과 초 저온상태를 유지하면서 압축하여 액체 수소 형태로 저장하기도 한다.

저장된 수소는 운송을 통해 수소를 필요로 하는 곳으로 이동시킨다. 운송방법은 파이프라인, 튜브트레일러, 탱크로리, 선박 등의 형태로 나뉜다.

충전은 수소를 파이프라인이나 튜브트레일러, 탱크로리를 통해 외부에서 조달받아서 이용자에게 공급하는 오프사이트 방식과 수소를 충전소 내에서 생산하여 이용자에게 공급하는 온사이트 방식이 있다.

마지막으로 수소의 활용 분야를 수송용, 산업용, 건물용, 발전용으로 나눌 수 있다. 수송용 수소는 승용차, 트럭, 버스, 항공, 드론 등의 연료로 쓰이고 있으며, 산업용 수소는 수소를 첨가하여 공정을 개선하는 철강 산업, 정유 산업, 화학 산업 분야에서 이용되고 있다. 최근에는 에너지 자립을 위해 가정용 연료전지나 건물용 연료전지, 수소연료전지발전소의 연료로도 사용된다.

(1) 수소 생산

수소를 연료로 사용하기 위해서는 안정적으로 수소를 생산할 수 있어야 한다. 현재 수소는 천연가스 개질, 부생 수소, 수전해 등을 통해 생산하고 있다. 수소는 생산 방식의 친환경성에 따라 그린, 블루, 그레이 수소라고 부르는데 그린 수소일수록 온실가스를 덜 배출한다. 최근에는 원자력 발전을 이용해 수전해 방식으로 생산한 수소를 핑크 수소라고 부르기도 한다.

① 천연가스 개질(개질 수소)

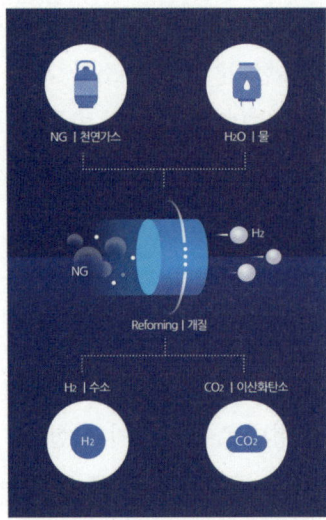

[그림 5-7] 개질 수소 생산 방법

천연가스를 물과 고온/고압에서 노출시키면 수소와 이산화탄소로 분해되는데, 이때 수소를 저장한다. 가장 보편적인 생산 방식이지만 부산물로 이산화탄소가 발생하여 온실가스 감축 효과는 적은 편이다. 이 방식으로 생산된 수소를 그레이 수소라고 한다. 만약 공정 중 이산화탄소를 포집하여 저장하는 과정이 있는 경우 블루 수소라고 한다.

② 부생 수소

[그림 5-8] 부생 수소 생산 방법

석유화학 공정 중에 부산물로 발생하는 수소이다. 부산물을 에너지로 사용하므로 경제성이 가장 높지만, 수소 생산이 목적이 아니기 때문에 생산량을 조절하기 어려운 단점이 있다. 현재 필요한 수소를 가장 많이 조달하는 방식이나, 수소 수요가 늘어남에 따라 공급 부족현상을 겪고 있다.

부생 수소의 원료는 석유이므로 친환경성은 낮은 편이다. 석유는 대표적인 탄화수소이며, 수소를 분리하는 과정에서 탄소와 산소가 만나서 이산화탄소가 만들어진다. 따라서 이 방식으로 생산된 수소 역시 그레이 수소이다. 생산 과정에서 이산화탄소를 포집하여 블루 수소로 전환하지 않으면, 향후 탄소배출권에 영향을 받을 수 있는 단점이 있다.

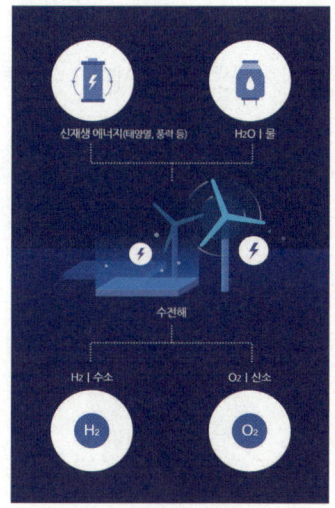

[그림 5-9] 수전해 수소 생산 방법

③ 수전해 수소

물에 전기를 가하여 수소를 생산하는 방법으로, 가장 친환경적인 수소 생산 방법이며 많은 기업들이 수전해 수소 생산 연구를 진행하고 있다. 이 방식으로 생산된 수소를 그린 수소라고 한다. 신재생 에너지와 연계하여 남는 전기를 수소로 변환하여 저장할 수도 있다.

하지만, 신재생 에너지의 불규칙한 전력 공급 때문에 수소를 생산하기 어려운 단점이 있으며, 신재생 에너지를 수소로 변환하는 과정에서 많은 에너지 손실이 발생한다. 또한 전기 가격이 상대적으로 비싸기 때문에 값싼 수소를 생산하는 데 어려움을 가지고 있다.

(2) 수소 저장 및 운송

생산된 수소를 이용하기 위해서는 저장하고 운송해야 한다. 수소 저장 과정에서는 더 많은 수소를 저장하기 위해 수소를 압축하거나 냉각하여 부피를 줄이는 기술을 사용한다. 운송 과정에서는 파이프라인을 이용한 운반 기술, 고압가스를 운반하는 기술, 액화가스를 운송하는 기술, 암모니아 등을 합성하여 운반하는 기술을 사용한다.

① 고압가스 저장

고압가스 저장 기술은 수소를 압축기를 통해 고압으로 압축하는 기술이다. 수소전기차와 튜브트레일러 등 차량의 경우 대부분 수소를 고압가스 저장탱크에 저장하여 사용하고 있다. 수소전기차는 약 700bar의 고압수소를 저장할 수 있으며, 튜브트레일러는 약 200bar의 수소를 저장할 수 있다.

[그림 5-10] Type 4 수소탱크 (ⓒ일진하이솔루스)

② 액화수소 저장

액화수소 저장 기술은 수소를 -253℃의 초저온에서 압축하여 액화하는 기술이다. 대량 저장이 가능한 장점이 있으나 초저온 환경유지와 고압축 기술이 필요하다. 액화상태를 만드는 것만큼 유지하는 것 또한 어렵기 때문에 저장효율이 좋지 않다. 하지만 대량 저장이 필요한 수소충전소와 장거리 운전이 필요한 항공기나 선박에 유리할 것으로 보인다. 현재는 초기 개발 단계로 상용화에는 시간이 걸릴 것으로 예상된다.

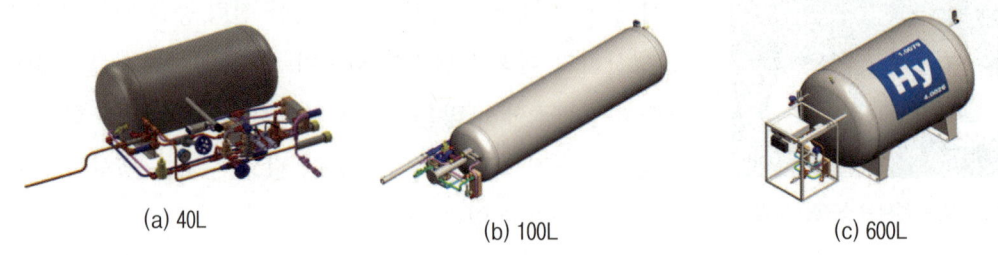

(a) 40L (b) 100L (c) 600L

[그림 5-11] 액화수소 저장 탱크 (ⓒHylium Industries)

③ 고압가스 운송

고압가스 운송이란 수소를 고압으로 압축하여 파이프라인 또는 튜브트레일러 등으로 운송하는 것을 말한다. 현재 가장 보편화된 운송 방법으로 주황색으로 칠해진 탱크는 수소를 저장하고 있다는 것을 의미한다. 주로 덕양에너젠, 에어리퀴드 같은 회사에서 수소를 고압가스 수소를 다룬다.

[그림 5-12] 튜브트레일러 (ⓒ수소뉴스)

④ 액화수소 운송

액화수소 운송 방법은 수소를 -253℃의 초저온에서 압축하여 액화한 뒤 운송하는 것이다. 기체보다 밀도가 높아 대량 저장이 가능한 장점이 있으며 40,000~48,000L 정도의 많은 양을 운송할 수 있다. 하지만 초저온, 초고압을 유지하기 어렵기 때문에 저장 및 운반 비용이 아주 높은 편이다. 대표적인 액화수소 개발 기업으로는 하이리움이 있다.

[그림 5-13] 액화수소 트레일러 (ⓒHylium Industries)

⑤ 암모니아 운송

암모니아 운송법은 수소를 질소와 결합시켜 암모니아로 만든 뒤 운송하는 방법이다. 암모니아 운송은 선박을 이용하여 수출입할 때 사용할 수 있으며 가까운 미래에 가장 보편적으로 이용하는 운송 방법이 될 것으로 보인다. 암모니아 운송법은 수소의 낮은 저장성을 극복하는 방법 중 하나이지만 암모니아의 물질 자체의 유독성과 암모니아를 합성할 때 상당한 에너지가 필요하다는 단점을 극복해야 한다.

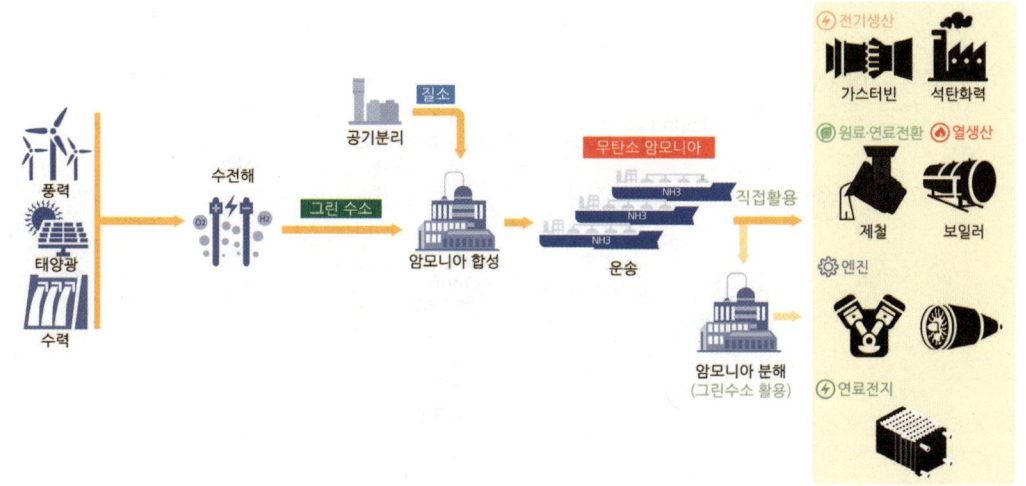

[그림 5-14] 암모니아 생산 및 활용

⑥ 파이프라인 운송

　파이프라인을 통해 대량의 수소를 안전하고 안정적으로 공급할 수 있다. 현재는 여수나 울산과 같은 산업단지에서 이용하는 방법이지만 수소 인프라가 커지면 가장 많이 사용될 운송방법이다.(수소를 운송하는 파이프라인은 주황색이다.) 수소는 가장 작은 기체로 금속과 접촉이 있을 경우 금속을 찢는 취성을 가지고 있으므로 기존의 파이프라인으로는 누출의 위험이 있다. 따라서 수소를 파이프라인으로 운송하기 위해서는 신규 라인을 구축해야 한다는 단점이 있다.

[그림 5-15] 파이프라인 운송 (ⓒ에어리퀴드 코리아)

(3) 충전 기술과 인프라

　수소전기차 인프라의 가장 마지막 단계인 수소전기차에 수소를 충전하고 이용하는 방법에 관한 것이다. 수소 충전 기술과 현재 운영 중인 수소 충전소 현황을 알아보자.

① 수소 충전 기술

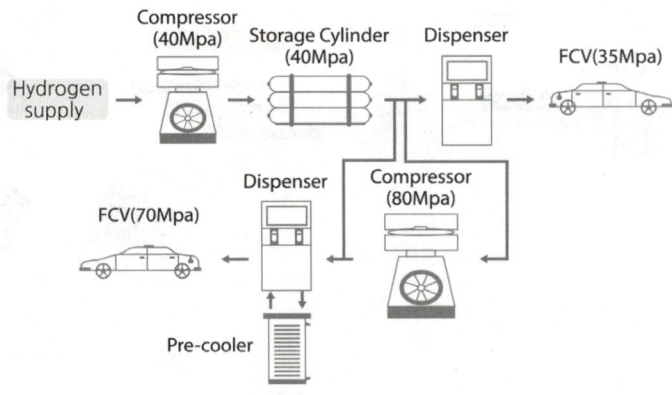

[그림 5-16] 수소 충전소의 구성 (ⓒ수소충전소 기술 및 정책 현황, 박진남 교수, 2018)

수소 충전은 생산된 수소를 압축하여 고압으로 저장하는 단계, 이를 디스펜서로 차량에 주입하는 단계로 이루어진다. 수소전기차에는 주로 350bar의 압력으로 수소를 충전하며, 더욱 고압으로 수소를 충전하기 위해서는 추가 압축과 냉각을 거쳐 700bar까지 충전이 가능하다.

수소는 1~30bar 정도의 낮은 압력으로 생산된다. 수소는 가장 가벼운 기체이기 때문에 30bar의 압력으로 저장탱크를 채워도 양이 많지 않다. 따라서 저장 탱크에 더 많은 양을 압축하기 위해서 컴프레서를 사용한다. 튜브 트레일러로 이동시키는 경우 140~200bar의 압력으로 운송하며, 이를 수소 충전소 탱크로 옮길 때 400bar의 압력으로 더욱 압축시킨다.

일반 수소전기차를 350bar로 충전할 때는 한 방향으로 원하는 양만큼 수소를 이동시킬 수 있는 디스펜서를 이용한다. 이때는 수소 충전소 탱크의 압력이 더 높기 때문에 추가적인 압축이 필요하지 않다. 그러나 700bar의 압력으로 충전할 때는 별도의 컴프레셔로 800bar까지 압축을 한 번 더 해야 한다.

고압의 수소를 수소전기차에 고속으로 주입하게 되면 열이 발생한다. 충전 과정에서 수소 탱크 온도가 상승하면 위험하기 때문에, 800bar의 수소는 냉각 장치로 미리 -40℃ 정도의 저온으로 한 번 더 냉각을 한 후 주입한다.

② 수소충전소 현황

2024년 7월 기준 전국에는 총 178개의 수소충전소가 있다. 수소충전소의 위치는 환경부 무공해차 통합누리집을 통해 알 수 있다. 수소충전 요금은 1kg당 7,700~12,000원 정도이다.

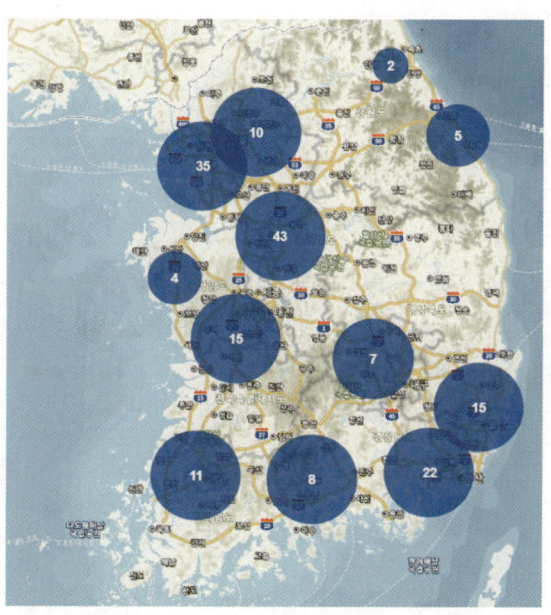

[그림 5-17] 수소충전소 현황(2024년 7월 기준)

CHAPTER 02 수소전기차의 주요 부품과 기술

학습 POINT

수소전기차의 시스템을 이해하고, 핵심 부품과 역할에 대해서 알아본다.

1. 수소전기차를 이루는 주요 부품 종류

수소전기차의 주요 부품은 크게 연료전지 시스템, 수소 저장 시스템, 동력 구동 시스템으로 이루어진다. 수소 저장 시스템에서 수소를 연료전지 시스템으로 공급하고, 연료전지 시스템에서 생성된 전력을 동력 구동 시스템으로 전달하고, 동력 구동 시스템은 모터를 구동하여 차를 운전하는 방식이다.

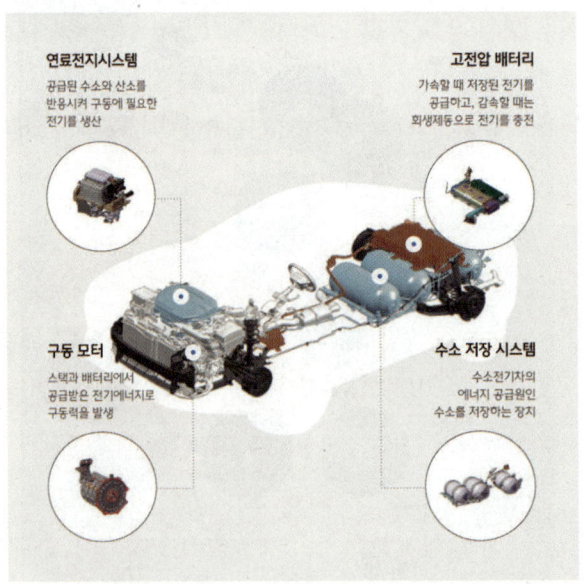

[그림 5-18] 수소전기차 주요 부품 (ⓒ현대자동차)

(1) 연료전지 시스템

연료전지 시스템은 수소와 산소를 전기와 물로 변환해주는 장치로 스택(stack)과 주변 운전장치(BOP, Balance of Plant)로 이루어진다.

[그림 5-19] 수소전기차의 주요 부품_연료전지 시스템 (ⓒ현대자동차)

① 연료전지스택(Stack)

스택은 수소와 산소의 전기화학반응을 통해 전기와 물을 만들어내는 장치로 내연기관의 엔진과 같은 역할을 한다. 막전극 접합체(Membrane Electrode Assembly)와 가스확산층(Gas Diffusion Layer), 분리판(Bipolar Plate) 등으로 구성되어 있는데, 화학반응이 일어나는 곳인 만큼 중요도가 아주 높다. 이 부품들의 경우 연료전지스택의 핵심 부품이기 때문에 뒤에 더 자세히 다뤄보도록 하겠다.

② 연료공급 시스템(FPS, Fuel Processing System)

연료공급 시스템은 수소탱크의 저장된 수소를 스택으로 공급하는 장치이다. 최대 700bar의 고압 수소를 1차 감압을 통해 16bar 이하로 낮추고, 필요한 전력량에 따라 2차 감압을 통해 1~1.5bar 수준으로 낮춘 후 스택으로 공급한다.

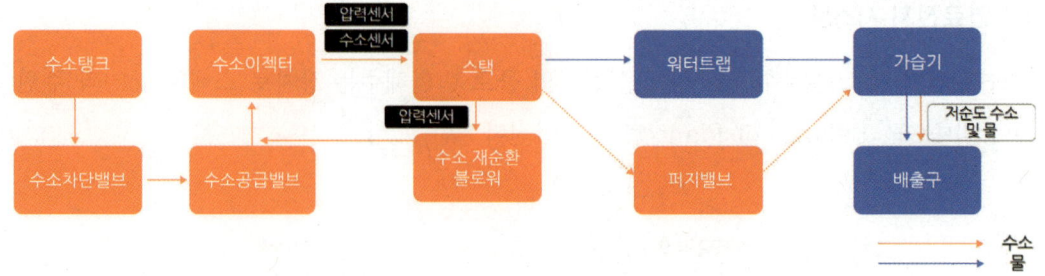

[그림 5-20] 연료공급 시스템의 매커니즘

 연료공급 시스템은 수소탱크의 수소를 밸브와 이젝터를 통해 스택으로 전달한다. 수소의 필요량에 따라 밸브가 열리거나 닫히면서 수소의 양을 조절하며, 이젝터는 탱크로부터 통과된 수소를 스택 쪽으로 밀어내는 역할을 한다.

 스택에서 사용 후 남은 수소는 재순환 블로워를 통해 다시 이젝터로 이동되고, 이젝터는 이 수소를 스택 쪽으로 다시 보내면서 재순환시켜 수소의 사용 효율을 높인다. 스택에서 반응 후 생성된 물은 바로 배출되지 않고, 물을 가둬두는 워터트랩에 포집한 후 가습기로 이동시킨다. 이렇게 재사용된 물은 시스템 효율을 높인다.

 재순환 블로워를 통해 수소가 여러 차례 재사용되면 수소의 순도가 낮아지게 된다. 이는 스택의 효율을 떨어뜨릴 수 있기 때문에 여러 번 사용한 수소는 스택에서 배출되어 가습기 쪽으로 퍼지게 된다. 가습기의 물을 통해 수소는 희석되어 저순도로 외부로 배출된다.

 연료공급 시스템의 주요 부품은 수소를 차단하거나 공급하는 각종 밸브, 수소를 일정한 압력으로 흐르게 하는 레귤레이터, 고장 혹은 위험상황 발생 시 운전을 제어할 수 있는 안전스위치, 사용한 수소를 다시 스택으로 재사용하기 위해서 이젝터로 이동시키는 재순환 블로워, 각종 부품을 제어하는 제어기, 수소를 한 방향으로 이동시키는 이젝터, 물을 보관하는 워터트랩, 스택에서 나온 수소를 물과 섞어 저순도의 수소로 배출시키기 위한 배출 수소 희석장치, 각종 센서, 수소용 배관 및 소재 등이 있다.

③ 공기공급 시스템(APS, Air Processing System)

 공기공급 시스템은 외부의 공기를 스택으로 공급하는 장치이다. 더 정확하게는 공기 중의 유해한 가스와 미세먼지 같은 이물질을 제거하고, 1.5~2.0bar 수준의 산소를 스택으로 공급한다.

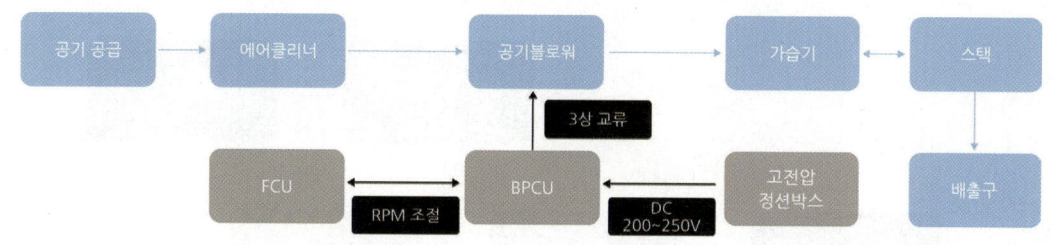

[그림 5-21] 공기공급 시스템의 매커니즘

　공기공급 시스템에서 가장 중요한 역할을 하는 부품은 공기블로워와 가습기이다. 공기블로워는 외부 공기를 스택 내부까지 공급해야 하기 때문에 높은 출력을 요구한다. 최대 출력은 10kW이며, 1.5~10만 rpm으로 회전한다. 공기블로워의 성능에 따라 공기공급 시스템의 효율이 달라진다.

　외부 공기는 가습기를 통해 스택으로 전달된다. 연료전지에서 물은 엄청나게 중요한 요소이다. 저습도의 공기가 연료전지 내부로 유입되면, 연료전지 셀 내부의 전해질막이 건조해져서 성능과 내구성이 낮아진다. 이런 이유로, 외부 공기는 가습기를 통과시킨 후 스택 내부로 공급된다. 시스템 효율을 높이기 위해 연료전지 운전 시 생성되는 배출수를 가습기에 저장하여 사용하기도 한다.

　공기공급 시스템의 주요 부품은 스택이 필요로 하는 공기량을 외부로부터 공급하는 공기블로워, 수소전기차가 필요로 하는 출력에 맞게 공기블로워가 가동될 수 있도록 제어하는 BPCU(Blower Pump Control Unit), 수소전기차의 수소, 공기 압력과 전력 출력을 조절하는 FCU(Fuel cell Control Unit), 스택에 공급되는 공기가 건조하지 않도록 습도를 높여주는 가습기, 공기블로워의 빠른 회전으로 인한 소음을 경감시켜주는 소음기, 스택이 가동을 중단했을 때 스택 내부로 공기 유입을 차단하는 공기차단밸브, 각종 센서, 외부 공기에 섞인 먼지나 이물질을 제거하는 에어클리너 필터 등이 있다.

④ 열관리 시스템(TMS, Thermal Management System)

　열관리 시스템은 연료전지 스택을 일정한 온도로 유지할 수 있도록 열과 물을 관리하는 장치이다. 수소와 산소가 결합하여 물이 되는 전기화학 반응을 통해서 열과 전기 에너지가 발생한다. 전기 에너지는 예측한 것보다 늘 적게 발생하는데, 이는 저항에 의해 열로 손실되는 에너지 때문이다. 열관리 시스템은 발생한 열을 외부로 배출시키고, 스택을 일정 온도로 유지하기 위해 냉각수를 순환시킨다.

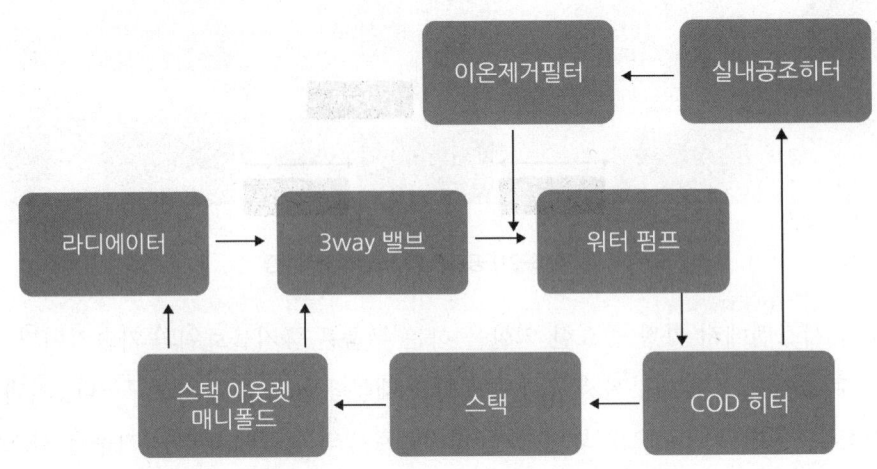

[그림 5-22] 스택 열관리 시스템 매커니즘(고온 냉각수 순환계)

스택 열관리 시스템은 60℃ 이상의 온도를 유지하기 때문에 고온 냉각수 순환계라고 한다. 온도가 낮을 경우 연료전지 반응이 늦고, 온도가 높을 경우 연료전지 내구성이 낮아지기 때문에 적정온도를 유지하는 것이 중요하다.

먼저 라디에이터로 온도를 낮춘 냉각수를 워터펌프를 통해 COD(Cathode Oxygen Depletion) 히터로 공급하며, COD 히터로부터 적정한 온도의 냉각수를 스택으로 공급한다. COD 히터는 저온의 환경에서 스택 내부에 물이 얼었을 때 빠른 시간 내에 시동이 걸릴 수 있도록 승온하는 기능이 있다. 이를 냉시동이라 하는데, 이 히터로 인해 영하의 날씨에도 단시간에 시동을 켤 수 있다. 히터로 승온된 냉각수는 실내공조히터를 통해 버려지는 열을 활용하여 차량 에너지 효율을 높인다. 실내공조히터를 통과한 냉각수는 이온제거 필터를 거친 후 다시 워터 펌프로 재순환한다. 냉각수의 이온이 제거되지 않으면, 스택 내부에서 전기화학반응의 부반응을 만들 수 있기 때문에 이온전도도를 낮게 유지하여 전기가 흐르지 않도록 해야 한다.

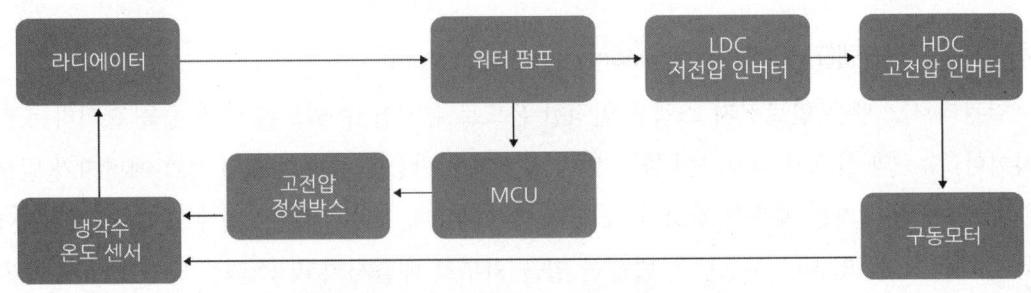

[그림 5-23] 전장 열관리 시스템(저온 냉각수 순환계)

다음은 저온 냉각수 순환계에 대해서 알아보자. 전기를 만들 때와 전기를 이용할 때는 저항에 의해 열이 발생하는데 이 열을 식혀주기 위해서 라디에이터를 통해 온도를 낮춘다. 라디에이터에서 온도가 낮아진 냉각수는 워터펌프를 통해 인버터, 구동모터를 냉각한 후 라디에이터로 순환한다. 또한 전자회로의 오작동을 방지하기 위해 MCU(Motor Control Unit)에도 냉각수를 순환시켜 열을 관리한다. 저온 냉각수 순환계는 온도가 낮을수록 유리한 부품들만 순환되도록 고안되어 있다.

열관리 시스템의 주요 부품은 열교환기로써 온도가 높아진 냉각수의 온도를 낮추는 라디에이터, 열을 식히기 위해서 라디에이터에 공기를 흐르게 하는 부품인 팬모터/제어기, 일정 온도를 유지하기 위해 온도를 측정하고 그에 따라 제어를 하는 부품인 전자식 써모스탯(열 유지기), 냉각수를 순환시키는 워터펌프, 냉각수 내의 이온을 제거하는 이온제거기, 얼어붙은 냉각수를 해동하기 위해 열을 가하는 부품인 금속해빙기, 냉각수를 담는 물탱크, 영하의 온도에서 스택 내 냉동된 물을 제거하기 위해 가동되는 냉시동밸브, 각종 센서 등이 있다.

(2) 수소저장 시스템(Hydrogen Storage System)

수소저장 시스템은 고압의 수소를 압축하여 저장하는 장치로, 작은 부피로 최대한 많은 양의 수소를 담는 것이 목표이다. 초기 350bar 수준에서 최근에는 700bar 수준으로 2배 가량 저장압력이 높아졌다. 수소탱크는 type 4 형태의 탱크를 사용하며, 이 탱크의 최소 파열압은 1,575bar 수준이다. 가연성 가스이므로 용기가 파손되지 않도록 고강도·고강성의 소재를 사용해야 한다. 또한 수소의 취성이라는 특성을 고려하여 설계해야 한다.

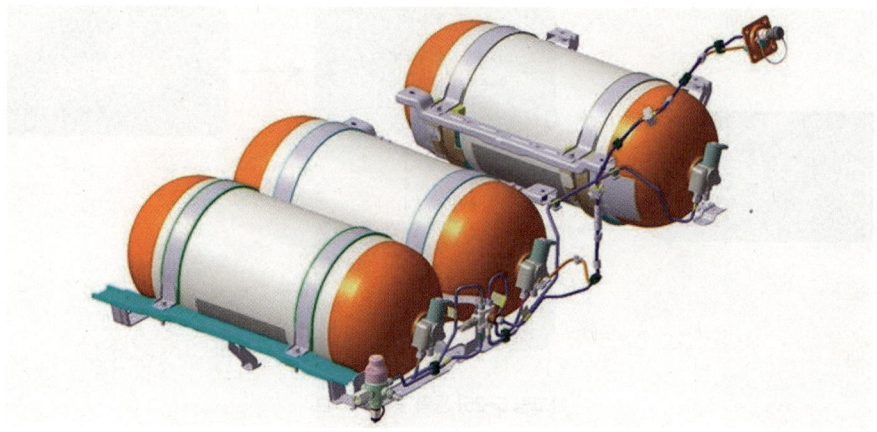

[그림 5-24] 넥쏘 수소탱크 (ⓒ현대자동차)

수소탱크는 규정상 최대 사용한도 15년, 충전 횟수 4,000회를 만족해야 한다. 유럽의 경우 더욱 강화된 규정을 따르는데 최대 사용한도 20년, 충전 횟수 5,000회를 만족해야 한다. 내구성을 강화하기 위해 수소 탱크의 외피는 탄소섬유 강화 복합재로 이루어져 있으며, 내부는 내구 복원력이 뛰어난 폴리이미드 라이너를 삽입한다. 폴리이미드 라이너는 고온에서도 안정적이고 화학적인 저항성이 뛰어난 폴리이미드(polyimide) 고분자 재질을 수소 탱크 안에 삽입한 것을 말한다. 수소를 고압으로 저장할 경우, 수소가 탱크의 금속 재질을 찢는 취성이 발생하기 때문에 내열성과 내화학성이 뛰어난 고분자 물질을 내부에 삽입하여 내구성을 개선시킨다.

높은 압력의 수소는 1차 고압 레귤레이터를 통해 16bar로 감압되며, 2차 저압 레귤레이터를 통해 1~1.5bar로 감압되어 스택 내부로 공급된다.

수소저장시스템의 주요 부품은 수소를 고압으로 저장하는 수소탱크, 전기적인 신호로 동작을 제어하는 솔레노이드 밸브, 700bar의 고압 수소를 16bar로 낮춰주는 고압 레귤레이터, 16bar의 수소를 1~1.5bar로 감압하여 공급하는 저압 레귤레이터, 수소 취성에 강한 수소배관, 수소 누출 감지센서 등이 있다.

(3) 동력 구동 시스템

동력 구동 시스템은 생산된 동력을 구동모터로 전달하는 시스템이다. 생산된 동력과 배터리, 캐패시터의 동력이 합쳐져 모터를 구동한다. 전력이 남을 때는 회생제동을 통해 배터리를 충전하여 사용효율을 높인다.

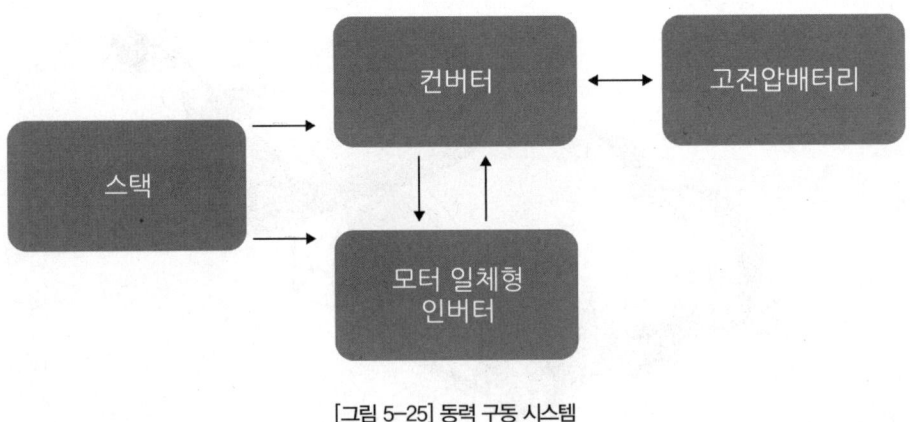

[그림 5-25] 동력 구동 시스템

스택에서 발생한 전기는 구동모터로 전달된다. 이때 부족한 전기는 고전압 배터리에서 컨버터를 통해 공급한다. 구동모터로 전달되는 전압은 직류 450V 이하 수준이다. 남는 전기가 있거나 감속 상황의 경우 컨버터를 통해 회생제동이 되며, 고전압 배터리로 충전한다. 이때의 전압은 직류 240V 수준이다.

동력구동시스템의 주요 부품은 스택의 전기로 차량을 움직이는 구동모터, 고전압 배터리와 스택에서의 전압을 구동모터에 필요한 전력으로 변환하는 컨버터, 구동모터의 속도와 토크를 제어하는 인버터, 모터의 속도를 낮춰주는 감속기, 고전압배터리 등이 있다.

2. 연료전지 스택 기술

연료전지 스택은 전체 차량 가격의 30~50% 수준을 차지할 정도로 원가가 높다. 전체적인 시스템 효율은 높이고 가격은 낮추기 위한 다양한 기술들이 개발되고 있다.

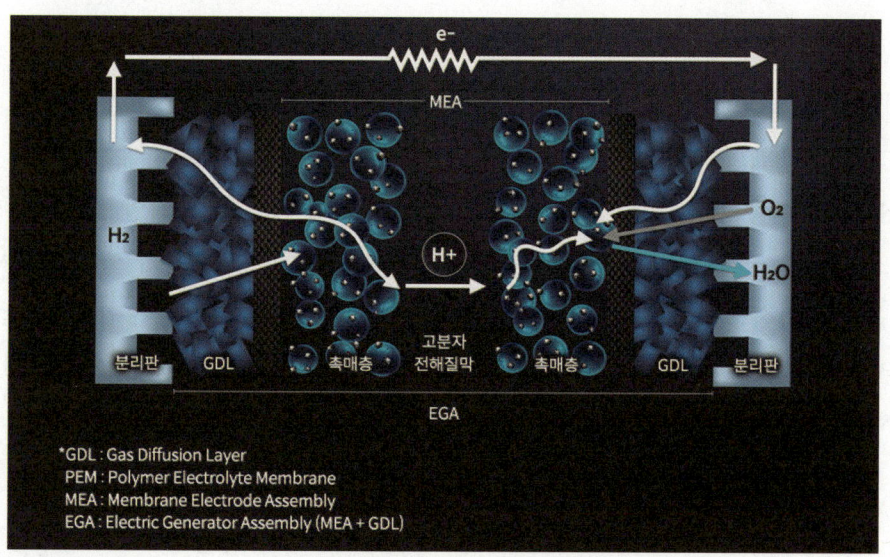

[그림 5-26] 연료전지 단위 셀 (ⓒ 현대자동차)

연료전지 셀(cell)은 막전극 접합체(MEA), 가스확산층(GDL), 분리판(BP)으로 이루어져 있다. 연료전지 셀이 수십~수백 장 적층된 상태에서 집전체(Current collector), 엔드플레이트(End plate), 체결기구로 조립되면 스택이라고 한다. 스택을 구성하는 각 요소에 대해 알아보도록 하자.

[그림 5-27] 연료전지 스택 (ⓒJNTG Catalog)

(1) 막전극 접합체(MEA, Membrane Electrode Assembly)

막전극 접합체(MEA)는 전해질막을 중심으로 연료극과 공기극의 전극이 접합되어 있는 형태를 의미한다. 이 부품은 수소와 산소가 반응하여 물과 전기를 생성하는 부분이다. 연료전지에서 가장 중요한 부품인 만큼 막전극 접합체(MEA)의 각 요소와 필요한 물성에 대해 기억하자.

① 전해질막(Membrane)

전해질막은 스택의 중심에 위치하며 연료극(anode)에서 생성된 수소이온을 공기극(cathode)으로 이동시키는 역할을 한다. 전해질막은 수소이온의 선택적인 전도도가 높아야 하며 수소나 산소 기체가 통과하면 안 된다. 또한 전해질막 내부에 전류가 흐르면 불이 날 수 있기 때문에 전기전도도가 낮아야 하며 물리적, 화학적 내구성이 뛰어나야 한다. 수소이온의 전도도에 따라 연료전지의 성능이 달라지는데, 이온전도도를 높이기 위한 기술로 전해질막을 박막화하는 방법, 수분을 흡수하는 능력(함습률)을 높이는 방법 등이 있다.

[그림 5-28] 전해질막 강화막 구조

전해질막의 성능을 높이기 위해서 기계적인 내구성과 화학적인 내구성을 높이는 방법이 개발되고 있다. 전해질막은 수소이온을 전달하는 이오노머로 구성되어 있는데, 최근에는 기계적 물성을 강화하기 위해 전해질막 내부에 다공성 지지체를 삽입하고, 이오노머를 함침하는 기술이 고안되었다. 이 기술로 인해 전해질막을 박막화할 수 있다. 박막 전해질막은 높은 성능을 구현하며 기계적인 내구성도 개선된다. 하지만 얇아진 만큼 수소이온 외에 수소 기체나 산소 기체가 투과되어 연료전지 효율을 떨어뜨리고, 라디칼이라는 물질이 생성되어 내구성을 저하시키기도 하는 단점이 있다. 라디칼은 원치 않는 부산물인데 반응성이 아주 높아서 이오노머를 분해시키며 구조를 무너트려 연료전지의 내구성을 낮춘다. 이를 개선하고자 라디칼을 흡수하여 화학적인 내구성을 개선시키는 첨가제가 개발되고 있다.

② 전극(Electrode)

전극은 촉매와 이오노머, 첨가제 등으로 이루어져 있다. 촉매는 연료전지 반응을 빠르게 일어나도록 돕는 역할을 한다. 연료전지 메커니즘을 보면, 연료전지 반응은 촉매의 표면에서 일어나는데, 연료전지 성능을 높이기 위해서는 촉매의 표면적을 넓혀야 한다.

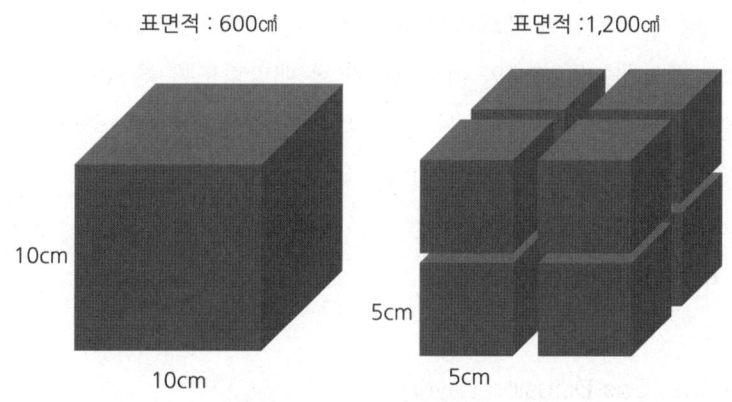

[그림 5-29] 입자 크기에 따른 표면적 차이

위 그림을 보면 같은 무게라도 입자가 작을수록 표면적이 커지는 것을 알 수 있다. 즉 같은 무게의 촉매가 있더라도 입자를 작게 만들수록 표면적의 차이는 기하급수적으로 늘어난다. 가로, 세로, 높이가 각각 10cm인 정육면체의 표면적은 600㎠이다. 이 정육면체를 세 번 자르면 표면적은 2배인 1,200㎠로 늘어나게 된다. 따라서 촉매 입자를 최대한 작게 만들어 표면적을 늘리는 것이 성능을 향상시키는 핵심 기술이다. 최근에는 탄소담지체의 표면적을 넓힌 후 그 위에 촉매인 귀금속을 담지하는 기술을 사용하고 있다.

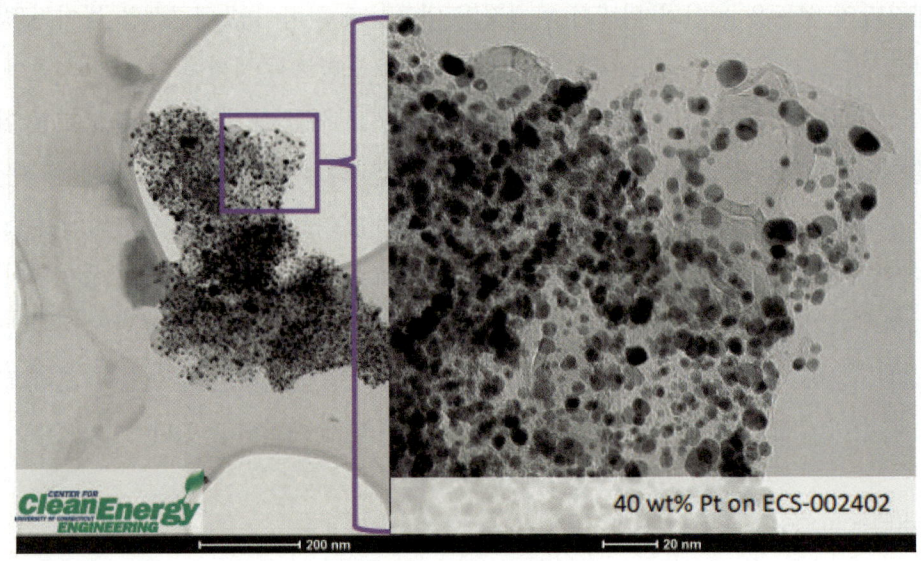

[그림 5-30] 탄소지지체에 담지된 백금촉매 (ⓒ Pajarito Powder)

전극은 촉매와 이오노머의 배합이 중요하다. 반응을 더 깊게 살펴보면, 촉매의 표면에서 반응이 일어나려면 전자와 이온의 이동이 모두 만족되어야 한다. 촉매는 전자만 이동시키기 때문에 이온을 이동시키기 위한 통로가 필요한데, 전극의 바인더가 이온의 이동통로를 담당한다. 즉, 전극의 제조기술은 촉매와 이오노머가 잘 배합되도록 분산하는 기술이 핵심이다.

전극 역시 전해질막과 마찬가지로 라디칼 반응을 억제하기 위해서 첨가제를 사용해 연료전지의 화학적 내구성을 높이는 경우가 있다.

이를 종합하면 전극을 설계함에 있어 중요한 물성은 높은 전기전도성, 이온전도성, 표면적, 기공, 물리적 강성, 내산성 등이 있다.

(2) 가스확산층(GDL, Gas Diffusion Layer)

가스확산층은 공급된 수소와 산소가 막전극 접합체의 전극으로 확산되는 것을 돕고, 생성된 물을 분리판으로 배출시키는 역할을 한다. 또한 막전극 접합체의 연료극에서 생성된 전자를 공기극까지 이동시키는 역할을 한다.

[표 5-1] GDL 구조 (ⓒ JNTG)

Carbon Paper		• Thin Thickness • High Porosity • High Gas Permeability
GDL		• Thin Thickness • High Porosity • High Effective diffusivity • High Hydrophobicity • Excellent water management at high current density

가스확산층은 기체 및 물 투과도, 열 전도도, 전기 전도도, 내부식성 등을 고려해서 설계해야 하는데 상세한 내용은 아래와 같다.

첫째, 기체가 막전극접합체 표면으로 잘 확산되도록 하고, 생성된 물이 잘 배출되어야 한다. 기체 확산을 향상시키기 위해서는 가스확산층 내의 기공 구배를 조절해야 한다. 기공 구배가 잘 형성된 경우 모세관 현상으로 인해 분리판을 통해 투입된 기체가 막전극 접합체까지 고르게 이동한다. 막전극 접합체 표면에서 반응을 통해 생성된 물을 더 잘 배출시키기 위해서는 MPL(Micro Porous Layer)층을 추가하기도 하는데, 이는 극소수성 물질인 PTFE(Polytetrafluoroethylene)을 첨가하여 만든다. 둘째, 기체 및 물의 투과도를 높이기 위해서 수많은 미세기공을 가져야 한다. 가스확산층은 통상적으로 약 70% 수준의 기공률을 가지고 있는데 미세기공들로 인해 표면적이 높아서 많은 기체와 물을 함유할 수 있다. 셋째, 전기화학 반응이 잘 일어날 수 있도록 높은 전기전도성을 가져야 한다. 가스확산층은 이 물성을 달성하기 위해 전기전도성이 좋은 탄소를 사용하고 있다. 넷째, 셀 내부의 열을 잘 전달해야 한다. 셀 내부의 온도가 높아지면 냉각수를 통해 열을 낮추고, 내부의 온도가 낮아지면 냉각수의 열을 이용하여 가열시킨다. 다섯째, 높은 내부식성을 가져야 한다. 전기화학 부반응으로 인해 탄소가 열화될 가능성이 있으므로, 이를 극복하기 위해서 높은 흑연화 공정을 거친 탄소를 사용하고 있다.

(3) 분리판(Bipolar Plate)

분리판은 수소와 공기를 가스확산층으로 공급하고, 생성된 물을 외부로 배출하는 역할을 한다. 또한 연료극에서 생성된 전자를 공기극으로 이동시키는 역할을 한다. 연료극 분리판, 연료극 가스확산층, 막전극 접합체, 공기극 가스확산층, 공기극 분리판을 합쳐서 단위셀이라고 부른다. 분리판은 냉각수의 유로를 가지는데, 냉각수 공급과 배출로 단위셀의 온도를 일정하게 유지하는 기능도 가지고 있다.

[그림 5-31] 분리판 구조 (ⓒ 유한정밀)

분리판은 전기전도도, 물질이동저항, 표면친수성, 열전도도, 내부식성 등을 고려해서 설계해야 하는데 상세한 내용은 아래와 같다.

첫째, 분리판은 연료 입·출구, 공기 입·출구, 냉각수 입·출구를 가지고 있으며 연료, 공기, 물의 이동을 용이하게 하도록 유로를 가진다. 유로의 구조에 따라 연료전지 성능과 내구성이 달라지므로 물질 이동에 저항이 생기지 않도록 설계해야 한다. 둘째, 연료전지는 낮은 pH에서 전기화학반응이 일어나기 때문에 분리판의 부식이 발생한다. 이를 방지하기 위해 전기전도성이 좋고, 부식이 낮은 물질을 코팅하기도 한다. 셋째, 분리판은 연료극에서 생성된 전자를 공기극으로 이동시켜야 하기 때문에 전기전도성을 가지고 있어야 한다. 전기전도성을 높이기 위해 흑연을 사용했으나 쉽게 깨지고 단가가 비싼 단점이 있어서 최근에는 값이 저렴하고 전기전도성이 뛰어난 금속분리판이 개발되고 있다.

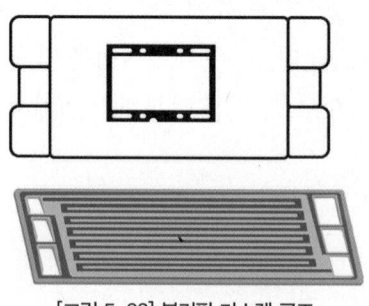

[그림 5-32] 분리판 가스켓 구조

가스켓은 막전극접합체와 분리판과의 접촉을 통해 실링을 하는 부품으로 분리판과 분리판을 붙여서 셀과 셀 간의 실링을 하기도 한다. 실링이 완벽하지 않으면 수소나 산소가 유출되어 위험할 수 있으며, 또한 냉각수의 유출로 인해 스택과 주변 부품이 오염될 수 있다. 가스켓은 내열성, 내압성, 내산성을 가져야 하며 주로 EPDM, FKM, PTFE 등의 소재가 사용된다.

(4) 집전체(Current Collector)

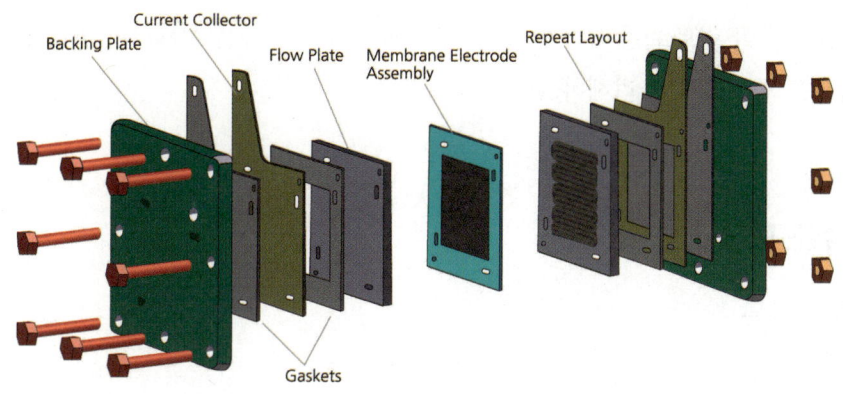

[그림 5-33] 집전체 구조

집전체는 연료극의 전자를 공기극으로 이동시키는 역할을 한다. 100kW 수소전기차는 400V 이상의 높은 전압, 250A 수준의 높은 전류로 인해 작은 저항에도 엄청난 열이 발생할 수 있다. 따라서 전기전도성이 좋아야 하고, 발열에 의한 변형이 적어야 한다.

(5) 엔드플레이트(End Plate)

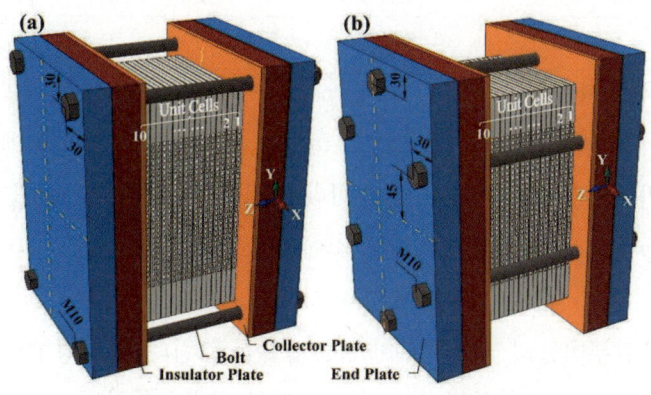

[그림 5-34] 엔드플레이트 구조 (ⓒ ResearchGate)

엔드플레이트는 스택의 구성요소 중 가장 바깥쪽에 위치한다. 연료전지 셀을 여러 장 적층한 상태에서 집전체를 바깥쪽에 위치시키고, 엔드플레이트를 집전체 바깥쪽에서 압축하고 다시 부풀지 못하도록 체결기구를 이용하여 고정한다.

엔드플레이트의 특징은 다음과 같다. 첫째, 엔드플레이트는 연료전지 셀이 팽창하지 못하도록 고정해주는 역할을 한다. 또한 스택에서 발생하는 높은 온도에 의해 변형이 일어나면 수소, 산소, 냉각수가 누출될 가능성이 있기 때문에 물리적인 강성이 강해야 한다. 둘째, 엔드플레이트는 절연성이 높아야 한다. 전류는 감전이나 쇼트 발생 등의 위험을 줄이기 위해 집전체와 도선만을 통한 경로로 흘러야 한다. 그렇기 때문에 집전체를 설계함에 있어 물리적인 강성과 절연성을 중점으로 고려해야 한다.

3. 고압 수소 탱크 기술

(1) 고압 용기 종류

[표 5-2] 모빌리티용 Type별 고압 가스 탱크

용기	Type 1	Type 2	Type 3	Type 4
재질	금속재질 용기 (강철, 알루미늄)	금속재질 용기+ 유리섬유 부분 보강	금속재질 라이너+ 탄소섬유 복합재	비금속재질 라이너+ 탄소섬유 복합재
사용압력	300bar 이하	300bar 이하	350~700bar	350~700bar

고압 용기의 종류는 4가지로 구분된다. Type 1은 강철, 알루미늄의 금속재질로만 이루어진 고압 용기이며 사용압력은 최대 300bar 수준이다. 수소튜브 트레일러에는 Type 1 탱크가 탑재되는데 무게가 40톤, 길이가 16m 이상이라 도심지 이동이 어려운 단점이 있었다. 하지만 최근 개발된 Type 4 탱크는 무게 26톤, 길이 10m 정도로 기존의 Type 1 탱크보다 작고 가볍다.

Type 2는 강철, 알루미늄의 라이너 위에 유리섬유를 그림의 원주 방향으로 감아서 만든 용기이다. 일반적으로 탱크 내부 압력이 높아지면 팽창하면서 파열될 수 있지만, 단단한 유리섬유를 감아두면 이를 방지할 수 있다.

Type 3는 강철, 알루미늄의 라이너 위에 종, 횡 방향 모두 탄소섬유를 감아서 만든 용기이다. Type 2와 유사하지만 더 많은 부분의 팽창을 막아주기 때문에 더 높은 압력(최대 700bar)으로 수소를 충전할 수 있다. 하지만 수소는 금속을 만나면 무르게 하는 취성을 가지고 있기 때문에 수소를 700bar로 충전하기에는 위험부담이 있다.

　Type 4는 현대자동차 넥쏘와 토요타 미라이에 탑재된 용기 방식이다. 비금속재질의 라이너 위에 고강도 탄소섬유를 모든 면적에 감아서 만들었다. 금속에 비해 가볍고, 내구성이 좋으며 수소와 반응하지 않기 때문에 취성 위험이 낮다. 또한 탱크 파손 시 파편이 산개하지 않아 안전성이 높은 장점을 가지고 있다.

(2) 수소 탱크 개발 현황

　일진하이솔루스는 수소전기차 넥쏘에 탑재된 Type 4 수소 탱크를 개발했다. 최소 파열강도가 1,500bar 이상으로 설계되었으며 실제 충전은 700bar 이하로 사용하고 있다. 한화솔루션은 미국 수소 탱크 업체인 시마론을 인수하였으며 Type 4 수소탱크 개발을 진행 중이다. 롯데케미칼 역시 에어리퀴드 코리아와 업무협약을 맺고 Type 4 수소 탱크 개발을 진행 중이다. CTD(Composites Technology Development Inc.)는 2010년 Type 5 탱크를 개발하였으나 현재 차량 탱크까지는 확대 적용하지 않고 있다. CTD에서 2014년 만든 프로토타입 탱크는 1,000bar까지 저장할 수 있다.

(3) 수소 탱크 인증

[표 5-3] 수소전기차 넥쏘 인증 시험 (ⓒ 현대자동차)

파열시험	낙하충격시험	화염시험	내화학시험	인공결함시험
극한온도시험	총탄시험	수소가스충전반복시험	가속응력시험	

수소 탱크는 안전과 직결되기 때문에 실제 일어날 수 있는 다양한 상황을 고려하여 설계해야 한다. 수소 탱크는 안전 시험은 파열시험, 낙하충격시험, 화염시험, 내화학시험, 인공결함시험, 극한온도시험, 총탄시험, 충전반복시험, 가속응력시험 등 다양한 시험을 진행하며 모든 시험을 통과해야 한다.

수소탱크는 충격에 강해야 하며, 높은 열안정성을 가져야 하며, 주변 화학물질과 반응하지 않아야 한다. 수소를 최소 15,000번 이상 반복 충전할 수 있어야 하며 파손이 일어났더라도 폭발하지 않고 찢어지면서 내부 수소를 빠르게 배출시켜야 한다. 이러한 물성을 만족하는 물질을 찾고, 내부 구조를 새롭게 설계하여 더 많은 양의 수소를 저장하는 기술들이 개발되고 있다.

CHAPTER 03 취업을 위한 국내·외 기업의 수소전기차 현황

한권으로 끝내는 전공·직무 면접 자동차

학습 POINT

국내·외 출시된 수소전기차는 무엇이 있는지 알아보고, 수소전기차 개발 업체들의 트렌드 및 현황을 살펴본다.

1. 국내·외 수소전기차 종류

수소전기차는 2013년에 현대자동차에서 투싼FCEV를 세계 최초로 양산 발표하면서 판매가 시작되었다. 이어서 2014년에 토요타는 미라이를 출시하였다. 이후에 자동차 제조사들은 수소전기차를 콘셉트카로 소량 제조하여 검증하는 용도로만 사용하고, 양산 발표는 연기하였다. 2018년 현대자동차에서는 승용 수소전기차인 넥쏘를 출시하였고, 현재까지 양산형 수소전기차 중 가장 많은 판매대수를 기록하고 있다. 2020년 토요타가 미라이2를 출시한 이후 현재까지 추가로 수소전기차 양산을 발표한 제조사는 없는 상황이다.

(1) 국내

① 현대자동차 넥쏘

2018년 출시한 승용 수소전기차로 현대자동차에서 개발했다. 1회 충전으로 최대 609km까지 주행할 수 있다. 승용 수소전기차로는 가장 큰 규모의 투자로 양산을 성공시킨 사례다. 2022년 9월 현재, 세계 판매량 1위의 수소전기차이며, 최대출력은 113kW 수준이다.

[그림 5-35] 현대자동차 넥쏘 (ⓒ 현대자동차)

② 현대자동차 엑시언트 Fuel cell

2020년 출시한 상용 수소전기차로 현대자동차에서 개발했다. 2021년 총 140대가 스위스로 수출되었으며 2025년까지 총 1,600대가 스위스로 수출될 예정이다. 최대출력 350kW 수준으로, 항속거리는 400km이다. 현재 수소전기차 제조사들은 트럭, 버스와 같은 상용차 개발에 집중하고 있으므로, 상용차 개발 동향을 관심 있게 지켜보는 것이 좋다.

[그림 5-36] 현대자동차 수소전기트럭 엑시언트 (ⓒ 현대자동차)

③ 현대자동차 일렉시티 FCEV 수소전기버스

　2022년 현대자동차에서 일렉시티 수소전기버스 페이스리프트 모델을 출시했다. 최대출력 180kW, 최대주행거리 557km 수준이다. 아직 일반고객에게 판매하고 있지는 않으며, 도심 곳곳에 시범차 운행을 하고 있다.

[그림 5-37] 현대자동차 수소전기버스 일렉시티 (ⓒ 현대자동차)

④ 현대자동차 유니버스 수소전기버스

　세계 최초로 수소연료전지 시스템을 탑재한 고속형 대형버스로, 2023년 4월 6일에 출시했다. 일렉시티 FCEV가 시내 주행용이라면, 유니버스 수소전기버스는 최대출력 180kW, 최대주행거리 635km로 시외버스나 고속버스로 활용하고 있다.

[그림 5-38] 현대자동차 수소전기버스 유니버스 (ⓒ 현대자동차)

(2) 해외

① 토요타 미라이 2세대

2021년 출시한 승용 수소전기차로 토요타에서 개발했다. 현재 국내에서 판매는 하고 있지 않다. 최대출력 134kW 수준으로, 항속거리는 최대 850km이다. 현재 최고의 성능을 가진 승용 수소전기차이다.

[그림 5-39] 토요타 미라이 2세대 (ⓒ TOYOTA)

② 혼다 클라리티

2016년 혼다에서 출시했으나 현재는 단종된 수소전기차이다. 최고출력 130kW에 최대주행거리 750km로 발표되었다.

[그림 5-40] 혼다 클라리티 (ⓒ 데일리카)

③ 아우디 h-트론 콰트로 콘셉트

2016년 아우디에서 출시한 승용 수소전기차이다. 최대출력은 200kW이며, 최대 주행거리는 600km이다. 콘셉트카이며 양산까지 이어지지는 않았다.

[그림 5-41] 아우디 h-트론 콰트로 콘셉트 (ⓒ 아우디)

④ BMW i 하이드로젠 넥스트 콘셉트

2019년 BMW에서 공개한 승용 수소전기차이다. 최대출력 125kW이며 최대주행거리는 미정이다. 토요타와 기술협약을 통해 개발했으나, 양산까지 이어지지는 않았다.

[그림 5-42] BMW i 하이드로젠 넥스트 콘셉트 (ⓒ BMW)

2. 국내 수소전기차 밸류체인

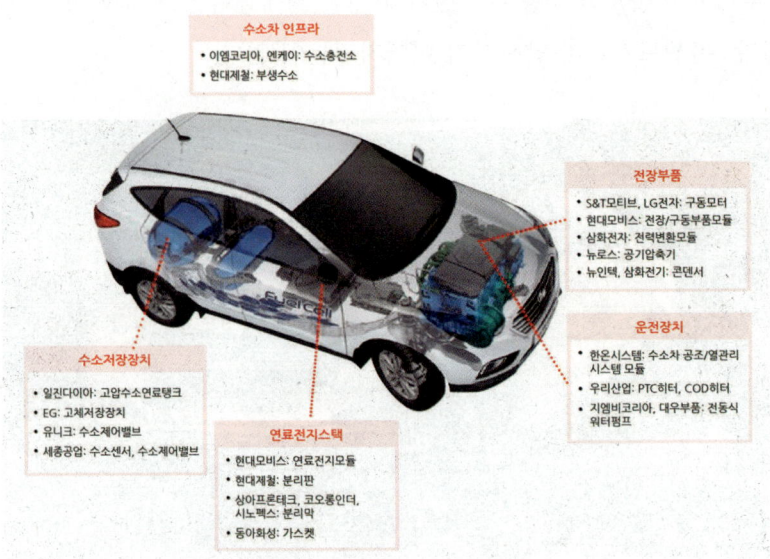

[그림 5-43] 수소전기차 밸류체인 관련 기업 (ⓒ 유진투자증권)

(1) 수소전기차 인프라

수소전기차의 한계점으로 지적되고 있는 것 중 하나는 수소충전소의 문제이다. 수소충전소를 건설하는 업체는 국내에 이엠코리아와 엔케이가 있다. 수소충전소에 수소를 공급하는 업체에는 의외로 현대제철이 있는데, 현대제철에서는 현재 부생수소를 이용하여 수소를 생산하고 있다.

(2) 수소저장장치

수소를 저장하는 탱크는 일진 하이솔루스에서 개발하였으며 넥쏘에 공급되기도 한다. 수소를 저장하는 다른 방식으로 고체수소저장소재를 이용하는데, 국내에서는 EG라는 업체가 개발 중이다. 수소제어밸브 제작 업체로는 유니크가 있으며, 각종 수소 센서와 제어밸브는 세종공업에서 개발하고 있다.

(3) 연료전지스택

수소전기차의 심장인 스택은 현대모비스에서 모듈을 개발하고 있다. 스택의 분리판은 현대제철에서 개발하고 있다. 분리막의 경우 국내에서는 상아프론테크, 코오롱 인더스트리, 시노펙스가 개발하고 있으며, 가스켓은 동아화성에서 개발하고 있다.

(4) 운전장치

수소전기차 공조와 열관리 시스템 모듈은 한온시스템에서 개발하고 있으며, PTC 히터, COD 히터는 우리 산업에서 개발하고 있다. 전동식 워터펌프는 지엠비코리아, 대우부품에서 개발하고 있다.

(5) 전장부품

구동모터는 S&T모티브, LG전자에서 개발하고 있으며, 기타 전장/구동부품 모듈은 현대모비스에서 개발하고 있다. 전력변환모듈은 삼화전자에서, 공기 압축기는 뉴로스, 콘덴서는 뉴인텍, 삼화전기에서 개발하고 있다.

3. 수소전기차 트렌드

(1) 수소전기차 개발 동맹

어떤 제품이든 초기 기술 개발 단계에서는 인프라가 구축되어 있지 않기 때문에 대중화에 도달하기까지 많은 비용과 시간이 소요된다. 이때 개발 속도를 단축하기 위해서 부품 공동개발, 공용화 및 협력업체 공유 등의 방법을 선택할 수 있다. 친환경 정책으로 인해 수소전기차 개발이 더욱 중요해진 가운데, 업체들 간 개발 동맹이 빠르게 추진되었다.

[그림 5-44] 완성차 업계 수소전기차 개발 동맹

① 현대-아우디

2018년 현대자동차와 아우디는 수소전기차 개발 협업 계약을 체결했다. 양사는 특허 및 주요 부품을 공유하는 방법으로 협업 계획을 발표했다. 2022년 아우디는 h-트론 콰트로 수소전기차를 출시할 계획이었으나, 유럽을 중심으로 수소전기차 개발 전략이 승용차가 아닌 대형 트럭과 같은 상용차로 변경되면서 소형 수소전기차 출시 계획을 중단했다. 아우디는 현대자동차가 개발한 소형 스택을 아우디의 소형 승용차에 적용할 계획이었으나, 승용 수소차 양산을 연기하면서 현재는 동맹이 해체될 가능성이 있다.

② 토요타-BMW

토요타와 BMW는 2013년, 연료전지 스택 시스템을 포함하여 수소탱크, 모터, 배터리 등 연료전지 기본 시스템 전반의 공동 개발 협업 계약을 체결했다. BMW는 2022년 SAV X5 차량 버전으로 수소전기차 i hydrogen next를 한정 생산한다고 밝혔다.

③ 다임러-볼보

다임러와 볼보는 수소전기차 중 상용차 개발 협업을 발표했다. 유럽의 배출가스 저감을 위한 방법으로 수소전기차의 개발을 선택한 것으로 보인다. 양사는 수소전기차 생산비용을 현재의 20% 수준까지 낮추는 것을 목표로 했다. 다임러는 2020년 수소전기 트럭인 GenH2 콘셉트카를 발표했으며, 2023년까지 양산화 과정을 거쳐 2023년 시험 운행을 진행할 예정이다.

④ GM-혼다

GM과 혼다는 2016년 수소전기차에 탑재되는 연료전지 시스템을 공동 생산하기 위해 합작법인 '퓨얼셀시스템스매뉴팩처링' 설립을 발표했다. 양사는 오는 2020년까지 8,500만 달러를 투자해 GM공장에서 연료전지 시스템을 생산할 계획이다.

(2) 상용차 개발 집중

수소전기차 개발업체는 현재 승용차보다 버스나 트럭과 같은 상용차 개발에 집중하고 있다. 현대차의 경우 2021년 제네시스 수소전기차 출시 일정을 연기하였다. 이는 일본과 유럽의 수소전기차 개발 업체들과 유사하게 상용차 개발에 더욱 집중하고자 하는 전략으로 보인다.

메르세데스-벤츠는 GLC F-CELL 수소전기차의 제조 비용이 너무 높고 인프라가 부족해 대중화되기 어렵다고 판단하여 생산을 중단했다. 토요타 역시 렉서스 차량을 100% 전기차로 공급하겠다는 목표를 발표했다. 앞서 말한 업체들과 마찬가지로 승용 수소전기차의 사업성 때문으로 예상된다. 수소전기차 개발 업체인 미국의 니콜라 역시 수소전기트럭 개발에 집중하겠다고 발표했다.

CHAPTER 04 수소전기차의 장단점과 해결 과제

> **학습 POINT**
> 수소전기차를 개발해야 하는 이유와 극복해야 할 문제는 무엇인지 짚어본다.

1. 수소전기차의 장점

(1) 전기차 대비 장점

① 1회 충전 주행 가능거리

[표 5-4] 수소전기차와 전기차의 1회 충전 주행 가능거리 비교

모델명	제조사	연료종류	1회 충전 주행 가능거리
넥쏘	현대자동차	수소연료전지	609km
모델3(롱레인지)	테슬라	전기	528km
아이오닉6(롱레인지 RWD)	현대자동차	전기	524km
코나(롱레인지)	현대자동차	전기	417km

수소전기차의 장점은 1회 충전 시 주행 가능거리가 길다는 점이다. 2024년 7월 기준, 현재 판매 중인 차량으로 수소전기차 넥쏘의 최대 주행거리가 테슬라 모델3보다 소폭 높다. 전기차는 배터리 성능 향상과 효율 증가로 주행 가능거리가 빠르게 증가하고 있다. 과거 아이오닉5만 하더라도 주행 가능거리가 458km였지만 아이오닉6는 524km로 증가했다. 하지만 최근 출시한 토요타의 미라이 2세대는 최대 주행 가능거리가 850km로 수소전기차의 발전 속도 역시 빠른 편이다. 따라서 수소전기차는 전기차와의 주행 가능거리 경쟁에서 소폭 앞섰다고 볼 수 있다.

② 짧은 충전 시간

2024년 7월 현재 판매 중인 차량 기준으로, 현대차의 넥쏘는 1회 충전 시 5~10분이 소요된다. 테슬라 모델3의 경우 급속 충전 시 30분가량 소요되며 약 80%가량의 배터리가 충전된다. 전기차의 충전시간은 빠르게 단축되고 있으나, 현 시점에서는 수소전기차의 충전 속도가 상대적으로 빠르다는 장점이 있다.

③ 안전성

[그림 5-45] 전기차 충전 중 화재 사례 (ⓒ 노컷뉴스)

전기차의 가장 큰 문제는 안전성에 있다. 배터리에 사용되는 리튬은 반응성이 매우 높아 화재가 발생하면 진화하기 매우 어려우며 차량을 전소시키는 경우가 많다. 최근 차량 충돌, 배터리 충전 시 발화 등의 문제가 발생하고 있다.

[그림 5-46] 수소탱크 화염시험 (ⓒ 현대자동차)

그에 반해 수소전기차의 경우 아직까지 안전성 관련한 문제는 공개된 것이 없다. 사고 발생 시 수소가 유출되어도 공기 중으로 빠르게 확산하기 때문에 폭발할 가능성이 낮다. 또한 폭발을 위한 조건을 만족시키기가 어렵기 때문에 아직까지 폭발한 사례가 없다. 위 그림의 화염시험 결과를 보면 알 수 있듯이, 화재 발생 시 수소가 차량 위쪽으로 분출되기 때문에 차 안으로 불꽃이 향할 가능성이 낮다. 따라서 차량 탑승자의 화재로 인한 피해가 적다.

④ 가혹조건 운전

전기차의 경우 사막과 같은 혹서지역에서는 냉각 시스템 가동으로 인해 에너지 소모가 크기 때문에 주행가능 거리가 많이 단축된다. 또한 혹한지역에서 역시 배터리의 성능이 급격히 낮아지기 때문에 효율적인 운전이 힘들다. 반면 수소전기차의 경우 스택 운전온도가 60~80℃로, 더운 곳에서의 운전 효율이 전기차에 비해 나은 편이다. 또한 영하 30℃ 이하 저온의 경우에도 COD 히터로 냉시동이 가능하다.

(2) 공기정화 효과

[표 5-5] 수소전기차의 공기정화 효과

공기필터	막 가습기	기체 확산층
• 먼지 및 화학물질 포집 • 초미세먼지 97% 이상 제거	• 가습막을 통한 건조공기 가습 • 막 표면에서 초미세먼지 제거	• 전극막에 수소/공기 공급 • 미세기공층에서 초미세먼지 제거

수소전기차는 저장한 수소와 공기 중의 산소를 연료로 사용하는데, 공기를 흡입하는 과정에서 여러 필터를 거치며 다량의 미세먼지를 흡수한다. 또한 물 외에 다른 오염물질을 배출하지 않는 장점이 있다. 현대자동차에서 발표한 넥쏘 1대의 공기정화능력은 시간당 26.9kg이다. 이는 전기차나 내연기관차에서 볼 수 없었던 친환경적인 장점이 돋보이는 부분이다.

2. 수소전기차의 단점 및 해결 과제

(1) 고가의 부품 원가

① 협력업체 투자 부족

수요와 공급이라는 경제 원리를 바탕으로 부품 개발 업체들이 많을수록 원가는 절감될 수 있다. 기존 차량에서 쓰는 부품들은 상호 호환이 가능하여 필요한 부품을 손쉽게 구할 수 있으며, 가격 경쟁을 통해 원가를 낮출 수 있다. 하지만 개발 초기 단계인 수소전기차는 부품을 신규로 개발해야 하기 때문에 협력업체를 찾기가 매우 어렵다. 수소전기차는 판매량도 적을 뿐더러 수요 예측도 어렵기 때문에, 협력업체는 이를 위해 설비 투자를 늘리는 모험은 하지 않으려 한다. 신규 개발 차종의 높은 원가는 이러한 문제에서 비롯된다. 수소전기차 개발 업체들은 부품 공동개발, 공용화, 협력업체 공유 등의 전략으로 이러한 문제를 해결해 나가고 있다.

② 고가의 원소재 사용

수소전기차에 사용되는 주요 부품은 귀금속을 사용한다. 전기화학반응을 하는 연료전지 촉매가 그 예다. 촉매의 사용량을 줄이는 다양한 기술들이 도입되고 있으나 전기차나 내연기관차 대비 원가가 높은 것은 사실이다. 그렇기 때문에, 높은 원가를 상쇄할 만한 성능과 내구성 같은 차별점을 가져야 한다. 또는 저렴한 재료를 사용하여 원가를 낮추는 방법이 있지만, 대체할 물질이 현재로서는 한정적이다.

또한 주요 연료전지 부품은 대부분 수입에 의존한다. 이러한 부품들은 연료전지를 오랜 기간 연구해온 해외 업체들의 독점 기술이 도입된 경우가 많아 국산화하기 어려운 부분이 있다. 이를 해결하기 위해서는 기초 선행 연구부터 도전적인 투자가 필요하다.

(2) 수소충전소 부족

정부는 2022년까지 수소충전소 310개 설치를 계획했지만, 실제 설치된 수소충전소는 2024년 7월 기준으로 약 178개 수준으로 집계된다. 충전소 보조금으로 설치비용의 최대 70%를 정부로부터 지원받을 수 있지만 인허가 반대와 지역 주민들의 반대로 충전소 건립이 어려운 실정이다. 또한 수소의 하루 판매량은 한정적이므로 사업성이 떨어지기 때문에 충전소를 설치하려는 기업들이 적다. 이렇듯 수소 충전소는 설립과 운영적인 측면에서 모두 어려움을 가지고 있다.

수소충전소가 적기 때문에, 한번 충전을 하려면 수십 km를 왕복해야 하며, 이러한 단점 때문에 충전소 주변에 거주하는 사람들만 수소전기차를 구매하고 있다. 결국 수소충전소 인프라 부족으로 수소전기차 이용의 영역까지 축소되고 있다.

이를 극복하기 위해서는 수소충전소 내 다른 수익성 인프라를 허가해주는 대안이 필요할 것으로 보인다. 또는 수소충전소를 국가에서 관리하는 방법도 있다.

(3) 수소 공급 문제

국내에서 운행되는 수소전기차와 수소충전소의 수가 늘어났지만 수소를 생산하는 양은 늘지 않았다. 따라서 수소충전소 1개당 공급하는 수소의 양이 줄어들었다. 2022년 러시아와 우크라이나의 전쟁으로 인해 석유 가격이 높아지면서 석유화학사의 가동률이 낮아져 석유화학의 부생수소 생산량이 줄어들었다. 현재 수소 생산은 부생수소에 의존한 탓에 수소 부족 현상이 발생했다. 2022년 8월에는 수소 생산 차질로 1대당 1kg만 충전하는 일이 발생했다. 1kg은 약 100km를 달릴 수 있는 양이다.

수소의 이용분야가 늘어남에 따라 수요와 공급의 균형을 맞추기 위해서는 부생수소, 개질수소, 수전해 수소 등 안정적으로 수소를 확보할 수 있는 인프라가 구축되어야 한다. 또한 현재는 수소가격이 kg당 7,000~12,000원 수준이나, 향후 3,000원 수준으로 낮추기 위한 연구가 진행되고 있다. 이만큼 단가를 낮추기 위해서는 수소를 더 쉽고 많이 만들 수 있어야 한다.

(4) 충전 대기 시간

수소전기차 1대당 충전시간은 5~10분 정도 소요된다. 하지만 낮은 압력의 수소를 압축하고, 압축된 수소를 이동하는 과정에서 배관에 열이 발생하거나 얼어버리는 문제가 발생한다. 또한 압력차를 이용한 수소 충전을 하다 보니 수소충전기의 압력을 충전하는 데 시간이 필요했다. 운영 초기에는 차량 1대를 충전하고 1시간이 지나야 다음 차를 충전할 수 있었지만, 현재는 그러한 문제를 해결해서 충전시간을 10분 내로 단축시켰다.

면접 기출 맛보기

필요 직무
- 화학/재료/화공 전공자, 전기전자/연구개발, 기획 분야

> **실제 면접 질문**   난이도 ★★★★   중요도 ★★★★★
> - 수소 트럭을 연구하는 이유는 무엇인지 설명하시오.

1. 질문 의도 및 답변 전략

면접관의 질문 의도
- 수소전기차 개발 동향에 대해 알고 있는가?
- 수소전기차의 장점과 단점에 대해 알고 있는가?

면접자의 답변 전략
- 수소전기차의 상용차 개발 전략에 대해 설명한다.
- 수소전기차의 장점과 단점을 설명한다.
- 상용차 개발의 이유에 대해서 설명한다.

⊕ **더 자세하게 말하는 답변 전략**
- 수소 충전 인프라에 대해 설명한다.
- 연료전지 시스템의 부피에 대한 설명한다.
- 수소전기차의 장점과 단점을 근거로 트럭 개발의 장점 도출한다.

2. 머릿속으로 그리는 답변 흐름과 핵심 내용

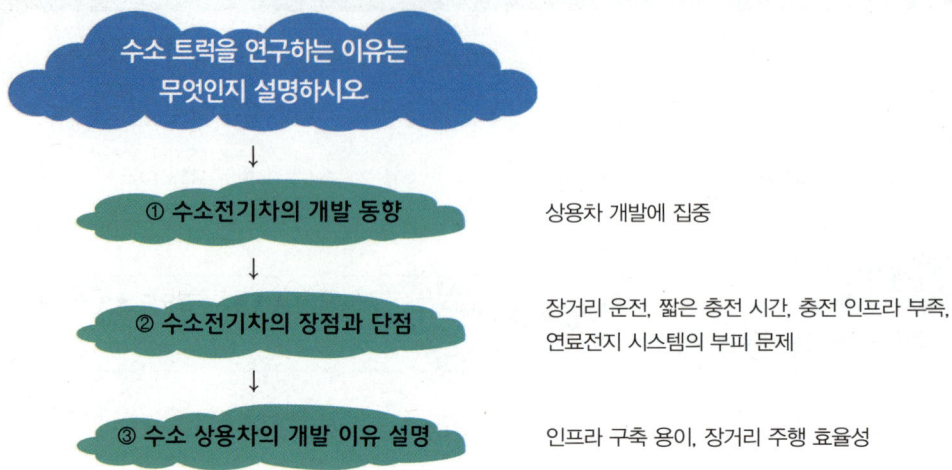

3. 모범답안

　수소전기차 개발 업체는 현재 트럭이나 버스와 같은 상용차 개발에 집중하고 있습니다. 특히 물류이동 시 수소충전 인프라를 거점으로 이용할 경우 수소전기차의 장점을 극대화하고, 단점을 극복할 수 있기 때문에 대다수 개발 업체들이 수소 트럭 개발에 집중하고 있습니다.
　수소전기차는 연료 충전이 빠르고, 고용량의 수소를 압축하여 탑재하기 때문에 장거리 운전이 가능한 장점을 가지고 있습니다. 이는 연료 충전이 느리고 주행 가능 거리가 상대적으로 짧은 전기차 대비 장점으로 작용할 수 있지만 수소 충전 인프라가 부족하고, 연료전지 시스템의 부피가 크다는 단점도 있습니다.
　하지만 물류 이동 위치가 한정적이고 반복적인 트럭의 경우, 동선 내에 수소충전 인프라 구축이 용이합니다. 또한 승용차 대비 설계가 자유로운 상용차의 경우 연료전지 시스템 부피가 크다는 단점을 일부 보완할 수 있습니다.

이공계 취업은 렛유인
WWW.LETUIN.COM

한권으로 끝내는
전공·직무 면접 자동차

PART 06

취준생, 중고 신입을 위한 자동차 산업 취업

이공계 취업은 렛유인 WWW.LETUIN.COM

Chapter 01. 주요 완성차 업체 소개
Chapter 02. 완성차 업체 직무별 업무 소개
Chapter 03. 주요 자동차 부품 업체와 직무 소개
Chapter 04. 자동차 산업으로의 취업

CHAPTER 01 주요 완성차 업체 소개

> **학습 POINT**
> 국내 주요 완성차 업체는 어떤 것이 있는지 파악하고, 해당 업체의 역사와 제품 라인업에 대해 알아본다.

국내에는 다양한 자동차 브랜드가 있지만, 국내에서 생산과 판매를 동시에 하는 브랜드는 5개가 있다. 국내 시장점유율을 가장 많이 차지하고 있는 현대·기아차와 SUV에 특화된 KG모빌리티, 그리고 해외브랜드인 르노코리아와 쉐보레이다.

국내 완성차 시장은 1강 3약의 구도가 형성되어 있다. 2023년 기준으로 현대·기아·제네시스 브랜드 차량을 판매하고 있는 현대차 그룹은 국내 자동차 시장의 약 91.3%를 차지하고 있고 나머지 8.7%를 KG모빌리티, 쉐보레, 르노코리아가 점유하고 있다.

현대차 그룹은 국내 연구시설과 생산시설을 기반으로 다양한 제품 라인업을 갖추고 있으며, 국내 소비자의 선호에 맞는 제품을 지속적으로 출시함으로써 경쟁사 대비 판매량이 높다. 반면 KG모빌리티와 쉐보레, 르노코리아는 상대적으로 적은 제품 라인업과 적은 판매량이 악순환으로 작용하여 경쟁력 측면에서 열세를 보이고 있다.

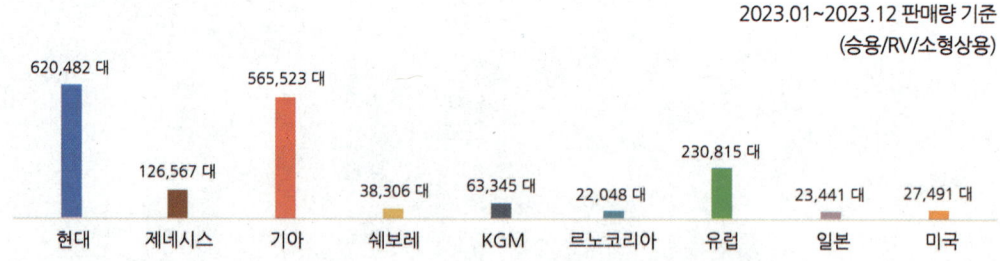

[그림 6-1] 2023년 국내 자동차 점유율 (ⓒ 한국자동차산업협회)

1. 현대자동차

현대자동차(이하 현대차)는 국내 대표 완성차 업체로 1967년 12월 29일 정주영 회장에 의해 설립된 회사이다. 현재는 정몽구 명예회장을 이어 정의선 회장이 현대차 그룹을 이끌고 있다. 1968년 미국 포드(Ford)와 기술제휴를 통해 '코티나'를 양산하였고, 1976년 한국 최초의 승용차인 '포니'를 생산하였다. 2021년에는 전기차 전용 플랫폼인 E-GMP를 출시하고, 아이오닉5와 제네시스 GV60을 출시하여 기존의 패스트 팔로워 전략을 탈피하고 전기차 산업을 리딩하는 데 주력하고 있다.

현대차는 고객 최우선, 도전적 실행, 소통과 협력, 인재 존중, 글로벌 지향이라는 5가지 핵심가치를 바탕으로 "자동차에서 삶의 동반자"라는 비전을 통하여 "창의적 사고와 끝없는 도전을 통해 새로운 미래를 창조함으로써 인류 사회의 꿈을 실현한다"라는 경영철학을 가지고 있다.

[그림 6-2] 현대자동차 핵심가치 (ⓒ현대자동차)

(1) 기술연구소 및 생산 시설

현대차는 글로벌 완성차 기업으로 전 세계 각지에서 기술연구소와 생산시설을 운영하고 있다. 국내에는 3곳의 기술연구소과 4곳의 생산시설을 보유하고 있으며, 해외에는 주요 권역에 여러 개의 연구시설과 생산공장을 운영하고 있다.

① 기술연구소 및 디자인센터

현대차는 국내 및 해외 주요 판매시장에 기술연구소 및 디자인센터를 운영하고 있다. 국내 남양연구소를 거점으로 마북연구소와 의왕연구소에서 제품과 신기술을 개발하고 있다. 남양

연구소는 차량개발과 시험을 위한 시설 및 주행시험장을 운영하여 현대차 그룹 내 다양한 차량을 개발하는 거점이다. 마북연구소와 의왕연구소에서는 친환경 기술 및 수소차와 관련한 연구가 진행되고 있으며, 향후 자동차 산업의 미래기술과 관련한 연구가 이루어지고 있다. 해외 연구소 및 디자인센터는 미국, 유럽, 인도, 중국, 일본 등의 주요 권역에 위치하며, 이를 활용하여 현지에 적합하고 경쟁력 있는 차량을 개발·판매하고 있다.

[그림 6-3] 현대자동차 기술연구소 및 디자인센터 현황(2024년 기준) (ⓒ현대자동차)

② 국내 생산공장

현대자동차는 국내 및 해외 주요 권역에 생산공장을 운영하고 있다. 국내에서는 울산공장, 아산공장, 전주공장을 운영하고 있으며, 해외에는 미국 앨라바마 공장(HMMA), 브라질공장(HMB), 인도공장(HMI), 체코공장(HMMC), 중국공장(BHMC), 인도네시아공장, 베트남공장을 운영하여 글로벌 수요에 대응하고 있다.

울산공장은 단일 자동차 공장 중 세계 최대규모로 울산공장 내 5개의 완성차 생산 라인과 엔진 및 변속기 공장을 가지고 있으며, 생산된 차량을 공장 내 위치한 수출부두를 통해 선적하여 해외로 보낼 수 있는 시설이 구축되어 있다. 울산공장에서는 현대차 승용 라인업과 소형 상용차인 스타리아, 포터를 생산하고 있다. 또한 현대차 그룹의 프리미엄 브랜드인 제네시스도 생산하고 있다.

아산공장은 1996년도에 설립된 현대차의 표준공장이다. 연간 약 30만 대의 차량을 생산할 수 있으며 친환경적 생산을 지향하는 공장으로, 공장 지붕에 친환경 태양광 패널이 설치되어 있어서 연간 1,150만 kWh의 전력을 생산한다. 기존에는 쏘나타와 그랜저를 생산하였으나, 전기차 생산을 위한 설비개선을 통하여 아이오닉6 및 2024년 판매 예정인 아이오닉7까지 포함하여 4개 차종이 혼류 생산될 예정이다.

전주공장은 1995년에 설립된 상용차 공장으로 버스와 트럭을 생산하는 공장이다. 쏠라티, 트라고, 엑시언트, 유니버스 등이 생산되고 있으며, 중국 충칭에 상용차 공장이 있었지만 2023년 말 매각함에 따라 현대차의 버스 및 대형 상용차를 생산하는 유일한 공장이다.

③ 북미 및 중남미 권역 생산공장(미국, 브라질)

현대차가 북미 및 중남미 권역에서 판매하는 차량은 북미 앨라바마공장과 브라질공장에서 주로 생산한다. 북미는 현대차의 주요 판매시장으로, 국내공장에서 생산된 차량으로만 북미 시장의 수요를 감당하기에는 한계가 있어 주력 판매 차종은 현지 공장을 통해 생산한다. 앨라바마공장은 2005년에 설립되었으며, 미국, 캐나다 등 북미 시장의 수요를 담당한다. 최근 증가하는 SUV 차종 수요를 대응하기 위해 생산라인 증설을 위한 신규 투자를 진행하기도 하였다. 주요 생산 차종은 투싼, 싼타페, 엘란트라와 함께 제네시스 Electrified GV70도 생산하고 있다. 브라질 공장은 2012년에 설립되었다. 연간 생산능력은 약 18만 대로 중남미 시장 특성을 고려하여 소형차 위주로 생산하고 있다.

④ 유럽 권역 생산공장(체코, 튀르키예)

현대차 유럽 권역 내 생산공장은 러시아공장(HMMR)과 체코공장(HMMC), 튀르키예공장(HAOS)이 있었으나, 러시아-우크라이나 전쟁으로 인하여 러시아공장을 매각하였다. 체코공장은 연간 약 33만 대를 생산할 수 있는 능력을 갖추고 있으며, 주요 생산차종으로는 투싼, i30, 코나EV 등이 있다. 튀르키예공장은 1997년에 설립되었고, 연간 약 20만 대를 생산할 수 있으며 주요 생산차종은 i10, i20가 있다. 유럽 권역에 위치한 공장에서 생산된 차량은 유럽 외에도 중동, 아프리카 등 주변 권역에도 판매된다.

⑤ 아시아 권역 생산공장(인도, 인도네시아, 베트남, 중국)

최근 현대차는 동남아 시장을 적극적으로 공략하고 있다. 동남아 시장은 주로 일본계 브랜드가 시장을 장악하고 있었지만, 현대차의 적극적인 공략으로 일본계 브랜드의 점유율이 지속적으로 낮아지고 있다. 현대차의 동남아 생산공장은 인도네시아공장과 베트남공장이 있다. 인도네시아공장은 2022년에 준공되었으며, 가장 최근에 지어진 해외공장이다. 연간 15만 대를 생산할 수 있으며, 아이오닉5, 크레타, 싼타페, 스타게이저 등 주로 SUV 차종을 생산하고 있다. 베트남공장(HTMV)은 베트남 탄콩그룹과 합작법인 설립을 통해 만든 공장으로 2017년에 준공되었다. 2023년에 가동을 시작한 2공장을 포함하여 연간 10.7만 대까지 생산이 가능하다. 주요 생산차종으로는 엑센트, 크레타, 투싼, 싼타페, 아이오닉5, 베뉴, 펠리세이드 등 SUV 주요 차종이 생산되고 있다.

중국에 이은 새로운 시장으로 부상하고 있는 인도 시장에도 현대차 공장이 있다. 인도공장은 타밀나두주 첸나이에 1998년에 설립되었다. 인도공장은 동남아시아, 중동, 아프리카, 중남미 등의 수요를 대응하기 위한 공장으로 연간 82만 대를 생산하고 있다. 최근에는 GM으로부터 인수한 자동차 공장에 추가 투자를 통해서 연 18만 대 생산능력을 추가하여, 인도에서만 연 100만 대 생산체제를 갖출 예정이다. 주요 생산차종은 i10, i20, 크레타, 싼타페, 코나 등 다양한 차종을 생산하고 있다.

한때 현대차의 성장을 이끌던 중국 시장의 경우에는 5개 공장을 통해 연간 100만 대 이상의 차량을 생산할 수 있었지만, 2021년 북경1공장, 2023년 충칭공장 매각 후 현재는 3개의 공장(북경2·3공장, 창저우공장)을 운영하고 있다. 최근에는 중국공장의 가동률을 높이기 위해서 쏘나타 택시차량을 중국에서 생산하여 역으로 수입하는 등의 자구책을 마련하는 한편, 중국 사업 재조정을 통해 창저우공장도 매각할 준비를 하고 있다.

[그림 6-4] 현대자동차 글로벌 생산공장 현황(2024년 기준) (ⓒ현대자동차)

(2) 제품 라인업

현대차는 소형 승용에서부터 대형 승용, 소형 화물차량에서부터 대형 화물차량까지 국내 완성차 업체 중 가장 폭 넓은 라인업을 보유하고 있다. 그뿐만 아니라 고급 브랜드인 제네시스를 통해 고급차 시장도 선점하고 있다.

세단 라인업은 아반떼, 쏘나타, 아이오닉6, 그랜져가 있으며, SUV 라인업은 SUV를 선호하는 트렌드를 반영해 베뉴, 코나, 투싼, 싼타페, 넥쏘, 팰리세이드 등 더욱 세분화하여 판매 중이다.

화물차량으로는 소형 트럭인 포터를 필두로, 마이티, 파비스, 엑시언트(트라고)가 있으며, 승합차 및 버스도 스타리아, 쏠라티, 카운티, 에어로시티, 유니버스 등 차종에 관계없이 다양한 라인업을 운영하고 있다.

차량의 세그먼트뿐만 아니라 파워트레인에서도 내연기관, 하이브리드, 전기차, 수소연료전지 등 다양한 제품들을 시장에 공급하고 있다.

[그림 6-5] 현대차 승용 및 소형 상용 차량 제품 라인업(2024년 기준) (ⓒ현대자동차)

2. (주)기아

　기아는 자전거 산업에서부터 시작한 기업이다. 1944년 12월 11일 '경성정공'으로 설립되어 1952년 국내 최초의 자전거 '3000리호'를 출시하였고, 이후 1952년 기아산업으로 사명을 변경하였다. 이후 오토바이와 삼륜 화물차 K-360을 생산하면서 자동차 산업으로 사업을 확장하였다. 이후 마쯔다, 포드, 로터스 등 해외업체와 제휴를 통해 다양한 차량을 개발하였으나, 1997년 경영악화로 부도를 맞은 이후 1999년 현대자동차에 인수되었다. 기아는 '고객 중심, 사람 중심 문화'를 바탕으로 함께 더 멀리 나아갈 수 있도록 서로에게 힘을 실어주고, 과감하게 한계를 극복하는 도전을 통해 더 나은 오늘을 만드는 것을 추구한다.

(1) 기술연구소 및 생산시설

　기아는 그룹 내 현대차의 기술연구소를 통하여 신규 차량을 개발하고 있다. 플랫폼 공용화를 기반으로 차량을 개발함에 따라 제조원가 측면에서 유리한 점이 있으나, 현대차와 기아의 제품 라인업이 중복되는 것은 단점이라고 할 수 있다. 기아는 3개의 국내 생산공장과 4개의 해외 생산공장을 가지고 있으며, 위탁공장을 통해서 일부 차량을 생산하고 있다. 기아는 국내 유일의 군용차량 전문 연구소를 운영하여 다양한 군용차량을 개발하고 있기도 하다.

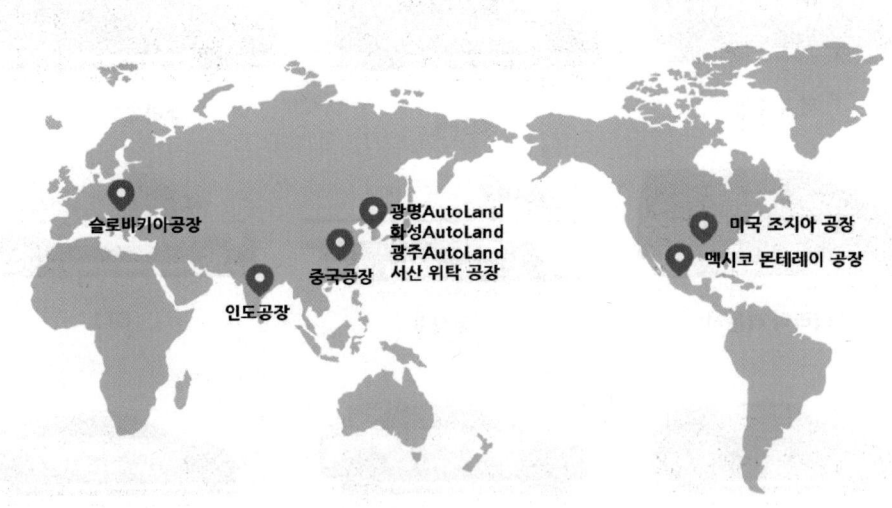

[그림 6-6] 기아 글로벌 생산시설 현황(2024년 기준) (ⓒ기아)

① 국내 생산공장(AutoLand 광명, 화성, 광주)

　AutoLand 광명은 기아의 모태공장으로 경기도 광명시에 위치한다. 공장 내 2개의 생산라인으로 연간 31.3만 대를 생산할 수 있으며, 기아의 플래그십 차량인 K9, EV9, 카니발, EV3를 생산한다. AutoLand 화성은 경기도 화성시에 위치하며, 국내 기아 생산시설 중에 규모가 가장 크고 가장 많은 차종을 생산하고 있다. 공장 내에는 3개의 생산라인이 있으며 주행시험장도 구축되어 있다. 주요 생산차종으로는 K3, K5, K8, 니로, EV6, 쏘렌토, 모하비 등이 있으며, 연간 약 51.9만 대를 생산할 수 있다. AutoLand 광주는 광주광역시에 위치하며, 연간 47.7만 대를 생산할 수 있다. 생산차종으로는 소형 SUV 셀토스와 준중형 SUV 스포티지가 있으며, 봉고, 버스, 군용차도 생산하고 있다.

② 북미 및 중남미 권역(미국, 멕시코)

　북미 및 중남미 권역의 수요를 담당하는 공장은 미국 조지아 공장과 멕시코 몬테레이 공장이 있다. 미국 조지아 공장은 2010년 완공되었으며, 연간 약 34만 대를 생산할 수 있다. 생산차종으로는 쏘렌토, 텔루라이드, 스포티지, K5 등 미국 주력 판매차가 생산되고 있다. 멕시코 몬테레이 공장은 북미 소형차와 중남미 권역의 수요에 대응하는 공장으로 멕시코 누에보레온 주에 2016년 5월 준공되었다. K2, K4와 같은 소형차량을 생산하며, 연간 약 40만 대를 생산할 수 있는 능력을 갖추고 있다.

③ 유럽 권역(슬로바키아)

　유럽, 중동, 아프리카 권역의 수요를 담당하는 공장은 슬로바키아 질리나 주에 위치한 공장으로 2007년 4월에 준공되었다. 연간 약 33만 대를 생산할 수 있으며 씨드, 스포티지를 주력으로 생산하고 있다. 기아의 전동화 플랜에 따라 향후 중, 소형 전기차도 생산할 예정이다.

④ 아시아 권역(인도, 중국)

　현대차와 마찬가지로 아시아 권역의 시장을 확대하기 위해서 인도 및 아세안 권역의 생산 인프라를 확대하고 있다. 아시아 권역에 운영하고 있는 공장은 중국과 인도공장이 있다. 인도 공장은 가장 최근에 건설한 공장으로 현대차 인도공장 인근인 아난타푸르에 2019년 12월에 준공하였다. 연간 약 38만 대를 생산할 수 있는 능력을 갖추고 있으며, 셀토스, 카렌스, 쏘넷, 카니발을 생산하고 있다. 중국 공장은 중국의 둥펑, 위에다 그룹과의 합자사인 '둥펑위에다기아'로 시작하였으나, 2022년 4월부로 '기아기차유한공사'로 명칭이 바뀌어서 운영되고 있다. 중국 공장은 연간 약 89만 대를 생산할 수 있지만, 1공장을 매각하고 현재는 2, 3공장만 운영하고 있다. K3, K5, 셀토스, EV5 등 중국에서 판매하는 차량 위주로 생산하고 있으며 최근에는 중남미, 중동, 동남아시아 시장에서 판매되는 일부 차종을 중국 공장에서 생산하고 있다.

(2) 제품 라인업

기아는 같은 그룹사인 현대차와 비슷한 라인업을 보유하고 있는데, 이는 현대차와 동일한 플랫폼을 공유하여 가격 경쟁력과 품질을 향상하기 위함이다. 현대차와의 차별화를 위해서는 차량의 디자인, 승차감 등 여러 요소에서 기아의 특색이 느껴지도록 차량을 제작 중이다.

경차 라인업은 모닝과 레이가 있으며 세단은 K3, K5, K8, K9으로 이어지는 K시리즈가 있다. RV 차량은 니로, 셀토스, 스포티지, 쏘렌토, 모하비와 미니밴인 카니발이 있다. 상용 및 버스의 경우에는 1톤 트럭 봉고3와 버스 그랜버드가 있으며, 중·대형트럭 라인업은 없지만 소형전술차량과 다양한 특수차량을 판매하고 있다. 최근에는 자동차 전동화 전환에 있어 선도적으로 신차를 출시하고 있다. EV6에 이어, 레이EV, 니로EV, EV9, EV5, EV3 등 현대차와 차별화된 전동화 전략을 통하여 전동화 전환에 선도적인 역할을 하고 있다.

[그림 6-7] 기아의 제품 라인업(2024년 기준) (ⓒ 기아)

3. KG모빌리티(KGM)

KG모빌리티의 전신인 쌍용자동차는 국내 최초 자동차회사인 '하동환 자동차 제작소'로 설립되었다. 이후에는 신진 지프자동차, 동아자동차로 사명이 변경되었고, 1986년 쌍용그룹에 인수되는 것을 시작으로 대우그룹, 중국 상하이자동차, 인도 마힌드라 등의 회사를 거쳐 2022년 KG그룹에 인수된 후 2023년 KG모빌리티(KGM)로 사명이 변경되었다. 과거 고급 세단인 체어맨을 생산하기도 하였으나, 현재는 세단 대신 SUV 차종에 집중하고 있다. 또한 버스를 생산하는 에디슨모터스를 인수하여 자회사인 KGM커머셜에서 버스를 생산하고 있다. KG모빌리티는 "실천하는 책임감, 예의있는 당당함, 참신한 도전, 위대한 창조"라는 핵심가치를 바탕으로 KG모빌리티만의 가치 창출을 위해서 새로움을 추구하고 의미있는 지속과 바르고 좋은 성장으로 비전을 달성하는 목표를 가지고 있다.

(1) 생산시설

KG모빌리티의 생산시설은 평택공장과 창원공장이 있는데, KG모빌리티에서 판매하고 있는 모든 차량은 평택공장에서 생산한다. 평택공장의 연간 생산능력은 25만 대 수준이다. 과거에는 모노코크 차량(코란도, 티볼리)과 프레임 차량(렉스턴)을 각각 별도의 라인에서 생산하였으나, 최근에는 하나의 라인으로 일원화하여 혼류 생산하고 있다. 창원공장에서는 평택공장에서 생산하는 차량에 적용되는 파워트레인과 리어 액슬 등의 부품을 생산한다. 최근 창원공장은 전기차 전환의 흐름에 맞추어 중국의 완성차 업체이자 배터리 업체인 비야디(BYD)와 전략적 협업을 통해서 연간 5만대 분의 배터리팩 생산시설을 구축하고 있다.

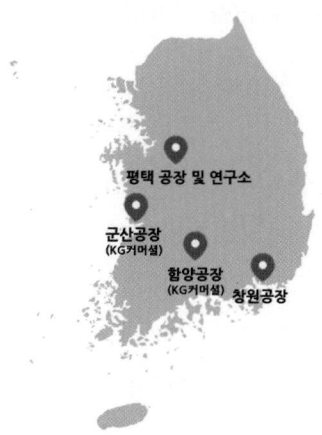

[그림 6-8] KG모빌리티의 주요 시설 현황(2024년 기준)

(2) 제품 라인업

KG모빌리티는 타 완성차 업체와 비교하여 상대적으로 부족한 제품 라인업을 가지고 있지만, SUV와 픽업트럭에 특화되어 브랜드 캐릭터는 확고한 것이 특징이다. 이러한 캐릭터는 최근의 SUV 차종의 인기와 맞물려, 차량 판매에 긍정적인 효과를 창출하고 있다. KG 모빌리티의 라인업으로는 코란도, 티볼리, 토레스, 액티언, 렉스턴 등의 SUV와 픽업트럭인 렉스턴 스포츠가 있다.

4. 르노코리아

르노코리아는 1995년에 설립된 삼성자동차를 전신으로 2000년에 설립되었다. 초기에는 한국 시장에서 낮은 브랜드 인지도를 높이기 위해 삼성에 브랜드 로열티를 지급하여 '르노삼성자동차'라는 브랜드를 사용하였으나, 르노 브랜드의 인지도가 높아짐에 따라 2022년부터 삼성을 뺀 '르노코리아'를 사용하고 있다.

르노는 프랑스 회사로 125년의 역사를 가지고 있다. 전 세계 130여 개국에 진출해 있으며, 5개 지역에서 자동차를 생산하고 있다. 르노는 일본의 닛산 자동차, 미쓰비시 자동차와 전략적 파트너십인 '르노-닛산-미쓰비시 얼라이언스'를 구축하여 플랫폼과 생산시설을 공유하고 있다.

르노-닛산-미쓰비시 얼라이언스는 여러 자동차 브랜드를 보유하고 있다. 각 회사의 주요 브랜드로는 르노의 경우 알핀(스포츠카), 다치아, 모빌라이즈, 암페어가 있으며, 닛산은 인피니티(럭셔리), 둥펑닛산(중국합자사)이 있다. 이러한 전략적 파트너십으로 인해 르노코리아 부산공장에서는 닛산의 로그, 알메라 등을 위탁생산하여 수출하기도 하였다.

(1) 기술연구소 및 생산시설

르노코리아는 용인 기흥의 기술연구소와 부산공장을 운영하고 있다. 르노 그룹의 기술연구소는 프랑스, 한국, 루마니아, 인도, 브라질까지 총 5개가 그중 한국 기술연구소는 아시아 지역의 허브역할을 담당하며 르노의 글로벌 C, D세그먼트 세단 및 SUV 차량의 현지화를 위한 기술개발 등을 진행하고 있다. 르노의 부산공장에서는 국내 시장에 판매하는 차량과 함께 르노-닛산-미쓰비시 얼라이언스의 차량을 위탁생산하고 있다. 현재는 세단인 SM6와 SUV 아르카나, QM6와 QM6의 형제차인 클레오스를 생산하고 있다. 2024년 하반기에는 전기차 브랜드인 폴스타의 폴스타4를 위탁생산할 예정이다.

[그림 6-9] 르노코리아 주요 시설 현황(2024년 기준)

(2) 제품 라인업

르노코리아는 국내에서 세단 1종과 SUV 3종을 판매하고 있다. 세단은 중형차인 SM6 1종만 판매하고 있으며, SUV는 소형 SUV인 아르카나와 중형 SUV인 QM6/QM6 Quest, 뉴 그랑 콜레오스를 판매하고 있다. 또한 르노의 글로벌 공장에서 생산된 마스터를 수입해서 판매 중이다.

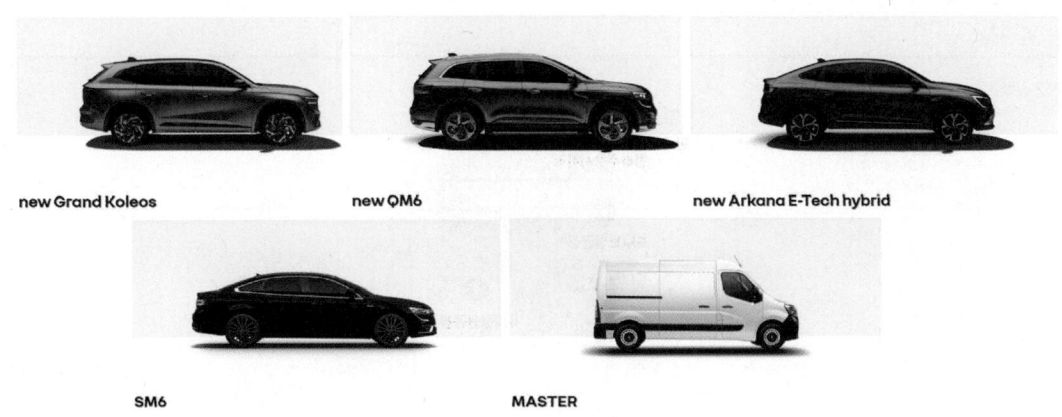

[그림 6-10] 르노코리아의 국내 판매 제품 라인업(2024년 기준) (ⓒ르노코리아)

5. 제너럴 모터스(GM)

제너럴 모터스(이하 GM)는 국내에서 쉐보레와 캐딜락 브랜드를 판매하는 완성차 업체로 2002년 GM이 대우자동차로부터 사업 부문을 인수하여 국내 판매를 시작했다. 2011년 국내에서 판매되는 브랜드를 GM대우에서 쉐보레로 변경하였으며, 2019년 자동차 및 부품에 관한 연구개발 사업부문을 별도로 분할한 지엠테크니컬센터코리아를 설립하여 생산·판매와 연구개발 부분이 분리되어 운영 중이다.

GM은 '포용, 고객 최우선, 혁신, 넓은 시야, One 팀, 대담성, 책임감, 정직함'을 핵심 행동양식으로 '교통사고 제로, 탄소배출 제로, 교통 체증 제로가 가능한 세상을 실현하는 것'이라는 비전을 실현하고자 노력하고 있다. 이를 통해, 모든 접점에서 신뢰와 투명성을 바탕으로 세계 최고 수준의 고객 경험을 제공하는 것을 목표로 삼고 있다.

(1) 생산시설

GM의 국내 사업장은 부평공장(차량), 창원공장(차량), 보령공장(엔진) 3개의 공장이 있다. 부평 및 창원공장은 국내 판매차량을 생산하지만, 르노코리아와 같이 해외로 수출하는 차량도 생산하고 있다. 부평공장에서는 트레일블레이저와 형제차인 뷰익의 앙코르GX, 뷰익 엔비스타 등의 차량을 생산하여 북미 및 유럽 등으로 수출하고 있다. 창원공장에서는 경차인 스파크 및 경형트럭인 라보 등을 생산하였으나, 현재는 소형 CUV인 트랙스 크로스오버만 생산하고 있다. 보령공장은 국내 및 해외 생산차량의 파워트레인을 생산하고 있다.

[그림 6-11] GM의 주요 시설 현황(2024년 기준)

(2) 제품 라인업

GM은 국내에서 3개의 각기 다른 브랜드를 통해 차량을 판매하고 있다. 대중 브랜드인 쉐보레는 인천 부평공장과 창원공장에서 생산한 차량을 판매하고 있으며, 고급브랜드인 캐딜락과 픽업트럭 브랜드인 GMC는 전량 북미공장에서 생산된 차량을 수입해서 판매하고 있다.

쉐보레는 SUV 3종, CUV 1종, 픽업트럭 1종을 판매하고 있다. SUV는 소형 SUV인 트레일블레이저와 대형 SUV인 트래버스와 타호를 판매 중인데 트레일블레이저를 제외하고 나머지 2개 차종은 해외에서 생산된 차량을 수입해서 판매하고 있다. CUV는 트랙스 크로스오버를 국내에서 생산·판매하고 있으며, 픽업트럭인 콜로라도도 해외공장에서 생산한 차량을 수입해서 판매하고 있다.

GM은 쉐보레 이외에도 고급 브랜드인 캐딜락과 픽업트럭에 특화된 GMC 브랜드를 운영하고 있는데, 캐딜락에서는 전기차 리릭과 SUV인 XT4, XT6, 에스컬레이드, 세단인 CT5-V 차종을 판매하고 있다. GMC는 시에라 1개 차종만 판매하고 있다. 캐딜락과 GMC에서 판매하는 차종은 모두 해외공장에서 생산된 차량을 국내에 수입한 것이다.

[그림 6-12] GM 국내 판매 제품 라인업(2024년 기준) (ⓒGM)

CHAPTER 02 완성차 업체 직무별 업무 소개

> **학습 POINT**
> 국내 주요 완성차 업체의 차량 개발 프로세스에 따른 직무에 대해 알아본다.

1. 완성차 업체의 직무

완성차 업체의 직무는 차량의 개발과정에 따라 크게 상품기획, 연구개발, 제조 및 생산, 품질, 서비스 부문 등으로 나눌 수 있다. 모든 부문은 소비자가 만족하는 차량을 개발하기 위한 활동을 수행하며, 여러 부문과 상호협력하여 차량을 개발한다.

(1) 사업 및 기획

사업 및 기획 직무는 시장과 소비자 분석을 통해서 새로운 제품을 기획하는 업무를 수행하며, 이는 차량 개발과정에서 가장 선행되는 업무이다. 일반적으로 차량 개발에 필요한 기간이 3~4년 정도라는 것을 고려하면, 4년 후에 제품을 출시하는 것이기 때문에 현재의 상황을 바탕으로 미래를 예측하고 선도할 수 있는 제품을 기획하는 것이 업무의 핵심이다.

① 시장 및 소비자 분석

제품을 개발하는 데 있어서 무엇보다 중요한 것은 소비자의 니즈이다. 시장 및 소비자 분석을 통해서, 소비자의 니즈를 발굴하는 것과 함께 소비자 분석을 통해서 새로운 가치를 줄 수 있는 인사이트를 도출하여 상품을 기획하는 것이 핵심 업무이다.

② 상품전략 및 기획

상품전략은 소비자 니즈, 시장 트렌드, 신기술·신사양 등을 고려하여 거시적인 관점에서 시기적절하게 신제품을 출시할 전체적인 계획을 수립하는 것이 핵심 업무이다.

③ 상품기획 및 관리

　상품기획 업무는 소비자의 니즈를 바탕으로 새로운 제품(세부 차종)을 기획하는 것이다. 연구소의 PM과 재경부문과의 지속적인 협업을 통하여, 시장에 경쟁력 있는 제품을 출시하여 수익성 목표를 달성하는 핵심적인 역할을 담당한다.

(2) 연구개발

　연구개발은 상품기획안을 바탕으로 실제 차량을 개발하는 업무와 함께 차량에 적용할 신기술을 개발하여 소비자에게 더 높은 가치를 제공하며, 경쟁력 있는 제품을 만들기 위한 다양한 연구개발 활동을 수행한다. 연구개발은 차량개발과 관련하여 4가지 부문으로 나눌 수 있는데 전체적인 프로젝트를 운영·관리하는 PM(Project Management), 설계, 평가, 지원 부문으로 나눌 수 있다.

① PM(프로젝트 매니지먼트)

　PM은 제품 개발을 전체적으로 관리하여 목표하는 기간 내에 제품이 출시될 수 있도록 하며, 투자비와 재료비 등을 적절하게 배분하여 차량 판매를 통해 수익을 낼 수 있도록 관리한다. PM은 차량 개발과정에서 연구소와 지속적으로 소통해야 하며, 상품 부문과 생산 부문 등 다양한 부문과 협업하기 때문에 차량 전반의 이해가 필요하다.

② 설계

　설계 직무는 차량에 필요한 부품을 실질적으로 설계하는 것이 핵심 업무이다. 설계의 최종 산물인 도면을 만들기 위한 일련의 활동을 하며, 도면 이외에도 설계표준, 평가기준을 수립하기 위한 활동을 수행한다. 설계 직무는 차량의 성능 이외에도 재료비, 생산성, 품질 등 제품 전반에 영향을 주는 직무로 유관 부문에 대한 이해와 협업이 필요하다.

③ 평가

　평가 직무는 개발된 차량을 다양한 환경에서 평가하여 개발 목표에 부합하는지를 확인한다. 또한 필드에서 발생할 수 있는 다양한 문제를 파악하고 이를 조기에 개선하여 품질이 우수한 차량을 만드는 역할을 한다.

④ 지원 및 인증

연구개발이 잘 운영될 수 있도록 장비 및 기반 시설 등을 관리하고 운영을 지원하는 직무와 개발된 차량을 판매할 수 있도록 인증 절차를 진행하는 인증 직무가 있다.

(3) 생산 및 제조

생산 직무는 개발된 완성차를 대량으로 생산하기 위한 업무를 담당한다. 대량 생산을 위한 제조 설비를 개발하거나, 협력업체에서 공급하는 부품의 품질을 관리하여 품질이 높은 자동차를 대량으로 생산한다. 생산 및 제조 직무는 크게 생산관리, 품질관리, 생산기술 및 보전 부문으로 나눌 수 있다.

① 생산관리

생산관리는 공장을 원활하게 가동하여 계획한 생산목표 달성을 리딩하는 역할을 한다. 이를 위해서 생산계획에 따라 부품이 원활하게 공급될 수 있도록 관리하고, 고객이 주문한 사양으로 차량이 적절하게 생산되는지 생산현황을 관리하여 차량이 효율적이고 원활하게 생산될 수 있도록 한다.

② 품질관리

품질관리는 자동차를 생산하기 위해 필요한 다양한 부품의 품질을 점검하고, 이러한 부품을 활용하여 제작한 차량의 품질이 일정하도록 관리한다. 부품의 입고 및 차량을 제작하는 과정에서 불량 검출력을 높이기 위해서 검사 설비를 지속적으로 관리 및 개선하여 사전에 불량을 검출하고 이를 통해, 품질이 우수한 차량을 고객에게 제공하는 역할을 한다.

③ 생산기술 및 보전

자동차를 제작하기 위한 다양한 생산설비를 개발하고 유지보수를 통하여 설비를 최적의 상태로 유지하는 업무를 수행한다. 안정적인 공장 운영을 통해, 목표한 생산량 달성을 지원하고 설비를 지속적으로 개선하여 제조경쟁력과 생산성을 향상하는 것이 핵심 역할이다. 최근 지속적인 자동화율 증가에 따라 생산기술 및 보전 직무의 중요성이 강조되고 있다.

(4) 구매

구매 직무는 차량을 생산하는 데 필요한 부품과 공장을 운영하기 위한 각종 원자재 및 물품 등을 최적의 조건으로 구입하여 공급하는 업무를 담당한다. 자동차를 제작하기 위해서는 다양한 부품이 필요하고 하나의 부품이라도 공급되지 않으면 차량을 완성할 수 없기 때문에, 구매 직무는 차량 생산에 중요한 역할을 한다. 구매 직무는 크게 통합 구매, 부품 구매로 나눌 수 있다.

① 통합 구매

통합 구매는 강판, 페인트, 각종 원부자재 외에도 생산설비, 건설공사, 일반자재 등 다양한 물품을 구매한다. 특히 차량 전체 재료비의 대부분을 차지하는 강판의 경우, 완성차 업체에서 재료를 구입하여 협력사에게 공급하기도 하는데 이러한 자재를 '사급자재'라고 한다. 현대차의 경우 포스코와 현대제철 등 강판을 공급하는 협력사와 물량 및 가격 협상을 사전에 진행하여 재료비를 절감한다. 이처럼 통합 구매 직무는 시장 변화에 따라 능동적인 대응을 하는 것이 중요하다.

② 부품 구매

차량을 제작하기 위해 필요한 부품을 구매하는 업무를 말하며, 연구소에서 요구한 내용을 바탕으로 협력업체와 함께 부품을 개발하기도 한다. 이 외에도 품질, 기술 경쟁력, 가격 경쟁력 등을 보유한 국내 및 해외 부품업체를 지속적으로 발굴하고 육성하여 우수한 품질의 부품을 합리적인 가격으로 구매할 수 있도록 한다.

(5) 품질 및 서비스

품질 직무는 차량 개발과정 및 양산 이후까지의 차량 라이프 사이클 내 전 과정에 걸쳐 품질을 높이기 위한 활동을 한다. 개발과정에서 목표 품질을 달성하고 관리하는 선행품질과 양산 이후 필드클레임을 담당하는 품질보증 부문으로 나눌 수 있으며, 최근에는 안전에 대한 인식 및 규제가 강화됨에 따라 조기에 안전문제를 관리하는 안전품질 부문도 각광받고 있다.

① 선행품질

선행품질은 신차 개발과정에서 연구소와 협업하여 개발 단계별 목표 품질 수준을 달성하기 위한 점검과 개선활동을 한다. 이러한 과정을 통하여, 품질이 우수한 차량을 개발한다.

② 품질보증

　품질보증은 양산 이후 고객에게 인도된 차량에 문제가 발생한 경우, 클레임을 분석하고 연구소, 구매 등의 유관 부문과 협업하여 원인을 밝혀 문제를 해결하는 주도적인 역할을 담당한다. 나아가 필드에서 발생한 다양한 문제의 해결 방안을 신차에 반영하여 동일한 문제가 재발하지 않도록 조치하며, 사내 클레임과 IQS 및 VDS 등의 품질지수를 활용하여 품질목표 달성을 위한 활동을 한다.

③ 안전품질 및 서비스

　안전품질은 세계 각지에서 발생하는 다양한 안전품질 이슈를 조사하고 분석하여 신속하게 대응하는 역할을 한다. 시장에 객관적이고 신뢰성이 있는 정보를 제공하여, 제품의 안전에 대한 우려를 조기에 해소하고 필요에 따라 관청 및 정부기관과 소통한다. 최근에는 안전에 대한 고객인식 수준의 향상과 관련 규제가 강화됨에 따라 더욱 중요해지고 있는 직무이다.

　서비스는 필드에서 발생하는 품질 문제를 유관 부서에 전달하고, 서비스를 받는 고객이 만족할 수 있도록 다양한 지원업무와 함께 필드 정비방법에 대한 기술지원을 통해 서비스 기술 역량 강화와 관련한 업무를 수행한다.

CHAPTER 03 주요 자동차 부품 업체와 직무 소개

학습 POINT

자동차 산업의 든든한 기반이 되어주는 부품 업체에 대해 알아보고, 자동차 산업 내에서 부품사의 역할과 부품사의 직무에 대해 알아본다.

1. 대표 부품 업체 리스트

(1) 자동차 부품 산업의 트렌드

우리나라 자동차 산업은 한국 경제의 중추적인 역할을 하는 전략 산업으로 국내 고용과 수출, 부가가치 창출에 많은 기여를 하고 있다. 자동차 산업은 철강, 금속, 기계, 전기전자, 석유화학 등 후방산업과 밀접한 관련을 가지고 있으며, 정비업, 운수업, 금융업, 서비스업 등 전방 산업과도 밀접한 관계가 있다.

국내 자동차 산업은 기술력 향상 및 글로벌 시장에서의 인지도 상승에 힘입어 세계적인 수준에 도달하고 있다. 이에 따라 국내 부품사들은 기존 국내 완성차 업체에만 부품을 공급하는 것을 넘어 주요 글로벌 완성차 업체에도 부품을 공급하는 등의 성장세를 이어나가고 있다. Automotive News에서 선정한 'Global Top 100 Parts Supplies(2023)'에 국내 부품사는 현대모비스(6위), 삼성SDI(16위), 현대트랜시스(35위), 한온시스템(41위), 현대위아(43위), SK온(44위), HL만도(46위), 에스엘(73위), 유라(87위), 서연이화(91위), 현대케피코(100위) 등이 포함되어 있다.

과거에는 자동차 산업이 완성차 중심의 폐쇄적이고 수직적인 산업구조였다면, 최근의 자동차 산업은 자율주행, 전동화 전환 등으로 인해 최첨단 기술이 필요하며, IT기업, 각종 플랫폼 기업 등 새로운 플레이어가 산업에 진입하여 개방적이고 수평적인 구조로 변화하는 등 그 어느 때보다 많은 변화와 혁신이 일어나고 있다. 하지만 완성차 업체 혼자서 이러한 변화와 혁신을 추진하기에는 어려운 점이 많기 때문에, 각 부품에 대한 전문성을 보유한 부품사와 협업하여 변화에 적극적으로 대응하고 있다.

(2) 자동차 공급망 사슬의 특징

자동차를 생산하기 위해서는 15,000~20,000여 개의 많은 부품이 필요한데, 완성차 업체 자체적으로는 모든 부품을 만들 수 없어 여러 부품업체를 통해 부품을 공급받는다. 또한 공급받은 부품들을 하나의 공장 내에서 모두 다 조립할 수 없어, 모듈 회사에서 일부 부품을 조립하여 모듈의 형태로 공급받아서 차량을 조립한다. 이 과정을 통해 자동차 산업의 공급망 사슬 구조는 부품사-모듈사-완성차로 크게 3단계로 나뉜다. 새로운 차량을 기획하고 개발을 시작하는 것은 완성차 업체이지만, 실제 자동차 제작은 부품사에서부터 시작된다.

이러한 자동차 공급망 사슬 구조의 특징 때문에 자동차에 들어가는 부품 중 단 한 개라도 공급이 되지 않으면 차량을 생산할 수 없다. 2011년 동일본 대지진, 2020년 COVID-19 등 특정 사건으로 인한 일부 부품의 공급 지연으로 자동차 생산이 늦어져 예상 납기기한이 최대 2년까지 늘어난 경우가 있다. 이와 같은 사례를 통하여 자동차 공급망 사슬 구조 내에서 부품사의 역할과 중요성을 확인할 수 있다.

① 부품 업체

부품 업체는 자동차에 필요한 각각의 부품을 만드는 회사로, 해당 부품 제작 기술 및 생산의 전문성을 갖춘 업체를 말한다. 2023년 기준 국내 완성차 업체와 거래하고 있는 1차 협력업체 수는 691개사이다. 과거에는 주로 한국에 기반을 둔 완성차 업체(현대차, 기아, KGM, GM 등)에만 부품을 공급하였으나, 부품 개발 기술력과 품질이 향상됨에 따라 글로벌 완성차 업체로부터 인정을 받아 벤츠, BMW, 폭스바겐, 포드, 테슬라 등 주요 글로벌 완성차 업체에도 부품을 공급하고 있다.

[표 6-1] 주요 부품 업체 현황(2024년 7월 기준, 부품 중복 개발에 따라 업체 중복 분류 포함)

구분	업체 수	주요 회사
차체 부품	99	동희산업, 두원공조, 서연이화 등
제동 부품	17	일진베어링, 명화공업, 상신브레이크 등
구동 부품	36	서진오토모티브, CTR, 카펙발레오 등
전장 부품	44	경신, 유라테크, 유니크 등
엔진 부품	102	대흥알앤티, 만앤휴멜코리아, 모토닉 등
내장 부품	19	코모스, 덕양산업, 에코플라스틱 등
조향 부품	15	영신정공, DRB동일, 남양넥스모 등
액세서리 부품	4	LS오토모티브 테크놀로지, 코리아에프티 등
서스펜션 부품	10	영흥, HL만도, 화신, 대원강업 등
기타 부품	60	삼진정공, 삼기산업, 동아공업 등

② 모듈 업체

모듈 업체는 모듈을 개발, 조립하는 회사로 차량을 구성하는 부품을 조립하여 모듈 상태로 만들어 완성차에 공급하는 역할을 하는 회사이다. 모듈 업체는 자동차 생산의 효율성과 품질을 높이는 데 중요한 역할을 담당하며, 최근의 자동차 산업에서 떠오르는 플랫폼 및 모듈 공용화 트렌드와 맞물려 그 역할이 더욱 늘어나고 있다.

국내의 대표 모듈사로는 현대모비스와 현대위아가 있다. 두 회사 모두 현대차 그룹의 계열사로 현대·기아차 공장에 샤시모듈, 전장모듈, 각핏모듈 등을 납품한다. 글로벌 대표 모듈사로는 독일의 보쉬, 캐나다의 마그나, 일본의 덴소, 미국의 델파이 등이 있으며, 마그나의 경우에는 벤츠의 일부 차량을 위탁 생산하기도 한다.

[그림 6-13] 전륜 샤시모듈과 후륜 샤시모듈 (ⓒ현대모비스)

2. 시스템별 주요 부품 업체

(1) 차체 및 내·외장 부품 업체

차체 및 내·외장 부품을 제작하기 위해서는 완성차 업체와 긴밀히 협력해야 한다. 차량의 디자인에 따라 부품의 형상이 달라지기 때문에 디자인과 기술 간 조화가 필요한 부품이다. 일반적으로 차체 부품은 대물 부품으로 크기가 크고, 무거우며 생산설비의 초기 투자 비용이 높다. 또한 주로 철판과 알루미늄을 사용하기 때문에 차량의 경량화 트렌드에 따라 접합 기술과 소재 경량화 기술이 요구된다.

[표 6-2] 차체 시스템별 주요 부품 업체

구분	주요 국내 부품 업체
크러시 패드	현대모비스, 덕양산업, 고려산업 등
A/V, 인포테인먼트 시스템	현대모비스, 현대오토넷, 모트렉스 등
와이퍼 모듈	한국와이퍼, 덴소풍성, KCW 등
선루프 모듈	베바스토동희 등
시트(Seat)	대원산업, 한일이화, 다스 등

① 성우하이텍(성우홀딩스, 아산성우하이텍)

성우하이텍은 1977년 설립된 회사로 국내 및 해외에 기술연구소와 생산공장을 운영하고 있다. 범퍼레일, 후드, 플로어, 도어 등 차체 외판 및 차체 주요 골격에 사용하는 부품을 주력으로 생산한다. 최근 자동차 산업의 변화에 발맞추어 전기차용 배터리 케이스와 고압 수소저장 용기 등을 개발 및 생산하고 있다. 국내 주요 고객사는 현대차 그룹과 GM 코리아가 있으며, 해외법인을 통하여 폭스바겐그룹, BMW, GM, 볼보 등에도 다양한 부품을 공급하고 있다. 성우하이텍의 주요 경쟁사로는 호원이 있다.

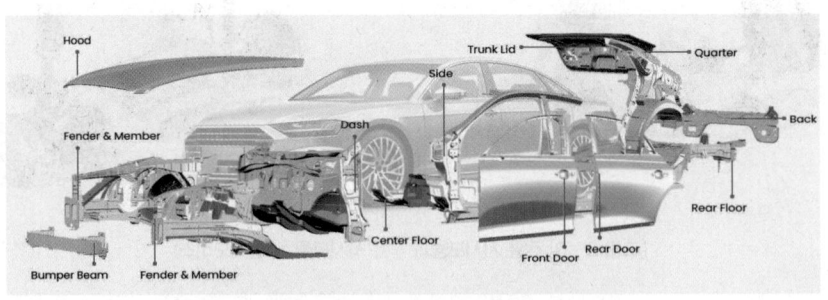

[그림 6-14] 성우하이텍에서 생산하는 주요 제품 (ⓒ성우하이텍)

② 에스엘(SL)

에스엘은 1954년에 설립된 회사로 자동차 헤드램프를 전문적으로 생산 및 공급하는 업체이다. 헤드램프 국내 시장 점유율 67.4%를 차지하고 있으며, 미국 자동차 전문지인 Automotive News에서 발표한 Top 100 글로벌 공급업체 리스트에서도 68위에 랭크되었다. 램프 이외에도 미러, 차량의 변속기 레버, 페달 등 다양한 부품을 개발 및 공급하고 있다. 주요 공급처로는 현대·기아차 및 해외 완성차 업체인 GM, Geely, Ford 등이 있다. 2024년에는 ESG 경영으로 온실가스 배출량 20% 감축, 신시장 20% 확대, BEP율 20% 개선을 2026년까지 달성하겠다고 발표했다. 에스엘의 주요 경쟁사로는 현대차 그룹의 계열사인 현대아이에이치엘(현대IHL)이 있다.

[그림 6-15] 에스엘에서 생산하는 변속레버 및 헤드램프 (ⓒ 에스엘)

(2) 샤시 부품 업체

자동차 샤시 부품은 자동차의 기본적인 기능을 위한 주요 부품이다. 자동차의 경우 내구재 제품으로 장기간 사용해도 고장 및 파손이 발생하지 않아야 하고, 사고 발생 시 탑승자의 안전에도 문제가 없어야 한다. 따라서 다른 자동차 부품과 비교하여 제품 품질에 대한 요구수준이 높은 것이 특징이다.

[표 6-3] 샤시 시스템별 주요 부품 업체

구분	주요 국내 부품 업체
현가 시스템	화신, 서진오토모티브, 동희, HL만도, 일진, ZFLK, CTR 등
조향 시스템	HL만도, 현대모비스, 한국델파이 등
제동 시스템	HL만도, 상신브레이크, 한국델파이 등
휠	핸즈코퍼레이션, 현대성우메탈 등
타이어	한국타이어앤테크놀로지, 금호타이어, 넥센타이어 등
구동 시스템	현대위아, 한국프렌지공업 등
흡배기 시스템	세종공업
공조 시스템	한온시스템, 두원공조 등

① 화신

화신은 1975년에 설립된 회사로 자동차 샤시 및 차체 부품을 전문적으로 생산하는 업체이다. 미국, 중국, 인도, 브라질 등에 현대차 그룹과 동반 진출하여 현대차 그룹 생산 차량의 부품을 공급하고 있다. 주요 생산부품으로는 크로스멤버, CTBA[1], 로어암, 어퍼암 등의 서스펜션 부품이 있으며 페달과 연료탱크도 생산하고 있다. 또한 차체 플로어 및 카울 크로스 등 차체 부품도 일부 개발·공급하고 있다.

[그림 6-16] 화신에서 생산하는 주요 부품 (ⓒ화신)

화신은 현대차 그룹 이외에도 폭스바겐 그룹의 MEB 플랫폼에 사용하는 부품을 공급하고 있으며, 미래 경쟁력 확보를 위해서 배터리팩 케이스를 개발·생산할 예정이다. 화신의 주요 경쟁사로는 동희, 서진산업, 마그나, 대흥R&T, 평화산업 등이 있다.

---

1) Coupled Torsion Beam Axle

② 대원강업

　대원강업은 1946년 창립되어 차량용 스프링, 스태빌라이저, 시트를 개발·생산하고 있다. 국내 및 해외 6개국의 생산시설을 통하여 현대차 그룹 외에도 GM, BMW, 폭스바겐 등 다양한 글로벌 완성차 업체에 부품을 공급하고 있다. 대원강업은 다른 자동차 부품 업체와 달리 스프링에 특화되어 관련 부품을 개발·생산하고 있다. 이러한 특징을 바탕으로 스프링 제조를 위한 소재 및 설비 수출과 함께 스프링 제조 기술 이전에 관한 기술 제휴도 적극적으로 진행하고 있다. 대원강업의 주요 경쟁사로는 삼원강재, 영흥철강, 무베아, 소게피 등이 있다.

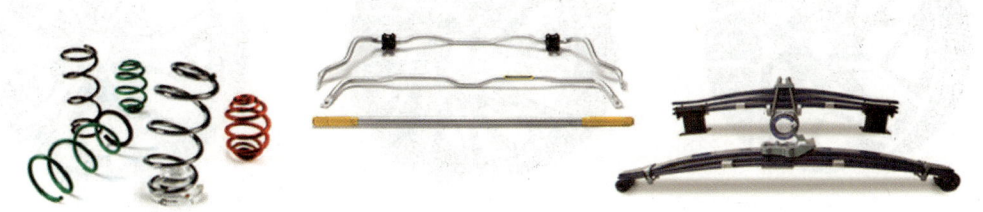

[그림 6-17] 대원강업에서 생산하는 스프링 제품 (ⓒ대원강업)

③ 일진글로벌

　일진글로벌은 1973년 설립된 회사로 자동차용 휠 베어링 및 서스펜션 부품을 개발·생산하는 업체이다. 1994년 휠 베어링 사업에 진출하여 현재는 전 세계 휠 베어링 시장의 약 30%를 차지하고 있으며, 국내 및 해외 생산시설을 통하여 현대차 그룹 및 주요 글로벌 완성차 업체에 베어링을 공급하고 있다. 일진글로벌의 주요 경쟁사로는 센트랄, ZFLK, SKF, 셰플러코리아 등이 있다.

[그림 6-18] 일진글로벌에서 생산하는 베어링 제품 (ⓒ일진글로벌)

④ 핸즈코퍼레이션

　핸즈코퍼레이션은 1972년 동화상협이라는 이름으로 설립되었으며, 자동차용 알루미늄 휠을 전문적으로 생산하는 업체이다. 핸즈코퍼레이션은 알루미늄 휠 분야 국내 1위, 글로벌 6

위이며 현대차 그룹 및 폭스바겐 그룹, 르노-닛산-미쓰비시 그룹, FCA 등 다양한 글로벌 주요 완성차 업체에 휠을 공급하고 있다. 또한 자체 브랜드로 애프터 마켓용 휠을 판매하기도 한다. 주요 국내 경쟁업체로는 현대성우메탈과 코리아휠이 있으며, 글로벌 경쟁업체로는 로날(RONAL), 알코아(ALCOA) 등이 있다. 최근에는 경차에도 알루미늄 휠이 적용됨에 따라 알루미늄 휠 시장은 지속적으로 커질 것으로 예상된다.

[그림 6-19] 핸즈코퍼레이션에서 생산하는 알루미늄 휠 (ⓒ핸즈코퍼레이션)

⑤ HL만도

HL만도는 1962년 설립되었으며, 해외 주요 권역에 R&D센터와 생산 거점을 두고 샤시 부품을 개발·생산하고 있다. 주요 개발 제품으로 조향, 제동, 현가장치 등이 있으며, 최근에는 자율주행, 로봇 등 모빌리티 솔루션 부문으로 사업 범위를 확장하고 있다. 현대차 그룹 외에도 GM, Ford 등 글로벌 완성차 업체에 샤시 부품을 공급하고 있다. HL만도의 주요 경쟁사로는 상신브레이크, ZF삭스 등이 있다.

(3) 동력발생 시스템(PT/PE) 부품 업체

최근 자동차 산업의 가장 큰 변화의 축은 전동화이다. 내연기관에서 발생하는 대기오염 물질을 줄이기 위한 각국의 환경 규제 강화로 인하여 내연기관 중심의 자동차 산업은 빠르게 전동화로 전환되고 있다. 이 과정에서 전동화에 필수 부품인 구동모터와 배터리를 생산하는 부품 업체가 활발하게 자동차 산업으로 진입하고 있다.

① 현대트랜시스

현대트랜시스는 현대차 그룹의 계열사로 2019년 현대다이모스와 현대파워텍이 통합하여 설립되었다. 자동변속기(A/T), 무단변속기(CVT), 듀얼클러치변속기(DCT) 및 하이브리드 변속기와 전기차용 감속기까지 생산하며 변속기 풀라인업을 구축한 세계 유일의 기업이다. 자동차 외에도 고속전철과 전동차용 감속 구동장치를 개발·생산하며, 차량 시트도 생산한다.

[그림 6-20] 현대트랜드시스에서 생산하는 주요 제품 (ⓒ현대트랜드시스)

② 경창산업

경창산업은 1961년에 설립되어 변속기 레버와 자동변속기 부품을 전문적으로 생산하며, 2021년 현대차 그룹의 E-GMP 전용 구동모듈을 현대모비스로부터 위탁받아 조립·생산하는 업체이다.

[그림 6-21] 경창산업에서 위탁생산하는 PE시스템 (ⓒ경창산업)

(4) 전장 부품 업체

자동차가 지능화, 전동화됨에 따라 자동차 전장 부품은 점차 많아지고 있다. 맥킨지앤드컴퍼니의 조사에 따르면 2025년까지 자동차 내 전장 부품 원가 비율이 50%까지 높아질 것으로 전망하고 있다. 자율주행에 필요한 카메라 및 센서, 실내 인포테인먼트 시스템을 위한 디스플레이와 오디오 등 자동차의 편의 기능이 지속적으로 추가됨에 따라 전장 부품의 중요성은 더욱 높아질 것으로 예상된다.

① 현대케피코

현대케피코는 현대차 그룹 내 자동차 전자제어시스템 전문기업으로 1987년에 설립되었다. 주요 생산 제품으로는 내연기관의 엔진, 변속기 전자제어 시스템, 전동화 차량의 차량통합제어기 및 전력변환제어기, 배터리 관리 및 충전 제어 시스템, 초급속 EV충전기가 있으며 전기 이륜차 및 초소형 EV차량 생태계를 구축하는 기술을 개발하고 있다.

[그림 6-22] 현대케피코에서 생산하는 주요 제품 (ⓒ현대케피코)

② 유라코퍼레이션

유라코퍼레이션은 1993년 설립된 자동차의 와이어링 하네스와 ICU 등의 전장 제어모듈을 설계·개발하는 자동차 전장 부품 전문기업이다. 와이어링 하네스는 자동차 내 모든 전장 부품을 작동하기 위한 전원과 신호를 전달하는 배선으로, 차량의 전장화가 확대됨에 따라 중요성이 높아지고 있다. 주요 고객사로는 현대차 그룹 외에도 테슬라, 혼다 등 글로벌 완성차 업체가 있다.

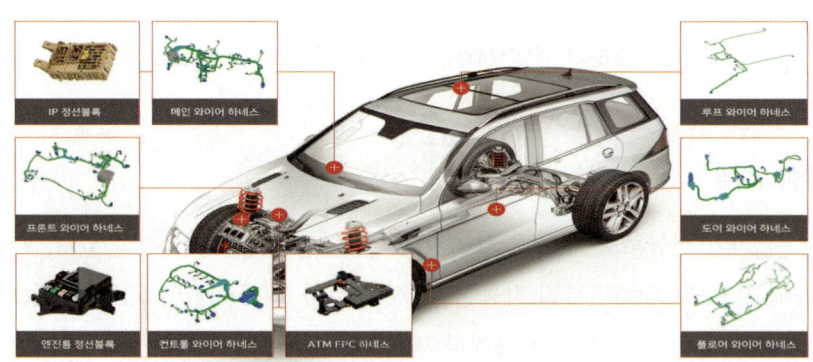

[그림 6-23] 유라코퍼레이션에서 생산하는 제품 (ⓒ유라코퍼레이션)

> **쉬어가는 잡학**
>
> 우리가 자동차를 볼 때 마주하는 브랜드는 대부분 완성차 브랜드이다. 하지만, 자동차를 조금 더 자세히 관찰하면 완성차 업체가 아닌 부품사의 브랜드가 표시된 제품이 있다. 바로 오디오 시스템이다. 최근 자동차가 단순히 이동수단을 넘어 새로운 삶의 공간으로 인식되는 트렌드에 따라, 차량 구입 시 오디오 시스템 브랜드를 고려하는 소비자들이 늘어나고 있다. 특히 프리미엄 브랜드일수록 차량 내 오디오시스템을 신경쓰고 있다. 제네시스는 뱅 앤 올룹슨, 렉서스는 마크레빈슨, BMW는 하만카돈, 볼보는 바워스 앤 윌킨스, 벤츠는 부메스터 오디오 시스템을 적용하고 있다.
>
> 대표적인 자동차 오디오 시스템 회사로는 삼성전자가 2016년도에 인수한 하만 그룹이 있는데, 하만 그룹은 세계 자동차 오디오 시스템 시장의 약 40%를 점유하고 있다. 하만 그룹 내에는 뱅 앤 올룹슨, 바워스 앤 윌킨스, 하만카돈, 인피니티, JBL, 렉시콘, 마크레빈슨 등의 브랜드가 있다. 그 밖에 부메스터, KRELL, 메르디안, BOSE 등이 자동차 오디오 시스템 시장에 진출해 있다.
>
>
>
>
>
> [그림 6-24] 하만그룹의 오디오 브랜드

3. 부품 업체 직무의 이해

(1) 개요

완성차 업체는 B2C사업을 한다. B2C는 Business-to-Customer의 약자로 기업이 다수의 개인 또는 소비자와 거래하는 비즈니스 모델을 말한다. 반면, 부품 업체는 주로 B2B 사업을 한다. B2B란 Business-to-Busines의 약자로 기업 대 기업 사이의 거래를 기반으로 하는 비즈니스 모델을 의미한다. 부품 업체의 직무를 이해하기 위해서는 이러한 전제 조건을 먼저 알고 있어야 한다.

(2) 부품 업체의 직무

부품 업체의 직무를 부품의 개발과정을 바탕으로 나누어보면 영업, PM, 설계, 생산, 품질로 나눌 수 있다. 영업 직무에서 제품을 수주하면 PM, 설계, 생산 직무가 부품을 개발하고 생산하는 역할을 한다.

① 영업

　부품 업체에서 영업은 개발의 시작이라고 볼 수 있다. 앞서 언급한 것처럼 완성차 업체는 소비자와 직접 거래를 하는 반면, 부품 업체는 완성차 업체에서 요구하는 제품을 개발·공급하는 기업 간 거래를 주로 한다. 부품 업체의 영업 직무는 완성차 업체에서 발주한 제품의 제안서(RFI, SR, RFQ)[2]를 바탕으로 회사의 기술력과 수익 등을 고려하여 경쟁력 있는 입찰을 통해 제품을 수주하는 역할을 한다. 제품을 수주하는 단계에서 설계, 생산기술, 구매, 원가팀 등 유관부서와 협의를 통해 최적의 견적을 제안하여 수주하는 것이 핵심 업무이다.

② PM(Project Management)

　PM은 영업 직무에서 수주한 부품 개발의 전반을 관리하고 운영하는 업무를 담당한다. 제작하는 부품의 사이즈와 수량이 다를 뿐 완성차 업체 PM과 부품 업체 PM의 업무의 결은 결코 차이가 없다.

③ 구매

　구매 직무는 제품을 생산하기 위해 필요한 원자재와 설비, 일반자재를 구매하는 역할을 하며, 신규 원자재 판매 업체를 발굴하여 제품의 품질과 수익성을 높이는 업무를 한다. 규모가 큰 부품 업체의 경우, 완성차 구매 직무와 마찬가지로 부품 개발에 필요한 하위 단위의 부품을 구입하여 조달하기도 한다.

④ 설계

　설계 직무는 완성차 업체에서 요구한 RFQ를 바탕으로 부품을 설계한다. 완성차 업체 설계 직무는 차량의 성능, 여러 부품 간의 연계성, 설계표준(ES, MS, TDP 등)에 대한 연구를 중점적으로 진행한다면, 부품 업체의 설계 직무는 해당 부품의 성능을 향상하기 위한 연구를 주로 진행한다.

---

2) Request for Information, Sourcing Requirement, Request for Quotation

⑤ 생산(생산관리 및 생산기술)

생산 직무는 부품을 제조하는 생산설비를 개발하거나 생산라인이 효율적으로 작동하도록 관리하는 업무를 한다. 또한 최적화된 생산계획을 수립하여 생산라인의 안정화와 원활한 부품공급을 담당하기도 한다.

⑥ 품질(선행품질, 품질관리, 품질보증)

품질 직무는 제품을 개발하고 양산하는 과정에서 발생하는 다양한 품질 문제를 조기에 개선하고 품질을 향상시켜 클레임을 예방하는 업무를 한다. 일반적으로 필드에서 발생한 고장 부품들은 주로 해당 부품을 생산하는 회사로 회수된다. 이를 활용하여 문제를 조기에 개선하여 품질문제가 확대되는 것을 사전에 방지하여야 한다.

(3) 부품 업체와 완성차 업체의 직무 차이

자동차 산업 내에서 부품 업체와 완성차 업체의 직무는 본질적으로 동일하다고 볼 수 있다. 하지만 생산한 제품을 소비하는 주체의 차이와 개발하는 제품 규모의 차이로 인하여 직무의 세부적인 역할이 달라진다. 완성차 업체는 좀 더 큰 시야를 가지고 넓은 범위의 업무를 수행하는 반면, 부품 업체는 범위는 좁지만 깊이 있는 영역의 업무를 수행한다고 볼 수 있다.

CHAPTER 04 자동차 산업으로의 취업

> **학습 POINT**
> 자동차 산업에 취업하기 위해서 주요 완성차 업체의 채용 트렌드와 취업 프로세스에 대해 알아본다.

1. 주요 완성차 업체 및 자동차 산업 채용 트렌드

(1) 개요

최근 국내 주요 완성차 업체의 채용은 국내에 R&D 및 생산기반을 두고 있는 현대차 그룹이 주도하고 있다. GM, 르노코리아의 경우에도 연구소와 생산시설을 국내에 보유하고 있지만 해외에 기반을 두고 있는 업체이며, KG모빌리티의 경우 생산시설 규모가 크지 않기에 채용 규모가 제한적이다.

현대차 그룹의 경우에는 일반적으로 공식 홈페이지를 통해 수시로 채용을 진행하며, 현대차 그룹을 제외한 나머지 회사의 경우에는 사람인, 잡코리아와 같은 종합 채용 사이트를 통하여 채용공고를 게시한다. 현대차 그룹과 달리 비정기적으로 채용이 진행되므로 해당 기업에 관심이 있다면 수시로 확인을 하는 것이 좋다.

(2) 현대자동차

현대자동차(이하 현대차)는 자사의 인재 채용 홈페이지를 통해서 채용을 진행한다. 대졸 신입의 경우에는 3개월마다 대규모 채용을 진행하며, 직무 중심으로 채용하는 상시 채용도 매월 진행하므로 현대차 입사에 관심이 있다면 매월 초 현대차 인재 채용 홈페이지를 확인해야 한다.

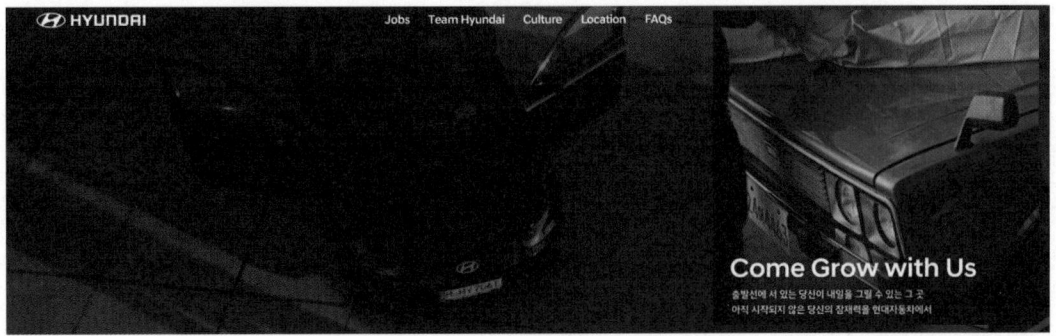

[그림 6-25] 현대자동차 채용 홈페이지

① 대졸 신입 채용 현황

　대졸 신입 채용의 경우 연구개발 부문, 생산, 품질, 기획, 경영 지원 등 다양한 분야에서 채용이 진행된다. 회사의 경영 환경이나 각 부문별 수요에 따라서 채용하는 부문이 있고 채용을 하지 않는 부문이 있다. 따라서 분기별로 오픈되는 채용 공고를 주기적으로 확인할 필요가 있다.

　「연구개발 부문」은 로보틱스, 미래기술 개발, 연구개발 기획, 차량 개발, 차량제어 S/W 개발, 친환경차 개발 등 미래 자동차에 필요한 기술 및 환경규제 강화에 대응하기 위한 친환경차 개발에 관련된 채용이 진행되며, 차량의 상품경쟁력을 향상하기 위한 S/W 개발 분야의 채용도 지속적으로 이루어지고 있다.

　「생산/제조부문」은 차량을 생산하기 위한 부품을 개발하고, 차량 조립에 필요한 조립설비를 개발하는 구매/부품개발, 국내생산, 생산기술, 품질분야의 채용이 주로 진행된다.

　「국내생산 분야 및 생산기술」은 공장을 운영하기 위한 생산관리 및 지원 분야, 공장 제조설비를 개발하고 운영하는 공정기술 및 설비 관련 분야, 부품과 차량의 품질을 관리하는 품질관리 업무의 채용이 진행된다.

　「품질부문」에서는 고객 클레임을 분석하고 문제 개선을 주도하는 품질보증과 차량 내 안전문제 및 리콜 등을 관리하는 안전기획과 관련한 업무의 채용이 진행된다.

[표 6-4] 2024년 상반기 현대차 신입 채용 현황

채용 기간		2024년 3월	2024년 6월
직무	연구개발	로보틱스, 미래기술, 차량개발 등	로보틱스, 미래기술, 차량개발 등
	디자인	-	외장, 현대/제네시스/기아 디자인
	파이롯트	파이롯트 생산/교육/개발 등	-
	생산/제조	구매/부품개발, 품질관리, 생산지원	구매전략, 공정기술, 생산지원 등
	생산기술	신차개발, PT, 금형, 배터리셀 제조공정 등	PT생산기술, 전동화 생산기술 등
	품질	고객안전, 품질경영, 신차품질 및 보증	품질보증, 시스템품질, 안전기획 등
	사업/기획	경영전략/국내사업/해외사업	경영전략/국내사업/해외사업
	상품전략/기획	N브랜드, 상용 및 수소, 상품전략	상품운영지원, 상품기획 및 전략
	홍보/마케팅	N브랜드, 글로벌 마케팅	미디어 PR등
	경영지원	안전환경, 재경(회계/IR), 총무	R&D노사협력, 인재개발, 안전환경 등
	인사	HR, 인재개발, HRD기획 등	HR, 인재개발, HRD기획 등

② 경력 및 수시 채용 현황

경력 채용에서는 일반적으로 매니저급(연구원, 경력 8년 이내) 또는 책임매니저급(책임연구원, 경력 8년 이상)을 채용하며, 주로 채용이 진행되는 분야는 신규 사업, 사업이 확장되는 분야, ICT 분야이다. 대졸 신입 채용과는 다르게 채용 시 단기간 내 실무를 수행하는 부문을 집중적으로 채용하고 있다. 경력 채용이 활발히 일어나는 직무는 대표적으로 현대차의 프리미엄 브랜드인 제네시스 관련 직무이다. 제네시스는 2021년부터 SUV 차량 라인업 확대와 맞물려 판매량이 급격하게 증가하고 있다. 이에 발맞추어 제네시스 상품운영, 서비스, 마케팅, 디자인 분야 등의 채용이 지속적으로 이루어지고 있다. 현대차의 신규사업 분야인 AAM, 달 탐사 모빌리티, 로보틱스랩, 모빌리티서클 분야의 채용도 지속적으로 이루어지고 있다. 현대차는 이를 통해 기존의 완성차 제조를 넘어 모빌리티 산업에 기반한 다양한 사업영역에 진출하고 있다.

③ 현대차의 신규 사업 분야

최근 현대차 채용이 활발히 이루어지는 분야는 신규 사업 분야, 그중에서도 모빌리티 사업이다. 현대차가 진행하고 있는 대표적인 모빌리티 사업은 아래와 같다.

㉠ AAM은 Adcanced Air Mobility의 약자로 기본 목적과 운송 거리에 따라 도심 항공 모빌리티(UAM, Urban Air Mobiliy)와 지역 간 항공 모빌리티(RAM, Regional Air Mobility)로 나눌 수 있다. UAM은 교통 체증을 해소하기 위해 도심 내에서의 이동 효

율성을 극대화한 차세대 항공 모빌리티로, 인천공항에서 서울 강남까지 15분 만에 이동하는 본에어가 대표적인 UAM 사례라고 할 수 있다. RAM은 UAM보다 더 먼 거리, 더 많은 짐, 더 많은 승객을 수용할 수 있으며, 단거리 항공서비스와 유사한 개념이다. 현대차는 AAM사업을 위한 기술 내재화, 인프라 구축을 위한 기술 연구, 자사가 보유하고 있는 기술을 활용한 HFC(Hydrogen Fuel Cell) 기반의 친환경 파워트레인을 탑재한 기체를 개발하고 있다. 또한 자회사인 슈퍼널을 통해 AAM과 관련한 서비스를 지속적으로 개발하고 있다.

[표 6-5] 현대차 그룹의 AAM (ⓒ현대자동차)

도심 항공 교통(UAM)	구분	지역 간 항공교통(RAM)
S-A1	명칭	프로젝트N
배터리	동력원	수소연료전지 +배터리
도심 내 사람·화물 운송	특징	지역 거점 간 사람·화물 운송
100km 이상	이동 거리	200km 이상
2028년 이후	상용화 시기	2030년 이후

ⓒ 현대차그룹은 로보틱스랩의 모태인 로보틱스팀을 2018년에 만들었고, 2021년에는 보스턴 다이내믹스 인수를 통해 로봇 사업을 지속적으로 확대하고 있다. 2021년에는 4족 보행 로봇인 '스팟'을 기아 오토랜드 광명에서 공장 내 위험을 감지하고 안전을 책임지는 '공장 안전 서비스 로봇'으로 시범운영하였다. 2024년 4월 보스턴 다이내믹스는 새로운 아틀라스를 선보였고, 이를 활용하여 현대차의 차세대 자동차 제조 역량을 구축하고자 한다.

ⓒ 현대차그룹은 2022년 1월에 세계 최대의 IT 및 가전 전시회인 CES 2022에서 PnD 모듈(Plug & Drive Module)을 활용한 신개념 모바일 플랫폼 모베드(MobED)를 선보였다. 모베드는 다양한 물체에 이동성을 부여하여 도심 배송, 안내 서비스, 서빙 로봇 등으로 사용되며 추후 노약자 이동장치, 유모차 등 1인용 모빌리티로도 활용할 계획이다.

[그림 6-26] 현대차의 신개념 모바일 플랫폼 모베드 (ⓒ현대자동차)

㉣ 셔클(SHUCLE)은 대중교통이 부족한 교통 사각지대 개선을 위한 수요 응답형 교통 체계(DRT, Demand Responsive Transit)를 바탕으로 한 서비스 플랫폼이다. DRT는 버스와 지하철처럼 정거장을 따라 정해진 노선으로 운행하는 방식이 아닌 승객 수요에 따라 유동적으로 이동하는 교통 체계이다. 따라서 승객이 원하는 위치에서 호출을 하면 차량은 호출 위치에서 승객을 태우고 개인별 목적지를 고려하여 최적의 경로로 이동한다. 현대차는 자체 AI기술을 활용하여 2020년 은평뉴타운에서의 베타서비스를 거쳐, 현재 18개 지역에서 서비스하고 있다. 셔클은 DRT를 시작으로 택시, 자전거 등 다양한 모빌리티를 하나로 통합한 MaaS(Mobility as a Service) 플랫폼으로 현대차그룹이 SDV(Software Defined Vehicle) 체제로 전환하는 과정이라고 볼 수 있다.

[그림 6-27] 셔클 서비스 (ⓒ셔클)

(3) 기아

기아도 현대차와 동일하게 자사의 인재 채용 홈페이지를 통해, 신입 및 경력 채용을 상시 진행한다. 기아의 경우에는 R&D부문은 현대차에서 운영하기 때문에 R&D부문의 채용은 진행하지 않는다. 대신 특수사업 및 방산 부문은 현대차에는 없는 기아만의 직무이다. 최근에는 EV, PBV[3]와 같은 신사업 부문에서 채용을 확대하고 있다.

최근 신입 채용은 상반기와 하반기로 나누어 진행하였는데, 상반기의 경우에는 3~4월 하반기는 8~9월 사이에 진행되었다. 경력 및 수시채용의 경우에도 매월 진행되기 때문에 주기적으로 인재 채용 홈페이지를 방문하여 채용현황을 확인해보는 것도 좋다.

[그림 6-28] 기아 방산 컨셉 차량 (ⓒ기아)

① 대졸 신입 채용 현황

신입 채용의 경우에 생산, 상품(국내/해외), 품질, 제조솔루션, 특수사업, 경영지원, 신사업·기획, 재경 등 다양한 부문에서 채용을 진행하고 있다. 모든 부문이 매번 채용을 진행하는 것은 아니니, 나에게 적합한 분야를 2~3개 정도 준비하는 것을 권장한다.

[표 6-6] 기아 최근 신입 채용 현황

채용기간		2023년 9월	2024년 3~4월
직무	글로벌사업관리	해외상품	해외상품, 해외서비스 등
	국내사업관리	판매전략/운영, 상품, 마케팅, 서비스 등	–
	구매	부품구매, 부품개발, 구매전략	구매/부품개발
	경영지원	중대재해관리, 안전관리, 소방안전 등	기업/개인정보 보호, 노무관리
	생산	생산관리, 보전혁신, 품질관리 등	생산운영, 생산관리
	제조솔루션	생산기술(신차, 금형)	생산기술(신차, PT, 금형)
	특수사업	–	특수 차량 연구
	품질	신차품질, 품질보증, 품질경영	신차품질, 품질보증, 품질경영
	신사업	–	PBV 개발
	고객경험	브랜드전략, 마케팅, 상품, 기획	상품
	재경	원가 기획, 재무/회계/경영 관리	–

---

3) 목적 기반 모빌리티(PBV, Purpose Built Vehicle, Platform Beyond Vehicle)

② 경력 및 수시 채용 현황

경력 및 수시 채용도 현대차와 동일하게 매월 초에 인재 채용 홈페이지를 통해 공고된다. 다만 경력 및 수시 채용의 규모는 현대차와 비교하면 상대적으로 작다. ICT 부문 경력 채용의 경우 지속적으로 이루어지고 있으나, 신사업의 규모와 범위가 현대차와 비교하여 상대적으로 작은 기아의 특징으로 인하여 채용 규모가 크지는 않다.

③ 기아의 신규 사업 분야

기아는 PBV를 통하여 모빌리티 솔루션 기업으로 나아가고자 한다. 전동화 기반의 PBV를 통해 자율주행 배송이나 다양한 라이프 스타일에 맞는 모빌리티 솔루션을 제공하는 것을 목표로 하고 있다. PBV 사업의 시작은 2022년에 니로 플로스 모델을 택시와 일반 사업용 차량으로 출시한 것이다. 이후 2024년 1월 라스베이거스에서 열린 CES2024 미디어데이에서 PBV의 개념을 Platform Beyond Vehicle(차량 그 이상의 플랫폼)로 재정의하고, PV1, PV5, PV5딜리버리 하이루프, PV7 등 소형에서부터 대형PBV 라인업 5종을 공개하며 PBV 사업에 박차를 가하고 있다. 또한 새로운 모빌리티 생태계를 위해 우버, 쿠팡, CJ대한통운, 카카오모빌리티 등의 기업과 파트너십을 맺고, 모셔널과 함께 레벨4 수준의 자율주행이 가능한 PBV 로봇택시를 연구하여 PBV 생태계를 구축하고 있다.

[그림 6-29] 기아의 PBV 라인업 (ⓒ기아)

> **쉬어가는 잡학**
>
> **현대차그룹 통합 업무 조직**
> 현대차와 기아는 직무가 중복되는 경우가 많다. 대표적으로 구매, 품질, 제조 솔루션(생산기술)이 있다. 해당 직무는 근무지 또는 업무에 따라 동일 팀 내에 현대차 소속 직원과 기아 소속 직원이 같이 구성되어 근무하기도 한다. 이들의 업무는 동일하지만 복지혜택, 처우, 휴무일 등은 소속 회사에 맞게 운영된다.
> 특히 연구개발본부 및 디자인 센터의 경우에는 대부분의 인원이 현대차 소속으로 근무를 하고 있지만, 담당 차량에 따라 현대가 아닌 기아 소속의 부서와 더 많은 업무를 하는 경우도 많다.

(4) 르노코리아, KG모빌리티 등

르노코리아는 2023년부터 자사 인재 채용 홈페이지를 통해 신입 및 경력 채용을 진행하고 있다. 현대차그룹과 달리 필요한 직무에 따라 부분적으로 채용이 이루어지고 있으며, 2023년에는 R&D, 구매, 제조본부가 각기 다른 일정으로 채용을 실시하였다. 경력직 채용은 수시로 진행되고 있으며, 다양한 분야의 채용이 이루어지고 있다.

KG모빌리티의 경우 2023년과 2024년 대졸 신입 및 경력사원을 채용하였는데 이는 2017년 이후 6년 만에 신입사원을 채용하는 것이었다. 2023년에는 R&D 중심의 인력을 53명 채용하였으며, 2024년에는 연구개발과 경영, 생산기술, 품질관리, 디자인 등 다양한 부문에 68명을 채용하였다. 또한 필요에 따라 경력 및 계약직의 채용도 진행되고 있다. KG그룹이 쌍용차를 인수한 후 신차가 지속적으로 발표됨에 따라 채용 규모도 점차 확대될 것으로 예상된다.

① 대졸 신입 채용 현황

르노코리아의 경우 2023년 5월에는 연구개발본부, 6월에는 구매본부, 9월에는 제조관리 분야의 대졸 신입사원 채용 공고가 발표되었다. 연구 개발 분야의 채용규모 대비 구매와 제조 분야는 채용규모가 제한적으로 진행된 것이 특징이다.

[표 6-7] 르노코리아 대졸 신입 채용 현황

구분	2023년 5월 연구개발본부	2023년 6월 구매본부	2023년 9월 제조관리
모집 직무	차량성능 및 테스트	바이어	제조관리
	파워트레인		
	연구기획 및 프로젝트		
	전장설계		
	차량 및 플랫폼 개발		

KG모빌리티의 경우에는 다양한 분야의 채용이 진행되었다. 토레스, 토레스EV, 액티언 등의 신차가 지속적으로 출시 또는 출시예정인 만큼 그에 필요한 인원을 지속적으로 보강하는 것으로 볼 수 있다.

[표 6-8] KG모빌리티 대졸 신입 채용 부문 현황

구 분	2023년 상반기(신입)	2024년 상반기(신입)
경영/사업 지원	인사, 산업안전 경영관리, 회계, 전략기획	경영관리, IT, 법무
구매	-	내·외장, Infortainment, 자율주행, 전장
국내사업	-	A/S, 콜센터 운영/기획
해외사업	영업	영업
KD	-	KD영업
R&D	플랫폼 및 부품설계, 제어, 전동화개발 등	연구기획, 바디설계, 미래모빌리티
디자인	-	디자인
생산	-	조립 공정 기술
품질관리	-	품질관리, 품질평가

② 경력 및 수시 채용

르노코리아의 경력 채용도 다른 회사와 유사한 방식으로 필요 부서에 맞춰 다양한 직무가 상시 진행되고 있다. 재무, 영업, 제조, R&D, 품질 등 전 직무에서 수요가 생길 때마다 채용공고가 뜨며, 타사보다 비교적 긴 지원 기간을 제공한다.

KG모빌리티의 경우에도 전 부문에서 경력채용을 진행하고 있으며, 대졸 신입 채용보다 경력 채용의 규모가 더 큰 것이 특징이다.

[표 6-9] KG모빌리티 경력 채용 부문 현황

구 분	2023년 상반기(경력)	2024년 상반기(경력)
상품	상품기획, 커넥티비티 등	-
경영/사업 지원	인사, 산업안전 경영관리, 회계, 전략기획	총무, 시설, 홍보
구매	전장, 전동화, 자율주행 부품개발	전동화 부품개발
국내사업	마케팅 전략기획, 자동차 용품 기획	중고차, 전략기획
해외사업	영업	해외상품/마케팅, 영업
KD	-	KD운영
R&D	플랫폼 및 부품설계, 제어, 전동화개발 등	해석
생산 및 생산기술	차체, 도장 생산기술	공정기술, 프레스생산, 설비보전
품질관리	-	품질관리, 품질평가

(5) 자동차 산업 관련 전문 연구기관

자동차 산업은 국내에서 중요한 산업으로 차량을 제조하는 회사 외에도 자동차 기술과 관련된 정책을 연구하고 개발하는 기관들이 많다. 연구기관의 경우 한국자동차연구원, 자동차융합기술원 등이 있으며, 자동차 산업을 위한 제도와 정책, 산업 내 표준화 사업 등을 진행하는 한국자동차산업협회도 있다. 해당 기관들의 채용은 비정기적으로 진행되기 때문에 종합 구직사이트를 주기적으로 확인하는 것이 좋다. 주요 완성차 업체의 직원과 처우나 혜택이 비슷하니 한번쯤 관심을 가지고 도전해보는 것을 권장한다.

① 한국자동차연구원(KATECH, Korea Automotive Technology Institute)

한국자동차연구원은 국내 자동차 업계의 자생력 확보와 산업육성을 위하여 정부와 기업이 힘을 모아 1990년에 설립하였다. 연구개발, 기술지원, 시험인증, 기술교육, 미래차 인력양성, 정부 정책 제안 등 자동차 산업 내 전반의 기술과 정책 연구를 수행하고 있다. 천안에 본원을 두고 있으며, 주요 권역에 분원을 두고 지역 내 자동차산업 육성을 위한 연구와 지원업무도 수행하고 있다.

② 한국자동차모빌리티산업협회(KAMA, Korea Automobile & Mobility Association)

한국자동차모빌리티산업협회는 1988년에 국내 완성차 업체들의 협의로 설립한 한국자동차공업협회에서 시작되었다. 자동차 산업 진흥을 위한 국내 정책 입안 및 국제 협력을 주도하며, 자동차 관련 안전기준, 자기인증, 리콜 등 관련 법규 및 제도 개선을 위한 대정부 건의 활동 등 업계의 대변인 역할을 수행한다. 또한 서울모터쇼와 부산모터쇼 개최 등의 업무도 수행한다.

[표 6-10] 자동차 산업 관련 기관

구 분	기관명	홈페이지 주소
산업진흥기관	한국자동차모빌리티산업협회	www.kama.or.kr
	광주그린카진흥원	www.gigca.or.kr
	한국자동차환경협회	www.aea.or.kr
	자동차부품산업진흥재단	www.kapkorea.org
	한국에너지기술연구원	www.kier.re.kr
	한국스마트그리드협회	www.ksga.org
	한국자동차산업협동조합	www.kaica.or.kr
	한국천연가스수소차량협회	www.kangv.org

연구기관	한국자동차연구원	www.katech.re.kr
	자동차융합기술원	www.jiat.re.kr
	지능형자동차부품진흥원	www.kiapi.or.kr
	자동차안전연구원	www.katri.or.kr

2. 채용 프로세스

(1) 주요 완성차 업체의 채용 프로세스

현대·기아차의 채용 프로세스는 신입과 경력직 모두 유사하다. 대졸 신입 채용의 경우에는 지원서를 바탕으로 서류전형 → 1차 실무면접(인성 및 역량검사) → 2차 임원면접 → 신체검사 → 입사로 진행된다. 경력 채용의 경우에도 동일한 프로세스로 진행되지만, 2차 임원 면접 전·후로 별도의 평판 조회가 진행되거나, 1차 면접으로만 끝나는 경우도 있다. IT 직무의 경우, 일반적인 IT 회사의 채용 프로세스에 존재하는 프리테스트 등이 실시되는 경우도 있다. KG모빌리티와 르노코리아의 경우에도 현대·기아차와 채용 프로세스가 유사하다. 다만 르노코리아의 경우에는 필수 영어성적(TOEIC 750점 이상, OPIc IM2이상, TOEIC Speaking IM3 이상)을 요구한다.

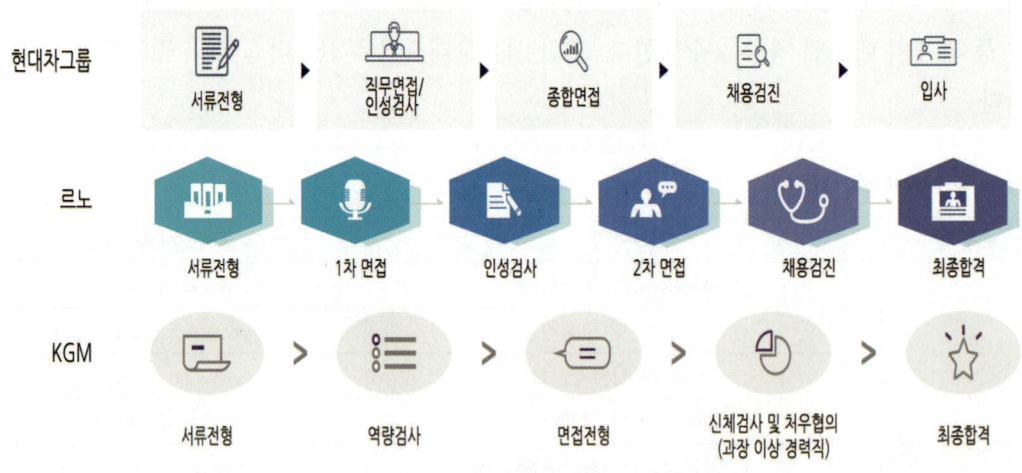

[그림 6-30] 주요 완성차 업체 채용 프로세스

① 서류전형

서류전형은 본인의 학력, 자격증, 어학성적 등의 기본정보와 직무 관련 경험에 관한 자기소개서를 제출한다. 자기소개서는 보통 2~3개의 주제를 500~1,000자 내외로 작성한다. 자기소개서의 내용은 이후 진행되는 면접전형에서 질문 내용으로 활용되기 때문에 솔직하게 작성하는 것을 권장한다.

② 직무면접 및 종합면접 + 인적성검사(HMAT)

서류전형 다음으로는 면접전형이 진행되는데, 면접전형에서는 HMAT(Hyundai Motor group Aptitude Test)이 시행된다. HMAT는 현대자동차그룹사가 실시하는 인적성 시험으로 적성을 제외하고 인성 검사만 실시하는 경우도 있다. HMAT의 경우, 유사질문이 반복적으로 나오기 때문에 응답의 일관성을 위해서 솔직하게 응답해야 하며, 일반적으로 검사 시간이 부족한 경우가 많기 때문에 사전에 HMAT 유형 정도는 파악하고 응시하는 것이 유리하다.

면접의 경우에는 직무면접과 종합면접으로 나누어 단계별로 진행된다. 먼저 직무면접의 경우 책임급(과장 이상) 실무자가 면접관으로 참석하여 질문을 한다. 따라서 부서 또는 면접에 참석하는 면접관에 따라 질문의 내용과 난이도가 상이하다. 부서에 따라 특정 주제를 바탕으로 PT발표, BEI면접 등의 형태로 면접을 진행한다. 면접은 대부분 지원자가 자기소개서에 작성한 직무 관련 내용을 물어보는 것에서 시작하기 때문에, 본인이 자기소개서에 적은 내용은 확실하게 답변할 수 있도록 사전에 준비해야 한다.

종합면접도 실무면접과 유사한 방식으로 진행된다. 하지만 특정 주제를 활용한 PT발표, BEI 면접보다는 개인에 관한 질문이 많으며, 회사에서 일어날 수 있는 다양한 상황에서 본인의 행동이나 대처와 관련된 질문이 주를 이룬다. 본인이 자기소개서에 작성한 가치관과 상이한 답변을 하지 않도록 주의해야 한다.

면접전형에서 면접관들은 지원자가 명확한 답을 도출하는지 여부보다는, 답을 풀어나가는 과정에서의 논리성과 적극성 그리고 전반적인 태도를 주의 깊게 관찰한다. 따라서 면접 과정에서 질문에 대한 명확한 답을 제시하지 못할 경우에는 성급하게 모르겠다는 답변을 하기보다는 본인의 생각과 경험을 바탕으로 의견을 개진하기 위해 노력하는 것을 권장한다.

③ 평판조회 및 처우협의

경력 채용의 경우 평판 조회 및 처우 협의 과정이 포함된다. 평판 조회의 경우에는 앞선 직장 중 가장 최근에 재직했던 직장 또는 가장 길게 근속한 회사의 동료·상사에게 전화 혹은 메일을 활용하여 문의한다. 평판 조회는 주로 지원자에 대한 주관적인 평가나 의견, 지원자의 태도나 인성 등과 관련한 질문이 진행된다. 평판 조회 이후에는 처우 협의가 진행되는데 일반적으로 현대차그룹에서는 기본적인 처우에 대한 표준테이블이 있기 때문에 큰 변동은 없지만, 본인이 필요하다고 판단하면 적절한 제안을 하는 것도 좋다. 처우 협의가 완료되면 최종 채용 확정이 이루어진다.

> **쉬어가는 잡학**
>
> **SPA를 아십니까?**
> SPA(Speaking Proficiency Assessment)는 OPIC, 토익스피킹 같은 영어 말하기 시험이지만, 실제 비즈니스 현장에서 실질적인 영어 사용 능력을 평가하기 위한 영어 말하기 시험으로 현대차그룹 내 인사평가, 주재원 지원 자격 등 다양한 용도로 활용된다. OPIC과 토익스피킹의 경우, 컴퓨터로 진행되는 반면, SPA는 원어민 2명과 인터뷰 방식으로 진행되는 특징을 가지고 있다. 해외주재원을 가기 위해서는 최소 Lv4 이상(해외업무는 Lv5 이상) 취득해야 지원이 가능하며, 채용 과정에서 진행하는 영어면접의 경우에도 SPA와 같은 형식으로 시행된다.

(2) 주요 부품 업체 채용 프로세스

주요 부품 업체 채용 프로세스는 현대차그룹에 속하는 부품 업체인지 아닌지에 따라 크게 2가지 유형으로 나뉜다.

① 현대차그룹 내 부품 업체

국내에서 규모가 있는 부품 업체는 현대차그룹에 속한 경우가 많다. 대표적으로 현대모비스, 현대위아, 현대케피코, 현대트랜시스, 현대글로비스 등 현대차그룹 내에는 많은 부품 계열사가 있다. 이런 회사들의 채용은 현대차그룹의 채용 프로세스와 유사하게 진행된다.

[그림 6-31] 현대자동차 그룹 내 주요 부품 업체

② 전문 부품 업체 및 외국계 회사

다른 산업과 마찬가지로 일정 규모 이상의 기업이 아닌 경우라도 '서류전형 → 면접'에 해당하는 기본적인 채용프로세스는 유사하게 운영한다. 특히 대기업이나 중견기업에 해당하는 전문 부품 업체는 자체 인성 및 적성평가가 진행되는 경우도 있다.

3. 자동차 산업 채용 준비를 위한 Tip

(1) 여러분은 자동차에 관심이 많으십니까?

자동차 산업에 진입하기 전에 먼저 스스로에게 '나는 정말 자동차를 좋아하는가? 관심이 있는가?'라는 질문을 한번쯤 해보는 것을 추천한다. 자동차 산업은 기술, 문화, 제도 등 다양한 분야가 얽혀있는 복잡한 산업이다. 상품/기획 직무에 지원한다면 제품 라이프 사이클 특성상 최소 3~4년 이후의 미래 트렌드를 읽을 줄 아는 역량이 필요하며, R&D 직무의 경우 기술 외에도 경영적인 관점, 내가 담당하는 부품에 관한 법규 및 제도에 대한 이해도 필요하다. 물론 이러한 내용들을 사전에 다 숙지하고 취업하는 것은 현실적으로 어려움이 있으며, 꼭 알아야 할 필요가 있는 것도 아니다. 하지만 적어도 내가 담당하는 업무가 무엇인지 이해하고, 무엇을 알아야 하는지 사전에 파악한다면 취업 일선의 경쟁자보다는 조금 더 역량 있는 지원자로 어필할 수 있다. 이러한 것들을 알려면 무엇보다 자동차에 대한 관심이 필요하다.

(2) 자동차 산업을 진입하기 위한 준비

① 내가 가고 싶은 회사의 '팬'이 되자

본격적으로 자동차 산업에 진입하기 위해서는 먼저 지원할 회사에 대한 정보를 수집해야 한다. 최근에는 회사에 대한 정보나 그 회사가 어떤 제품을 생산하는지 너무도 쉽게 알 수 있다. 오히려 너무 많은 정보로 인하여 정보 정리가 되지 않는 경우가 많다. 따라서 다양한 정보를 적절하게 정리하고, 해당 정보를 바탕으로 본인의 의견을 정리할 필요가 있다. 정보를 단순히 많이 아는 것보다는 본인이 가진 정보를 통하여 어떤 인사이트를 도출해내는지가 중요하다.

또한 회사에 대한 정보를 얻을 때에는 검색창 상단에 노출되거나 알고리즘으로 업데이트되는 뉴스만을 찾아보는 것이 아니라 회사의 IR 자료, 기술 관련 자료, 회사가 운영하고 있는 블로그 등을 참고하여 그 회사가 발표하는 내용을 확인할 필요가 있다. 특히 자동차는 다른 제품과 달리 유튜브를 통해 얻는 정보도 많은데, 이러한 정보는 진위여부를 잘 판단해야 한다.

회사의 정보를 수집할 수 있는 곳으로는 먼저 전지공시시스템이 있다. 공시통합검색을 통해 Investor Day 자료나 반기보고서 등 회사가 공식적으로 발표하는 자료를 획득할 수 있다. 또한 현대차그룹의 경우 공식 홈페이지와 유튜브 채널에 다양한 자료가 업로드되어 있으므로 이를 확인하는 것이 좋다.

② 글로벌 역량 강화는 기본

국내 기업은 기본적으로 글로벌 사업을 하지 않으면, 사업의 확장에 한계가 있다. 따라서 글로벌 역량, 즉 영어 및 외국어 역량이 중요하다. 회사마다 차이는 있지만, TOEIC보다는 TOEIC Speaking이나 OPIC, SPA 등 외국어 말하기 역량을 키우는 것을 권장한다. 영어가 아닌 다른 외국어를 잘하는 것도 좋지만, 무엇보다도 영어가 기본이 된 상태에서 다른 외국어를 잘한다면 더 좋은 결과를 얻을 수 있을 것이다.

③ 공대생이라면 소프트웨어 역량 강화

최근 자동차 산업은 과거와 달리 빠르게 변화하고 있다. 과거에는 자동차가 기계공학의 꽃이라 불릴 만큼 기계 부품 중심의 제품이었다. 자동차의 핵심 부품인 엔진과 변속기를 보더라도 기계 부품이 복잡하게 조립되어 있다. 하지만 최근에는 자동차에 다양한 전장화 및 통신기술이 적용됨에 따라 움직이는 전자기기라고 불릴 만큼 빠르게 변화하고 있다. 따라서 기계, 재료 분야보다 전기, 전자 및 소프트웨어와 관련한 직무의 채용이 지속적으로 확대되고 있는 상황이다. 이에 발맞추어 소프트웨어를 다룰 수 있는 역량을 키우는 것이 좋다. 여기서 소프트웨어란 Catia, CAD, ANSYS와 같은 설계프로그램이 아닌 R, 파이썬과 같은 코딩 역량을 말한다.

(3) 채용을 위한 로드맵

자동차 산업으로 뛰어들기 위한 로드맵을 단기, 중·장기로 나누어서 제안한다. 단기 로드맵은 대학교 4학년 또는 이직을 고려하는 사람이 대상이며, 중기는 대학교 2~3학년, 장기는 대학교 1학년을 대상으로 저자의 경험에 비추어 조언을 하고자 한다.

① 단기 로드맵

짧은 기간 안에 자동차 관련 업체에 입사하고자 하는 사람들은 주로 4학년 또는 졸업생, 길게는 이직을 준비하는 사람 정도로 범위를 정할 수 있다. 취업을 앞두고 있으며, 스펙에 있어서 추가할 수 있는 것이 제한적인 상황일 것이라 생각한다. 이런 경우에는 기본적으로 나의 장점과 경험 등을 정리하고 이것을 지원하고자 하는 회사 혹은 직무와 연결하는 것을 추천한다. 이런 연결고리들은 지원자가 왜 이 회사의 구성원이 되어야 하는지를 나타내는 일종의 근거가 될 수 있으며, 면접관을 설득할 수 있는 주요 논리가 된다. 따라서 무엇인가를 더 하기보다는 나를 잘 표현하는 데 집중하는 것을 추천한다.

② 중·장기 로드맵

중·장기 로드맵은 취업을 위한 시간적 여유가 있는 1~3학년 정도를 대상으로 한다. 가장 먼저 내가 하고 싶은 일, 산업, 회사를 정하고 그에 맞는 기본기를 다지는 데 많은 시간을 할당하는 것이 좋다. 여기서 기본기라 함은 다양한 경험이나 외국어 실력 등이 있다. 경험을 쌓고 외국어 실력을 높이기 위해서는 절대적인 시간이 필요하기 때문에 사전에 차근차근 준비해야 한다. 경험과 관련해서는 여러분이 원하는 직무와 관련된 대회, 프로젝트, 동아리, 기타 대학생으로 할 수 있는 다양한 활동에 적극적으로 참여해서 본인만의 스토리를 만드는 좋은 재료를 얻는 데 매진하여야 한다. 자기소개서에서 나의 장점을 설명하거나 내가 해당 직무에 적합하다고 주장할 때, 여러분이 했던 경험을 잘 녹여서 서술한다면 좀 더 설득력 있는 자기소개서가 될 것이다.

중·장기적인 로드맵으로 준비를 할 때는 너무 특정 분야만을 목표로 해서 준비하기보다는, 조금 더 넓은 범위의 시야를 가지고 준비하는 것을 추천한다. 다양한 경험과 활동을 하는 과정에서 나의 생각이 바뀔 수도 있고, 사회·경제·기타 여러 변수로 인해 채용 환경이 바뀔 수도 있다.

면접 기출 맛보기

필요 직무
- 연구개발 부문, 국내사업 부문, 글로벌사업 부문

실제 면접 질문
난이도 ★★★★   중요도 ★★★★
- 현재 자동차 업계 트렌드에 대해 말해보세요.

1. 질문 의도 및 답변 전략

면접관의 질문 의도
- 자동차에 대한 관심이 어느 정도인가?
- 우리 회사에 대해 관심이 있는가?

▼

면접자의 답변 전략
- 자동차와 관련된 최근 이슈(지원한 직무와 관계가 있는)에 대한 내용을 설명한다.
- 해당 이슈와 지원하고자 하는 회사를 연계하여 설명한다.(이슈에 관한 회사의 공식적인 조치 내용 등)

⊕ 더 자세하게 말하는 답변 전략
- 본인의 생각을 말할 때에는 그렇게 생각하게된 배경과 근거를 명확하게 제시해야 한다.
- 회사에 대해 무조건적인 긍정보다는 때론 합리적인 근거를 바탕으로 한 비판적인 의견을 제시해도 좋다. 단 누구나 납득 가능한 근거를 바탕으로 의견을 제시해야 한다.

2. 머릿속으로 그리는 답변 흐름과 핵심 내용

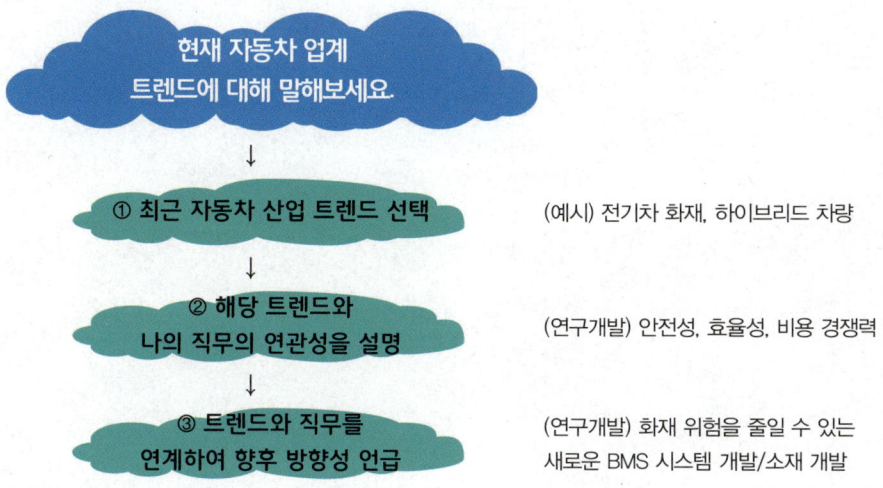

3. 모범답안

  최근 자동차 시장은 'B사의 전기차 화재'로 인하여, 전기차 시장이 많이 위축되고 있습니다. 친환경 트렌드와 각 국 정부의 다양한 지원을 바탕으로 전기차 시장이 급격하게 성장하였으나, 과도기적인 상황에서 안전에 대한 우려로 시장이 축소되고 있습니다. 이로 인하여, 전기차와 내연기관의 중간적인 성격으로 '하이브리드 차량'이 최근 시장에서 가장 인기있는 파워트레인으로 많은 선택을 받고 있습니다.

  자동차 기술을 개발하고 상품을 기획할 때는 '안전'이라는 요소가 최우선시 되고 있으며, 이러한 시장 트렌드를 바탕으로 전기차의 안전을 확보하고 기존의 기술을 보완할 수 있는 기술을 개발하여 신규 상품에 빠르게 적용하여야 합니다.

  (추가로 각 완성차 회사마다 홍보하고 있는 안전과 관련된 기술 내용들을 답안에 포함하면 더 좋다.)

이공계 취업은 렛유인
WWW.LETUIN.COM

이공계 대학생, 취준생, 직장인을 위한 커뮤니티

이공계 출신들의 모든 이야기!
이공모야

대학생 자유이야기

대학생 진로 고민
전자전기과 2차전지로 취업이 가능할까요? (12) N
공대생 Lv.3

53만 이공계생들과 함께
이공계 **취업 고민,**
궁금증, 일상 이야기를
자유롭게!

취준생 스펙 고민, 취업 궁금증
인턴 떨어지니 객관적 스펙 평가가 필요하다 생각합니다! 부탁드려요 (9) N
삼성취뽀 Lv.1

직장인 회사생활 이야기
반도체 2년 경력 요즘 핫한 2차전지로 이직하는 거 가능? 불가능? (20) N
2년차직장인 Lv.2

자소서

계 주요 채용 공고
에 보는 이공계 채용 일정 총정리(대기업/외국계/중견중소/인턴) (10) N
야 관리자

매일 확인할 수 있는
이공계 채용공고와
선배들의
다양한 합격자료까지!

계 최종 합격 자소서
반도체연구소 공정설계 합격 자소서 N
'반도체화학공정' 수업을 통해 반도체 8대 공정과 소자에 대해 배우면서....
Lv.5

이공계 취업 준비,
함께하면 훨씬 더 쉽고 빨라집니다!

우측 **QR 스캔** or | 네이버에 '이공모야' 검색

*53만: 렛유인 보유 플랫폼 & 사이트 이용 회원 수 합계

가장 최신의 자동차 취업 정보를 GET 하는 법!

렛유인 인스타그램

#최신 자동차 트렌드 🚗
#면접 💬
#자소서 📝

📷 @letuin_official 팔로우

렛유인 인스타그램을 팔로우해야 하는 이유 3가지!

#1. 최신 자동차 취업 자료집 무료배포!

매주 열리는 이벤트로
찾기 어려운 정보들을 신청 한 번이면 간편하게 GET!
자동차 산업 트렌드 리포트, 현대자동차 면접 기출 모음집 등

#3. 현직자가 알려주는 진짜 자동차 산업&직무 이야기!

자동차 기업에서 꼭 물어보는 산업이슈&직무를 쉽고 빠르게!
자동차 산업/직무 맞춤 취업 콘텐츠!
자동차 생산기술 직무의 현실, 자동차 최신 채용 전망 등

#2. 자동차 기업 맞춤 전형별 콘텐츠 제공!

기업별 합격 스펙, 채용 예상 일정, 면접 기출 등 알기 어려운 취업 정보 업로드!
이공계 취업 특화 렛유인에서만 볼 수 있는 이공계 맞춤 기업별 최신 콘텐츠!
현대자동차 이공계 서류 합격 스펙, 미리 보는 기아 자소서 항목 등

#FOLLOW ME
자동차 취업에 도움 되는 가장 최신 정보들을 빠르게 만나보자!

Scan Me

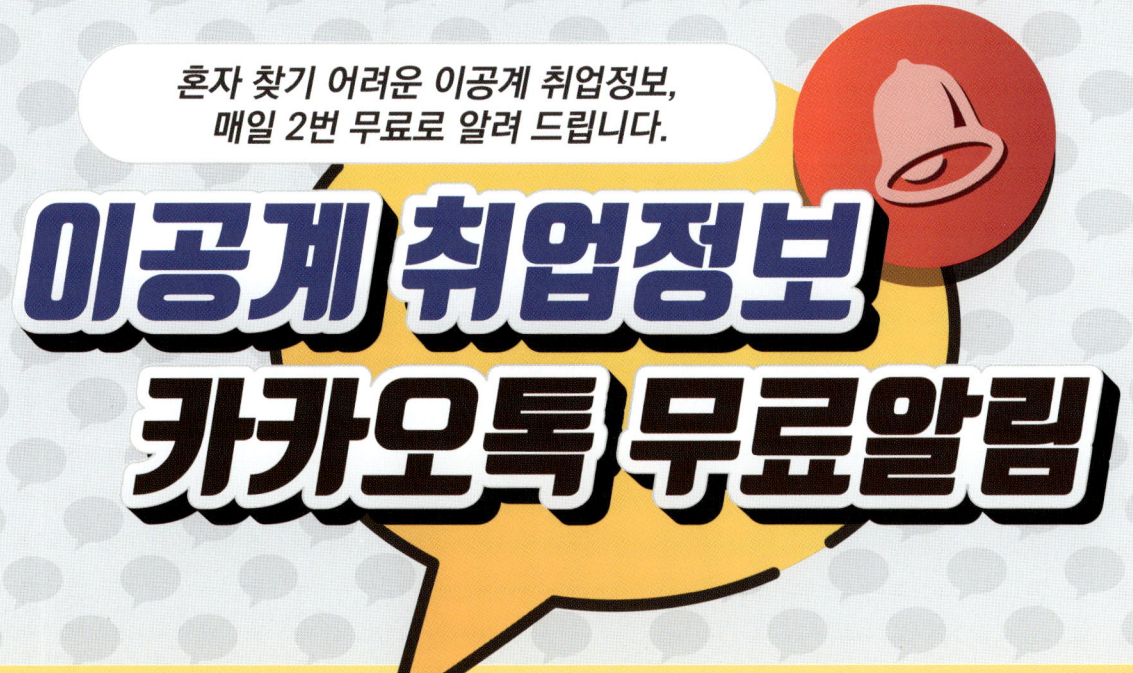

이공계 취업정보 카카오톡 무료알림

혼자 찾기 어려운 이공계 취업정보, 매일 2번 무료로 알려 드립니다.

〈렛유인 이공계 취업정보 무료 카카오톡 서비스는?〉

혼자 찾기 어려운 취업정보를 **1초 안에** 카톡으로 받는 **무료 서비스**입니다!
신청만 하면 아래의 모든 소식을 매일 2번 알려 드립니다.

- 이공계 맞춤! 기업의 따끈따끈한 채용소식 총정리
- 반도체/자동차/디스플레이/2차전지/제약·바이오 전공 및 산업 트렌드
- 최종합격생들의 직무, 자소서, 인적성, 면접 꿀팁
- 취업자료 무료 제공안내(서류, 자소서, 직무, 전공, 면접 등)

〈딱 3초안에 안에 끝나는 이공계 무료 카톡 신청법!〉

단, 3초면 완료! 무료! 이공계 취업정보 카카오톡 알림신청

휴대폰 카메라를 이용해 우측 QR코드 인식!
게시글 내 **이공계 취업정보 오픈카톡방 신청서** 작성 하면 끝!

SCAN ME!

무료 카톡 링크는 신청서에 기재해 주신 핸드폰 번호로 안내해 드립니다. (평일 저녁)

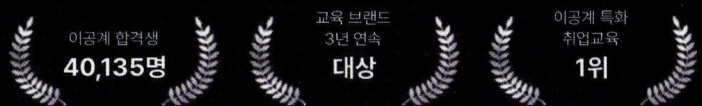

이공계 합격생 40,135명
교육 브랜드 3년 연속 대상
이공계 특화 취업교육 1위

합격하면 최대 200% 환급

이공계 특화 취업교육 1위 렛유인

200% 환급 프리패스

이공계 합격생 40,135명이 증명하는 최종합격을 위한 후회 없는 선택!

2024 이공계 취업준비, 공채부터 수시채용까지 한번에 대비 가능!
가장 빠르고 정확하게 합격으로 가는 확실한 길을 제시해드립니다.

수강료 환급
수강료 부담 없이 합격에만 집중!
최대 200% 환급

*미션달성시/제세공과금 22%
본인부담/부가 혜택 및
교재비 제외
(하단 유의사항 필수 확인)

현직자 상담
이공계 대기업 현직자가
직접 해주는 개인맞춤
취업방향 설계, 직무 상담

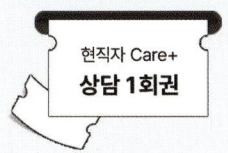

현직자 Care+
상담 1회권

취업 도서 5종
자소서, 인적성, 면접, 전공 대비
이공계 취업 1위 필독서 5권

*12개월 200% 환급반,
6개월 100% 환급반 대상
(하단 유의사항 필수 확인)

NCS 수료증 발급
이력서, 자소서, 면접에서
직무역량 어필!
국가인증 NCS 수료증 발급

*NCS 강의 수료 시
발급 가능

무제한 수강
산업/기업/직무별, 취업 과정별
이공계 특화 강의 및
신규 강의 무제한 수강

라이브 방송
기업별 최신 채용공고를 반영한
라이브 방송 긴급점검 강의
무료 제공

취업 자료집 50종
원하는 기업 정보를 15장으로 압축!
기업개요,인재상 등 최신 업데이트
취업기업분석 자료집 50종 무제한 열람

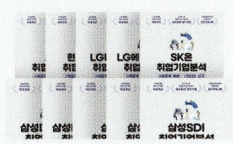

GSAT 모의고사
GSAT 실전 감각 향상을 위한
온라인 인적성 모의고사
2회분 제공

*40,135명: 2015~2023년 서류, 인적성, 면접 누적 합격자 합계 수치
*3년 연속 대상: 3만여 명의 소비자가 뽑은 대한민국 교육 브랜드 기술 공학분야 3년 연속 대상 (2018년, 2019년, 2020년)
*이공계 특화 취업교육 1위: 이공계 특화 취업교육 부분 렛유인, N사/S사/E사 네이버 키워드 PC+모바일 검색량 비교 기준 (2019.11-2023.01 기준)

렛유인 <200% 환급 프리패스>는 렛유인 (www.letuin.com)에서 확인할 수 있습니다.